Rudolph Amandus Philippi

Reise durch die Wüste Atacama

Auf Befehl der Chilenischen Regierung im Sommer 1853-54

Verlag
der
Wissenschaften

Rudolph Amandus Philippi

Reise durch die Wüste Atacama

Auf Befehl der Chilenischen Regierung im Sommer 1853-54

ISBN/EAN: 9783957002631

Auflage: 1

Erscheinungsjahr: 2014

Erscheinungsort: Norderstedt, Deutschland

Hergestellt in Europa, USA, Kanada, Australien, Japan
Verlag der Wissenschaften in Hansebooks GmbH, Norderstedt

Cover: Foto ©Reiner Schedl / pixelio.de

REISE

DURCH

DIE WUESTE ATACAMA

AUF

BEFEHL DER CHILENISCHEN REGIERUNG IM SOMMER 1853—54
UNTERNOMMEN UND BESCHRIEBEN

VON

Doctor **RUDOLPH AMANDUS PHILIPPI**
PROFESSOR DER ZOOLOGIE UND BOTANIK AN DER UNIVERSITAET SANTIAGO,
DIRECTOR DES MUSEUMS DASELBST,

MITGLIED DER KOENIGL. ACADEMIE DER WISSENSCHAFTEN VON NEAPEL UND TURIN, SO WIE DER NATUR-
FORSCHENDEN GESELLSCHAFT IN ACIREALE, BERLIN, BOLOGNA, CASSEL, CATANIA, FRANKFURT A/M.,
HAMBURG, HALLE, HILDESHEIM, MAINZ, MARBURG, MONTELEONE, REGENSBURG UND DER WETTERAU,
DER GEOGRAPHISCHEN GESELLSCHAFT UND DES GARTENBAU-VEREINS IN BERLIN, DES LANDWIRTHSCHAFT-
VEREINES IN KURHESSEN ETC.

NEBST EINER KARTE UND XXVII TAFELN.

HALLE,
EDUARD ANTON.
1860.

Vorrede.

Mehrere Umstände haben die Herausgabe des nachfolgenden Berichtes über meine Reise nach der Wüste Atacama so lange verzögert. Ein Mal habe ich in meiner zwiefachen Stellung als Professor der Botanik und Zoologie und als Direktor des Museums wenig Muse, zumal da die Nothwendigkeit, in einer fremden Sprache zu dociren, mir natürlich doppelte Zeit kostet. Sodann hat es mir an jeder Hülfe bei dieser Arbeit gefehlt, wie sie ein Naturforscher in Europa in so reichlichem Masse findet. Das Museum befand sich, als ich dasselbe übernahm, in der grössten Confusion, fast kein Gegenstand in demselben war mit Namen versehn, und ausserdem waren nur äusserst wenig chilenische Thiere vorhanden; die Fische, Amphibien, Conchylien, Ringelwürmer etc. fehlten ganz und gar, und die Insekten, ohne Namen wie das Uebrige, waren von den Motten gänzlich aufgefressen. Ich konnte daher die von der Reise mitgebrachten Naturalien nicht mit einer geordneten Sammlung vergleichen; ja noch mehr, es fehlte in den ersten Jahren fast an allen literarischen Hülfsmitteln, und noch jetzt sind diese sehr mangelhaft.

Was den Plan des Werkes betrifft, so habe ich es für das Beste gehalten, meine Beobachtungen so wiederzugeben, wie ich sie Tag für Tag gemacht habe, ungeachtet das Werk dadurch wohl weniger angenehm zu lesen wird. Es schien mir dies durchaus nothwendig, damit der Leser sich vollkommen von der Wahrhaftigkeit meiner Angaben überzeuge, was ohnedies vielleicht schwer halten würde, da dieselben eine Menge gleichsam mit der Muttermilch eingesogene Vorstellungen, z. B. von einer Sandwüste, von grossen Längsthälern, Kettengebirgen u. s. w. über den Haufen stossen. Ich habe später versucht, ein allgemeines Gemälde von der physischen Gestaltung des Landes und seiner geognostischen Beschaffenheit zu geben; die speciellen Angaben im Reisebericht setzen einen Jeden in den Stand, sich zu vergewissern, in wie weit die von mir gezogenen Resultate richtig sind oder nicht.

Ich habe mich bemüht, meine Person möglichst im Hintergrunde zu halten, indem ich glaube, dass, wo es sich um eine gemeinschaftliche Reise handelt, es dem Leser sehr gleichgültig ist, was der Reisende bei dieser oder jener Gelegenheit gefühlt, was er bei diesem oder jenem Anblick gedacht, wie oft er sich seiner Heimath erinnert u. d. A. mehr. Wer dergleichen liebt, wer eine blühende, poetische Schilderung, pikante Abenteuer, glänzende Hypothesen erwartet, der lege dies Buch ungelesen fort, es enthält fast nichts als nüchterne Thatsachen, allein diese dürften für den Geographen und Naturforscher von Interesse sein. Auch dürften die statistischen Nachrichten, die physikalischen Beobachtungen u. s. w. der Aufmerksamkeit nicht unwerth sein, so unvollständig sie auch sind.

Wer sich die Schwierigkeiten und den Mangel an Hülfsmitteln, mit denen ich hier zu kämpfen habe, vergegenwärtigt, wird hoffentlich mit den Mängeln des Werkes Nachsicht haben.

Santiago de Chile den 29. August 1858.

Dr. R. A. Philippi.

Inhalt.

Erstes Capitel. *Erforschung der Küste.* S. 1.
Vorbereitungen zur Reise. Abreise. Hafen von Coquimbo. Vegetation der benachbarten Hügel, Meeresconchylien, 30 bis 40 Fuss über der See.
Hafen von Caldera. Eisenbahn von dort nach Copiapó. Beschaffenheit des Weges. Die Stadt Copiapó. Eine Sammlung von Silberstufen. Ein Trapiche.
Conchylien des Strandes von Caldera. Vegetation und geognostische Beschaffenheit desselben.
Chañaral de las Animas. Kupferminen von las Animas, Vegetation daselbst. Thal und Minen des Salado. Geognostische Beschaffenheit der Felsen und Vegetation bei Chañaral.
Weg nach Cachinal de la Costa. Agua hedionda. Pan de azucar. Cachinal de la Costa. Vegetation.
Hochebene über Cachinal. Apachetas. Cachiyuyal. Weg nach Taltal. Thal von Taltal. Agua del Clérigo. Hütten der Changos. Vegetation.
Hueso parado. El Mal Paso. El Pozo. Estancia vieja. Weg nach Paposo.
Gehöft Paposo. Irrthum einer Karte. Cajon del Guanillo. Indier aus Atacama. Geognostische Beschaffenheit. Vegetation bei Paposo.
El Médano, Agua de Panul, Agua de Miguel Dias. Conchylien in 220 Fuss Meereshöhe. Botijas. Chagual de Jota.
El Cobre. Mina Placeres. Geognostische Beschaffenheit. Gefahr des Weges von el Cobre nach Mejillones. Goldader im Cerro grande.
Isla blanca. Guano. Seethiere. Salzmine. Gräber der Changos.
Guano-Arbeiter bei Angamos. Mejillones. Mollusken. Cerro de Mejillones.
Rückkehr nach Paposo. Abschied von der Janequeo. Beschaffenheit der Küste im Allgemeinen. — Congrios. Seehunde. Changos. Balsas.

Zweites Capitel. *Reise von Taltal nach Atacama.* S. 43.
Verlegenheit, das Gepäck fortzubringen. Miethe von Eseln. Reise von Agua de Clerigo nach Cachiyuyal. Breadal. Geognostisches. Vegetation.
Von Cachiyuyal nach Cachinal de la Sierra. Geognostisches. Millionen kleiner Chalcedone. Schlacken und Lapilli. Winde. Vegetation.
Rast in Cachinal. Vegetation. Ankunft von Maulthieren.
Von Cachinal de la Sierra nach Agua de Profetas. Geognostisches. Trachythügel. Secundärgebirge. Vegetation.
Von Agua de Profetas nach Agua de Varas. Secundärformation. Vegetation.
Von Agua de Varas nach Punta negra. Alto de Varas. Vegetation. Aussicht. Salzsumpf. Geognostische Beschaffenheit des Rückens von Punta negra.
Von Punta negra nach Imilac. Becken von Imilac. Weg nach Botijas. Fabel vom Valle perdido.
Von Imilac nach den Höhen von Pingo-pingo. Granit. Vegetation. Inca-Weg.
Von Pingo-pingo nach Tilopozo. Geognostisches. Trachytstrom. Thermalbrunnen. Neue Art Flamingo. Salzsumpf von Atacama. Seine Vegetation.
Von Tilopozo nach Agua de Carvajal. Travertin. Ciénego redondo. Tilomonte. Sanddünen. Algarrobillo. Agua de Quelana.
Von Agua de Carvajal nach Atacama. Geognostisches. Vegetation. Chilapari, Tambillo, Felder von Atacama.

Drittes Capitel. *Aufenthalt in Atacama.* S. 61.
Haus unseres Arriero. D. Anacleto Puch. Der Präfekt D. Zacaria Tamayo. Lebensmittel. Benutzung der Chañarfrüchte. Erwerbszweig der Atacameñer. Industrie. Strassen. Banert. Vinchucas.
Vegetation von Atacama. Geognostisches. Meereshöhe. Klima.
Einwohner. Reden einer eigenthümlichen Sprache.
Itinerare. 1) Von Atacama nach Cobija. 2) Von Atacama nach Potosi. 3) Nach Molinos. 4) Nach Antofagasta. 5) Von Cobija nach Salta.
Excursion nach den Kupferminen von S. Bartolo. Thal des Atacamaflusses. Pucará. Trachytstrom. Rothe Mergel. Thal der Kupferminen. Alte Gruben. Geognostisches. Minen von Corocoro. Vorkommen des Atacamites. Felsskulpturen. Vegetation.

Viertes Capitel. *Reise von Atacama nach Copiapó.* S. 77.
Einkauf von Maulthieren. Kein Führer zu bekommen.

Von Atacama nach Toconado. Der Vulkan Hláscar. Noth mit den Maulthieren.
Von Toconado nach Agua de Carvajal. Trachytstrom. Gewitter in den Bergen.
Von Agua de Carvajal nach Ciénego redondo. Barometer zerbrochen. Sandhose. Das Dorf Peine von seinen Einwohnern verlassen. Ein Führer engagirt. Hunde mit Schuhen.
Von Ciénego redondo bis Tilopozo und Rast daselbst.
Von Tilopozo bis Puquios. Aussicht auf der Höhe. Rattenlöcher.
Rast in Puquios. Thiere, Vegetation, Geognostisches.
Von Puquios nach Pajonal. Passhöhe. Secundärformation. Vegetation. Thiere. Geognostisches.
Excursion nach dem Meteoreisen. Geognostisches.
Der Führer will nicht weiter gehen. Neuer Führer.
Von Pajonal nach Zorras. Malerische Schlucht. Geognostisches.
Excursion an den Fuss des Llullaillaco.
Von Zorras nach Barancas blancas. Schluchten.
Vulkanische Beschaffenheit der Gegend. Der Incaweg.
Von Barrancas blancas nach Riofrio. Treffen daselbst Gesellschaft. Geognostisches. Der Cerro de Azufre. Vegetation. Vicuñas.
Von Riofrio nach Sandon. Die Columnas. Schnee auf der Höhe. Vegetation.
Von Sandon nach Chaco. Cerro negro. Mergel mit Versteinerungen. Wasserplatz Vaquillas. Geognostisches. Vegetation.
Rast in Chaco. Salzefflorescenzen. Geognostisches. Versteinerungen. Posidorienschiefer.
Von Chaco nach Juncal. Schlacken. Spärliche Vegetation.
Von Juncal nach der Encantada. Geognostisches. Gryphäen auf der Oberfläche des Bodens. Vegetation. Geognostische Beschaffenheit des Thales. Erdbeben. La Ola.
Von der Encantada nach Doña Ines. Geognostisches. Vegetation.
Von Doña Ines nach Agua dulce. Serranía del Indio muerto. Agua de S. Juan. Rio de la Sal. El Asiento. Thal von Pasto cerrado.
Von Agua dulce nach Chañaral bajo. Steile Thalwände. Ebene vor dem Cerro Vicuña. Finca de Chañaral. Kein Futter für die Maulthiere.
Rast in Chañaral bajo. Vegetation. Regengüsse in der Wüste.
Von Chañaral bajo nach Trespuntas. Mineral del Inca. Pass. Placilla de Trespunta.
Wohnung eines Mineadministrators. Kosten der Bearbeitung einer Mina. Preise in Trespuntas. Entdeckung dieser Minen. Ertrag der Buena Esperanza. Gestein um die Mine Germania.
Von Trespuntas nach Copiapó. Zwei Wege nach Copiapó. Wirthshäuser in Puquios. Wasser. Vegetation. Spuren von Steinkohlen. Nachtquartier in Chulo. Quebrada de Paipote. Weg im Thal des Flusses von Copiapó. Dia de Chaya.

Fünftes Capitel. Verschiedenes. S. 110.
Lebensweise in der Wüste. Gesundheit, Puna.
Kosten der Reise (ist aus Versehen hier weggelassen und als Anhang ganz zu Ende gekommen).
Statistische Notizen über die chilenische Provinz Atacama. Allgemeine Beschaffenheit derselben. Silberausfuhr. Kupferausfuhr. Unsicherheit der statistischen Angaben. Seelsorge und öffentliche Moral. Bergwerksschwindel. Betrügereien der Bergleute.
Kritik der Karten, a) von Bertres, b) von D'Orbigny, c) von Navarete, d) von Arowsmith.
Ueber die Gränzfrage.
Hülfsmittel der Wüste, und Möglichkeit dieselbe zu cultiviren.

Sechstes Capitel. Physische und geographische Beschaffenheit der Wüste. S. 122.
Plastische Carfiguration. Grosses Längsthal in Chile. Bildung der hohen Cordillere. Verhältnisse in der Provinz Tarapacá.
Die Wüste ist eine Hochebene, die sich allmählig nach Osten erhebt. Ihre Querthäler. Rücken von Alto de Varas bis zum Monte Quimal.
Senkungen mit Salz erfüllt.
Fortsetzung der Wüste nach Norden und nach Süden. Gestalt der Gipfel in der Wüste.
Dieselbe ist keine Sandwüste, sondern besteht fast ganz aus Schutt. Trockene Strombetten. Hebung der Küste.
Tertiäre Formation. Juraformation. Altes Flözgebirge.
Thonsteinporphyr, Hornsteinporphyr. Grünstein. Granit. Syenit.
Trachyt. Kein Krater und dennoch Ströme. Pechstein. Lapilli, Schlacken. Chalcedonkörner.
Ursprung des Salzes.
Nutzbare Mineralien der Wüste.
Meteoreisen.
Verzeichniss der in der Wüste gefundenen Versteinerungen.

Siebentes Capitel. Physikalische Erscheinungen. S. 147.
Temperaturbeobachtungen und Folgerungen daraus.
Winde.
Hydrometeor.
Optische Erscheinungen. Fata morgana.
Elektrische Erscheinungen.

Achtes Capitel. Zoologie der Wüste. S. 156.
Säugethiere. Vögel. Amphibien. Fische.
Crustaceen.
Insekten.
Mollusken.
Ringelwürmer und Echinodermen.

Neuntes Capitel. Flora der Wüste. S. 175 (zum 2. Male).

Verzeichniss
der aufgeführten Thiere und Versteinerungen.
(Die Cursiv gedruckten Namen sind Synonyma.)

Acmaea *cymbula* Hupé 180.
— *leucophaea* Ph. 179.
— *mammillata* Eschh. 180.
— mitra Eschh. 180.
— *punctatissima* Ph. 180.
— scurra d'Orb. 180.
— scutum Eschh. 180.
Acmaeodera rubronotata Lap. 171.
Acridium *cristagalli* Fr. Ph. 173.
— maculipenne Gay 173.
Albacora 169.
Alcatraz 165.
Alpheus laevigatus Nicol. 169.
Ameiva oculata d'Orb. 168.
Ammonites aegoceros Ph. 142.
— *annularis* Reis. 141.
— atacamensis Ph. 142.
— Braikenridgii Sow. 141.
— Brodiei Sow. 140.
— communis Sow. 141.
— perarmatus Sow. 141.
— radians Rein. 141.
— rotundus Sow. 141.
— sp. 142.
— sp. 142.
Amphidesma *orbicularis* Hupé 175.
— solida Gray 175.
Amphinome miniacea Ph. 169.
Amphithoë andina Ph. 170.
Anatina cuneata Gray 175.
Aporomera ornata Dum. et. Bib. 168.
Aptychus sp. 143.
Aquila megaloptera Meyen 161.
Arca pusilla Reeve 176.
Arcopagia solida d'Orb. 175.
Arthrobrachus limbatus Sol. 171.
— nigripennis Sol. 171.
— rufipennis Sol. 171.
Astarte gregaria Ph. 143.
— sp. 143.

Asteracanthion gelatinos. M. et Tr. 190.
— helianthus M. et Tr. 190.
Asterias gelatinosa Meyen 190.
— *helianthus* Lamk. 190.
Asteriscus calcaratus Val. 190.
Auchenia guanaco aut. 160.
— vicuña aut. 160.
Avecasina 164.

Ballena 161.
Banduria 163.
Belemnites chilensis Conr. 143.
Boetrichus robustus Blanch. 173.
Buccinum *Escalae* Ph. 188.
— Gayi Kien. 188.
— paposanum Ph. 188.
Buitre 161.
Bulimus affinis Brod. 183.
— albicans Brod. 183.
— anachoreta Pfr. 184.
— atacamensis Pfr. 184.
— erythrostomus Sow. 183.
— leucostictus Ph. 184.
— *lichenorum* d'Orb. 184.
— lichenum d'Orb. 184.
— Mejillonensis Pfr. 183.
— minimus Ph. 184.
— paposensis Pfr. 183.
— punctulifer Brod. 183.
— pupiformis Brod. 184.
— terebralis Pfr. 184.
Byssoarca pusilla Sow. 176.

Callianassa uncinata Milne Edw. 169.
Calosoma vagans Esch. 171.
Calyptraea *radians* Desh. 182.
— trochiformis d'Orb. 182.
Camelus vicugna Mol. 160.
Cancellaria parva Ph. 187.
— tuberculosa Sow. 187.

Canis sp. 157.
Caracara chimango Desmurs 161.
— *montanus* Desmurs 161.
Cardita semen Reeve 176.
Cardium pygmaeum Ph. 176.
— striatellum Ph. 143.
Carduelis atratus d'Orb. 162.
Chama pellucida Brod. 177.
— *theca* Mol. 175.
Chilina angusta Ph. 185.
Chinchilla lanigera Gray 157.
Chinchimen 156.
Chincol 163.
Chirihue 163.
Chiton aculeatus Barnes 178.
— argyrostictus Ph. 179.
— coquimbensis Fremb. 178.
— Cumingii Frembl. 178.
— granosus Frembl. 178.
— granulosus Frembl. 178.
— peruvianus Lamk. 179.
— *spiniferus* Frembl. 178.
— tuberculiferus Sow. 178.
Chlorospiza erythrorhyncha Less. 162.
Chungungo 158.
Cicada cremophila Ph. 174.
Cidarites ovata Ph. 146.
Cladolabes viridimana Ph. 169.
Cnemalobus cyaneus Sol. 171.
Coccinella opposita Sol. 173.
Cojon 163.
Columbella sordida d'Orb. 188.
Colymbetes nigriceps Erichs. 171.
— trilineatus Gory 171.
Concholepas peruviana Lamk. 188.
Condor 161.
Conorrhinus gracilipes Fr. Ph. 174.
— infestans 173.
— octotuberculatus Fr. Ph. 173.
— Paulseni Fr. Ph. 174.

Conorrhinus sextuberculatus Spin. 173.
Crepidula unguiformis Lamk. 182.
Ctenomys atacamensis Ph. 158.
— fulvus Ph. 157

Delphinus sp. 161.
Dermestes lupinus Eschh. 171.
Diastolius bicarinatus Sol. 172.
Diplodonta inconspicua Ph. 175.
Discina lamellosa Ph. 178.
Diuca 163.
Doris sp. 178.

Echinocidaris nigra Agass. 190.
— purpurascens Val. 190.
— pustulosus Desm. 190.
— spatuligera Ag. 190.
Echinus albus Mol. 189.
— andinus Ph. 146.
— porosus Valenc. 189.
Elmis chilensis Ph. Germ. 171.
Emberiza atriceps d'Orb. 162.
Entodesma 175.
Eriomys chinchilla Licht. 157.
Exogyra atacamensis Ph. 145.

Fissurella affinis Gray 181.
— biradiata Frembl. 180.
— Bridgesii Reeve 180.
— chilensis Sow. 181.
— costata Less. 181.
— crassa Lamk. 181.
— latemarginata Sow. 180.
— maxima Young 180.
— peruviana Lamk. 181.
— pulchra Sow. 181.
— rudis Desh. 181.
— subrotunda Desh. 181.
Fringilla diuca Mol. 163.
— matutina Lichtenst. 163.
Fusus alternatus Ph. 187.
— Fontainei d'Orb. 187.

Gadinia peruviana Sow. 182.
Gallinago Paraguiae Vieill. 164.
Gato de mar 156.
Goniogenius brevipes Waterh. 172.
— vulgaris Guér. 172.
Graculus Gaimardi Gray 165.
Grithagra brevirostris Gould. 163.
Gryphaea arcuata Lamk. 144.
— dilatata Sow. 144.
— incurva Sow. 144.
— striata Ph. 144.
— sp. 145.

Gryphites cymbium Schloth. 144.
Guanaco 160.
Gyriosomus Luczottii Guér. 172.
— marmoratus Waterh. 172.
— parvus Sol. 172.
— semipunctatus Sol. 172.
— Whitei Waterh. 172.

Haematopus palliatus Cuv. 163.
Helix epidermia Ant. 183.
— paupera Ph. 183.
— Reentsii Ph. 182.
Helocephalus nigriceps Ph. 167.
Hippa chilensis Ph. 169.
Hister bisignatus Eschh. 171.
Hydrobia atacamensis Ph. 185.

Ibis melanopis Gm. 163.

Kellia bullata Ph. 175.
— miliaris Ph. 175.

Lagostomus Chinchilla Meyen 157.
Lagotis criniger Less. 157.
Lama 160.
Larus sp. 165.
Latipalpis metallica L. Fairm. 171.
— speciosa Ph. Germ. 171.
Leda cuneata d'Orb. 176.
Leptoscelis Mitchelli Desm. 163.
Lepus Viscacia Molina 157.
Lile 165.
Listroderes griseus 173.
Litorina araucana d'Orb. 185.
— peruviana Gray 185.
— umbilicata d'Orb. 186.
Lobo 160.
Lottia costata Sow. 179.
— pallida Sow. 180.
— punctata Gray 180.
— variabilis Sow. 179.
Lutra chilensis Benn. 157.
— felina Gay 157.
Lyonsia picta Sow. 175.

Mactra sp. 175.
Magdala cuneata Gray 175.
Meloë sanguinolenta Sol. 173.
Micraster chilensis Ph. 147.
Microlophos Lessoni Dum. et Bib. 167.
Milvago montanus Gray 161.
Modiola purpurata Lamk. 177.
Monoceros crassilabrum Lamk. 188.
— unicornu Hupé 188.
Monodonta tridentata Pot. et Mich. 186.
Mordella luctuosa Sol. 173.

Mouretia peruviana Sow. 182.
Murex labiosus Gray 187.
Mus capito Ph. 159.
— laniger Mol. 157.
Mustela felina Molin 157.
Mytilus albus Mol. 177.
— americanus d'Orb. 177.
— ater Mol. 177.
— Chorus Mol. 177.
— dactyloides Hupé 177.
— D'Orbignyanus Hupé 177.
— granulatus Hanley 177.
— ovalis Lamk. 177.
— ungulatus Humb. et Valen. 177.

Nacerdes cyaneipennis Sol. 173.
— lineata Sol. 173.
Natica atacamensis Ph. 186.
Necrobia ruficollis Ol. 171.
— rufipes Oliv. 171.
Noddi Inca Desm. 165.
Nucula cuneata Sow. 177.
Nycterinus elongatus Sol. 172.
— thoracicus Eschh. 172.

Octopus Fontainei d'Orb. 189.
Oculto 158.
Oedipoda atacamensis Fr. Ph. 173.
Oliva peruviana Lamk. 189.
— senegalensis Lamk. 189.
Opatrum? brevicolle Ph. Germ. 172.
Ophiolepis atacamensis Ph. 190.
Orbicula lamellosa Brod. 178.
Osteodesma cuneatum Hupé 175.
Ostrea atacamensis Ph. 145.
— cymbium Bronn. 144.
— dilatata Bronn. 144.
— striata Ph. 144.
— sp. 145.
— sp. 145.
Otaria porcina Desm. 160.

Pagurus pallescens Ph. 169.
Pajaro niño 165.
Paludina atacamensis Ph. 185.
— nigra d'Orb. 185.
Parrihuana 164.
Parrina 164.
Patella araucana d'Orb. 179.
— Cecilleana d'Orb. 179.
— leucophaea Ph. 179.
— parasitica d'Orb. 179.
— Petrei d'Orb. 179.
— punctatissima Ph. 180.
— scurra Lesson 180.
— trochiformis Chem. 182.

Patella variabilis Ph. 179.
— viridula Lamk. 179.
Pecten? deserti Ph. 145.
— purpuratus Lamk. 178.
Pelecanus fuscus Gm. 165.
Pentacrinus basaltiformis 147.
Phaedon Buqueti Blanch. 173.
Phaëton aethereus L. 165.
Phaleobaenus montanus d'Orb. 161.
Phaleria Gayi Lap. 172.
Phasianella minima Ph. 186.
— *peruviana* Lamk. 185.
Phoca *lupina* Molina 160.
Phoenicopterus andinus Ph. 164.
Phryniscus 168.
Physogaster tomentosus Sol. 172.
Picaflor de la Cordillera 161.
Piquero 165.
Plectroscelis brevis Sol. 172.
— pilides Guer. 172.
Polyborus chimango Vieill. 161.
— montanus 161.
Porcellana spirifrons Milne Edw. 169.
— spinosa Ph. 169.
Porrotera 164.
Posidonomya Becheri Bronn. 144.
Praocis sublaevigata Ph. Germ. 172.
Proctotretus bisignatus 166.
— marmoratus Ph. 165.
— melanopleurus Ph. 166.
— modestus Ph. 165.
— nigromaculatus Dum. et Bib. 166.
— pallidus Ph. 166.
Psammeticus pilipes Guér. 172.
Psammobia *crassa* Hupé 175.
— solida Ph. 175.
Psammosolen Dombeyi Hupé 174.
Pteroptochos albicollis Kittl. 162.
Purpura chocolatum Blainv. 169.

Purpura *concholepas* d'Orb. 188.
— *labiosa* Hupé 187.
— xanthostoma Brod. 187.
Pyrula ochroleuca Menke 187.

Ranella scabra Hupé 187.
Rara negra 162.
Reduvius infestans Meyen 173.
Rhynchops nigra L. 165.
Rissoa nigra Ph. 185.
Rissoina Inca d'Orb. 185.

Sarcorrhamphus Condor Gay 161.
Scotobius atacamensis Ph. Germ. 172.
Sigaretus *concavus* Sow. 186.
— cymba Menke 186.
— *Grayi* Desh. 186.
— *maximus* Ph. 186.
Siphonaria *peruviana* d'Orb. 182.
— tenuis Ph. 181.
Solecurtus Dombeyi d'Orb. 174.
Sphaeroma Gayi Nicol. 170.
— laevigata Ph. 170.
— spinosa Ph. 170.
Spheniscus Humboldti Meyen 165.
Strepsilas borealis Lath. 163.
— interpres Ill. 163.
Succinea labiosa Ph. 182.
Sula fusca Vieill. 165.

Tapaculo 162.
Terebratula? *deserti* 145.
Thinochorus Orbignyanus Geof. 163.
Tiuque 163.
— de la Cordillera 161.
Tonina 161.
Tortolita cordillerana 163.
Totanus chilensis Ph. 163.
— *stagnatilis* Bechst. 163.

Trigonia Domeykoana Ph. 144.
Tritonium rude Brod. 187.
— scabrum Brod. 187.
Trochilus leucopleurus Gould. 161.
Trochus *ater* Less. 186.
— euryomphalus Jonas 186.
— Fonki Ph. 185.
— *Kieneri* Hupé 186.
— luctuosus d'Orb. 186.
— *lugubris* Ph. 186.
— microstomus d'Orb. 186.
— *obscurus* Kien. 186.
— *radians* Lamk. 182.
— *tridens* Menke 186.
Tropidurus nigromaculatus Wiegm. 166.
Tropisternus glaber Herbst 171.
Turbo propinquus Hupé 186.
— *zebra* Wood. 185.
Turritella cingulata Sow. 186.
— *tricarinata* Knig. 186.

Upucerthia atacamensis Ph. 162.
— dumetoria Geoff. 161.

Venus Dombeyi Lamk. 175.
— *lithoidea* Jon. 176.
— *opaca* Sow. 176.
— *rufa* Lamk. 176.
— *thaca* d'Orb. 175.
Vinchuca 173. 174.
Viscacha 157.
Vultur gryphus L. 161.

Wallfisch 161.

Xiphias sp. 169.

Zemina bivittata Lap. et Gory 171.
Zenaida boliviana Gray 163.
— sp. 163.

Verzeichniss der Karten und Tafeln.

Karte von der Wüste Atacama.
Taf. 1—10 verschiedene Ansichten.
Taf. 11. 12 Profile einzelner Gegenden.
(Taf. 13.) Petrefakten Taf. I.
    Fig. 1. 2. Ammonites atacamensis Ph. — 3. Aptychus n. sp. — 4. Belemnites chilensis Ph. — 5. 6. Trigonia Domeykoana Ph. — 7. Posidonomya Beckeri var. liasina Bronn. — 8. Ostrea sp. — 9. Pecten? Terebratula deserti Ph. — 10. Ostrea (Gryphaea) striata Ph. — 11. 12. Ostrea (Exogyra?) atacamensis Ph. — 13. 14. Cidarites ovata Ph.
(Taf. 14.) Petrefakten Taf. II.
    Fig. 1. Ammonites sp.? — 2. 3. Ammonites aegoceros Ph. — 4. Astarte gregaria Ph. — 5.? — 6. Cardium striatellum Ph. — 7.? — 8. 9. 10. Micraster chilensis Ph. — 11. 12. 13. Echinus andinus Ph.
(Taf. 15—20.) Zool. Taf. I—VI, Abbildungen mit Namen versehener Gegenstände.
(Taf. 21.) Zoologie Taf. VII. Conchylien.
    Fig. 1.? 2.? — 3. Cardium pygmaeum Ph. — 4.? 5.? 6.? — 7. Succinea labiosa Ph. — 8. Helix Reentsii Ph. — 9. H. paupera Ph. — 10. Bulimus Mejillonensis Pfr. — 11. B. anachoreta Pfr. — 12. B. minimus Ph. — 14. Chilina angusta Ph. — 15. Paludina atacamensis Ph. — 16.? 17.? — 18. Cancellaria parva Ph. — 19. Buccinum paposanum Ph. — 20. Natica atacamensis Ph. — 21.? 22.? 23.?
(Taf. 22—27.) Flora atacamensis Taf. I—VI, mit Abbildungen von Pflanzen, welche benannt sind.

Anmerkung. Leider gab das Manuscript über die auf Taf. 14 u. 21 mit ? bezeichneten Nummern keine Auskunft, und die Entfernung des Herrn Verfassers vom Druckorte Halle machte die Abhülfe dieses Uebelstandes unmöglich.

Reise nach der Wüste Atacama.

Capitel I.
Erforschung der Küste.

Wenn die europäischen Geographen sich in völliger Unwissenheit über die natürliche Beschaffenheit desjenigen Theiles von Amerika befanden, welcher sich vom Flusse Copiapó in 27° 20′ südl. Breite bis Cobija 22° 30′ s. Br., und vom Meer bis zu den argentinischen Provinzen im O. also etwa von 70° 40′ bis 68° w. Länge erstreckt, und den Namen Desierto oder Despoblado de Atacama führt, eines Landstrichs, der etwa 1687 geogr. Quadratmeil. umfasst, und also fast so gross ist, wie das Königreich Neapel ohne Sicilien, so war derselbe der chilenischen Regierung und Bevölkerung kaum weniger bekannt. Abgesehen vom wissenschaftlichen Interesse, welches die Erforschung dieser terra incognita darbieten musste, war eine genauere Kenntniss derselben aus mehreren Gründen wünschenswerth. In diesem Landstriche stossen die Gränzen von Chile, Bolivien und den argentinischen Provinzen zusammen, welche bis zur Stunde nicht festgestellt sind, eine Frage, die früher oder später zur Entscheidung kommen muss. Sehr allgemein ist der Glaube, die Wüste Atacama müsse enorme Schätze von edeln Metallen einschliessen, denn seit den ältesten Zeiten nimmt man im spanischen Amerika als gewiss an, dass eine Gegend um so metallreicher sein muss, je unfruchtbarer und trostloser sie ist, und diese Meinung war durch die Entdeckung der reichen Silberminen von Trespuntas in der Wüste, 21 ligas nordöstlich von Copiapó, sowie verschiedener Kupferminen an der Küste nur noch wahrscheinlicher geworden. Es war daher von einiger Wichtigkeit zu wissen, welche Hülfsmittel die Wüste von Atacama — ich weiss die Wörter Despoblado und Dieserto nicht besser zu übersetzen — für den Bergbau und sonstigen Verkehr darbietet. Diese und andre Gründe mögen wohl die chilenische Regierung bewogen haben, mir durch Dekret vom 10. Nov. 1853 den Auftrag zu geben, die Wüste Atacama zu erforschen.

Sobald ich denselben erhalten hatte, bemühte ich mich, zunächst in Santiago alle möglichen Erkundigungen über die Gegend einzuziehn, welche ich bereisen sollte, fand aber Niemanden, der sie je besucht hatte oder Kenntniss von derselben besass. Durch Herrn Professor Domeyko erhielt ich eine handschriftliche, von einem gewissen Navarrete verfasste Karte, in welcher der Hauptweg und sämmtliche Wasserplätze — wie ich nachher fand — in ziemlich richtiger Ordnung angegeben waren, welche aber gar kein Terrain, und dafür mehrere Bäche angab, die gar nicht existiren. Es ist bekannt, dass ein Weg vom Städtchen Atacama in Bolivien — wie es hiess, am Fuss der Cordillera — bis nach Copiapó führt, da diesen Weg u. a. Pedro de Valdivia nahm, als er von Peru kam, um Chile zu erobern, allein ich konnte nicht erfahren, wie ich die Wüste von West nach Ost durchsetzen könnte, ob zu

1

Pferde oder zu Fuss; wo ich im ersteren Falle Pferde oder Maulthiere hernehmen sollte; wo ich Führer finden würde u. s. w. Erst in Copiapó durfte ich hoffen, über diese und manche andere Punkte mich belehren zu können. Da ich voraussah, dass ich keine Zeit zu geographischen Ortsbestimmungen haben würde, auch in solchen Arbeiten nicht bewandert bin, so war ich erfreut, dass mir die Regierung auf meinen Vorschlag Herrn Wilhelm Döll aus Witzenhausen, Geometer und seit vielen Jahren in Chile ansässig, zu diesem Zweck als Begleiter mitgab, und um so mehr, als ich denselben von meiner früheren Expedition nach dem Vulkan von Borno in der Provinz Valdivia als einen unermüdet thätigen, keine Anstrengung und Beschwerde scheuenden Gefährten kannte. Ausserdem miethete ich zwei Diener, Domingo Morales und Carles Nuñez, welche mir Herr Dr. Segeth verschaffte, und die sich in jeder Hinsicht brauchbar erwiesen haben. Beide waren zugleich Jäger und der eine im Abbalgen nicht unerfahren. Herr Dr. Segeth borgte mir auch ein schönes von Bunten verfertigtes Reisebarometer, Herr Domeyko versah mich mit einem August'schen Psychrometer, aber es war mir nicht möglich, in Santiago einen Sextanten und einen Taschenchronometer aufzutreiben. In Valparaiso, wohin ich mich den 14. November begab, war ich nicht viel glücklicher; auch dort war kein Taschenchronometer zu erhalten, allein ich fand einen Sextanten, einen künstlichen Horizont, und nahm in Ermangelung eines Taschenchronometers einen gewöhnlichen Schiffschronometer mit, welcher sich aber, ungeachtet er viele Meilen weit mit grosser Sorgfalt in der Hand getragen ist, als vollkommen unnütz ausgewiesen hat. Endlich kaufte ich dort noch ein Aneroidbarometer von Lerebours. In Valparaiso wurden auch die Lebensmittel und die sonstigen Geräthe angeschafft, welche meines Erachtens zur Reise durch die Wüste nöthig waren, indem ich nicht erwarten konnte, Alles in Copiapó vorzufinden, und auch die Lebensmittel dort sehr viel theuer sind als in Valparaiso. Durch einen sonderbaren Zufall traf ich es mit denselben so gut, dass sie gerade für die Reise ausreichten: als wir in Trespuntas ankamen, hatten wir etwa noch für 3—4 Tage Lebensmittel bei uns.

Als diese Vorbereitungen getroffen waren, schifften wir uns den 22. November auf der Bergantin-Goleta Janequeo, Commandant D. Manuel Escala, ein, welche die Regierung zu meiner Disposition gestellt hatte. Es ist dies ein kleines Kriegsschiff mit zwei sehr schräg liegenden Masten, ein ausgezeichneter Segler, welcher dazumal mit einem grossen, eisernen Vierundzwanzigpfünder mitten auf dem Verdeck bewaffnet war. Leider war der Raum auf demselben sehr beschränkt, und z. B. die Kajüte so eingerichtet, dass es mir durchaus nicht möglich war, das Quecksilberbarometer aufzuhängen.

Am 24. 11½ Uhr Morgens warfen wir die Anker im Hafen von Coquimbo, um daselbst zwei Gefangene zu landen, die dem Gericht in la Serena übergeben werden sollten. Bis sie von demselben in Empfang genommen wurden, vergingen zwei Tage, so dass wir erst den 26. Abends wieder unter Segel gingen. Ich benutzte diese Zeit, um mit dem Schlagnetz fischen zu lassen und in der Nähe zu botanisiren. Das Netz ergab so gut wie gar nichts, ich bekam nicht einmal den schönen Pecten purpuratus, der in dieser Bucht so häufig ist; die Seeleute verstanden entweder das Fischen nicht, oder sie trafen eine schlechte Stelle im Meer. Desto interessanter waren mir meine botanischen Wanderungen, ungeachtet sie sich auf den etwa 500 Fuss hohen Granitberg beschränkten, welcher den Hafen von dem kleinen, nur eine Stunde entfernten Busen von Herradura trennt.

Der Hafen von Coquimbo ist einer der besten Chiles; der Ort selbst bestand damals kaum aus etlichen und hundert Häusern und Hütten, einer kleinen Kapelle und den beiden Kupferschmelzen der Herren Edwards und Lamberts. Wir trafen mehrere Schiffe vor Anker, darunter ein englisches, welches sechs Monate von England nach Coquimbo unterwegs gewesen war, und über die Hälfte der Mannschaft am Skorbut verloren hatte! Kaum sollte man glauben, dass so etwas noch im Jahr 1853 vorkommen konnte. Am Strande lag, halb im Wasser versunken, das Dampfschiff Ecuador der englischen Pacific-Steam-Navigation-Company; der Kapitain hatte mitten in der Nacht aus dem Hafen auslaufen wollen und war dabei auf eine Klippe gerathen. Die ärmlichen Häuser des Hafendorfes, die dürren Abhänge dahinter mit höchst spärlicher Vegetation besetzt, die kahlen grauen Berge im Hintergrunde, der nicht viel minder kahle Strand, der sich Stunden lang nach links hinzieht, machen keinen angenehmen Eindruck auf das Auge, welches um so lieblicher durch die aus der Ferne weither leuchtenden, weissen Gebäude von la Serena, der Hauptstadt der Provinz Coquimbo, erfreut wird.

Die herrschende Vegetation des erwähnten Granithügels bilden Cactus-Arten, namentlich verschiedene Echinocactus, und zwei säulenförmige oder vielmehr armleuchterförmige, die mir beide neu zu sein schienen. Der eine, (*Eulychnia breviflora* Ph.), wurde oft über 8 Fuss hoch, war sehr verästelt, mit etwa drei Zoll dicken Aesten, und trug eine sehr kurze, weisse, oder etwas ins Röthliche fallende Blume, ähnlich wie ein Echinocactus, dessen Kelch mit dichter, gelber Wolle bedeckt war. Der andre war mit einer, mehrere Zoll langen, trichterförmigen, weissen Blume geschmückt, welche der des bei Santiago gemeinen Cereus quisquo Gay sehr ähnlich ist, wird aber nur drei bis vier Fuss hoch (*Cereus nigripilis* Ph.). Beide Arten trugen häufig den sonderbaren Schmarotzer, Loranthus aphyllus Miers, der nur aus verästelten, purpurnen Blüthenstielen und purpurrothen Blumen besteht. Seine etwa vier Linien grossen, ovalen, weissen oder blassrothen Beeren schmecken sehr angenehm, ebenso wie die des in Chile so häufig verbreiteten Loranthus tetrandrus. Schade, dass der liebliche Saft nur eine dünne Schicht bildet; die Zellen, welche die milchweissen Samen umgeben, sind voll Vogelleim. Ein kleiner Echinocactus war ganz und gar im Granitgrus versteckt, so dass die gelben Blumen unmittelbar aus der Erde herauszukommen schienen. Man muss sich in diesen Gegenden sehr in Acht nehmen, wenn man sich hinsetzen will, dass man sich nicht auf solche kleine, verborgene Echinocactus setzt, welche im Lande den Namen *Leoncitos*, kleine Löwen, führen. Hier wächst die Myrtus coquimbensis Barn., diejenige chilenische Myrtenart, welche am meisten nach Norden reicht, mit zollgrossen, auf der einen Seite grünen, auf der andern Seite hochrothen Früchten, die wenig Fleisch, aber zwei enorme, grüne Samen haben; fast alle Früchte waren von Insektenlarven angefressen. Hier erblickte ich zum ersten Mal die merkwürdige Oxalis gigantea Barn., den *Churco* der Einwohner. Es ist ein sechs Fuss hoher Strauch, dessen Aeste bis 6 Linien dick, und mit einer fleischigen Rinde bedeckt sind, sie tragen eine Menge kleiner Blätter und blassgelbe Blüthen. Ich glaube, dass Molina diese Art hat unter dem Namen *Oxalis virgosa**) beschreiben wollen. Nicht selten ist Cae-

---

*) *Oxalis* „scapo multifloro, foliis ternatis ovatis." Molina Saggio p. 352, und „getta un gran numero di gambi o verghe alte da cinque piedi, grosse como un dito, tenere, acide, i rivestite di fiori gialli verticillati e campani formi. Questa pianta non produce altre foglie, che le radicali, le quali son ternate e proporzion almente grandi."

salpinia angulicaulis Clos., ein niedriger Halbstrauch, und der einzige Repräsentant dieses interessanten Geschlechtes in Chile, so wie Cassia flaccida Clos, Llagunoa glandulosa Walp. *Arbol de cuentos* oder *Atutomo*, Porliera hygrometrica R. und P., *Guayacan* der Chilenen, Heliotropium floridum Ad. DC., Tupa polyphylla var.; Centaurea chilensis, Litrea caustica oder venenosa Miers, der *Litre* oder *Lithi*. Ich habe nie etwas Kaustisches oder Giftiges an diesem Strauche finden können; ich habe Blätter und Früchte gekaut, mir mit dem frischen Safte die Hände und Lippen bestrichen ohne alle schädlichen Folgen, auch ist mir kein einziger Fall von einer nachtheiligen Einwirkung des *Litre* bekannt, und ich habe nur gehört, dass Tischler, welche das Holz des *Litre* verarbeiten, bisweilen eine Art Ausschlag davon bekommen sollen. Alle diese Sträucher sind so niedrig, dass sie keinen Schatten geben. An ein paar Stellen fand ich auf dem Felsen eine prachtvolle Pourretia (oder *Puya*, *P. venusta* Ph.), Sie hat graue Blätter, einen 3—4 Fuss hohen, hochkermesinrothen Blüthenstiel, graue Brakteen, und lavendelblaue Blumen mit safrangelben Staubgefässen. Sonderbar sieht es aus, wenn sich zwischen den Echinocactus die Ephedra americana hervordrängt. Unter den niedrigeren Pflanzen fällt besonders Aristolochia chilensis Miers mit ihren weissgefleckten Blättern, und 3 Zoll langen, braunen, inwendig weiss behaarten Blumen auf, so wie eine Sorema (*S. bracteosa* Ph.) mit klebrigen, übelriechenden Blättern, aber mit einer grossen, trichterförmigen, blauen Blume. Noch sind Ercilia volubilis Juss., Fuchsia lycioides Andr., Monninia pterocarpa R. und P., Solanum pinnatum Cav., Plumbago caerulea Kth., Scilla biflora R. und P., eine grosse, hochrothe Amaryllidee, Bahia ambrosioides Lag., anzuführen, um ein ziemlich vollständiges Bild der Flora dieses Granitrückens zu geben. Schmetterlinge, Hymenopteren, schöne Dipteren flogen von Blume zu Blume; auf den Wegen krochen langsam Gyriosome (*Gyriosomus Luczoti*) umher, während pfeilschnelle Eidechsen, dem Geschlecht Proctotretus angehörig, hin- und herschossen; sie sind übrigens in Chile gefährlich.

An mehreren Stellen fand ich etwa 30—40 Fuss über dem Meeresspiegel in kleinen Buchten zwischen den Felsen eine Masse Trümmer von Conchylien, namentlich von Concholepas, Balanus Picus, Fissurellen, Chiton, und die Granitblöcke zeigen sich oft seltsam abgewachsen und mit sonderbaren Höhlungen, ganz wie sie die vom Meer bespülten Klippen zeigen, so dass man deutlich eine Erhebung der Küste erkennt. Da aber die Hebung der Küste bei Coquimbo von vielen Beobachtern bemerkt und namentlich von meinem Freund Domeyko so sorgfältig untersucht und so meisterhaft beschrieben ist, will ich über diesen Punkt kein Wort weiter verlieren. Meine Jäger hatten mittlerweile einen Pelikan, einen Cormoran (*Graculus Gaimardi* Gray), zwei *Noddi Inca*, und einen *Chungungo*, *Chinchimen* oder *Gato de mar*, (*Lutra felina* Mol.) geschossen. Diese Otter lebt fast ausschliesslich im Meer, und wie es scheint an der ganzen chilenischen Küste. In vollem Ernst erzählte man mir folgende anmuthige Geschichte von ihrem Fischfange. Der *Chungungo* fängt sich erst Krabben und

---

ibid. p. 132. 133. — Molina scheint alle seine Beschreibungen von Pflanzen und Thieren nach dem Gedächtniss entworfen zu haben, und sollte man nicht das Geringste darauf geben. Aus Oxalis lobata und O. articulata macht er ein neues Genus Scandix! Das Erodium moschatum beschreibt er als einen Scandix; den Chañar (Gourliea chilensis) eine Leguminose, beschreibt er als Lucuma spinosa, und gibt ihm folia alterna sessilia, da er doch gefiederte Blätter hat; kurz es ist fast keine einzige Beschreibung ohne die gröbsten Irrthümer, und nur aus den Vulgärnamen kann man errathen, was Molina gemeint hat.

reisst diese in Stücke, die er im Meer schwimmen lässt, als Köder für die Fische, die er sich fangen will, und die er dann auch von seinem Hinterhalt zwischen den Klippen auf diese Weise glücklich erhascht. Sicher soll es sein, dass das Thier seine Beute auf dem Rücken schwimmend verzehrt.

Um 11½ Uhr Abends warfen wir am 29. November im Hafen von Caldera dicht beim englischen Admiralschiff Portland die Anker. Der Hafen ist sehr sicher und gut, aber die Gegend um so trauriger, im flachen, sandigen Strand, ohne Baum und ohne Busch, und dahinter kahle, graue Berge. Die Häuser sind zum Theil sehr hübsch, aber noch waren nicht alle Bauplätze angebaut, was den regelmässig angelegten Strassen natürlich einen eigenen Anstrich von etwas Mangelhaftem und Unvollendeten gibt. Der Hafen Caldera ist schon durch Dekret vom 23. August 1842 habilitirt, d. h. zum Ausfuhrhandel ermächtigt, aber erst die Eisenbahn von Caldera nach Copiapó, die erste in Südamerika, hat dem Orte das Dasein gegeben. Diese Eisenbahn verdankt ihre Entstehung hauptsächlich den Bemühungen des Herrn Wheelright, demselben, welchem auch grösstentheils das Verdienst gebührt, die Dampfschifffahrt zwischen Panama und Valparaiso, die jetzt bis Puerto Montt ausgedehnt ist, ins Leben gerufen zu haben. Durch Dekret vom 9. November 1848 wurde das Privilegium zur Anlage einer Eisenbahn zwischen Copiapó und Caldera Herrn John Mouat ertheilt, und kaum drei Jahr später war sie vollendet. Der Bahnhof liegt unmittelbar am Meer und besitzt einen Molo, an dem selbst grosse Schiffe unmittelbar anlegen können, um den Inhalt der Eisenbahnwagen direkt zu empfangen, und ebenso unmittelbar denselben ihre Ladung zu übergeben. Etwas südlich davon ist ein kleinerer Hafendamm, zum Anlegen der Boote bestimmt. Die Umzäunungen des Bahnhofs sind von gespaltenem Rohr, welches von Guayaquil kommt, und so colossale Dimensionen besitzt, dass es, gespalten und platt gelegt, bisweilen die Breite von fünf Viertel Fuss hat. Dieses Rohr wird vielfältig zu Bauten aller Art in Copiapó und selbst in Valparaiso verwendet. Ein grosser Uebelstand für Caldera ist der gänzliche Mangel an Trinkwasser. Es sind ein paar Brunnen vorhanden, welche aber ein so brackisches Wasser haben, dass es kaum die Maulthiere und Ziegen saufen mögen; so dass die Bewohner meist destillirtes Wasser zum Trinken u. s. w. gebrauchen. Auch die Eisenbahn muss zu den Kesseln destillirtes Wasser nehmen, der hohe Schornstein ihrer Wasserdestillation fällt unter den übrigen Gebäuden sehr in die Augen. — Der Ort Caldera wurde in Folge eines Gesetzes vom 21. December 1850 angelegt; damals bestand die Bevölkerung aus 50 Seelen; im Jahre 1853 zählte der Ort 3000 Einwohner. Er war noch ohne Kirche, als ich ihn besuchte. Um 9 Uhr Morgens des folgenden Tages fuhr ich mit Herrn Doll nach Copiapó. Der Preis erster Klasse, die ein anständiger Reisender nehmen muss, beträgt eine Viertel Unze, 4 pesos 31 cts. etwa 5 Thlr. 22 Sgr., und für jedes Stück Gepäck wird noch besonders bezahlt. Wir waren nur wenige Reisende, kaum ein halber Wagen voll; überhaupt ist der Personenverkehr, mit Ausnahme der Tage, wann die Dampfschiffe den Hafen anlaufen, unbedeutend, und dient die Eisenbahn hauptsächlich zum Transport der Erze nach dem Hafen und zum Transport der Lebensmittel, des Bau- und Schreiner-Holzes, der Kohlen u. s. w. nach dem Innern. Die Entfernung vom Hafen bis zur Stadt beträgt 50½ engl. Meile, und hat die Eisenbahn bis dahin gar keine nennenswerthe Schwierigkeit zu überwinden, so dass es nicht einmal für nöthig gefunden ist, einen sorgfältigen Plan aufzunehmen. Als ich mich im Büreau nach einem solchen erkundigte, wurde mir versichert, es sei keiner vorhanden. Die Stationen sind folgende: Punta de Piedra 9½ engl. Meil. von Caldera, 425 engl. Fuss (= 399′ par.) über dem Meer; Monte amargo 25 e. M. von Caldera und 430 e. F. (oder 403′ par.) über dem Meer; Piedra colgada 39½ e. M. von Caldera und 920 e. F. oder 863 par. F. über dem Meer; Bahnhof von Copiapó 50½ engl. M. von Caldera und 1213 e. F. oder 1138 par. F. über dem Meer. Dies sind die von den Ingenieuren der Eisenbahn ermittelten Entfernungen und Höhen, welche ich der gefälligen Mittheilung des Herrn Gustav Scherff verdanke; meine eigenen mit dem Aneroidbarometer angestellten Beobachtungen haben weit geringere Höhen ergeben, nämlich für Copiapó nur 272 metr. oder 125 Fuss, Domeyko gibt 396 m. = 1385 Fuss. Als Curiosum ist anzuführen, dass Meyen die Höhe von Copiapó nur auf 180 Fuss schätzt, s. Reise I. p. 386.*)

Die ersten 8 engl. Meilen besteht der Boden aus Sand, stellenweise mit zahllosen Muscheln besät, zum Beweis, dass in früheren Zeiten hier Meeresboden war. Manchmal bilden dieselben eine wahre Muschelbreccie. Zahlreiche, niedrige Pflanzen wuchsen in diesem scheinbar ganz dürren Sande und erfreuten das Auge mit ihren goldgelben, himmelblauen und dunkelrothen Blumen, aber weit und breit war nicht der kleinste Strauch, geschweige denn Baum, noch eine Spur menschlicher Betriebsamkeit zu sehen. Eine grosse Menge Käfer liefen umher, und lagen zum Theil in den kleinen Vertiefungen am Wege, es war ein Gyriosomus, verschieden von den beiden Arten, welche ich bei Coquimbo gesammelt hatte, der sich besonders von Malvenblüthen zu ernähren schien. Die reiche Blumenflor dieses Jahres war eine Folge des reichlichen Regens, der diesen Winter in der Provinz gefallen war; man hatte nämlich zwei grosse und einen kleinen Schauer gehabt! während in manchen Jahren nur ein einziger Regenschauer fällt. — Den zweiten Viertheil des Weges ist der Boden thonig, und mit weissen Salzefflorescenzen bedeckt. Die Vegetation war demzufolge ganz verschieden: Sie bestand aus Juncus, aus Atriplex und Salicornia Arten, wenn ich diese beim raschen Fahren der Eisenbahn richtig erkannt habe. In der Nähe der Station Monte amargo sah ich die ersten Chañar-Bäume (*Gourliea chilensis* Clos), nach welchen so viele Orte Chañaral heissen (Chiñiral ist fehlerhaft), und in der Ferne zeigten sich die ersten Pappeln so wie weidendes Vieh. Die Eisenbahn gelangt allmählig in das breite Thal des Flusses von Copiapó. Der Boden erscheint sumpfig, mit Gras und Binsen bedeckt, hie und da ist Rohr (*Phragmites?* und *Typha angustifolia*), aber herrschend ist die *Brea* (*Tessaria absinthioides* DC.**) mit ihren grauen, länglichen, gesägten Blättern und rosenrothen Blüthen und die *Chil-*

---

*) Die Eisenbahn wurde im December 1851 eröffnet und kostete bis zum 31. August 1853 die Summe von 2,380795 pesos = 3,174000 Thlr. Die Einnahme betrug im Jahr 1852: 287747 pes. 46 cts. und im Jahr 1853 bis zum 31. August 239117 pesos; zusammen 526864 pes. Die Beförderung der Reisenden ergab 122259 pesos, die des Gepäcks derselben 28,981; die Fracht der Güter aber 275624. Für die Reisenden vom Hafen nach Copiapó kamen 65509 pesos, für die von Copiapó nach dem Hafen Reisenden aber nur 56928 also 8581 pesos weniger ein, ein Beweis der starken Einwanderung. Der Passagier erster Klasse zahlt für die ganze Tour 431 pesos, der zweiten Klasse die Hälfte; die Fracht beträgt im Allgemeinen 4 real. oder 50 cts. = 20 Sgr., der Centner von Caldera nach Capiapó, und nur 3 reales von Copiapó nach Caldera; Silber in Barren zahlt ein Sechszehntel Procent.

**) *Brea* war früher für die Provinz von grosser Bedeutung. Die Pflanze ist über und über mit einem klebrigen Harz bedeckt. Um dasselbe zu gewinnen, schnitt man im May die Pflanzen ab, liess sie über Fellen trock-

quilla. So heissen mehrere Baccharis Arten mit weidenähnlichen Blättern, welche in Chile an allen Bächen und auf sumpfigen Stellen wachsen, und ohne die Blüthen leicht für Weiden genommen werden könnten. Späterhin erschienen *Espinos* (*Acacia Cavenia*) und *Chanares*; immer häufiger werden umzäunte Stellen, grösstentheils mit *Alfalfa* (Luzerne) bepflanzt, lombardische Pappeln, und Salix Humboldtiana W., welche ganz denselben pyramidalischen Wuchs hat; man sieht einzelne, oft sehr saubere Landhäuser, und freut sich aus dem Bereich der Wüste in cultivirtes Land gekommen zu sein. Die Berge rücken näher aneinander und berühren an einzelnen Stellen beinah die Eisenbahn z. B. bei Pietra colgada, so dass man sie genau beobachten kann. Man kann sich nichts Traurigeres denken, als diese Berge: es sind graue abgerundete Kuppen, mit einzelnen, herablaufenden, zackigen Gräthen, am Fuss und in den Vertiefungen zwischen den Gräthen mit Geröll und Sand bedeckt, ohne alle Vegetation. Nicht einmal ein Cactus ist zu erblicken. Desto fruchtbarer ist das Thal, so weit es regelmässig bewässert werden kann. In den Gärten sieht man besonders Pfirsich, Feigen, Weinreben, Quitten, auch wohl Pflaumen und Birnen, aber keine Aepfel; auch die Kirschen sollen nicht fortkommen, wenigstens ganz schmacklos sein. Ebenso gedeihen die Orangen und Citronen nicht recht. *Cherimoyas* und *Lucumas* sieht man auch ab und zu, seltener einen *Platano* oder Pisang (*Musa paradisiaca*). Melonen und Wassermelonen gedeihen ausgezeichnet, so wie alles Gemüse; der chilenischen Erdbeere ist es aber viel zu heiss in Copiapó; das Dutzend derselben kostete 4 reales = 20 Sgr. Häufig findet man überall den *Floripondio* (*Datura arborea*), 12—15 Fuss hoch, dessen Riesenglocken mit ihrem balsamischen Duft weithin die Lüfte erfüllen. Hie und da sieht man in den Gärten einen *Guayacan*, (*Duvaua crenata* Ph.), welcher den Namen *dependero* weit eher verdient als der *Huingan;* seine Blätter sollen als Dekokt gut gegen Leibweh sein, und aus seinen Früchten machen die Landleute eine Art *Chicha* d. h. ein weinartiges Getränk.

Es mochte etwa 12 Uhr sein, als wir in Copiapó eintrafen. Am Bahnhof warteten Fiaker auf die ankommenden Reisenden, und Karren mit Mauleseln bespannt standen bereit, den Transport der Waaren und Güter zu besorgen. Wir stiegen in dem sehr guten französischen Gasthofe ab und blieben bis zum 3. December. Meine Hauptaufgabe war natürlich, genauere Erkundigungen über die Wüste und die beste Art, sie zu bereisen, einzuziehen. Der Intendant, D. Antonio de la Fuente, hatte die Güte, die Herrn Melendez, Tirapegui, Araujo und Diego de Almeida, welche dafür galten die Wüste genau zu kennen, zu einer Conferenz einzuladen. Die ersteren drei waren aber niemals tief in die Wüste eingedrungen; der letztere hatte vor 22 Jahren ein Mal den Weg des Pedro de Valdivia zurückgelegt, und an mehreren Punkten der Küste Gold- und Kupferminen bearbeitet, auch jüngst noch eine Expedition nach der s. g. Quebrada honda de la Encantada gemacht, wo er eine reiche Silbermine entdeckt zu haben glaubte. Derselbe liess sich bewegen, für eine Gratifikation von 20 Unzen, 345 pesos = 460 Thlr., die Expe-

---

nen, und schüttelte sie dann, bis die Harzkörner mit den Blättern vermischt abfielen. Diese Masse wurde gesammelt, in Kesseln mit Wasser gekocht, die Unreinigkeiten abgeschäumt, und das weichgewordene Harz in viereckige Kuchen von fünf Arroben gedrückt. Mit diesem Harz wurde früher ganz Chile und selbst ein Theil von Peru versehn, und es vertrat die Stelle des Theers, *brea*, daher der Name. Seit Chile aufgehört hat, eine Colonie zu sein, und dem Handel geöffnet ist, hat der gewöhnliche Theer das Harz der *Tessaria* ganz verdrängt, und selten wird noch etwas gemacht, um es an Ort und Stelle zu verbrauchen.

dition zu begleiten. Er meinte, ich würde in Paposo die nöthigen Lebensmittel finden, um von dort bis Atacama zu durchkreuzen, von wo ich dann auf den alten Cordillerenwege umkehren wollte. Von passenden Stationen dachte ich Seitenexpeditionen zu machen; zunächst wollte ich die Küste zu Lande begehen, während das Schiff mich begleiten sollte, um ab und an mich mit Lebensmitteln zu versehen, die etwa gemachten Sammlungen aufzunehmen, und dann nach Valparaiso zurückzukehren, wenn ich mich ins Innere der Wüste begeben würde. Ich hatte Anfangs den Plan, von Cobija nach Atacama zu gehen, allein da Cobija von peruanischen Truppen besetzt war — es war gerade Krieg zwischen Peru und Bolivien — während bolivianische Truppen in Calama, zwischen Cobija und Atacama standen, so musste ich diese Idee aufgeben. Auf Don Diegos Rath kaufte ich noch Hufeisen für 17 Maulthiere, nebst den nöthigen Nägeln, Zange, Hammer; zwei grosse Blechflaschen, s. g. *Caramayolas*, und Zeug zu einem zweiten Zelt, was wir nie gebraucht haben. Auch versah ich mich noch mit Blechnäpfen, die die Stelle der Teller zu vertreten hatten, und mit einer Laterne, Dinge, die ich in Valparaiso einzukaufen vergessen hatte.

Copiapó, oder wie es eigentlich heisst S. Francisco de la Selva — der Wald, welcher ehemals der Stadt den Namen gegeben zu haben scheint, existirt längst nicht mehr — ist die Hauptstadt der im Jahr 1843 durch Dekret vom 31. October errichteten Provinz Atacama (die Stadt Atacama liegt in Bolivien), welche früher zur Provinz Coquimbo gehört hatte, und mag 10 bis 12 Tausend Einwohner zählen. Sie liegt am Nordufer des Flusses Copiapó, der nur in seltenen Fällen beim Oertchen gleiches Namens das Meer erreicht; meist versiegt er viel früher, oder wenn man lieber will, er mündet in die Atmosphäre und in zahlreiche Bewässerungs-Kanäle. Sein Wasser enthält sehr viele salinische Bestandtheile, namentlich schwefelsaures Natron, und der Fremde, der in diese Gegenden kommt, leidet daher gewöhnlich in der ersten Zeit an Durchfall. Die Hauptstrassen ziehen ziemlich parallel mit dem Fluss und sind sehr lang, wogegen die Querstrassen um so kürzer sind, da das Thal hier nur schmal ist, und die Wüste unmittelbar daran stösst. Als westliches Ende der Stadt kann man den Bahnhof betrachten, nach Osten verliert sie sich allmählig ins Feld, indem die Gärten und freien Räume zwischen den Häusern immer häufiger und grösser werden. Copiapó hat viele hübsche, selbst geschmackvolle Häuser und darunter trotz der Häufigkeit der Erdbeben viele zweistöckige. Die Bauart ist ungemein leicht. Hütten, Schuppen, Ställe u. dgl. werden aus einem Rahmen von schwachem Holz errichtet, der mit Schilf ausgefüllt wird; gegen dieses Schilf wird von beiden Seiten Lehm oder Strassenkoth, was auf eins herauskommt, geschmiert, und auf dieselbe Weise wird das Dach gemacht, welches geneigt ist. Man begreift, dass dergleichen Gebäude in grosser Gefahr sind einzustürzen, wenn einmal der Fluss austritt und die Strassen überschwemmt, was etwa alle Jahrhundert einmal vorkommt. Die Hauptmauern der bessern Wohnhäuser sind freilich dicker und solider, meist von *Adoves*, Luftsteinen aufgeführt, aber die Scheidewände der Zimmer sind oft eben so dünn und auf gleiche Weise gebaut. Der grosse, viereckige Platz und die Kirche sind recht hübsch. Siehe die Ansicht im Atlas. In der Mitte des Platzes steht die in Birmingham gegossene Statue von Juan Godoy, welcher die reichen Silberminen von Chañarcillo entdeckt hat. Er ist in Bergmannskleidung dargestellt. Die Inschriften am Piedestal sind: „Juan Godoy descubrió el mineral de Chañarcillo el 19 de Mayo 1832, cuya fuente de riqueza ha elevado a Copiapó a la altura y engrandecimiento en que hoy se halla. Mandada construir por la ilustre Municipalidad de Copiapó presidido por el digno y benemerito intendente de la provincia de Atacama, Coronel de Ejército, Don José Francisco Gana el año de 1851." (Johann Godoy entdeckte die Erze von Chañarcillo den 19. Mai 1832, welche Quelle des Reichthums Copiapó zu der Höhe und Grösse erhoben hat, in welcher es sich jetzt befindet. Die erlauchte Municipalität von Copiapó, unter dem Vorsitz des würdigen und wohlverdienten Intendenten der Provinz Atacama, wirklichen Obersten, Don Josef Franz Gana befahl im Jahr 1851 die Errichtung (dieser Statue). Ein beliebter Vergnügungsort ist das Tivolá — ich kann nicht sagen, warum man hier und in Valparaiso Tivolá statt Tivoli sagt. — Es ist ein Kaffeehaus mit einem Billard, einem kleinen Tanzsaal, Kegelbahn und einem kleinen, von Mauern eingeschlossenen Garten, die mit scheusslichen Frescomalereien verunstaltet sind. Es liegt am Ende der Vorstadt la Chimba. Mehrere dieser Sprache so wie dem Aimará angehörige Wörter sind in Chile weit nach Süden vorgedrungen, unstreitig in Folge der Eroberung dieses Landes durch die Incas, so z. B. das Wort *Puquinos*, welches in Aimará Sprache Quelle bedeutet. Den Fluss fand ich in dieser Gegend nur etwa 8 Fuss breit und 2 Fuss tief.

Grossen Genuss gewährte mir ein Besuch bei Doña Teresita Gallo. Diese Dame hat einen wundervoll üppigen Garten, und eine reiche Sammlung der schönsten Stufen gediegenen Silbers in allen Formen: haarförmig, drahtförmig, gestrickt, mit Andeutungen von Krystallen z. B. in vierkantigen Drähten, mit vierkantigen Spitzen. Auch von andern Silbererzen waren zum Theil sehr schöne Stufen da, unter denen mir besonders schöne Krystalle von Chlorbromsilber auffielen. Der Metallwerth, der in diesem einen Schranke enthaltenen Stufen muss mehrere tausend Thaler betragen. Die meisten stammten aus der Mine *Retamo*, die in drei Ausbrüchen beinahe eine Million pesos gegeben hat. Ein zweiter Schrank enthält ausgestopfte Vögel, ein dritter Conchylien. Auch besitzt die Dame eine Partie antiker und moderner Münzen.

Mit Herrn Adolph Schwarzenberg aus Kassel besuchte ich das *trapiche* oder Amalgamirwerk des Herrn Salvigni, eines Italieners, der schon seit 15 Jahren in Chile ansässig ist, und der die Güte hatte, uns Alles selbst zu zeigen. Das Werk wird durch das Wasser des Flusses Copiapó getrieben. In zwei grossen Kufen, deren Boden aus senkrecht gestellten Bandeisen besteht, wird das Silbererz gemahlen; die senkrecht gestellten Steine waren mit ungeheuren, schmiedeeisernen Reifen umgeben, deren jeder 15 Centner wiegen sollte, so dass der ganze Stein zwischen 60 und 70 Centner wiegt. Es kann hier nicht der Ort sein, eine technische Beschreibung des Verfahrens bei der Silberamalgamation zu geben. Ich begnüge mich daher mit der einfachen Beschreibung des Verfahrens, soweit es jeden Laien interessirt. Der einem graulich gelben Lehm ähnliche Schlich, welcher aus dem zermahlenen Erz entstanden ist, kommt in vier hölzerne Kufen mit eisernem Boden. In diesem wird das Quecksilber zugesetzt und die Masse vermittelst der Umdrehung eines einfachen Querbalkens untereinander gerührt, damit sie sich innig mit dem Quecksilber menge, und dieses die Silbertheile auflöse. Nachdem 24 Stunden rasch umgedreht ist, lässt man eine langsamere Bewegung nachfolgen, damit das gebildete Amalgam sich besser setzen kann, welches man dann unten abfliessen lässt. Dieses wird nun durch einen Trichter von Segeltuch filtrirt, um es von dem überflüssigen Quecksilber zu scheiden, und nachher noch ein Mal durch feineres Zeug. Das Quecksilber des Amalgams selbst wird vom Silber in den s. g. *caperuzas* abdestillirt. Es ist dies eine Art schmiedeeiserner Töpfe aus verschiedenen Stücken bestehend. Das unterste ein in den Heerd eingemauerter Trichter, der in ein Fass mit Wasser mündet, in welchem sich die entweichenden Quecksilberdämpfe condensiren. Oben wird ein eiserner Ring aufgesetzt und dann ein durchlöcherter eiserner Boden. Auf diesen kommen die *Piñas*, (so heissen die einzelnen Klumpen Amalgam), welche man, wenn sie verschiedenen Eigenthümern gehören, durch ein Blättchen Papier trennt. Dann wird mit dem Krahn die Gloke der *caperuza* aufgesetzt, die Fugen verkittet und Feuer gegeben. Es kommt viel auf die Regulirung des Feuers an; ist das Quecksilber ausgetrieben, und man setzt das Feuer zu lange fort, so fängt das Silber an zu schmelzen und hängt sich an die Wände der *caperuza* fest. Das Papier zwischen den einzelnen *Piñas* verkohlt, und es lassen sich diese, wenn sie aus der *caperuza* herausgenommen sind, leicht durch einen Hammerschlag trennen. Diese so erhaltenen Silberklumpen sind die *plata piña*, welche nun noch in einem Reverberirofen geschmolzen und in eiserne Formen abgestochen werden, um als *plata en barra* versendet werden zu können. — Der Schlich, welcher nach der Amalgamation übrig bleibt, enthält noch alles Silbererz, welches nicht vom Quecksilber aufgelöst werden kann, z. B. Schwefelsilber, u. s. w. und wird getrocknet unter dem Namen *relaves* nach Europa, namentlich nach England verkauft. Früher wurden diese *relaves* fortgeworfen als taub. — Es existiren bei Copiapó mehrere solche *trapiches*, die ein ähnliches Verfahren beobachten, bei Pietra colgada aber existirt ein Amalgamirwerk nach Freiberger Methode, welches einem Herrn Vega gehört. Die Herrn Felix Engelhard und Perret waren eben dabei, ein Schmelzwerk für Silbererze nahe bei der Stadt zu errichten, das erste in der Provinz. Dasselbe hat sehr guten Fortgang gehabt.

Die Zeit, welche ich in Caldera warten musste, bis Don Diego de Almeida mit seinen Vorbereitungen zur Reise fertig war, benutzte ich zu einigen Excursionen in die nächste Umgebung. Der Strand ist voll Muscheln, aber diese sind meist beschädigt. Am häufigsten sind: Oliva peruviana Lam. (und deren senegalensis genannte, aber noch eine Menge andrer Varietäten), Purpura chocolatum Blainv. und xanthostoma Brod., Tritonium rude und scabrum Brod., Trochus ater Lesson, Turbo niger Gray. — Die kleine, von Hupé: Turbo propinquum genannte Form ist auf den Klippen sehr gemein — Turritella cingulata Sow., Concholepas peruviana Lamk., mehrere Arten Fissurella und Chiton, Venus rufa Lamk. (= opaca Sow. und lithoidea Jonas), V. Dombeyi Lamk., eine Mactra, Amphidesma solida Gray, Solen Dombeyi, Pecten purpuratus Lamk., zahlreiche Balanus etc.

Die Vegetation im Sande war sehr reich und hübsch, aber kein Gewächs höher als 1½ Fuss. Am meisten erfreute mich Scytalanthus acutus Meyen, eine Apocynee mit hübschen, goldgelben Blumen und verholzenden Früchten, die sich wie Widderhörner, nur unregelmässig einrollen. Die Einwohner nennen sie daher *Cuerna de Cabra* oder *Cuernecilla*, d. h. Ziegenhorn, oder Hörnchen. Sehr niedlich ist auch Alona vernicosa Ph. mit ihren himmelblauen Trichtern; Calandrinia litoralis Ph., bald mit goldgelben, bald mit hochrothen Blüthen, und Dinemandra ramosissima Ph., eine Malpighiacee mit zahllosen, goldgelben, roth gezeichneten Blümchen, und vier rothen Flügeln an den Früchten. Auch Cristaria viridi-lutea Gay ist eine Zierpflanze. Zahllose Gehäuse von Bulimus mit rother Mündung (*B. erythrostomus Sow.*) lagen umher, aber kein einziges mit dem Thier; vermuthlich verkriechen sich diese tief in die Erde, um der glühenden Sonne zu entgehen. Um so mehr erfreuten sich zahlreiche Eidechsen in dieser Hitze, grau wie der Sand, mit ziegelrothem Bauch und flink wie ein Pfeil. In einem trocknen Bachbett landeinwärts fand ich endlich einen Strauch, einen etwa sechs Fuss hohen *Algarrobo*, (? *Prosopis flexuosa* DC.). Er war gerade in voller Blüthe, und eine Menge goldener Wespen umschwärmten ihn; denen aber zahlreiche Gewebe von Kreuzspinnen Gefahr drohten. Eine wunderhübsche Eidechse, Aporomera ornata Dum. et Bibr. hatte sich diesen Strauch zur Wohnung erkoren. Es ist die grösste chilenische Eidechse, der Körper ist 5 Zoll, der Schwanz 10 Zoll lang; die Farbe des Rückens braungrau mit vier Reihen schwarzer, weiss eingefasster Flecke. Etwas weiter aufwärts fand ich auch ein Exemplar einer Opuntia mit kugelrunden Gliedern, die ich für O. sulphurea Gill. halte. Es ist auffallend, dass die Cactus so selten in dieser Gegend sind. Eine grosse Cicade flog häufig umher und schwirrte so laut, dass man glaubte, die Stimme eines Vogels zu vernehmen, liess sich aber nicht erwischen. Gemein war Gyriosomus Wightii Waterh. und Meloë sanguinolenta Sol. Ein *Tinque de la Cordillera* (*Polyborus montanus, Aquila megaloptera* Meyen) flog über unsern Köpfen, kam aber nicht auf Schussweite.

Weiter aufwärts, etwa 1½ Stunden vom Meeresufer entfernt, ist das Bachbett zum Theil zwölf Fuss tief eingerissen, und lässt die Schichtenfolge der quartären oder Diluvialformation deutlich erkennen. Sie erscheint fast horizontal. Unmittelbar unter dem losen Sande (a), welchen die Winde vom Strande aus über den Boden verbreitet haben, liegt eine etwa 4 Fuss mächtige, fast nur aus Muscheln und Muschelbruchstücken bestehende Conglomeratschicht (b), welche der Witterung besser widersteht, als die darunter liegenden Schichten, und daher über dieselben herüberragt. Die Muscheln scheinen lauter lebende Arten zu sein, doch ist eine grosse Mactra häufig, die mir am Strande nicht vorgekommen war. Die folgende Schicht,

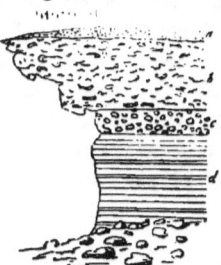

(c) etwa 1 Fuss mächtig, enthält eine Menge Rollkiesel von der Grösse einer Wallnuss bis zu der eines Apfels, welche theils dem Granit, theils dem Porphyr angehören; so findet sich z. B. Granit mit fleischlichrothem Feldspath und rauhgrauem Quarz, dunkelbrauner Porphyr mit etwa ⅙''' grossen Krystallen von rothem Feldspath, grauer Porphyr, dichter, dunkler Grünstein, wie er Gänge im Porphyr bildet u. s. w. Die unterste Schicht (d) besteht aus einem feinen, dichten, sandigen Mergel von graugelber Farbe, etwa 3½ Fuss mächtig, der einige 30 feine, höchstens 1—1½ Linie dicke Schichten von weisslicher Farbe enthält, die der Verwitterung besser widerstehen als der Mergel selbst.

Zu meiner grossen Verwunderung fand ich, dass diese weisslichen Schichten ein sehr reines Kochsalz sind. Noch weiter landeinwärts fand ich das erste feste Gestein, einen ungeschichteten, grauen Porphyr, dermassen mit Gängen eines dunklen grünsteinartigen Gesteines durchzogen, dass stellenweise die Gänge mehr Raum einnehmen als die Grundmasse selbst. Dieses zeigt in grünlich grauer Grundmasse 1½—2 Linien grosse, hellgraue Feldspathkrystalle. Nicht weit davon steht ein Gestein an, welches ein Gemenge von graulichem Quarz, milchweissem Feldspath und schwarzgrüner Hornblende ohne Spur von Glimmer ist. Bald erscheint es wie ein Syenit, indem die Bestandtheile deutlich zu erkennen, etwa 1 Linie gross, und ziemlich gleichmässig gemengt sind, bald sind sie mehr oder weniger verschmolzen. Häufig sieht man rein weisse Adern, die fast nur aus Quarz und Feldspath bestehen, während die Hornblende dafür am Rand der Adern desto häufiger auftritt.

Die Ebene, in welcher das oben beschriebene, trockne Bachbett eingeschnitten ist, liegt mindestens 100 Fuss über dem Meeresspiegel und ist mit Rollkieseln und Muscheln übersät. In drei Viertelstunden Entfernung vom Meer fand ich einen etwa fussgrossen runden Kiesel, an dem noch eine Gruppe Balanus sass. Ich fand hier auch ein Stück Wallfischknochen, aber zu sehr beschädigt, um eine nähere Bestimmung zu erlauben. Alle Muscheln auf der Oberfläche schienen mir identisch mit denen des anstossenden Meeres, und waren namentlich Mesodesma (besser Donacilla) chilensis, Solen Dombeyi, Venus rufa, Concholepas, Oliva, Turritella häufig. Leider sind mir die bei Caldera gesammelten, subfossilen und lebenden Muscheln verloren gegangen. Aber auf dem Rückwege fand ich in demselben trocknen Bachbett eine tertiäre Versteinerung, die Perna Gaudichaudii d'Orb. Vog. (= P. chilensis Conrad., = Perna americana Forbes.) Das Gehäuse ist ganz in Spath verwandelt und mit einem festen, hellgrauen Sandstein angefüllt, der wesentlich Körner von Quarz, Hornblende und Feldspath so wie einzelne Conchylientrümmer enthält.

Auf dem Wege von Caldera nach dem Puerto del Ingles überschreitet man einen etwa 120 Fuss hohen Rücken, der fast gar keine Vegetation hat und ganz mit Sand und Bruchstücken von Muscheln bedeckt ist. Hie und da tritt aus dieser Bedeckung festes plutonisches Gestein in Gestalt von Klippen hervor. Eine solche Klippe ist es auch, auf welcher die Glocke steht, die die Eisenbahnarbeiter zur Arbeit ruft. Es ist ein dunkelgrüner Hypersthenfels, dessen Gemengtheile deutlich zu unterscheiden, und meist 1—1½ Linie gross sind, doch sieht man auch Labradorkrystalle von drei Linien. Das Gestein hat ein auffallend glasiges Ansehn, was unstreitig einen erlauchten Reisenden veranlasst hat, den oben erwähnten Glockenfelsen für einen Lavastrom zu halten. — Andre Felsen, wie sie namentlich dicht bei Caldera im Süden anstehn, sind eine Art Granulit oder Weisstein. Das Gestein ist fast rein weiss, der Bruch im Grossen uneben, im Kleinen splittrig, schimmernd, mit einzelnen, meist in die Länge gezogenen, schwärzlich grauen Pünktchen oder Streifen, die von Hornblende herzurühren scheinen. Die Masse hat im Ganzen lebhaften Fettglanz; einzelne perlmutterglänzende Stellen zeigen kleine, höchstens ⅕ Linie grosse Feldspathkrystalle an. Ab und zu stecken kleine Schwefelkieswürfel drin.

Die nachstehenden Pflanzen sind von mir bei Caldera gesammelt:

Schizopetalum Gayanum Barn.
Menonvillea orbiculata Ph.
Viola asterias Hook.
Frankenia Nicoletiana Gay.
Cristaria glaucophylla Cav.
— viridilutea Gay.
Dinemandra ramosissima Ph.
Fagonia aspera Gay.
Phaca coquimbensis Hook.
Prosopis flexuosa DC.
Oenothera coquimbensis Gay.
Malesherbia humilis Don.
Tetragonia macrocarpa Ph.

Tetragonia maritima Barn.
— microcarpa Ph.

Calandrinia litoralis Ph.
Silvaea corrigioloides Ph.
Microphyes litoralis Ph.
Opuntia sulphurea Gill.
Eulychnia breviflora Ph.
Bustillosia chilensis Gay.
Chuquiraga acicularis Don.
Polyachyrus niveus DC.
Eupatorium foliolosum DC.
Haplopappus Rengifoanus Remy.

Encelia tomentosa Walp.
Closia anthemoides Ph.
Cephalophora litoralis Ph.
Scytalanthus acutus Meyen.
Cynoctonum viride Ph.
Argylia puberula DC.
Heliotropium floridum Ad. DC.
Eritrichum parviflorum Ph.
— chaetocalyx Ph.

Coldenia litoralis Ph.
Solanum flexuosum Remy.
Sorema parviflora Ph.

Sorema glutinosa Ph.	Chenopodium hastatum Ph.	Euphorbia copiapina Ph.
Alona pusilla Ph.	Suaeda divaricata Moq.	Dioscorea fastigiata Gay.
— vernicosa Ph.	Chorizanthe commissuralis Remy.	Scilla triflora Ph.

Ich erinnere mich nicht, eine einzige Graminee gesehen zu haben.

Den 7. December war endlich Herr Almeida fertig, und wir konnten um 10 Uhr Morgens unter Segel gehen. D. Diego de Almeida war ein kleiner Mann mit scharf geschnittenen Gesichtszügen, bereits 73 Jahr, wie er selbst sagte, während seine Bekannten sein Alter auf 90 Jahre schätzten, aber dabei noch ungemein rüstig, überaus dienstfertig und gefällig. Er war seit seiner Jugend *Minero* und *Cateador*, Minenbearbeiter und Minenaufseher, und hatte bei diesem Geschäft sein ganzes Vermögen zugesetzt. Seine Phantasie war aber noch so lebendig wie die eines Jünglings, und Tag und Nacht träumte er von den reichen Minen, welche die Wüste Atacama nothwendig enthalten müsse, und sah in seinem Geist bereits ein zweites *Potosi* in Mitten derselben sich erheben. Ueber die physische Beschaffenheit der Wüste konnte ich nicht den mindesten Aufschluss von ihm erhalten: er hatte nie darauf geachtet, nur *mantas* und *retas*, erzführende Schichten und Gänge, hatten seine Aufmerksamkeit in Anspruch genommen, auch verliess ihn offenbar sein Gedächtniss bereits in manchen Stücken. Er sagte mir weder etwas über die grosse Höhe der Wüste und die Kälte, die dort mitten im Sommer herrscht, noch über die grossen Salzsümpfe derselben. Meine Absicht war, die Landreise mit dem kleinen Hafen Chañaral de las Animas, 26° 20′ s. Br. zu beginnen. Der Wind war schwach, aber günstig. Wir behielten die Küsten beständig im Gesicht und sahen deutlich die Buchten von Totoralillo, Obispito, Obispo, Puerto Flamenco und die vorspringenden Spitzen Cabeza de Vaca und Punta de los Infieles, welche letztere im Süden die Bucht von Chañaral schliesst. Schwärzlich graue, vollkommen kahle Berge erheben sich überall aus dem hellen Sande, welcher letztere zum Theil bis zu grossen Höhen die Abhänge bedeckt. Da sich der Wind in der Nacht gelegt hatte, so konnten wir erst den andern Morgen um 11½ Uhr Anker werfen. Der Landungsplatz ist sehr schlecht; man muss die Klippen 6—8 Fuss hoch förmlich hinaufklettern. Chañaral, zum Unterschied von andern Orten gleichen Namens Chañaral de los Animas genannt, bestand damals aus etwa 20 Häusern mit 100—150 Einwohnern. Die bessern Häuser sind massiv und mit Brettern gedeckt; es gibt aber auch eine Menge Hütten, deren Wände bloss gespaltenes Guayaquil-Rohr, ausgespannte Felle, oder ein Stück altes Segeltuch sind. Gutes Trinkwasser wird vom Brunnen Cachinal de la Costa, 11 leguas weit geholt: ein Wasserplatz im Gebirge, der nur drei Stunden entfernt war, und früher vorzügliches Wasser lieferte, ist seit vier Jahren versiegt. Man hat daher zwei Destillirapparate hergestellt, um Meerwasser zu destilliren, und so dem Mangel an süssem Wasser abzuhelfen. Der eine liefert täglich 36, der andre 12 Arroben Wasser. Das Wasser ist sehr gut, wenn die Destillation langsam geleitet wird, und kostet die Arrobe 3 real, womit, sollte ich meinen, die Kosten kaum gedeckt sind; das Brennmaterial sind Steinkohlen, die von Lota in der chilenischen Provinz Arauco kommen. Der Teig zum Brote wird mit Seewasser angemacht, was man im Brote nicht schmeckt. Das nöthige Wasser für die Maulthiere liefern ein paar Brunnen in der Nähe; dasselbe ist zu brackisch, als dass es Menschen geniessen könnten. Der Hafen ist durch Dekret vom 17. Oktober 1837 habilitirt, d. h. die Ausfuhr der Erze aus demselben erlaubt.

Die Herren D. José Manuel Zuleta, Subdelegado des Distrikts, und D. Antonio Sanhuesa, Administrator der Waddington'schen Kupferminen, denen ich empfohlen war, thaten alles Mögliche, uns den Aufenthalt in Chañaral angenehm zu machen, und versahen uns auch mit Maulthieren zu Excursionen in die Umgegend, und zur Weiterreise. Ich besuchte zunächst von hier aus die Kupferminen von los Animas.

Der Weg führt etwa 10 Minuten am Strand entlang nach Norden, bis sich das Thal des Salado öffnet, welches viele Meilen aufwärts vollkommen wasserleer ist. Alle 50 Jahre soll es ein Mal vorkommen, dass es in diesen Breiten so stark regnet, dass der Fluss bis ins Meer fliesst, wie dies im Jahr 1848 der Fall war. Das Thal kommt von Osten und hat hier wohl eine halbe Stunde Breite, es besteht aus lauter Schutt und Sand, Bruchstücken der angränzenden Felsen, und ist in der ersten Stunde Weges mit Muschelschalen bedeckt. Aus allen Schluchten quillen enorme Schuttmassen hervor, die sich hoch auf die Berge hinaufziehn und die Basis der Berge ist mit Sand umgeben, der wohl nach und nach vom Strande dahin geführt ist. Auch Darwin ist es sehr aufgefallen, dass dieser Schutt sich unter einem steilen Winkel von der Basis der Berge bisweilen bis zur Höhe von mehr als 2000 Fuss erhebt. (S. Journ. of researches etc. ed. 2. p. 318.) In diesem Schutt standen noch einzelne Pflänzchen, darunter ziemlich viel *Cuernecillo*, die meisten waren aber längst vertrocknet. Mehr Vegetation war in dem Seitenthal von los Animas, welches sich, von Südosten kommend etwa eine Stunde vom Meere in das Hauptthal mündet. Das erste anstehende Gestein, welches ich in der Nähe sah, war ein geschichteter Porphyr, dessen Schichten unter einem Winkel von 20 bis 30° nach Osten einschossen. In diesem Porphyrgebirge sind die Kupferminen, die wir nach einem dreistündigen Ritte erreichten. Der Weg ist sehr gut fahrbar, und wird daher das meiste Erz auf Karren nach dem Hafen geschafft, die von Maulthieren gezogen werden.*)

Die Wände der Häuser sind trockene Steinmauern, das Dach ist von Brettern, Segeltuch oder Schilfmatten. Fenster sind nicht vorhanden; Kisten vertreten die Stelle von Stühlen, Tischen, Bettstellen. Wir fanden für die Nacht eine freundliche Aufnahme bei einem D. Zacaria, der uns sogar sein eigenes Bett so wie das seiner Frau einräumte, was wir nicht umhin konnten anzunehmen, ungeachtet wir lieber, der Flöhe wegen, unser Lager im Freien aufgeschlagen hätten. Unser Reisegefährte, der alte D. Diego de Almeida, ist, wie er mir versicherte, der Entdecker dieser Minen gewesen. Ein Wallfischfänger, der zufällig diese Gegenden besuchte, nahm eine Partie von feinen Erzen mit nach Europa, und soll dies das erste chilenische Kupfererz gewesen sein, das dorthin gekommen ist. Er transportirte damals sein Erz nach der etwas südlich von Chañaral gelegenen Bucht los Animas, die durch Dekret vom 2. September 1830 zur Ausfuhr von Erzen habilitirt war, allein er gab doch bald wieder die ganze Sache auf, theils wegen des Fallens der Kupferpreise, theils weil die meisten Arbeiter ihm wegliefen, als die Silberminen von Chañarcillo entdeckt wurden, theils, glaube ich, aus Unbeständigkeit. Als ich diese Minen besuchte, waren 31 Gruben in Arbeit, die 12 verschiedenen Eigenthümern gehörten. Keine war in eine erhebliche Teufe gedrungen, höchstens 20 Fuss tief, und so bestanden die Erze denn hauptsächlich aus Malachit, Kieselkupfer und etwas Buntkupfererz. In der Tiefe erwartete man jedoch auf Kupferkies und Kupferglanz zu stossen.

---

*) Es ist die Rede davon, eine Eisenbahn für Pferde anzulegen. (Juli 1858.)

Eine Grube hatte auch Atakamit geliefert. Die Erzadern stehen ziemlich senkrecht, und verlaufen in allen Richtungen: der Gang (*veta*) Gloria läuft z. B. gerade von Nord nach Süd, ebenso wie die *veta grande de Chanaral*, die *veta Capitana* dagegen von Ost nach West.

An mehreren Stellen findet sich Wasser für den Gebrauch der Bergleute und Maulthiere in hinreichender Menge, es ist aber etwas salzig. Das beste kommt von einem Brunnen, der in einem Gange angelegt und etwa 12 Fuss tief ist. Ein besonderer *Aguero* — Wassermann — ist hier etablirt. Hier sass auf dem Felsen ein Vögelchen, eine seltene Erscheinung, so gross wie ein Sperling mit gelblicher Brust, das ziemlich angenehm sang: man nannte mir dasselbe *Pachurra*.

Die Vegetation war ziemlich reich. Ich sammelte:

Nasturtium anethifolium Ph. *Mostacilla del campo*.	Tetragonia macrocarpa Ph.	Senecio Troncosi Ph.
Menonvillea Gayi Ph.	— maritima Barn.	— myriophyllus Ph.
Cristaria Ovallea Gay.	Eremocharis fruticosa Ph. nov. gen. Umbellif.	Encelia tomentosa Walp. *Corona de Fraile*.
— foliosa Ph. *Malvilla*.		Closia anthemoides Ph. *Manzanilla*.
— lobulata Ph.	Cruikshankia tripartita Ph. *Rosa*.	Cynoctonum viride Ph.
Adesmia eremophila Ph.	Chuquiraga acicularis Don.	Heliotropium linariaefol. *Palongro*.
— cinerea Clos, *Barrilla*.	Polyachyrus roseus Ph.	Nicotiana Miersii Clos.
Calandrinia discolor, *Pata de Guanaco*.	Achyrophorus grandidentatus Ph. *Renca, Serrajilla*.	Alona sphaerophylla Ph. *Sosa*.
		Kein Gras!

Gegen Mittag ritten wir durch die Quebrada (Schlucht) de la Soledad in das Hauptthal des Salado und nach den Minen gleichen Namens. In diesem Thale fand ich die erste Argylia puberula in Blüthe: sie hat eine über 6 Zoll lange und über zwei Zoll dicke, fleischige, weissliche Wurzel, die aber nicht geniessbar ist; selbst gekocht schmeckt sie noch sehr bitter. Man begreift gar nicht, wie ein Gewächs mit so wenig Blättern eine so ungeheure Wurzel haben kann. Hier fand ich zuerst Gypothamnium pinifolium mihi, *Palo de jote*, eine 2—3 Fuss hohe Synantheree mit Blättern fast wie Fichtennadeln und grossen, violetten Blumenköpfen. Ab und zu zeigte sich auch eine Opuntia (*O. sulphurea* Gill), und ziemlich viel *Rosa* (Cruikshanksia tripartita Ph.), eine sonderbare Pflanze, deren Kelchzipfel in ein grosses herzförmiges, zur Zeit der Fruchtreife goldgelbes, weisses oder violettes Blättchen enden. Das Gestein dieses Thälchens ist ächter Thonschiefer! Wo wir das Thal des Salado erreichten, war es noch eine Viertelstunde breit; die Berge zu beiden Seiten scheinen ein sehr zersetzter Thonporphyr, und sind sehr bunt, hellgrau, schwarzgrau, hellviolett, pistaziengrün, fuchsroth, beinah kirschroth. Dieselbe lebhafte Färbung zeigen nach Darwin die Berge bei Chañarcillo. Zahllose schwarze, selten rothe Gänge durchsetzen überall das Gestein, und in allen Richtungen, durchschneiden sich und stehen wie Kämme oder Mauern heraus, indem sie schwerer verwittern als die Grundmasse. Man kann sie oft mit dem Auge eine halbe Stunde weit verfolgen. Die Berge erheben sich hier schon zu 2500—3000 Fuss Höhe und weiter landeinwärts werden sie immer höher. Im O. erscheint das Thal durch den wohl 9—10,000 Fuss hohen Cerro Vicuña geschlossen. Der Schutt in der Mitte des Thales zeigt häufig schneeweisse Krusten von Kochsalz, und liegen Gypskrystalle und primitive Kalkspathrhomboeder in demselben herum.

Die Wohnung des Mineadministrators in diesem öden, vollkommen vegetationsleeren Thale macht einen höchst melancholischen Eindruck; (s. den Atlas.) Die Mauern sind von Lehm und Mergel, und sahen wegen der weissgrauen und gelben Flecke darin von weitem wie Posilipptuff aus. Das Dach ist von Brea-Stengeln, die man 9 Stunden weit herholen musste, mit Lehm beschmiert. Fenster sind natürlich nicht vorhanden: die Thüren öffnen sich auf dem Corridor, der nach dem Hofe geht. Das Trinkwasser kommt von Pueblo hundido, neun Stunden weit; die Thiere finden in einem, eine legua gen SSO. entfernten Brunnen Wasser, das für Menschen nicht geniessbar ist. Früher tranken und brauchten es auch die Bergleute, allein sie wurden in kurzer Zeit davon krank, und bekamen namentlich geschwollene Beine, was alles aufgehört hat, seitdem sie das Wasser von Pueblo hundido bekommen. Die Kupfererze dieser Gegend wurden vor länger als 12 Jahren von einem Argentiner entdeckt, dann von einer Gesellschaft Chilenen bearbeitet, die mit 20,000 pesos Bankerott machte; darauf übernahm sie ein Herr Eduard Miller, der einen noch weit bedeutenderen Bankerott machte, und jetzt liess sie Herr Josua Waddington bearbeiten. Es war nur eine Grube, die *Boquerona*, in Gang. Sie liegt eine halbe Stunde von der Wohnung des Verwalters in NNO., etwa 300 Fuss über dem Thale. Dasselbe ist vollkommen wasserleer; in Folge der Regengüsse, die im August und September gefallen waren, war aber Wasser geflossen, und hatte wohl in der Breite von 80 Schritt einen feinen Schlamm zurückgelassen. Die Grube baut einen fast genau von Nord nach Süd streichenden Gang. Es sind aber eine Menge paralleler Gänge vorhanden, die alle unter 80—90° nach Osten einschiessen und reich an Kalkspath sind: die Salbänder von diesem Mineral bestehen daraus und sind oft 2—3 Fuss mächtig. Ausser der Boquerona liegen noch 9 Gruben im Norden und zwei Gruben im Süden von Salado. Drei leguas weiter im Süden liegt die Kupfermine *Nueva California*. Drei Mal in der Woche wird das Erz nach Chañaral geschafft, und von dort die Lebensmittel und das Futter für die Maulthiere, welches in Gerste besteht, geholt. Die Entfernung beträgt 10 leguas und der Weg ist vollkommen fahrbar. Die Bearbeitung der Minen von los Animas, Salado etc. ist späterhin weit eifriger betrieben, und der Ertrag derselben hat von Jahr zu Jahr zugenommen. Im Jahr 1855 betrug die Ausfuhr von Kupfererzen aus dem Hafen von Chañaral de los Animas in acht Schiffen 39217 Centner, im Jahr 1856 in zehn Schiffen 62900 Centner und im Jahr 1857 in dreizehn Schiffen 78479 Centner. Die Einfuhr war im Jahr 1855 auf 19,444 pesos, im Jahr 1856 auf 21400 und im Jahr 1857 auf 27458 pesos gestiegen.

Am 11. December kehrten wir wieder nach Chañaral zurück. Etwa auf dem halben Wege verengt sich das Thal und windet sich ein paar Mal. Von hier abwärts scheinen die Berge Granit zu sein, und zwar ein weisslicher Granit, der sehr geneigt ist, in groben Sand zu zerfallen. Wo das Thal von los Animas einmündet, steht wieder im S. Thonschiefer an. Dieser Thonschiefer ist grau, ins Bräunliche fallend, ziemlich dünnschieferig, aber zerklüftet; er gibt beim Anhauchen einen sehr starken Thongeruch u. s. w.

Die Felsen dicht beim Oertchen Chañaral werden hauptsächlich von einem ziemlich dunkelgrauen Hornfels gebildet, der mit weissen Adern durchzogen ist. Der Bruch ist uneben bis splittrig. Quarzkörner sind in der dunkeln Grundmasse deutlich an ihrem eigenthümlichen Glanz zu erkennen. Dunklere, fast schwarze Gänge durchschneiden dasselbe in verschiedenen Richtungen und fallen schon von Weitem auf.

Im ganzen Thal des Salado ist die Vegetation so gut wie null, auch bei Chañaral sieht man nichts Grünes. Erst wenn man zwischen den Felsen am Ufer herumklettert, findet man hie und da in einer Spalte ein Pflänzchen, namentlich die Tetragonia maritima Barn. ein paar Nolanen, die Closia anthemoides, den oben erwähnten Achyrophorus, die Opuntia sulphurea Gill? und die Statice plumosa Ph. Eine hässliche, graue Eidechse, Microlophus Lessonii Dum. et Bibr., ist sehr gemein auf den Klippen (bis Mejillones hinauf fand ich sie überall), und scheint sich hauptsächlich von den Fliegen zu ernähren, die in solcher Unmasse auf den vom Meere an den Strand geworfenen Gegenständen sich einfinden. An diesem Strande waren unterdess von meinem Jäger der Scheerenschnäbler (Rhynchops nigra,) zwei Haematopus palliatus, Strepsilas borealis und interpres, und Numenius hudsonicus, die s. g. *Perdiz de mar* erlegt worden.

Den 12. Morgens 10¾ Uhr verliessen wir Chañaral, um uns zu Lande nach dem Hafen Tartal oder Taltal, auch Juncal genannt, zu begeben, wo ich wieder mit dem Schiffe zusammentreffen wollte. Wir hatten Maulthiere durch Herrn Antonio Sanhuesa bekommen, so dass wir nicht nur reiten, sondern auch 2 Kisten und den nöthigen Vorrath Gerste mitnehmen konnten. Der Weg führt eine ganze Stunde lang am Strande fort, wo sich die Wellen mit langer Brandung brechen. Stellenweise sieht man mehr Muschelschalen als Sand, aber sie sind wegen der starken Brandung alle zertrümmert. Das Vorgebirge, welches im Norden die seichte Bucht schliesst, besteht aus einem kleinkörnigen bis feinkörnigen Syenit oder Grünstein. Die 1—1¼ Linien langen dunkelgrünen Hornblende- und milchweissen Feldspathkrystalle sind deutlich zu unterscheiden. Die Stufe ist mir verloren gegangen, so dass ich nicht nachsehn kann, ob Quarzkörner darin sind. Die Abhänge dieses Vorgebirges sind hier mit einer ziemlich reichen Vegetation bewachsen, namentlich sieht man Eulychnia breviflora Ph., die Oxalis gigantea Barn., und eine vier bis fünf Fuss hohe, strauchartige Euphorbia, mit dicker fleischiger Rinde, aus der bei der geringsten Verletzung ein reicher Strom von weisser Milch hervorquillt. Die Einwohner nennen sie deshalb *Lechera*, von *leche* Milch, und ich habe ihr den Beinamen lactiflua gegeben. In dieser Gegend ist eine Quelle, deren Namen: *Agua hedionda*, stinkendes Wasser, zur Genüge ihre Beschaffenheit anzeigt. So wie man um das Vorgebirge herumgebogen ist, hat man eine ganz andre Natur, ein ziemlich breites Kiesfeld, aus welchem furchtbar zerrissene Felsen und Klippen hervorragen, die aber oft höchst malerische Formen zeigen. Zahllose Echinocactus von zwei Arten*) bedecken den Boden und dazwischen sieht man die blauen Glocken von Sorema, die goldenen Sterne der Tylloma glabrata; auch Tetragonien und die sonderbaren *Cuernecillos* (Scytalanthus acutus) sind häufig. Ab und zu zeigt sich auch mein Gypothamnium pinifolium. Der Weg lässt das spitze Vorgebirge Pan de azucar in einer Entfernung von etwa 1½ Stunden westlich liegen, und überschreitet den 345 Fuss hohen Rücken, der dasselbe mit dem Küstengebirge verbindet, um in ein weites Thal zu gelangen, für welches ich keinen Namen erfuhr. An den Felsen sah ich hier zum ersten Male den *Chaguar de jote* (Pitcairnia chrysantha Ph.), der weiter nach Norden hin an der Küste so häufig ist, mit fleischigen Aloëblättern und einem 2 Fuss hohen Blüthenstiele, der zwei bis drei seitliche, drei Zoll lange Aehren goldener Blumen trägt. Hier war auch Cruikshanksia tripartita Ph. häufig, eine niedliche Cri-

---

*) Ich hatte alle diese Cacteen lebend nach Santiago geschickt, aber sie sind bei den Personen, denen ich sie — in Ermangelung eines botanischen Gartens — zur Pflege übergeben, zu Grunde gegangen, ehe ich sie untersuchen konnte.

staria, die mir verloren gegangen ist, Adesmia pusilla Ph., Calandrinia calycina Ph., Closia pusilla Ph. Auch lagen hier einige leere Gehäuse von Bulimus umher, von der Sonne gänzlich gebleicht.

Der Boden des erwähnten Thales besteht nur aus Granitgrus, und die angrenzenden Berge sind grösstentheils ebenfalls im Begriff in Grus zu zerfallen. Unser Nachtquartier wollten wir beim Wasserplatz Cachinal de la Costa nehmen, welcher in einem kleinen, von Norden nach Süden laufenden Seitenthale liegt. Um in dasselbe zu gelangen überstiegen wir die das Hauptthal begrenzenden Hügel und traten dann durch eine enge, malerische Schlucht in das Thälchen von Cachinal, das wir etwa nahe 1½ Stunden aufwärts verfolgen mussten, um zum Wasserplatze zu gelangen. Schon unterwegs sieht man hie und da in der Thalsole etwas Feuchtigkeit. Das Wasser ist eine Pfütze von etwa 10 Fuss Durchmesser, mit einer trocknen Mauer, einer s. g. Pirca, rund umgeben, damit die Thiere das Wasser nicht verunreinigen. An einer Stelle fliesst es ab, und etwa 15 Schritte weiter versiegt es.

Hier hatten ein paar Männer und Weiber unter einer Art Zelt ihre Wohnung aufgeschlagen, die letzteren wollten hier Zeug aus Chañaral waschen, denn dies ist der nächste Punkt, wo hinreichendes Wasser zu diesem Zweck vorhanden ist, in 11 leguas Entfernung! Früher gingen sie gar zu dem Ende 28 leguas weit, nach der s. g. Finca de Chañaral. Etwa 50 Schritte oberhalb des Brunnens schlugen wir unser Zelt auf. In dieser Gegend hielten sich auch noch mehrere Weiber mit ihren Ziegenherden auf, denn es ist hier eine verhältnissmässig üppige Vegetation. Da wir am folgenden Tage erst Nachmittags unsern Weg weiter fortsetzten, so hatte ich Zeit, sie näher kennen zu lernen.

Bäume gibt es nicht, und die höchsten Sträucher sind kaum mannshoch. Es sind dies Cereus peruvianus und nigripilis, Eulychnia breviflora Ph., der *Churco* (Oxalis gigantea Barn.), dessen Rinde zum Gärben der Netze dient, die *Lechera* (Euphorbia lactiflua Ph.), Ledocarpum pedunculare Lindl., der wegen seiner schönen, grossen gelben Blüthen verdiente in Gärten gezogen zu werden, Heliotropium linariaefolium Ph., mit blassvioletter Blüthe und das weit niedrigere H. pycnophyllum Ph., mit orangegelber Blüthe, die *Therba* oder *Palo de Jote* (Gypothamnium pinifolium Ph.), und ein Strauch aus derselben Familie der Synanthereen mit stacheligen Blättern, den ich Oxyphyllum ulicinum genannt habe. Zu den schönsten Gewächsen gehörte aber Salvia tubiflora Smith mit grossen scharlachrothen Blüthen, und Alströmeria violacea Ph. Ich gebe hier das vollständige Verzeichniss der an diesem Tage gesammelten Pflanzen:

Nasturtium carnosulum Ph.
Mathewsia incana Ph.
Lepidium spathulatum Ph.
Menonvillea parviflora Ph.
Arenaria teretifolia Ph.
— lignosa Ph.
— denticulata Ph.
Ledocarpum pedunculare Lindl.
Oxalis gigantea Barn.
— ornata Ph.
— ornithopoda Ph.
Trifolium concinnum Ph.
Astragalus cachinalensis Ph.

Adesmia cremophila Ph.
Loasa Arnottiana Gay.
Tetragonia microcarpa Ph.
— macrocarpa Ph.
Calandrinia cachinalensis Ph.
Silvaea amaranthoides Ph.
Eulychnia breviflora Ph.
Cereus peruvianus L.!
Cereus nigripilis Ph
Echinocactus columnaris Pfr.
— occultus Ph.
Helioseiadium deserticola Pl.
Eremocharis fruticosa Ph.

Domeykoa oppositifolia Ph.
Chabraea modesta Ph.
Gypothamnium pinifolium Ph.
Oxyphyllum ulicinum Ph.
Stevia menthaefolia Ph.
Haplopappus rengifoanus Remy.
Senecio cachinalensis Ph.
— Almeidae Ph.
Bahia ambrosioides Lag.
Centaurea cachinalensis Ph.
Achyrophorus foliosus Ph.
Argylia puberula DC.
Heliotropium linariaefolium Ph.

Heliotropium pycnophyllum Ph.	Linaria canadensis L.	Rhodophiala uniflora Ph.
Salvia tubiflora Smith.	Schizanthus laetus Ph.	Alstroemeria violacea Ph.
Sorema elegans Ph.	Atriplex mucronatum Ph.	Leucocoryne narcissoides Ph.
Alona mollis Ph.	Suaeda divaricata Moq.	Pospalum vaginatum Sw.
— micrantha Ph.	Quinchamalium crassifolium Ph.	Stipa tortuosa Desv.
— pusilla Ph.	Euphorbia lactiflua Ph.	Sporobolus scaber Ph.
Alibrexia villosa Ph.	Tigridia?	

Ich fand ein paar Helix Reentsi Ph.; Helix epidermia Ant.; und einen kleinen Bulimus, (B. minimus Ph.). In diesem Thal waren ziemlich viel Vögel, die den Morgen vor Tagesanbruch ihre Stimme erschallen liessen, besonders *Diucas*.

Unser Zelt war 1722 Fuss Par. über dem Meere aufgeschlagen. Um 2¼ Uhr N.M. setzten wir unsern Weg weiter fort und stiegen Thal aufwärts, bis wir nach drei Viertelstunden ein ziemlich ausgedehntes, 2026 Fuss über dem Meere erhabenes Plateau erreichten. Je höher wir im Thal hinaufstiegen, je reicher wurde die Vegetation, und fand ich namentlich hier die Rhodophiala, die Leucocoryne, den Klee, die Stevia und die blaue Iridee, welche mir leider verloren ging. Der Sporobolus war auf der Hochebene sehr häufig: es ist ein vortreffliches Viehfutter. Wir bogen links vom Wege ab und hatten bald den Anblick des Meeres zu unsern Füssen. Der Abhang fällt so schroff in den Ocean, dass der Weg nicht hat am Ufer entlang geführt werden können. Der Weg wendete sich nun landeinwärts und senkte sich etwas; der Boden wurde kiesig und unfruchtbar. Im Anfange waren noch einige Cereus, Echinocactus und eine Opuntia zu sehen; letztere mit cylindrischen Gliedern und dicht mit hellgrünen Stacheln besetzt, die bedeutend länger waren als der Durchmesser des Gliedes, trug rothgelbe Blumen, und hatte sich schon im obern Theil des Thälchens von Cachinal gezeigt. Weiter hin war keine Spur von Vegetation, die Ebene sah von weitem weiss aus, wie mit Schnee oder Salzefflorescenz bedeckt; es war aber weisser Quarz. Nachdem wir etwa 2½ Stunde zurückgelegt hatten, überschritten wir einen kleinen Rücken, 2085 Fuss Par. über dem Meere, den ein auffallender weisser Gang durchsetzte, den man wohl 1000 Schritte weit mit dem Auge verfolgen konnte. Er ging von NW. nach SO., stand beinah senkrecht und war ein schwarzer Stinkkalk, aber auf der Oberfläche ganz und gar mit weissen Flechten bedeckt. Hier sah ich zum ersten Male auf der Höhe des Rückens, da wo ihn der Weg passirt, einen von Menschenhänden errichtenden Steinhaufen; eine *Apachecta*, oder *Apacheta*. Im Reiche der Incas war es, wie es scheint, allgemein Gebrauch, dass jeder Reisende, wenn er eine Passhöhe erreicht hatte, einen Stein hinlegte, und so entstanden diese Steinhaufen. Die Sitte hat sich noch grossentheils erhalten, nur sind in Bolivien häufig hölzerne Kreuze in diese *apachecta* gesteckt. Ich habe sie späterhin sehr häufig angetroffen. Auch bei Maldorvato nicht weit von Montevideo hat Darwin auf der Sierra de los Animas solche Steinhaufen bemerkt, die der dortigen Meinung nach von den alten Indiern zusammengelegt sind, ähnlich, aber in kleinerem Massstabe, wie die auf den Bergen von Wales. (S. Journal of Researches etc. new. edit. p. 46.) Sonderbar, dass diese Sitte sich an so entfernten Punkten findet. Diejenigen, welche *Coca* kauen, pflegen allemal auf diese *Apachetas* (so wie auf grosse, isolirte Steine) auszuspucken, woher die grünen Flecke kamen, die ich mir lange nicht zu erklären wusste.

Der Boden bestand weiterhin aus Mergel, mehr konnte ich beim raschen Reiten nicht sehen.

Als es dunkel wurde, hatten wir wieder Kiesboden. Die niedrigen Hügel, die man auf dieser Hochebene ab und an erblickt, sind sämmtlich abgerundet und rothbraun. In der Nacht kamen wir dicht an einem flachen Berge vorbei, der nichts als ein Haufen ziemlich abgerundeter Steine von 2—3 Fuss Durchmesser zu sein schien. Die Stücke, die ich davon abgeschlagen hatte, erwiesen sich den andern Morgen als ein grünlich grauer Porphyr mit Hornblende und grauen Feldspathkrystallen von 1 Linie Länge. Erst um 9¹/₄ Uhr langten wir bei einer Stelle der Ebne an, wo etwas trocknes Buschwerk zum Feuer machen stand, während der letzte Theil des Weges ohne alle Vegetation gewesen war. Dieser Ort heisst Cachiyuyal, ungeachtet hier kein *Cachiyuyo* (Atriplex) mehr wächst. Vermuthlich war er früher vorhanden und ist, um als Brennholz zu dienen, ausgerottet. (*Cachi* ist aus der *Quichna*-Sprache und bedeutet salzig; *yuyo* ist wohl auch aus derselben: mehre Pflanzen heissen in Chile so, *Yuyo* schlicht weg ist der zum Unkraut gewordene Raps, *Paico-yuyo* (Galinsogea parviflora.). Wasser war hier nicht vorhanden.

Dieses Cochiyuyal liegt 2066 Fuss über dem Meere; man sieht, wir haben uns den ganzen Tag auf einer zwar wellenförmigen, aber im Ganzen horizontalen Ebene fortbewegt. Von Cachinal bis Cachiyuyal sind etwa 10 leguas.

Der folgende Tag, der 14te December, brachte uns nach der 9 leguas entfernten Agua del Clerigo über Hueso parado. — Cachiyuyal ist ein Rücken von Stinkkalk, der dem Porphyrgebirge eingelagert zu sein scheint. Die wenigen Gewächse, die hier wuchsen, waren Alona xerophila Ph., Tetragonia maritima Barn., welche beide Sträucher unser Brennmaterial lieferten, Tetragonia macrocarpa Ph., Sorema elegans Ph., Gypothamnium pinifolium Ph., Heliotropium pycnophyllum Ph., Silvaea amaronthoides Ph. Eine grosse Menge Ameisen mit rothen Köpfen liefen hier herum.

Um 6¹/₂ Uhr Morgens ritten wir weg. Der Weg ist eine wellenförmige Hochebene, die sich schwach nach Norden, nach dem Thale von Juncal senkt, man passirt der Reihe nach mehrere flache Thäler und niedrige Rücken. Der Portezuelo de las tapaderas ist 1879 Fuss hoch, das Thal des Llano colorado 1576, der folgende Portezuelo 1860 u. s. f. Die Gebirgsart ist Porphyr, am häufigsten ein rauchgrauer Thonporphyr mit 1—3 Linien grossen Feldspath- und 1 Linie grossen Hornblondekrystallen. Etwa ein legua hinter Cochiyuyal war ein Gang von Mandelstein, der von WNW. nach OSO. strich. Das Gestein ist sehr zersetzt und zerbröckelt in kleine eckige Stücke von 1—3 Zoll Grösse, es ist so weich, dass es sich leicht schaben lässt. Man erkennt in der bräunlichen Grundmasse hie und da kreideweisse Feldspathkrystalle von ¹/₂—1 Linie Durchmesser, und dunkelgrüne, aber ziemlich zersetzte Hornblondekrystalle. Die Blasenräume sind theils mit Kalkspath, theils mit Grünerde, theils mit rothem Eisenocker erfüllt. Als wir uns dem Thale von Tartal oder Juncal näherten, fand ich auf dem Boden eine Menge rothen Jaspis, der vielfach mit Adern von weissem Chalcedon durchzogen ist und theilweise in denselben übergeht. An einem Handstück sitzt etwas Epidot und an einer andern Stelle Wawellit. Bisweilen enthält der Jaspis auch kleine schuppige Eisenglanzkrystalle. In andern Stücken ist der Chalcedon vorherrschend. Oft sieht man concentrische Kugeln, ähnlich wie bei Conchylien, die sich in Kieselmasse verwandeln. Diese Jaspis und Chalcedone stammen wahrscheinlich aus Mandelstein und von den niedrigen Bergen im Osten her, in denen nach D. Diego de Almeida Goldadern vorkommen.

Vegetation findet sich nur in den Thälern, auf den Rücken und Ebenen ist sie absolut null. Ich fand nicht weit von Portezuelo de las tapaderas ein Lycium, welches mir neu scheint (*L. desertorum* Ph.), und welches ich an keiner andern Stelle der Wüste gesehn habe; es heisst wie die andern stacheligen Lycium-Arten *Calpichi*. Die übrigen Pflanzen waren Malesherbia humilis Ph., Bustillosia chilensis Clo., Cruikshanksia tripartita Ph., Gypothamnium pinifolium Ph., Tylloma glabratum Remy, Heliotropium linariaefolium Ph. und pycnophyllum Ph., ein Eritrichum, Alibrexia incana Ph.

Lange hatten wir bereits den hohen, schwarzen Berg von Hueso parado vor uns, der nördlich vom Thale von Tartal liegt, ehe wir in dasselbe durch eine kurze, in schwärzlichem Thonporphyr eingeschnittene Schlucht hinabstiegen. Dieses Thal ist meist von steilen Porphyrfelsen eingefasst und hat ein starkes Gefälle nach dem Meere hin. Querüber ist es vollkommen horizontal, mit zahlreichen Wasserrissen, aber vollkommen trocken. Der Schutt, welcher dasselbe ausfüllt ist ziemlich eckig, zum Beweis, dass er nicht vom Wasser gerollt ist. Nach einigen hundert Schritten mündet sich auf der andern Seite das Nebenthal von Breadal und bringt weisse Salzefflorescenzen mit, die hauptsächlich Gyps mit wenig Kochsalz gemengt sind. Der herrschende Porphyr ist ein weicher Thonsteinporphyr von dunkelbrauner Farbe: der Strich ist röthlich weiss; der Bruch sehr uneben, erdig. Die Lupe zeigt viele kleine weisse Pünktchen und seltener graulich-weisse Albitkrystalle, die höchstens ½ Linie messen. Die Klüfte zeigen bisweilen einen röthlich weissen Ueberzug, der nicht mit Säuren braust. Sonst sind auch bisweilen die Spalten und Nester mit weingelbem, faserigem Kalkspathe und mit einer kaolinähnlichen Masse erfüllt. Dieser Porphyr ist nicht deutlich geschichtet. Er zerfällt leicht in eine thonige, bisweilen violblaue Masse. Wahrscheinlich ist er auch ab und an von Grünsteingängen durchzogen, nach den Bruchstücken zu urtheilen, die man im Thale findet.

Die Vegetation ist ziemlich reich, gewährt aber kein Viehfutter. Auf den Felsen stehen Eulychnia breviflora und viel Echinocactus-Arten, wie E. cinereus Ph., mammillarioides Hook., columnaris Pfr., copiapensis Pfr. Häufig ist das schöne Ledocarpum pedunculare Lindl., und Mentzelia chilensis Gay. Ferner Reyesia chilensis Gay, Gymnophytum foliatum Ph, Drymaria paposana Ph. u. s. w.

Nachdem wir dem Thale eine gute Strecke abwärts gefolgt waren, überschritten wir es, gingen durch ein gewaltiges Binsenfeld, woher das Thal den Namen Juncal hat, dann durch ein grosses *Quiscal* (Cactus-Feld), wo die Eulychnia und Cereus an 15 Fuss hoch waren, stiegen nun den südlichen Abhang des Berges von Hueso parado hinauf und schlugen unser Zelt nicht weit vom Brunnen Agua del Clerigo auf, in einer Höhe von 1227 Fuss über dem Meere.

Der Brunnen war wie gewöhnlich mit einer *pirca*, einer Mauer von trocknen Steinen umgeben; er enthielt reichlich Wasser, das ziemlich gut, aber voll Conferven und Mückenlarven war, daher wir auch viel von Mücken (Culex) und Muskitos, einer Art Simulia, mit drei braunen Flecken am Vorderrande der Flügel, zu leiden hatten. Schnecken fand ich nicht darin. Wo das Wasser überlief, wuchs viel *Chepica* (Paspalum conjugatum Sw.) Dicht bei unserm Zelte standen einige Birnbäume, ebenfalls von einer *Pirca* umgeben, die aber stellenweise eingefallen war. D. Diego erzählte uns, er habe, als er in dieser Gegend Kupferminen bearbeitet, diese Birnbäume gepflanzt, und ebenso Feigenbäume. Die meisten dieser Bäume sind aber von den Ziegen und Eseln der *Changos*, — so heissen die Küstenbewohner — vertilgt worden.

In dieser Gegend ist viel Vegetation, und namentlich auch Futter für Ziegen, Esel und Maulthiere. Wir machten daher hier eine Rast bis zum Mittag des 16ten Decembers. Ich benutzte diese Zeit um die Janequeo zu besuchen, welche mittlerweile angekommen war und in der Bucht von Tartal vor Anker lag, wobei ich die traurige Entdeckung machte, dass ein Theil der von mir gesammelten Pflanzen, die ich auf dem Schiffe gelassen hatte, in Folge der feuchten Seeluft verdorben waren, da sie Niemand umlegte. Die Küste war mit Tangen und unzähligen Krebsen aus dem Geschlecht Hippa bedeckt, welche mir verschieden von der H. emerita Fabr. der brasilianischen Küste zu sein scheint, aber es lagen nur wenige Arten Conchylien am Strande, meist Oliva und Turitella, und diese sehr abgerieben. Die schwarzen Felsen des Ufers sind ein dunkler Thonporphyr, dessen Klüfte zum Theil mit Eisenglanz bedeckt sind. Von diesem Eisenglanze stammt wohl der schwarze Sand, der stellenweise den Strand bildet. Häufig lagen auf demselben auch Carneole, Achate, Chalcedone, Jaspis umher.

Nicht weit von unserm Lager waren eine ziemliche Menge Hütten von Changos. Diese Hütten sind sehr einfach; Wallfischrippen oder Holz von Cereus bilden einen kaum 6 Fuss hohen Rahmen; Ziegenfelle, Seehundsfelle, alte Segel und Lumpen oder gar blosse Tange bilden die Wände und das Dach; Stühle, Tische, Bettstellen sind nicht vorhanden; ein Seehundsmagen ist der Wasserbehälter, ein paar Töpfe, eine hölzerne Wanne sind fast die einzigen Küchengeräthe. Es waren fast nur Weiber und Kinder in den Hütten, die Männer sind in den Bergwerken oder mit dem Fischfange beschäftigt. Diese Weiber haben viele Ziegen, Hühner, ein paar Esel, welche den Hausrath von einem Orte zum andern schleppen, wenn es nöthig ist, neue Weideplätze aufzusuchen, und viele Hunde. Sie leben hauptsächlich von Schalthieren, Concholepas, Patella, Fissurella, Chiton, von Fischen, Ziegenfleisch, Milch und Eiern: Mehl und Korn ist eine grosse Seltenheit. Sie tragen Kattunkleider, Schuhe, Ohrringe, Fingerringe, und sprechen sehr gut Spanisch; die indianische (chilenische oder araukanische Sprache ist unter ihnen ganz ausgestorben.) Ihr Benehmen ist so artig, als ob sie die beste Erziehung genossen hätten, sie nehmen aber natürlich dieselbe Artigkeit gegen sich in Anspruch und verlangen namentlich mit *Sennorita* (Fräulein) und *Usted* („Sie," eigentlich *Vuestra merced* „Euer Gnaden") angeredet zu werden. Drei derselben besuchten uns öfter, eine uralte Donna Serafina, eine alte Liebe unsers guten D. Diego, und zwei jüngere gar nicht hässliche Weiber, Santos und Martina genannt, die uns mit Fischen, Milch, Eiern, Hühnern versahen, und dagegen Zucker, *Yerba* d. h. Paraguay-Thee, Mehl, Rinderfett etc. eintauschten. Ich werde ihre Freundlichkeit nie vergessen. Als ich vom Schiffe nach meinem Zelte in der glühenden Mittagshitze den Berg hinaufstieg und ganz erschöpft bei ihren Hütten vorbeikam, luden sie mich freundlich ein, hereinzutreten, was ich aber aus Furcht vor den Flöhen ablehnte, worauf sie eine Flasche Milch herausbrachten, mich nöthigten, mich doch erst etwas daran zu laben, ehe ich meinen Weg fortsetzte.

Die Pflanzenwelt ist hier sehr reich und sehr interessant. Hier fand ich zum ersten Male die niedliche Cleome chilensis DC., ein hübsches Lycium mit graugrünen Blättern

(*L. glaucum* Ph.); eine neue Proustia, freilich noch nicht in Blüthe, von den Einwohnern *Típia* genannt; den gigantischen, wohl 6 Fuss hohen Taback mit krausen Blättern, fast wie Kohl, (*Nicotiana solanifolia* Walp.), die Tillandsia humilis Presl., *Jaichigue* genannt, leider ohne Blüthe. Ich habe sie sehr häufig auf Euphorbia lactiflua, zwei oder drei Mal auf einem Cereus, und ein Mal auf einem Felsen gefunden; Cynoctonum boerhaaviaefolium Dene, so wie die bis 6 Fuss hohen ästigen Gräser Stipa plumosa und Nassella pubiflora drängten sich zwischen den Cereus in die Höhe. Dicliptera paposana Ph. und Telanthera junciflora, so wie Mouttea chilensis kamen mir hier auch zum ersten Male zu Gesicht. Sehr häufig ist der *Chaguar* (Pitcairnia chrysantha Ph.). Die Einwohner kauen die fleischige Wurzel aus und bedienen sich derselben als Stöpsel für Flaschen. Besonders schmackhaft ist die Wurzel einer zweiten Art, von der ich mir keine Blüthen verschaffen konnte. Das vollständige Verzeichniss der bei Hueso parado gesammelten Pflanzen ist folgendes:

Menonvillea aptera Ph.	Stevia menthaefolia Ph.	Ercilla volubilis Ad. Juss.
Cleome chilensis DC.	Closia elata Ph.	Quinchamalium thesioides Ph.
Viola litoralis Ph.	Cynoctonum boerhaaviaefolium Dene.	Plantago litorea Ph.
Arenaria stenocarpa Ph.	Mouttea chilensis Gay.	— deserticola Ph.
Cristaria integerrima Ph.	Reyesia chilensis Gay.	— brachyantha Ph.
— heterophylla Ph.	Heliotropium rugosum Ph.	Oxybaphus micranthus Choisy.
Mentzelia chilensis Gay.	Salvia paposana Ph.	Euphorbia lactiflua Ph.
Sicyos Badaroa Hook.	Verbena glauca Gill.	Pitcairnia chrysantha Ph.
Pentacaena ramosissima DC.	— erinoides Lamk.?	Tillandsia humilis Presl.
Gymnophytum foliosum Ph.	Dicliptera paposana Ph.	Scilla triflora Ph.
Eryngium pulchellum Ph.	Nicotiana solanifolia Walp.	Juncus.
Daucus australis DC.	Lycium glaucum Ph.	Nassella pubiflora Trin et R.
Valeriana pubescens Ph.	Schizanthus laetus Ph.	Stipa plumosa Trin.
Proustia Tipia Ph.	— lacteus Ph.	Eragrostis deserticola.
Chaetanthera linearis Pöpp.	Plumbago caerulea Kth.	Sporobolus scaber Ph.
Tylloma glabrata DC.	Telanthera junciflora Remy.	

Zu den oben angeführten Cacteen sind noch zwei Arten Opuntien mit kugeligen Gliedern und verwünscht langen Stacheln hinzuzufügen. Auffallend ist es, dass überall an der Küste alle strauchartigen Gewächse, selbst die Cactus und ihre Stacheln dicht mit Flechten bedeckt sind, deren zahlreiches Vorkommen unstreitig Folge der feuchten Seeluft ist.

Bei der reichen Vegetation war auch das Thierreich nicht arm. Unter den Steinen war ein grosser Skorpion und zwei Arten Käfer aus der Abtheilung der Melasomen nicht selten, eine kleine Fliege, der Stubenfliege ähnlich und eine Bremse wurden nicht selten lästig, und die Monedula chilensis zeigte sich ebenso häufig, wie bei Santiago. Auch fehlte es nicht an Acridien. Am Fusse der Cactus waren zwei kleine Bulimus häufig, die ich nachher in Menge bei Paposo fand. Die *Diuca* (Fringilla Diuca Mol.) der chilenische Zeisig (*Jilguero*, Fr. barbata Molina oder Chrysomitris campestris Gould), der prachtvolle Colibri, der bei Santiago nur in der Cordillera vorkommt, (Trochilus leucopleurus Gould), die Turteltaube der Cordillere, (Zenaida boliviana Gray), und der *Tinque de la Cordillera*, (Polyborus andinus) sind die Vögel, die ich hier beobachtete. Sehr auffallend ist es, dass in dieser Wüste und zwar Mitten im Sommer so viele Thiere (zu den Thieren ist noch das *Guanaco* zu zählen) angetroffen werden, welche in der Provinz Santiago nur der hohen Cordillere angehören. Es scheint, dass dieselben in ihrem Vorkommen weniger von der Temperatur und dem Luftdrucke als von der spärlichen Vegetation und der Beschaffenheit der Gewächse abhängen. Am Strande waren die gewöhnlichen Vögel, Möven, Austernfischer, Scheerenschnäbel zu sehn, auch wurde ein Tropikvogel mit weissen Schwanzfedern, (Phaeton aethereus L.) erlegt, kam aber nicht in meinen Besitz.

Beide Nächte war ein starker Nebel, ja man kann wohl sagen Staubregen, die *garuga* der Spanier, gefallen. Dies ist an dieser Küste in einer gewissen Höhe fast während neun Monaten beinah täglich der Fall, und erklärt die Vegetation. Während die Maulthiere zusammengesucht und die Vorbereitungen zur Weiterreise getroffen wurden, ging ich mit D. Diego höher hinauf in die Berge, um den Ort zu besehen, wo er früher Kupfererz gegraben hatte. Auf einem Sattel stand noch der Backofen fast unbeschädigt, und die *Pirca*, in welcher er gewohnt. Hier war eine herrliche Aussicht, auf das Meer nach der einen Seite und auf der andern Seite das Thal von Tartal weit hinauf. So grossartig der Anblick auch ist, so machte er doch bald, wie alle Ansichten in der Wüste, einen melancholischen Eindruck, da man nirgends eine Spur von menschlicher Thätigkeit, keinen grünen Fleck, kein vegetabilisches und animalisches Leben gewahr wird; die ganze Natur ist todt wie ein Leichnam.

Das Gestein des wohl 3000—3500 Fuss hohen Berges von Hueso parado ist ein porphyrartiger Syenit. Rabenschwarze Hornblendekrystalle bis 3 Linien lang, graulicher Quarz bis 1¼ Linie gross und milchweisse Albitkrystalle, 1—2 Linien gross, setzen denselben zusammen: letztere sind vorherrschend. Diese Krystalle sind porphyrartig ausgeschieden, allein die Grundmasse zeigt dieselben Bestandtheile von einander gesondert, nur von sehr kleinen Dimensionen. Einzelne Körner von Schwefelkies und Magneteisen oder Titaneisen sind hie und da eingesprengt: von Glimmer ist keine Spur zu sehn. Dieser Berg scheint eine Insel im Porphyrgebirge zu bilden.

Gegen 11 Uhr Vormittags ritten wir fort und gelangten über einen niedrigen Rücken ans Meer. Unterwegs kamen wir bei der grossen, im Boden aufgerichteten und von einem Halbkreise grosser Steine umgebenen Wallfischrippe oder Kinnlade vorbei, welche der ganzen Gegend den Namen Hueso parado, der aufrechte Knochen, gibt. Ich konnte nicht erfahren, was dieses Monument zu bedeuten hat. Der Weg führt längere Zeit auf einer horizontalen Schuttablagerung etwa 100—150" über dem Meeresspiegel fort. In den Schluchten, die wir durchkreuzten, fand ich zum ersten Mal die Huidobria chilensis Gay, eine hübsche Loasee mit weissen Blumen, und ein Teucrium, wahrscheinlich Teucrium bicolor Smith. Bald erreichten wir den Malpaso, eine fast zwei Stunden lange Stelle, wo die etwa 2000 Fuss hohen Berge unmittelbar ins Meer abfallen. Der Pfad führt bergauf, bergab, bald auf festem Felsen, bald auf Schutt, der bei jedem Schritte mit dem Reiter in die Brandung herabzustürzen droht; und ist an ein paar Stellen, indem die Felsen auf der Sandseite sich schroff erheben, so schmal, dass unser Maulthiertreiber glaubte, das mit den Kisten beladene Maulthier würde nicht vorbeikommen können. Wir kamen jedoch ohne Unfall vorbei. Weiterhin wird das Vorland wieder breiter und die Berge treten mehr zurück. Enge Schluchten sind oft ziemlich tief und in den Schutt eingerissen. Das Ufer ist klippig und einzelne Klippen treten auch aus dem Gerölle weiter nach oben hervor. Die Berge scheinen aus Granit und einer Art Syenit zu bestehn. Häufig ist der Feldspath roth. Die Vegetation besteht hauptsächlich aus

Echinocactus, Säulencactus und der strauchartigen Euphorbia. Auffallend ist die grosse Anzahl Wallfischknochen, die überall am Strande liegen: ein Mal sah ich ein halbes Gerippe, es war die hintere Hälfte. Fast überall sieht man, namentlich in einer Höhe von etwa 30 Fuss über dem Meeresspiegel zahlreiche, meist zertrümmerte Conchylien, die leicht von den einzelnen oder meist in Haufen zusammenliegenden Fissurellen und Concholepas, welche den Reisenden oder *Changos* zur Nahrung gedient haben, zu unterscheiden sind. Das Vorkommen dieser zertrümmerten Conchylien und das zerfressene Ansehen der Klippen in dieser Höhe lassen keinen Zweifel, dass das Meer einst in dieser Höhe stand. Ich habe diese Beobachtung so allgemein an der Küste gemacht, dass ich nicht wieder darauf zurückkommen werde. Ich hatte aber keine Zeit zu untersuchen, ob die Erhebung der Küste in mehreren Stufen und in welchen Statt gefunden.

Stellenweise sind die Klippen und die Brandung sehr malerisch, aber im Ganzen ist der Weg einförmig. Bei einem Orte, el Pozo, der Brunnen, genannt, sahen wir jedoch am Strande eine ganze Gruppe Fischerhütten, auch begegneten wir ein paar Männern und Weibern zu Fuss, die von Paposo kamen und beladene Esel vor sich her trieben. Gegen 8½ Uhr erblickten wir rechts am Abhange einen grünen Fleck: die Perales (Birnbäume) de Estancia vieja. Ein kleines Wässerchen, das an dieser Stelle quillt, und etwa zehn Schritte weit läuft, hat es möglich gemacht, dass hier einige Birnbäume, ein Feigenbaum, und ein grosser, vom Boden an verzweigter *Algarrobo*, (Prosopis Siliquastrum DC,) wachsen; sie sind gegen die Beschädigung des Viehs mit einer gut unterhaltenen *Pirca* umgeben. Der Boden ist hier so abschüssig, dass wir kaum Platz fanden, unser Zelt aufzuschlagen. Die Quelle, welche wie alle Quellen der Wüste etwas brackisch ist, liegt 530 Fuss Par. über dem Meer, und ernährt eine Wasserschnecke, Chilina angusta Ph. — Estancia vieja liegt 6 leguas von Hueso parado. Die Vegetation vom Strande bis zum Brunnen hinauf ist sehr ärmlich, fast nur Cactus und Chaguar, doch fand ich ein neues Lycopersicum, welches ich atacamense genannt habe. Höher hinauf wird sie etwas reicher, und erscheint namentlich auch wieder die schöne Salvia tubiflora Sm. — Die bei der Quelle anstehenden Gesteine sind Hypersthenfels, von gräulichem Quarz, weisslichem Feldspath, braunrothem Hypersthen gebildet, oft mit feinen Adern von zeisiggrünem Epidot durchzogen. Die meisten Gemengtheile sind nur eine Linie gross, der Feldspath ist bisweilen doppelt so gross.

Die Nacht hatten wir starken Staubregen, der auch noch den Morgen des 17. Decembers anhielt. Der Weg, den wir an diesem Tage zurücklegten, führte durch eine ähnliche Gegend, wie die des vorigen Tages. Die Berge sind etwas vom Strande zurückgezogen und lassen ein niedriges Vorland. Wir überschritten drei bis vier Stellen, wo der Boden thonig, mit Salztheilen bedeckt, und mit einem Gras bewachsen war, das nicht blühte. Es scheint, dass dieser Thon durch Wasserfluthen ab und an von den Bergen herabgebracht wird. Bei dem Vorgebirg Punta grande, welches niedrig ist, aber ziemlich weit ins Meer vorspringt, ist der Schutt stellenweise zu einem Conglomerat verbunden, und weiter aufwärts soll derselbe, wie D. Diego de Almeida versicherte, stärker petrificirt und zu Mühlsteinen geeignet sein, was ich bezweifle. Ein loser Block, den er mir als guten Mühlstein bezeichnete, war nichts als ein sandiger Kalkstein, der sich grossentheils in Salzsäure auflöste. Er enthielt eine Menge wohl abgerundeter, meist ⅓ Linie grosser Körner, unter denen deutlich Feldspath, Hornblende und Epidot zu erkennen waren wogegen ich Quarzkörner nicht mit Sicherheit unterscheiden konnte. Das Gestein war hellgrau und stellenweis porös, selbst löcherig. Ich sah auch einen Block eines ächten, gelblichweisen Travertins.

Eine gute Viertelstunde von Paposo, da wo der Ladungsplatz der Bote ist, waren auf dem vielleicht eine Viertelstunde breiten Vorlande eine Menge Hütten der *Changos* zerstreut. Paposo ist ein einzelnes Gehöfte, etwa 5 Minuten vom Ufer und 5 leguas von Estancia vieja. Eine *Pirca* in Form eines Quadrates schliesst alle Räumlichkeiten ein und hat im Süden wie im Norden eine Oeffnung. Die Südseite hat zwei von Brettern erbaute Zimmer, von denen uns das eine eingeräumt wurde. Im andern wohnten die beiden Verwalter D. Jose Maria und D. Mariano Zuleta. Dann folgt ein überdachter Raum, wo wir unsere Sättel, unser Bischen Gepäck u. s. w. unterbrachten, und wo D. Diego sein Lager machte. Hierauf kam ein von trocknen Steinen erbautes Zimmer, das von Frauenzimmern bewohnt war. Auf der Ostseite waren zwei Räume, deren Wände ebenfalls trockene Steinmauern waren, und die als Magazin dienten, und zwei andere offene, nur von einer drei Fuss hohen *Pirca* umgebene Räume, die vermuthlich ab und an als Ställe gebraucht werden. Auf der Nordseite war eine Hütte von Reiserwänden, in der ein uralter Knecht wohnt, und daneben ein mit Reisern überdachter, sonst offener Raum, der als Küche diente. Die Dächer waren fast sämmtlich aus dem Stroh des schwarzen Senfs, der in den Abhängen der Berge sehr häufig ist, und über 6 Fuss hoch wird, und aus Lehm gemacht. In der nordwestlichen Ecke endlich war eine Wallfischkinnlade eingegraben, um daran Maulthiere, Kühe u. s. w. festbinden zu können; die Westseite hatte keine Baulichkeiten. Ein paar Schritte weiter hin nach dem Meere war eine Kapelle und ein kleines Häuschen, zur Wohnung für den Geistlichen bestimmt, beide von Brettern errichtet, aber seit Jahren unbenutzt, und davor die Glocke. S. die Ansicht im Atlas. Die nächste Hütte eines *Chango* steht erst in der Entfernung einer halben Viertelstunde. Dicht am Strande, kaum 15 Schritte vom Meere entfernt, quillt unter einem enormen Syenitblocke eine ziemlich reichliche, nur wenig brackische Quelle, deren Ausfluss eine Art Sumpf bildet, in dem fast nur Ranunculus microcarpus Presl. und Cyperus mucronatus Rottb. wachsen. Letzterer wird geschnitten und dem Vieh vorgeworfen, das ihn ganz gern frisst. Das Wasser ist wie gewöhnlich von einer *Pirca* umgeben. Die früheren Verwalter haben hier einen kleinen Garten gehabt und allerlei Gemüse, namentlich auch sehr wohlschmeckende, wenngleich kleine Wassermelonen gezogen: die jetzigen haben gar nichts angepflanzt, nicht einmal eine Zwiebel oder etwas Petersilie; das *Coca*-Kauen lässt ihnen vielleicht keine Zeit dazu. — Ich habe dies Gehöfte so weitläufig beschrieben, weil man sich gewöhnlich unter Paposo einen kleinen Ort, einen Flecken oder wenigstens ein Dorf vorstellt.

Ich verweilte hier mehrere Tage, und meine Begleiter gar mehrere Wochen, da ich die Ankunft der Janequeo erwarten musste, um mich mit frischen Lebensmitteln und frischer Wäsche zu versehen, und Maulthiere eingefangen werden mussten, um mit diesen weiter nach Norden vordringen zu können. Diejenigen, welche ich bis dahin gehabt hatte, kehrten nach Chañaral de las Animas zurück. Ueber dies Alles vergingen mehrere Tage, so dass ich die Umgegend ziemlich genau kennen lernte.

Auf der „*Mapa corográfico de la República de Bolivia, mandado levantar por el E. Señor Presidente José Ballivian y formado por el Coronel de Ingenieros Felipe Bertres, Director de la mesa topográphica* 1843" ist ein Fluss, Rio Salado gezeichnet, der bei Paposo in das Meer mündet. Ein solcher Fluss, oder Thal existirt durchaus nicht. Das einzige grössere Thal in dieser ganzen Gegend ist der Cajon del Guanillo, durch welches der Weg von Paposo in das Innere der Wüste führt. Es liegt eine Stunde südlich von Paposo, und durchbricht die Küstenberge nicht, sondern endet mit einer engen Spalte 760 Fuss Par. über dem Meere. Das Wasser, welches alle halbe Jahrhunderte vielleicht in diesem Thal fliessen mag, stürzt einen senkrechten etwa 80 Fuss hohen Felsen herab, und verliert sich dann im Schutte des Vorlandes ohne ein Thal zu bilden. Wir besuchten diesen Cajon del Guanillo den 20. December, der Pfad führt im Zickzack sehr steil hinauf; da man durch den oben erwähnten Einschnitt nicht hinaufkommen kann, überschreitet man einen niedrigen Felsrücken, und senkt sich dann in das Thal hinab zu einer kleinen Quelle, Agua de Perales, 721 Fuss über dem Meere, deren Abfluss einen kleinen Sumpf bildet, und etwa 2—3 Feigen- und 18—20 Birnbäume bewässert. Die *Pirca*, welche diese Anpflanzung gegen die Beschädigung des Viehs schützt, ist sehr beschädigt, so dass sie ihren Zweck nicht mehr erfüllt, und von dem Gemüsegarten, der früher hier gewesen sein soll, ist keine Spur geblieben. Nur ein einzelner beschädigter Pfirsichbaum und Indianische Feigen, (Opuntia vulgaris Mill.) legen Zeugniss von der Industrie der Vorgänger der Herrn Zuleta ab. In dem üppigen Grün der feuchten Stelle wuchs Luzerne, Melilotus parviflora, Ranunculus microcarpus, Cyperus mucronatus und laetus, Rumex Romasa? Plantago Candollei? An den Felsen in der Nähe wuchs eine niedrige Psoralea mit gefiederten Blättern und prachtvoll azurblauen Blumen, (Ps. azurea Ph.), und eine Peperomia mit länglichen, unten gekielten und rothen, beinahe dreikantigen Blättern (P. Dölli Ph.) In der Nähe war eine sehr reiche Vegetation. Daher hatte hier eine *Pastora* (Hirtin) ihre Wohnung aufgeschlagen, die gerade ihre Ziegenmilch auf dem Feuer hatte und uns gern und freundlich davon abliess. Weiterhin lagerten Indier aus dem Orte Atacama, die hier eine ziemliche Menge trockne Fische, *Congrios*, aufgestapelt hatten, während ihre Maulthiere in den Bergen umher weideten, wofür sie an den Verwalter von Paposo ein kleines Weidegeld zahlen mussten.

Da der Krieg zwischen Bolivien und Peru den Handel von Cobija über Atacama nach dem Innern unmöglich gemacht hatte, so waren diese Leute auf den Gedanken gekommen, ihre Maulthiere zu einer Expedition nach Paposo zu benutzen, um hier gegen *Coca* — diese Blätter werden hier schon wie in Bolivien gekaut — trockne Fische und Mollusken einzukaufen, und diese wieder in den argentinischen Provinzen Salta, Jujui etc. zu verhandeln. An der Küste angekommen, fanden sie sich aber in ihren Erwartungen getäuscht, indem die meisten *Changos* in den Bergwerken arbeiteten, statt Fische zu fangen, und hatten daher nur sehr wenig einhandeln können. Dieser Umstand war für meine Zwecke günstig, denn ich fand nun Maulthiere und Führer bis Atacama, und wer weiss, ob ich ohne die Besetzung Cobijas durch die peruanischen Truppen hätte auf diesem Wege in die Wüste eindringen können. Die Leute wollten nächstens heimkehren, der eine liess sich aber bereden zu warten, bis ich von Mejillones, dem nördlichsten Punkt meiner Küstenreise, zurückkehren würde.

Don Diego wollte uns nach den Minen führen, die er früher bearbeitet hatte, verirrte sich aber bei dem Nebel in dem Labyrinth von Felsen und Cereus, unter denen namentlich der achtkantige C. peruvianus L.? häufig und gross war, und brachte uns links in ein liebliches Seitenthälchen, wo ziemlich viel Kühe und Esel weideten, und wo die schöne violette

Alströmeria, Rhodophiala laeta Ph., eine Ipomaea mit rothen Blumen, (I. paposa Ph.), eine 5 Fuss hohe Cassia, (C. paposana Ph.) u. a. m. das Auge erfreuten; Monttea chilensis Gay, *Uvillo* der Eingeborenen war hier nicht selten. Wir befanden uns hier 1616 Fuss über dem Meere. Als der alte Herr seinen Irrthum erkannt, kehrten wir um und folgten dann dem Hauptthale des Guanillo. Bald trafen wir die s. g. Agua del medio, ein Wasser, welches wohl 50 Schritte weit fliesst aber ohne viel Gras zu erzeugen. In geringer Entfernung ist das letzte Wasser, Agua de arriba, ebenfalls ohne viel Vegetation. Diese wird immer ärmer, je höher man steigt. Doch fand ich hier Hoffmannseggia gracilis n. sp. und eine ganz niedrige, fast krautartige Cassia schon abgeblüht, (C. misera Ph.), auch blühten hier noch zwei Arten Heliotropium, Dinemandras, und im Sande fand ich zwei neue Oxalis-Arten, welche kleine halbkugelige Rasen von zwei bis 3 Zoll Durchmesser bildeten, (Ox. fruticula und caesia Ph.). Um 1 Uhr setzten wir uns in den Schatten eines überhangenden Felsens fast 1800 Fuss über dem Meere, verzehrten ein paar Eier, trockne Feigen und einen *Ulpo*. Dies ist Mehl von dunkelgelb geröstetem Weizen, welches mit kaltem Wasser und etwas Zucker angerührt, dicker oder dünner, je nach dem Geschmacke, den Jeder hat, eine ebenso angenehme wie nahrhafte Speise bildet, die den grossen Vortheil hat, keiner Zubereitung zu bedürfen. Es ist fast die einzige Nahrung der Valdivianer und Chiloten, wenn sie fern vom Hause, im Walde u. s. w. arbeiten, die dabei den Zucker weglassen. Milch verbessert die Speise bedeutend, auch kann man sie mit siedendem Wasser, Milch u. s. w. anbrühen. Sehr beliebt ist ein *Ulpo* von Apfelwein, der sogen. *Cupiles*; er ist aber nicht nach meinem Geschmacke.

Don Diego hatte uns gesagt, wir würden bald einen Pass überschreiten und dann an seine verlassenen Gruben kommen. Ich war besonders neugierig, diesen Pass zu erreichen, indem ich erwartete, dahinter ein grosses, der Küste paralleles Längsthal zu finden. Allein dieser *Portezuelo* wollte durchaus nicht kommen, und ich überzeugte mich bald, dass ein solcher Pass gar nicht existiren könne, indem ich deutlich sah, wie der ganze Boden sich allmählig nach Osten erhob. Die Vegetation wurde nach und nach null, die Abhänge der Berge zu beiden Seiten waren vollkommen kahl; nur in den Schluchten und im Hauptthale stand hie und da ein einzelner *Palo de Jote*, eine Dinemandra, eine Alona mollis Ph., die erwähnte kleine Oxalis und eine strauchartige Loasee, etwa 2 Fuss hoch, stark verästelt, so dass die Büsche 3 bis 6 Fuss Durchmesser hatten, mit gelblichweissen Blumen und grauen Blättern wie Tuch. Die Haare, mit denen die ganze Pflanze bedeckt ist, sind steif und quirlförmig verästelt. Es ist, soviel ich weiss, die einzige strauchartige Loasee; ich nannte sie Huidobria fruticosa und fand sie später nur noch ein Mal wieder, als ich von den Höhen von Pingo-pingo nach Tilopozo hinabstieg. — Hie und da waren am Wege Löcher im Felsen (Syenit) kaum ein paar Fuss tief, aus dem Kupfererz genommen war, welches hier nur nesterweise im Gestein zu stecken scheint, und hauptsächlich Kieselkupfer ist. Weiter oberhalb waren im Schutte weisse Gypskrusten, 2—3 Zoll dicke, oft scharfkantige Steinchen von 1—3 Linien Grösse einschliessend, Bruchstücke von Syenit, Porphyr und Grünstein. In einer Höhe von 3295 Fuss angelangt, und fest überzeugt, dass gar kein *Portezuelo* kommen könne, und D. Diego gar nicht wisse, wo seine früheren Gruben lägen, kehrte ich um. Herr Döll ritt wohl eine halbe Stunde weiter, kam aber zu derselben Ueberzeugung wie ich, und kehrte auch um. Die Berge bestanden hier aus einem granitischen Porphyr. In einer graulichen Grundmasse, die unter der Loupe durchaus krystallinisch-körnig ist, sind die einzelnen Bestandtheile in 1—1½ Linien langen Krystallen porphyrartig ausgeschieden, nämlich ein blass fleischrother und ein blass grünlicher Feldspath, rabenschwarze Hornblende und zeisiggrüner Epidot; von Glimmer und Quarz keine Spur. Epidotadern durchziehen häufig das Gestein, und man sieht oft ziemlich grosse Stücke davon im Schutte liegen. Der Porphyr ist durchaus herrschendes Gestein, und wenn man ab und an Granitstücke und Grünsteinstücke findet, so stammen dieselben wohl von Gängen her, so unwahrscheinlich es auf den ersten Blick scheinen mag, Granitadern im Porphyr anzunehmen. Ein loses Stück Granit, welches ich aufnahm, bestand zu zwei Drittheilen aus röthlichem Feldspath, graulichem Quarz und grünlich grauem Glimmer; die beiden letzteren Gemengtheile waren nur ½—1 Linie gross, während einzelne Feldspathkrystalle wohl 3 Linien erreichten.

Das herrschende Gestein von Paposo scheint ein Syenit zu sein, mit grauen und röthlichen Feldspathkrystallen. Die Klippen am Ufer sind von zahllosen, schwärzlichen Gängen in allen Richtungen durchschnitten, welche aus Grünstein bestehen. Bald ist es ein Aphanit, in dem die Gemengtheile so klein sind, dass sie sich selbst mit der Loupe nicht deutlich erkennen lassen, bald ist er porphyrartig, indem in der dunkelgrauen Grundmasse zahlreiche Hornblendekrystalle von 1 Linie Grösse und rundliche, weisse Feldspathkörner ausgeschieden sind.

Die verhältnissmässig üppige und auffallende Vegetation zog besonders meine Aufmerksamkeit auf sich. Am Strande war Statice plumosa Ph. sehr häufig, sowie Alibrexia incana, Frankenia aspera, Dinemandra strigosa; sonst ist diese Region sehr kahl. Höher hinauf findet sich eine zweite, fast ausschliesslich von Cactus, nämlich Cereus und grauen Echinocactus gebildete Region, im Schatten derselben wächst hie und da eine Malvacee, eine Oxalis, ein Senecio, aber im Ganzen ist die Vegetation noch sehr ärmlich. Je höher man steigt, um so reicher wird sie, aber man kann eine dritte Region unterscheiden, in welcher die Echinocactus nach und nach verschwinden und dafür Euphorbia lactiflua, Croton colinus n. sp., Oxalis gigantea, Ledocarpum pedunculare, Proustia tipia Ph., Dolia salsoloides Lindl., Heliotrope u. s. w. auftreten. Ist man etwa 700 Fuss gestiegen, so fängt ein üppiger Pflanzenwuchs an, und die erwähnten Sträucher treten gegen die krautartigen Gewächse zurück. Hier sind Wicken, Klee, Lotus, Gräser, Farrenkräuter, Cruciferen, ein Hypericum, ein Linum, eine Erythraea, ein Centunculus n. sp., Bidens, Calceolaria, Ipomoea u. s. w. häufig. Besondere Erwähnung verdient der schwarze Senf, und die Cumingia campanulata Don. Der schwarze Senf, (Sinapis nigra L.), Gott weiss durch welchen Zufall hierher gekommen, hat sich in dieser Region dermassen vermehrt, dass er beinahe die herrschende Pflanze geworden ist. Als ich ein paar Wochen später an dieser Küste vorbeifuhr, bezeichnete die Blüthe dieses Senfes einen breiten, goldgelben Gürtel am Abhange der Berge. Ich habe schon oben bemerkt, dass die trockenen Stengel desselben in Paposo zum Dachdecken dienen. — Die Cumingia campanulata heisst hier *Papita del campo* d. h. kleine Feldknolle, und ihre Zwiebeln werden in Masse gegessen. Frisch abgekocht schmeckt sie sehr angenehm, lässt man sie aber stehn, so ist sie schon den folgenden Tag bitterlich. Es ist eine weisse, solide, unten platte, oben schwach gewölbte Zwiebel, die etwa einen Zoll im Durchmesser hat, und selten über einen halben Zoll dick ist. Entfernt man die dünne, faserige Haut, welche sie umgibt, so sieht man oben im Centrum eine Narbe, da wo der Blüthenstiel der Pflanze gesessen hat, und dicht daneben ein kleines Wärzchen, den Keim des neuen Stengels. Der Zwiebelkuchen hängt nur mit einer dünnen Stelle im Centrum mit der eigentlichen Zwiebel zusammen und hat denselben Durchmesser wie diese, aber höchstens 1—1½ Linien Dicke. Diese Liliacee, deren blaue Glocken etwa 5—6 Linien lang sind, ist auch bei Santiago häufig, und hat wahrscheinlich Petro de Valdivia und seinen Begleitern auch zur Nahrung gedient, als sie in Hungersnoth waren, nachdem die Chilenen die Häuser derselben nebst allen Lebensmitteln verbrannt hatten.

In einer Höhe von etwa 2000 Fuss hört die Vegetation vollkommen auf; vom Meer aus betrachtet erscheint der grüne Vegetationsstreifen am Abhange der Berge scharf abgeschnitten. Ich habe diese Verhältnisse auf Tafel 12 graphisch dargestellt. — Sonderbar ist, dass diese in mancher Beziehung üppige Vegetation keinen Baum, ja keinen über 6—8 Fuss hohen Strauch hervorbringt.

Verzeichniss der bei Paposo beobachteten Pflanzen.

Ranunculus microcarpus Presl.
Brassica nigra (Sinapis) L.
Sisymbrium sagittatum Hook.
Lepidium spathulatum Ph.
Cleome chilensis DC.
Frankenia aspera Ph.
Stellaria cuspidata W.
Drymaria paposana Ph.
Malva limensis L.
Sida modesta Ph.
— concinna Ph.
Cristaria concinna Ph.
Hypericum dichotomum Ph.
Dinemandra strigosa Ph.
Erodium moschatum L.
Ledocarpum pedunculare Lindl.
Oxalis gigantea Barn.
— fruticula Ph.
— caesia Ph.
— paposana Ph.
— ornata Ph.
— trichocalyx Ph.
Linum paposanum Ph.
Trifolium concinnum Ph.
Lotus subpinnatus Lag.
Psoralea azurea Ph.
Vicia modesta Ph.
— paposana Ph.
Adesmia vesicaria Bert.
Hoffmannseggia gracilis Ph.
Cassia paposana Ph.
— misera Ph.
Acaena canescens Ph.
Huidobria fruticosa Ph.
Loasa Arnottiana Gay.
Sicyos Badaroa Hook.
Paronychia coquimbensis Gay.
Echinocactus humilis Ph.
— cinereus Ph.
— columnaris Pfr.

Echinocactus copiapensis Pfr.
— occultus Ph.
Cereus nigripilis Ph.
— peruvianus L.
Eulychnia breviflora Ph.
Opuntia
Heliosciadium deserticola Ph.
Daucus australis DC.
Valeriana pubescens Ph.
Proustia tipia Ph.
Oxyphyllum ulicinum Ph.
Achyrophorus foliosus Ph.
Stevia hyssopifolia Ph.
Erigeron paposanum Ph.
Bahia ambrosioides Lag.
Senecio paposanus Ph.
Bidens chilensis DC.
Closia anthemoides Ph.
Infantes chilensis Remy.
Centaurea floccosa Hook.
Specularia perfoliata DC.
Erythraea paposana Ph.
Microcala quadrangularis DC.
Centunculus erectus Ph.
Monttea chilensis Gay.
Ipomaea paposana Ph.
Nama stricta Ph.
Heliotropium rugosum Ph.
Eritrichum subamplexicaule Ph.
Salvia tubiflora Sm.
— paposana Ph.
Verbena crinoides Lamk.
— sulphurea Sweet.
Dicliptera paposana Ph.
Solanum paposanum Ph.
Nicotiana solanifolia Walp.
Lycopersicon atacamense Ph.
Sorema elegans Ph.
Dolia salsoloides Lindley.
Alibrexia incana Ph.

Orthocarpus australis Benth.
Linaria canadensis L.
Schizanthus laetus Ph.
Calceolaria racemosa Cav.?
— paposana Ph.
Statice plumosa Ph.
Plantago Candollei Rap.
— litoralis Ph.
Oxybaphus micranthus Chois.
Telanthera junciflora Remy.
Ercilla volubilis Jass.
Rumex sp.
Euphorbia lactiflua Ph.
Chiropetalum canescens Ph.
Croton collinus Ph.
Freirea humifusa Rich.
Potamogeton sp.
Pitcaernia chrysantha Ph.
— sp.
Tillandsia humilis Presl.
Sisyrinchium chilense Hook fl. luteo
Tigridia?
Dioscorea tenella Ph.
— sp.
Rhodophiala laeta Ph.
Alströmeria violacea Ph.
Scilla triflora Ph.
Cumingia campanulata Don.
Cyperus mucronatus Rottb.
— laetus Presl.
Aira caryophyllea L.
Avena hirsuta Roth.
Koeleria trachyantha Ph.
Eragrostis scabra Ph.
Poa paposana Ph.
Elymus paposanus Ph.
Polypodium squamatum Ph.
Notochlaena mollis Knze.
Adiantum chilense Kaulf.

Dass bei dieser Vegetation ein entsprechender Reichthum von Insekten und andern Thieren vorhanden sei, ist zu erwarten. Doch hatte ich keine Zeit, mich viel um die Insekten zu bekümmern, und meine Gefährten, die ein paar Wochen in Paposo blieben, verstanden das Sammeln nicht. Unter den Steinen findet man Skorpione, Tausendfüsse, grosse Spinnen und mehrere Käfer aus der Abtheilung der Melasomen, darunter den sonderbaren Diastoleus bicarinatus Sol. Häufig sind Cicaden, die wie immer einen Heidenlärm machten, eine Bremse, die empfindlich stach, mehrere Schmetterlinge, eine Menge Stubenfliegen plagen den Menschen sogar an diesem entlegenen Orte. An den Klippen war, wie immer, die hässliche graue Eidechse, (Microlophus Lessoni Dum. et Bibr.) häufig, im Schutt am Fusse der Berge Proctotretus pallidus nov. spec.

Häufig waren am Fusse der Cactus Conchylien, namentlich Helix Reentsii n. sp. die nichts Analoges in Chile hat; sie macht sich einen häutigen Verschluss des Gehäuses; Bulimus punctulifer Brod. sehr häufig und sehr veränderlich: das Thier macht gegen die Trockenheit einen dünnen, durchsichtigen, kalkigen Deckel; B. affinis Brod., albicans Brod., pupiformis Brod., lichenum d'Orb, terebralis Pfr. — Seeconchylien waren am Strande sehr selten, und nur die ganz gewöhnlichen: Patellae, Fissurellae, Chitonen, Concholepas, Monoceras crassilabrum, Venus Dombeyi und rufa Lamk. sind die häufigsten.

Im Brunnen von Paposo fand ich kleine Frösche; sie sind mir jüngst abhanden gekommen, als ich ihre Beschreibung vollenden wollte. Vögel habe ich hier gar nicht erhalten.

Den 22sten December waren endlich so viel Maulthiere zusammengefunden, um mich, Herrn Döll und einen Diener nach Cobre (24°15′ südl. Breite) zu bringen. Don Diego hatte keine Lust uns zu begleiten. Wir konnten erst um 3¾ Uhr fortreiten. Der Weg führt längere Zeit am kiesigen, nur hie und da durch aus dem Schutte hervorragende Klippen unterbrochenen Strande fort, bis zu der Punta del rincon, wo er sich durch grässlich zertrümmerte Klippen hindurchwindet. Jenseits dieser Spitze machten wir an einem etwa 3 leguas von Paposo entfernten, el Médano genannten Orte Halt, den wir erst eine halbe Stunde nach Sonnenuntergange erreichten, ungeachtet wir, wo es nur irgend anging, scharfen Trab geritten waren. Wir übernachteten nicht fern vom Meere auf schönem Sande zwischen Klippen. In der Nähe standen Lecheras und Cactus, deren Holz bald ein lustig flackerndes Feuer gab; Wasser war nicht da, allein unsere beiden *Caramayolas* enthielten gerade soviel als wir brauchten. — Die anstehenden Felsen sind ein grünlicher Syenit mit etwa 2 Linien grossen Hornblendekrystallen, der Quarz ist selten.

Sobald der Tag graute, brachen wir wieder auf und erreichten nach einem scharfen Ritte von fast 1½ Stunde das Wasser von Panul. Es befindet sich, wie gewöhnlich, in einer Schlucht, wohl ¼ D. Meile vom Meere entfernt, und etwa 6—700 Fuss über dem Meere. Diese Schlucht hat im Hintergrunde fast senkrechte Felswände, von denen das Wasser herabläuft, das dann vielleicht 100 Schritte weit rieselt, ehe es versiegt. Es ist ganz und gar mit Pfeffermünze, einem Ampfer und einer Calceolaria, (C. bipinnatifa n. sp.) überdeckt, und voll Chilina angusta Ph. und Froschlarven. Sonst ist es vollkommen süss und klar, wohl das Beste an der Küste. An den Felswänden in der Nähe stand der grosse Tabak, (Nicotiana solanifolia Walp.), die Proustia tipia mihi, Eupatorium foliosum DC., Chleome chilensis DC., Salvia tubiflora Sm., der *Panul*, (Ligusticum Panul Bert., Pansil ist ein Druckfehler) die Freirea humifusa, ein Solanum, unserm Nachtschatten ähnlich, Chenopodium album, Erodium moschatum. Im ganzen war die Vegetation sehr spärlich.

Die Quelle war früher benutzt worden, einen Garten zu bewässern, der durch Steinmauern in Beete getheilt war; noch stand ein Pfirsichbaum da mit ein paar unreifen Früchten, sowie eine Menge Levkojen. Zwei oder drei Pfirisichbäume lagen ausgerissen und vertrocknet daneben, und ein paar Schritte unterhalb waren die Ruinen einer Hütte. Vielleicht hat sich der Regenschauer von 1848 bis hierher erstreckt und die schwache Quelle zum verheerenden Giessbache angeschwellt, der Garten und Hütte wegriss. Es ist zu bewundern, dass in dem Boden, der nichts als lockerer Schutt ist, überhaupt etwas wächst, aber in diesen Ländern ist Alles fruchtbar, sobald nur Wasser da ist. Eine frische Guanaco-Führte ging von diesem Wasser bis zum Meere hinab.

Der Weg führt sodann um den Cerro de plata herum, bald hart am Meeresstrande, häufiger aber in bedeutender Höhe, 2—300 Fuss über demselben durch Schuttland, das von tiefen Rissen durchfurcht ist. Stellenweise ist der Boden Sand. Diese Gegend ist sehr unfruchtbar, man sieht fast nichts als Echinocactus, und hie und da die Chuquiraga acicularis und den Scytalanthus acutus. Am Ufer liegen viele Wallfischknochen, und die Brandung ist fürchterlich. Die Berge sind stets in geringer Entfernung. Gegen Mittag stiegen wir zur Agua de Miguel Diaz hinauf, die in einer Schlucht 861 Fuss über dem Meere liegt. Auf dem Wege fand ich auf einem sandigen Rücken eine grosse Menge meist zertrümmerter Meeresmuscheln, unter denen Turbo niger Gray besonders häufig war, den ich sonst unter den ähnlichen Muschelablagerungen weit seltener angetroffen habe. Diese Muscheln sind unstreitig eine Ablagerung des Meeres, und zwar ist es die höchste, die ich beobachtet habe, denn sie befindet sich wenigstens 220 Fuss über dem Wasserspiegel. Auf dem sandigen Rücken lagen auch Tausende von leeren Gehäusen einer Art Bulimus, (ich glaube es ist B. xerophilus mihi, leider kann ich es nicht ausmitteln, da dieselben mir nebst den subfossilen Conchylien etc. verloren gegangen sind), trotzdem die Vegetation grade auf diesem Rücken äusserst spärlich war. Doch fand ich hier eine haarige, beinahe weisswollige Portulaca, leider längst vertrocknet, doch erlaubte die *Capsula circumscissa* keinen Zweifel, dass die Pflanze diesem Geschlecht angehört.

Die Vegetation ist ähnlich wie bei Paposo, nur weit ärmer; neu war mir ein Berberis, wie alle chilenische Arten, mit blauen mehr adstringirenden, als sauren Früchten, B. litoralis n. sp. Ich beobachtete:

Barberis litoralis Ph.
Sisymbrium sagittatum Hook.
Lepidium spathulatum Ph.
Stellaria cuspidata W.
Hypericum dichotomum Ph.
Erodium moschatum W.
Oxalis (paposana Ph.?)
Sicyos badaroa Hook.
Calandrinia discolor Barn.
Portulaca sp.
Cacteae plures
Proustia tipia Ph.
Chabraea? an modesta Ph.?

Sonchus asper.
Eupatorium foliolosum DC.
Senecio (paposanus?)
Bahia ambrosioides Lag.
Cynoctonum boerhaaviaefol. Dene.
— viride Ph.
Monttea chilensis Gay.
Ipomaea paposana Ph.
Stachys grandidentata Lindl.
Salvia tubiflora Sm.
— paposana Ph.
Verbena glauca Gill.
Dicliptera paposana Ph.

Nicotiana solanifolia Walp.
Oxybaphus micranthus Chois.
Telanthera junciflora Remy.
Euphorbia lactiflua Ph.
Freirea humifusa Rich.
Peperomia Dölli Ph.
Pitcairnia chrysantha Ph.
Alströmeria violacea Ph.
Cumingia campanulata Don.
Avena hirsuta Roth.
Notochlaena mollis Kuze.

Auf dem Oxybaphus sass eine schöne Sphinxraupe. Von Vögeln sahen wir den *Chineol*, Fringilla matutina Licht., Chlorospiza erythrorhyncha Less., gewöhnlich der schwarze *Raro* genannt, und Turteltauben, vermuthlich Zenaida boliviana Gray, von denen drei erlegt wurden.

Von Hueso parado bis Miguel Diaz reicht die Hacienda de Paposo, welche gegenwärtig der Familie Gallo gehört. Bei der Eroberung des Landes durch die Spanier wurde dasselbe bekanntlich unter die Eroberer vertheilt, und die auf seinem Theile sitzenden Ureinwohner wurden so zu sagen die Sklaven oder Leibeigenen des Spaniers. Es sind die jetzigen *Inquilinos*. Ich habe nicht erfahren, dass ein gesetzlich geordnetes Verhältniss zwischen dem Eigenthümer von Paposo und den auf seinem Lande herumziehenden *Changos* Statt findet, es ist aber jedenfalls ein vollkommen freundliches. Die Hacienda ist verpachtet. Sie hat 30—40 Maulthiere, die zum Transport von Erz, Wasser etc. in den Bergwerken vermiethet werden, gegen 100 Stück Rindvieh, welche ab und zu ein Stück Schlachtvieh für Chañaral de los Animas und el Cobre abgeben können, einige Ziegen und Schaafe. Der Condor thut der Viehzucht vielen Schaden, indem er die neugebornen Kälber tödtet. (Wo Wald ist, kann dieser Vogel ihnen nichts anhaben, indem die Kühe um zu gebären in das dichte Buschwerk gehen, wo sie der Condor nicht sieht, und ihre Kälber darin verstecken, bis sie nach etwa acht Tagen gross genug sind, um nichts mehr von diesem Vogel befürchten zu dürfen.)

In dem Magazine sind die nothwendigsten Lebensbedürfnisse zu haben, aber zu fabelhaften Preisen. Die *vara tocuyo**) kostet nämlich hier 12 real statt $1\frac{1}{4}$—$1\frac{1}{2}$; *Bayeta de Castilla* (scharlachrother Fries) die *vara* 8 pesos statt 1 peso; Mehl die *Arroba* (25 Pfd.) 4 pesos statt $1\frac{1}{4}$—2, Zucker das Pfund 4 real statt $1\frac{1}{2}$ real, wie die Durchschnittspreise im übrigen Chile sind. Für Geld wird nicht gekauft, sondern für trockene Fische, von denen die *Arroba* 2 pesos gerechnet wird. Sehr einfach ist die Wage: ein Stück Holz in der Mitte an einem Riemen aufgehängt, der eine Arm desselben hat 32 Kerbe; als Gewicht dient ein Stein der gleichfalls an einem Riemen hängt; wird er in den äussersten Kerb gehängt, so bedeutet er 2 *Arroben;* und immer weniger je näher er nach der Mitte hin eingehängt wird.

Wir verliessen um $2\frac{1}{2}$ Uhr das Wasser von Miguel Diaz. Die Vegetation nimmt von hier an auffallend ab. In der Schlucht von Botijas, die etwa $2\frac{1}{4}$ legua von Miguel Diaz entfernt ist, wohnte der Oheim unseres Maulthiertreibers und Führers mit Weib und Kind: er hat das Geschäft, das Wasser, welches sich dort vorfindet, zu sammeln und mit Eseln an den Strand zu schaffen, von wo es zwei Mal in der Woche in einer *balandra*, einer Art grossem Bot, für den Bedarf der Arbeiter in den Kupfergruben von Cobre, so wie für die Maulthiere, die das Erz an den Strand bringen, geholt wird. Es ist ziemlich brackisch. Etwas weiter nördlich, hart am Meere ist auch ein Brunnen, aber sein Wasser ist beinahe ungeniessbar.

Die Berge bestehen hier aus Syenit, der zu Grus zerfällt, und sind daher bis zu bedeutenden Höhen in Schutt und grobem Sande begraben. Das Gestein ist feinkörnig. Der Feldspath ist durchaus vorherrschend, graulichweiss, bisweilen mit kleinen, blassrothen, verwaschenen Flecken; der Quarz ist rauchgrau; die Hornblende schwarz und nimmt zwei bis drei Mal so viel Raum ein, als der schwarze Glimmer; selten sieht man ein Blättchen weissen Glim-

---

*) Ungebleichtes Baumwollenzeug.

mers. Ausser etwa einem Echinocactus ist keine Spur von Vegetation in diesem trostlosen Grus und Schutt. Wir verliessen um 6 Uhr den Weg, um höher hinauf ein Nachtquartier zu suchen. Wir passirten eine Schlucht, die etwa 80 Fuss hohe, senkrechte Wände hatte, in denen der Schutt horizontal geschichtet war, und klommen dann mit grosser Anstrengung der Maulthiere bis an die festen Felsen, an denen etwas Calandrinia discolor, einige Säulencactus und *Chaguar* (Pitcairnia chrysantha), wuchsen. Die fleischigen Blätter der letzteren dienten ungeachtet ihrer Stacheln dem Vieh zur Nahrung für diese Nacht, und das Holz der Cactus war unser Brennmaterial. Wasser war hier nicht. Der Ort heist Chaguar de Jote, liegt 400 Fuss über dem Meere, etwa ½ Stunde in grader Linie davon entfernt, und 15—16 leguas von Paposo.

Den folgenden Tag, 24sten December, setzten wir mit Tagesanbruch unsern Weg weiter fort, der ähnlich wie am vorigen Nachmittage war. Unterweges begegneten uns zwei Frauenzimmer zu Pferde, die von Cobre kamen; sie waren sehr dunkel, von der Sonne verbrannt, aber hübscher als die Indianerinnen zu sein pflegen, und sehr munter gestimmt. Nach 3½ Stunden scharfen Reitens erblickten wir die Halden einer Kupfergrube, bald darauf eine chilenische Flagge, und als wir um das kleine Vorgebirge bogen, welches dieselbe trug, eine kleine Bucht, in welcher die Barke ETL vor Anker lag, und endlich hinter Klippen versteckt das Etablissement el Cobre.

Der Eigenthümer, *D. José Antonio Moreno*, empfing mich auf das Freundlichste. Ich fand hier noch ein paar gebildete Männer, Freunde des Herrn Moreno, Zeitungen, den *Correo de Ultramar* (eine Wochenschrift), eine sehr gute Küche, Wein und gutes Wasser aus Valparaiso! Das Gebäude ist eigentlich nur ein grosses Zimmer. Es ist ein Rahmen aus dünnem Holzwerke; die Wände bestehen theils aus Brettern, theils aus gespaltenem Guayaquil-Rohr; das Dach aus Brettern, worüber Zeug genagelt ist. Ein Ladentisch theilt den sehr wohl versehenen Laden vom Wohn- und Schlafzimmer ab. Es war ein ordentlicher Tisch vorhanden; statt der übrigen Möbel dienten Kisten. Die Betten wurden auf dem Erdboden, den Tischen und den Kisten gemacht. Ein Fenster und die offne Thür erhellten die Räume zur Gentige. — Neben an war eine Küche und ein Backofen unter einem Dache von Buschwerk, und seit ich Chañaral verlassen hatte, bekam ich wieder Brot zu essen. Auf allen Reisen durch unbewohnte Gegenden habe ich keine Speise so sehr entbehrt als Brot, und mich über keine mehr gefreut, wenn ich wieder an einen bewohnten, civilisirten Ort kam.

Herr Moreno hat die Wüste vielfach bereist, und zwar als ein verständiger und aufmerksamer Beobachter; ich verdanke ihm eine Menge sehr wichtiger Nachrichten über dieselbe, und habe alle seine Angaben später durchaus bestätigt gefunden. Die kleine Bucht, wo er sich etablirt hat, heisst seit undenklichen Zeiten el Cobre, und haben wahrscheinlich ehemals die *Changos* hier Kupfer geholt, vielleicht noch ehe die Spanier kamen. In dem etwa 12—1500 Fuss hohen Berge nördlich von der neuen Grube *Placeres* sieht man die alten Gruben. Herr Moreno hatte erst vor 6 Monaten die Kupfergruben wieder eröffnet, mit einem Kapitale von 30000 pesos (40000 Thlr.), und beschäftigte gegenwärtig 60 Arbeiter. Er könnte 120 beschäftigen, wenn er mehr Wasser auftreiben könnte, doch hatte er die Hoffnung, in der einen oder andern Schlucht der Küste Wasser zu finden. Die Gegend kann nicht trauriger sein: kein Wasser, kein Futter für die Maulthiere und Esel, die das Erz an das Ufer herabbringen und Lebensmittel, Wasser etc. nach den Gruben hinauftransportiren! Wasser, Gerste als Futter für diese Thiere, alle Lebensmittel für die Menschen, Kleiderstoffe, Eisenwaaren u. s. w., selbst Schmucksachen für die Weiber und Freundinnen der Grubenarbeiter, Bauholz und Bretter, Kochgeschirr, Zäume, Hufeisen u. s. w, Alles musste an diesen wüsten Ort geschafft werden, um den Arbeitern das Leben möglichst angenehm zu machen.

Wir besuchten Nachmittags mit Herrn Moreno die etwa 1 Stunde entfernte Grube *Placeres*, welche 800 Fuss über dem Meere liegen mag. Ein künstlich angelegter Weg führt in Schlangenwindungen hinauf, er soll für Karren fahrbar gemacht und etwas verlängert werden, so dass alsdann 8 Gruben auf demselben ihre Erze nach dem Strande herabbefördern können. Die Grube hatte erst eine sehr geringe Teufe. Das Erz ist besonders Fahlerz, Malachit und Kieselkupfer, wenig Kupferkies und Ziegelerz. In den Klüften ist bisweilen hübscher Eisenrahm. Kein Feldspath. Ich sah ein Goldkorn wie eine Erbse gross in Malachit eingewachsen, ein allerliebstes Kabinetsstück, konnte aber nichts Aehnliches erhalten. Es wird kein Erz gefördert, das nicht 40 (?) Procent Kupfer hält. Das Gestein ist sehr zersetzt, doch erkennt man deutlich, dass die Kupfergänge in Thonsteinporphyr aufsetzen. Den Abend langte die Janequeo an.

Ueber die geognostische Beschaffenheit der Berge bin ich nicht ins Klare gekommen. Steigt man nach der Grube hinauf, so sieht man, dass der Berg aus ungeschichtetem Porphyr besteht. Der Abhang ist wie immer mit vielen Trümmern bedeckt, und man weiss oft nicht, ob es der anstehende zertrümmerte Fels, oder von oben herabgeschurrte Massen sind. Dieser Porphyr ist unendlich mannigfaltig, blau, grau, röthlich. Die Feldspathkrystalle sind in der Regel 2 Linien gross, meist milchweiss, selten ziegelroth oder grünlich (von Kupfer gefärbt). Sehr häufig sind in dem Porphyr Hornblendekrystalle, Epidote und Kupfertheilchen. Ich besitze Handstücke, die unter der Lupe durchaus krystallinisch körnig erscheinen, andre die in wahren Mandelstein übergehen. Eine Stufe zeigt zahlreiche Blasen, etwas kleiner als Erbsen, die theils leer, theils mit einer strahligen, lauchgrünen Masse angefüllt sind.

Auf der andern Seite findet man auch Syenite, und scheinen namentlich die Klippen des Ufers aus diesem Gesteine zu bestehen. Die beim Hause anstehenden bestehen vorherrschend aus einem hellblaugrauen Feldspath, dessen Krystalle etwa 2 Linien gross sind, schwärzlichgrauer Hornblende und grauem Quarz. Oft ist Schwefelkies (oder Kupferkies?) eingesprengt. In andern Stufen waltet die Hornblende vor. Noch andre enthalten weissen Feldspath, grauen Quarz, schwarze Hornblende und zeisiggrünen Epidot. Die Hornblende und der Epidot walten vor; letzterer ist meist dicht und nur krystallisirt, wo kleine Drusenräume sich vorfinden. Auch hier sind Kupfertheilchen eingesprengt.

Die Vegetation ist höchst unbedeutend. In ein paar hundert Fuss Höhe sind Cereus, eine Art Echinocactus, die Oxalis gigantea (der *Churco* der Eingebornen) und die Opuntia mit den zahllosen weisslichen, langen Stacheln, welche ich bei Cachinal angemerkt habe. Die Berge im Osten erheben sich zwar bis 3000 Fuss, allein ihre Abhänge sollen ohne Vegetation sein. Weshalb lagern sich die Wolken und Nebel nur in der Gegend von Paposo und nicht auch weiter im Norden ab?

Herr Moreno rieth mir entschieden ab, den Landweg nach Mejillones zu versuchen, indem ich in Gefahr sei, unterweges mit meinen Thieren zu verschmachten, da er mir keinen zuverlässigen Führer mitgeben könne. Die wenigen Wasserplätze, die sich auf dieser 30 leguas langen Strecke finden, Agua buena und la Chimba, liegen nämlich vom Wege ab in bedeutender Entfernung und Höhe in Schluchten, und sind daher von einem Unkundigen gar nicht zu finden. Vor Kurzem hatten zwei Chilenen versucht, von Cobija aus diesen Weg zu nehmen; sie waren Soldaten im peruanischen Heere, desertirten und wollten nun am Meere entlang in ihre Heimath gehen. Der eine war auf halbem Wege liegen geblieben und vor Erschöpfung und Durst umgekommen, und sein Gefährte mehr todt als lebendig in Cobre eingetroffen. Hätte er hier keine Menschen gefunden, so wäre er wohl auch nicht mit dem Leben davon gekommen. Herr Döll liess sich indessen nicht abschrecken und wollte wenigstens die 5½ leguas entfernte Agua buena aufsuchen, kam aber nach anderthalb Tagen höchst erschöpft und halb verdurstet wieder, ohne sie gefunden zu haben. Er berichtete, die Küste habe ihm durchaus nichts Merkwürdiges und namentlich keine Spur von Vegetation gezeigt. Unter diesen Umständen beschloss ich, die Reise zu Schiff weiter fortzusetzen und nur in der Bucht von la Chimba und in der von Mejillones zu landen, um die Ablagerungen von Guano zu untersuchen, die sich dort finden.

Anfangs dachte ich auch daran, in Bolfin zu landen und den Cerro grande oder Morro Jorjillo zu untersuchen. Hier hat vor längeren Jahren ein gewisser Naranjo aus Coquimbo geglaubt, eine reiche Goldader zu finden; der Contramaestro der Janequeo hat den Indier selbst gesprochen, welcher diesen Herrn Naranjo nach Bolfin gerudert und von dort wieder abgeholt hat, auch Goldstufen von dort gesehen haben will. In Coquimbo rüstete Naranjo ein Schiff aus, um die Gruben zu bearbeiten, und schiffte sich auf demselben mit den nöthigen Arbeitern ein, allein das Schiff ging in einem Sturme mit Maus und Mann unter, und mit ihm die Kenntniss von der Goldader. Noch soll in derselben die *barreta* (Eisenstange) stecken, mit der Naranjo die Goldstufen losgebrochen. Seitdem haben mehrere *Cateadores* den Berg besucht, ohne die Ader finden zu können. Da ich nicht erwartete, glücklicher zu sein, und mein Besuch dieses trostlosen Ortes kein anderes Resultat gehabt hätte, als zu ermitteln, ob die Küstengebirge dort aus Syenit oder Porphyr bestehen, was vor der Hand von geringem Interesse ist, so glaubte ich ruhig vorbeischiffen zu dürfen.

Herr Döll, der sehr von der Seekrankheit leidet, beschloss zu Lande nach Paposo zurückzukehren, während ich mich den 27sten December einschiffte, nachdem ich noch meinen Vorrath von Lebensmitteln mit 25 Pfd. Zucker, 25 Pfd. trocknen Feigen und 12¼ Pfd. Reis vermehrt hatte. Wir hatten frischen Wind und warfen daher schon den Abend in einer kleinen Bucht, die einen trefflichen Hafen bildet, dicht bei der Isla blanca mit 4½ Faden Tiefe und feinem Sandgrund die Anker. Auf dem Blatte der Fitzroyschen Karte, welches diese Gegenden umfasst, und welches wir an Bord hatten, ist die Insel irrig als Halbinsel gezeichnet. Ich bedaure, dass die chilenische Regierung nicht die Aufnahme der Häfen und Buchten von Chañaral, Tartal, Paposo, Cobre, Isla blanca, Mejillones, welche durch die Offiziere der Janequeo auf dieser Reise gemacht worden sind, veröffentlicht; sie könnten in manchen Fällen der Schifffahrt dienlich sein. Ich bemerke bei dieser Gelegenheit, dass fast sämmtliche Namen der Fitzroyschen Karte z. B. Jara, Chancaea u. s. w. den Bewohnern unbekannt sind: die Karte, welche dieses Werk begleitet, gibt die Namen so an, wie sie gegenwärtig im Gebrauche sind.

Die Insel, Isla blanca genannt, ist kaum 20 Fuss hoch, und hat nur ein paar hundert Schritte im Umfange. Ich besuchte sie nach dem Frühstück. Sie besteht ganz aus Thonstein-Porphyr. Die Grundmasse desselben ist grau, unter der Lupe durchweg krystallinisch körnig, mit 1—2 Linien grossen grauen Feldspathkrystallen, rothen Körnchen, und seltenen, etwa 2 Linien grossen, erdigen, grünen oder rothen Flecken, die offenbar zersetzte Hornblende sind. Dieser Porphyr ist von zahlreichen 3—6 Fuss mächtigen Gängen, die meist senkrecht stehen, in verschiedenen Richtungen durchsetzt. Diese Gänge bestehen aus einem mehr thonigen Porphyr, der kleine Feldspathkrystalle enthält, die theils weiss, theils ziegelroth sind, und enthält bisweilen glasige bouteillengrüne Körner (Olivin?). Manchmal ist die Masse kirschroth mit weissen Feldspath- und seltener Hornblendekrystallen etwa 1 Linie gross; bisweilen beinahe schwarz, erdig, mit blassgrünen Feldspathkrystallen, also grünsteinartig. Da diese Gänge sich viel leichter zersetzen, als die Hauptmasse der Insel, so bilden sie am Ufer tiefe Einschnitte und Buchten.

Auf der Insel ist keine Spur von Pflanzen, Insekten oder Eidechsen zu finden. Die Oberfläche derselben erscheint weiss, daher der Name Isla blanca, indem sie mit einer dünnen Schicht Vogelmist bedeckt ist. Darunter ist ein gelber, erdiger, mit viel Sand und kleinen Steinchen vermischter Guano, von geringer Mächtigkeit, von äusserst schwachem Geruche, mit einem Wort, von sehr schlechter Qualität. Dennoch hat man versucht, diesen Guano in den Handel zu bringen. Wir fanden Wege, *piroas*, einen Haufen durchgesiebten mit Segeltuch bedeckten Guano, das Sieb, und viel Stücken losgebrochenen Guanos, die noch zerkleinert und gesiebt werden sollten.

Ich beschäftigte mich längere Zeit damit, Conchylien und andre Seethiere zu fischen, fand aber eine geringere Ausbeute, als ich erwartete. Von Conchylien nämlich:

Kellia bullata Ph.	Chiton granosus Frembl.	Fissurella peruviana Lamk.
— miliaris Ph.	— granulosus Frembl.	Siphonaria tenuis Ph.
Magdala cuneata (Anatina) Gray.	— argyrostictus Ph.	Mouretia peruviana Gray.
Cardium pygmaeum Ph.	— peruvianus Lamk.	Calyptraea trochiformis (Patella) Chemn.
Cardita semen Reeve.	Patella viridula Lamk.	
Venus Dombeyi Lamk.	— (Lottia) variabilis Sow.	Bissoa nigra (Paludina) d'Orb.
Arca pusilla Sow.	— parasitica d'Orb.	Rissoina Inca d'Orb.
Chama pellucida Brod.	Acmaea scutum Eschh.	Litorina zebra (Turbo) Wood.
Mytilus dactyloides Hupé.	— scurra Less.	— araucana d'Orb.
— granulatus Hanley.	Fissurella maxima Young.	Phasianella umbilicata (Litorina) d'Orb.
— ovalis Lamk.	— Bridgsii Reeve.	Trochus tridens Menke.
Discina lamellosa (Orbicula (male) Brod.	— briadiata Frembl.	Turbo propinquus Hupé.
Chiton tuberculiferus Sow. (spiniferus Frembl.)	— latemarginata Sow.	Murex lobius Gray.
	— pulchra Sow.	Concholepas peruviana Lamk.
— soquimbensis Frembl.	— crassa Lamk.	Columbella sordida d'Orb.
— Cumingii Frembl.	— costata Less.	

Von nackten Mollusken fand ich zwei Arten Doris, zwei Arten Ascidia und Octopus Fontaineanus d'Orb. Zwei Holothurien mit baumartig verästelten Fühlern, die eine scharlachroth, die andre grau mit grünen Fühlern steckten im Sande zwischen den Klippen und liessen nur ihre Fühler sehen; diese hielt ich erst für einen Tang, sie verschwanden aber plötzlich beim Berühren. Schöne grüne und scharlachrothe Actinien von 2 Zoll Durchmesser, und kleinere, 9—12 Linien grosse, roth, mit blauen weiss eingefassten Streifen und blassen, sehr spitzen Fühlern waren in Menge in den seichten Pfützen, und sahen aus wie Blumen. Eine scharlachrothe Anelide, Amphinome miniacea n. sp. zerstach mit ihren weissen Borsten alle weichen Thiere, die zugleich mit ihr in Spiritus kamen. Leider sind mehrere dieser Weichthiere aus Mangel an Weingeist verdorben, indem ich durch ein lächerliches Versehen in Valparaiso statt zwei grosser Glassgefässe mit weiter Mündung voll Spiritus zwei Flaschen *Xerez* erhalten hatte! Sie waren in meiner Abwesenheit abgeliefert, als die erwähnten Gläser mit Spiritus angenommen, und als solche verpackt worden! Wegen dieses Mangels an Spiritus und Gefässen konnte ich leider keine Fische sammeln. — Von Echinodermen fand ich 2 Arten Seeigel, drei Arten Seesterne, und eine Ophiura, Ophiolepis atacamensis n. sp.

Die Küste des gegenüberliegenden Festlandes besteht wie die Insel aus Thonsteinporphyr, welcher Spuren von Kupfererz zeigt. Hart am Ufer ist eine Salzmine in einem weichen, rothen Porphyr eröffnet, die ziemlich horizontal 15 bis 20 Schritte in das Ufer eindringt. Das Salz findet sich in $\frac{1}{2}$—1 Zoll dicken Adern, welche weiter nichts als Klüfte des Gesteines sind, in welchen sich das Salz des Meerwassers abgesetzt hat, welches von oben eingedrungen ist. Dieses Salz wird von den *Changos* geholt, wenn sie hier in der Nähe fischen oder Seehunde jagen. Ein $1\frac{1}{2}$ Fuss dickes Muschelconglomerat liegt auf dem Porphyr auf und bildet zum Theil das Dach der Mine. Etwa 15 bis 20 Fuss oberhalb des jetzigen Meeresspiegels liegt eine mächtige Sandebene an der Küste, die sich wohl eine halbe bis drei Viertel legua gen Osten erstreckt, ehe sie den Fuss der Berge erreicht. Nach Norden setzt sie sich in die ungeheure Sandebene fort, welche das kleine Gebirge, das im Süden mit dem Morro Moreno anfängt und im Norden mit dem Berge von Mejillones aufhört, mit dem Festlande verbindet. Diese Sandebene ist, wie bei Caldera, Chañaral de los Animas u. s. w., überall mit zahllosen Muscheln übersät, die mit den in der Nähe lebenden identisch sind; ein abermaliger Beweis von der Hebung der Küste. Ausserdem liegen hier wie bei Tartal, Paposo u. s. w. viele Fragmente von Jaspis, Carneol, Chalcedon, Feuerstein umher, die wohl aus einem zersetzten Mandelsteine herstammen. Man findet sie vielfach zersplittert und angehauen, und haben offenbar die *Changos*, vielleicht seit Jahrhunderten daraus Feuersteine und Spitzen für Harpune etc. geschlagen. Ueberhaupt scheinen die *Changos* diesen trostlosen, wasserleeren und von aller Spur von Vegetation entblössten Ort früher viel besucht zu haben. Man findet hier eine Menge Scherben von Töpfen und zahlreiche Gräber, es scheinen kreisförmige mit einem Ringe von Steinen eingefasste Gruben von etwa 4 Fuss Durchmesser gewesen zu sein. Den Morgen hatten die Offiziere noch einen vollständigen Schädel gesehn, aber leider nicht mitgenommen; den Abend als ich hinkam, hatte ihn jamand aus Muthwillen zertrümmert. Wir fanden hier frische Fährten von Guanacos und von Füchsen.

Den 29sten December 4 Uhr Nachmittags lichteten wir die Anker, um nach der Bucht von Mejillones zu fahren. Die Nacht war sehr dunkel, und um so prächtiger sah das Leuchten des Meeres aus. Bei Anbruch des folgenden Tages fanden wir uns schon viel nördlicher als die *tetas* (die Brüste) des Morro Moreno, und gegen 9 Uhr bogen wir schon um die Punta de Angamos. Dicht dahinter sahen wir am Strande Hütten, ein Bot und Menschen, offenbar Leute, die dort Guano holen wollten. Ein Bot mit vier Leuten ruderte vor uns her nach Cobija zu. Da diese Gegend theils von Chile, theils von Bolivien in Anspruch genommen wird, so wurden die Leute im Bote durch einen Signal-Schuss aufgefordert, an Bord zu kommen. Es setzte aber seinen Weg nur um so eiliger fort, und als auch ein zweiter Signalschuss nicht beachtet wurde, wurde die Schalupe abgeschickt um die Leute mit Gewalt zu holen. Als sie kamen, erfuhren wir von dem Patron des Botes, dass an der Spitze Angamos 22 Mann beschäftigt seien, Guano zu sammeln für ein Haus von Valparaiso; der Administrator dieses Geschäftes befinde sich augenblicklich in Cobija, und sie wollten dorthin, um ihm anzuzeigen, der *Mayordomo* (Aufseher) in Angamos sei verrückt geworden, er schlafe nicht, esse nicht, und schwatze fortwährend. Der gute Mann hatte also offenbar den Säuferwahnsinn, das delirium tremens. Derselbe theilte ferner mit, dass sie ihr Wasser von einer Quelle am Fusse des Morro Moreno, also etwa 12 Stunden weit bezögen, es sei aber sehr schlecht; ihr Brennmaterial sei das Holz von Cereus, welches sie vom Gipfel des Morro de Mejillones 2 gute Stunden weit herbeischleppen müssten; der Guano sei schlecht, von derselben Beschaffenheit, wie der der *Isla blanca*, wo sie kürzlich gearbeitet hätten.

Der Commandant gab dem Schiffsdoktor die Ordre, mit Medicamenten hinzugehn, und ich schiffte mich mit ihm in der Schalupe ein. Die Brandung war aber an der Stelle, wo die Guano-Arbeiter ihre Hütten aufgeschlagen hatten, so stark, dass man nur landen konnte, indem man das Bot durch eine Welle ans Ufer werfen liess, und rasch weiter in die Höhe zog, damit es die nächste Welle nicht wieder mit fortnähme. Da nun das eine Bot der Janequeo schon schadhaft war und in Mejillones ausgebessert werden sollte, so wollte der Führer der Schalupe dieselbe keiner Beschädigung aussetzen, und wir kehrten um, ohne zu landen.

In der Nähe unseres Ankerplatzes waren mehrere *Pirkas*, die Verschanzungen, welche der jetzige chilenische Admiral R. Simpson im Jahr 1845 hier aufwarf, als es zu Feindseligkeiten zwischen Chile und Bolivien wegen des Besitzes von Mejillones gekommen war. Hier ist ein ziemlich breiter, flacher Strand. Nach NW. treten aber die Berge mit schroffem Absturze in das Meer hinein, so dass kein Weg am Ufer entlang führen kann. Der ganze Morro de Mejillones besteht aus einem hellen, zu Grus zerfallenden Granit, oder vielmehr Protogyn. Die Gemengtheile sind nämlich graulicher Quarz, weisser Feldspath, welche bei Weitem den grössten Theil der Masse ausmachen, und schwarzgrüner Chlorit in Partien bis 2 Linien gross, wozu oft schwarzer und auch wohl grauer Glimmer kommt. In diesem Granit kommen Adern oder Gänge von Gneiss vor, mit vorwaltendem Quarz und sehr feinschuppigem, schwarzen Glimmer. Kleinere schwärzliche Adern scheinen von einer Art Hornstein gebildet zu werden. Grüne Epidotadern sind ziemlich selten. Mehrere Klüfte in der Nähe der See sind mit Salz ausgefüllt, oft 2 bis 3 Linien dick. In einem Lande, wo es regnet, würde dies nicht vorkommen können.

Den 31sten December machte ich einen Versuch, den im Südsüdwest gelegenen, in gerader Richtung etwa 2 Stunden entfernten und 2500 Fuss hohen Morro de Mejillones zu ersteigen. Wenige Excursionen sind mir so sauer geworden. Nach chilenischer Sitte bleibt man nüchtern bis zum wahren Gabelfrühstück, welches der Kaffee oder Thee beschliesst, und gewöhnlich schläft man bis dahin, d. h. bis 9 Uhr. Nun frühstückten wir auf dem Schiffe zwar gegen 8½ Uhr, aber hier unter dem 23sten Grad 5Min., wo an diesem Tage die Sonne im Zenith stand, wo der kahle Fels und Schuttboden bald glühend wird, kein Gegenstand Schatten wirft, und kein Lüftchen weht, ist die Zeit von 9 Uhr bis 3 Uhr unstreitig nicht geeignst, anstrengende Märsche zu machen; mehrmals war ich auch so erschöpft, dass ich glaubte, nicht weiter zu können. Und was war das Resultat der ganzen Anstrengung? Ein sehr geringes. Der Weg führte eine Zeit lang in südlicher Richtung am Strande entlang. Der Schutt ist horizontal geschichtet, und wechselt an einigen Stellen mit Bänken eines weisslichen Trippels von 3 bis 4 Zoll Mächtigkeit ab, wie ich deren auch in dem Schuttlande von Caldera beobachtet habe. Dann erhebt sich der Pfad und führt am steilen Abhange dem Ufer parallel über den Schutt, welcher oft unter den Füssen nachgibt und in das Meer rollt. Eine Stelle schien mir so schlimm, dass ich mich nicht getraute, sie zu passiren, sondern vorzog, eine Schlucht grade in die Höhe zu steigen. Auf diese Weise gelangte ich endlich auf einen horizontalen, ziemlich breiten etwa 1500 Fuss hohen Rücken, der beiderseits steil abfiel. Diese Abhänge sind von zahllosen Schluchten zerrissen, die sich leicht in dem Gruse bilden, in welchen der Granit sich auflöst. Es war nicht die geringste Spur einer Pflanze, eines Insektes zu sehn, aber tausende und aber tausende von leeren Gehäusen einer Landschnecke, einer Art Bulimus (B. xerophilus n. sp.) lagen in den Schluchten und auf dieser kleinen Hochebene. Was fressen diese Schnecken? und wo leben sie? Ich vermuthe, dass sie unter der Erde leben und nur bei feuchter Luft zum Vorschein kommen, um die Flechten abzuweiden, mit denen häufig die grösseren Granitfragmente bedeckt sind; vielleicht ist auch in den Wintermonaten Nebel in diesen Höhen, der eine rasch vorübergehende Vegetation von einjährigen Pflanzen, Zwiebelgewächsen u. s. w. hervorruft. Ich sah viel Löcher in die Erde gehen, vor denen Haufen feinen Sandes lagen, es gelang mir aber nicht, sie aufzugraben, da nirgends ein Hölmchen war, um es hineinstecken und die Richtung des Loches verfolgen zu können. Auf diesem Rücken trafen wir in die Fussteige, welche die Guano-Arbeiter gemacht hatten auf ihren Expeditionen nach dem Gipfel des Morro zum Holzholen. Dieser erhebt sich in Gestalt eines steilen Kegels auf einem etwa 2000 Fuss hohen Absatze. In dieser Höhe ist etwas Vegetation, hie und da sieht man einen Echinocactus, ein Solanum (flexuosum?), eine Frankenia, eine Dinemandra, eine Alona oder Tetragonia, meist vertrocknet. Die Cactus, meist die eilfkantige Eulychnia breviflora, beginnen erst mit dieser Höhe, und sind dann auf dem letzten Gipfel häufig. An ihrem Fusse fand ich eine Alströmeria blühend, ein entsprechendes Bild dieser dürren Bildung (A. pauperoula mihi). Ich war erstaunt, hier viel Fährten und Mist von Guanacos zu finden. Ist etwa im Winter hier mehr Vegetation? Ich war zu ermattet, um die Besteigung des Gipfels selbst zu versuchen, und begnügte mich, im Osten um denselben herumzugehn, bis ich die ganze Sandwüste übersehen konnte, die sich bis nach der Chimba erstreckt, 22 Seemeilen lang und etwa 3 Seemeilen breit. Dann kehrte ich um. Ich überzeugte mich, dass die etwa 1800 bis 2000 Fuss hohe, steil nach Westen abfallende Hochebene, welche von Chañaral an die Küste bildet, sich ohe Unterbrechung bis Cobija fortsetzt. Die übrige Zeit, welche die Janequeo hier verweilte, theils um den Landungsplatz aufzunehmen, theils um das eine Bot am Lande auszubessern, verwandte ich dazu, die Conchylien am Strande zu untersuchen und mit dem Schleppnetze fischen zu lassen. Letzteres brachte eine Menge Oliven und andre gewöhnliche Conchylien. Hierbei machte ich jedoch die interessante Bemerkung, dass mehrere Conchylien unter Wasser ein knisterndes Geräusch hervorbringen; namentlich habe ich dies von Mytilus chorus, Purpura chocolatum und Balanus picus erfahren. Man konnte dies Geräusch deutlich auf dem Schiffe hören, wenn die

Thiere noch im Netze ein paar Fuss unter dem Wasserspiegel waren. Bisher hat man diese Thatsache nur von einer Tritonia angemerkt. Auch werden einige Fische angeführt, die im Wasser Töne hervorbringen. Ich vermuthe, die Erscheinung ist häufiger als man glaubt. Die physikalische Erklärung derselben bietet einige Schwierigkeiten dar. Am Strande lagen eine Menge Muscheln und Schneckengehäuse umher, unter denen mehrere Arten, die nicht weiter nach Süden vorzukommen scheinen, namentlich Fusus Fontainei d'Orb. = alternatus Ph. (ich kann nicht sagen, welcher Name die Priorität hat), Cancellaria tuberculosa Sow., die grosse Natica atacamensis Ph. u. s. w. Leider waren diese Conchylien in der Regel sehr abgerieben und die interessanteren wurden im Schleppnetze nicht gefischt. Von Weichthieren bekam ich gar nichts, auch nur wenige Crustaceen. Im Meere schwammen viele schwarze Haifische herum, ich erhielt aber keinen und getraue mich nicht zu sagen, welche Art diesen Namen führt.

Den zweiten Januar Nachmittags segelten wir ab und warfen den 6ten Abends die Anker bei Paposo. Ich stieg sogleich ans Land, um mich mit Herrn Döll und Don Diego zu besprechen, damit diese mit den Maulthieren sich nach dem Hafen von Tartal begeben möchten, von wo die Reise nach Atacama angetreten werden sollte. Der direkte Weg durch das Thal Guanillo wäre näher gewesen, allein wir hätten auf demselben beinahe 15 deutsche Meilen zurücklegen müssen ohne Wasser anzutreffen, und so zog ich den Umweg vor. Ich begab mich den folgenden Tag wieder aufs Schiff, um die bis dahin gemachten Sammlungen, die mit demselben nach Valparaiso gehen sollten, gehörig zu verpacken, und umgekehrt die Lebensmittel und was wir sonst in die Wüste mitnehmen wollten, in die geeignete Form zu bringen, damit sie auf Maulthiere verladen werden konnten. Bei der Gelegenheit fand ich, dass die Matrosen meinen Tabak gestohlen hatten, was für Don Diego und meine chilenischen Diener ein grosses Herzeleid war: ich selbst rauche so wenig wie Herr Döll, und wir wurden daher durch diesen Unfall persönlich nicht betroffen.

Den 8ten Januar liefen wir in die kleine Bucht von Tartal ein, und Tags darauf erschienen auch meine Gefährten mit den Maulthieren: den Nachmittag wurde das Gepäck und die Lebensmittel ans Land gebracht, und den 10ten Morgens verabschiedeten wir uns von den Offizieren des Schiffes, die uns auf der ganzen Reise auf das Freundlichste und Zuvorkommendste behandelt hatten, so dass ich nicht unterlassen kann, ihnen auch hiermit öffentlich meinen Dank nochmals auszusprechen. Die Janequeo ging unter Segel, und wir waren nun allein in der Wüste, lediglich auf uns selbst und die Hülfsmittel, die wir mit uns führten, angewiesen.

Ehe ich jedoch in der Erzählung meiner Reise weiter fortfahre, wird es gut sein, einige allgemeine Bemerkungen über die Küste der Wüste einzuschalten.

Die Küste ist der steile Abfall einer etwa 2000 Fuss hohen Hochebene, die sich von Pan de Azucar 26° 8′ südl. Breite bis Cobija 22° s. Br., ja vielleicht bis zum Rio Loa über 100 leguas weit erstreckt. Selten zeigt sich ein schmales Vorland; oft fällt die Hochebene fast senkrecht in die Fluthen. Mit Ausnahme der breiten Thäler von Salado, Pan de Azucar und Tartal ist ihr Rand nirgends durchbrochen. Beinahe neun Monate im Jahre pflegen Nebel an diesem Abfalle von Miguel Diaz an bis Pan de Azucar zu hängen; weiter südlich ist der Abfall zu niedrig und zu sehr unterbrochen, um die Wasserdünste auf ihrem Wege nach dem Innern aufzuhalten. Warum aber die Nebel nördlich von Miguel Diaz wo der Rand des Festlandes sich vielleicht noch etwas höher erhebt und ebenfalls ohne Unterbrechung ist, fehlt, wage ich nicht erklären zu wollen. Diese Nebel bedingen das Vorkommen von Wasser in den Schluchten und die eigenthümliche Vegetation, die ich geschildert habe. Es ist klar, dass die physischen Verhältnisse durchaus keinen Ackerbau und auch die Viehzucht nur in einem höchst eingeschränkten Maasstabe erlauben. Die Hirtinnen müssen nothwendig Nomaden sein, und es gibt einzelne besonders trockne Jahre, in denen ihre Ziegen und Esel in Gefahr sind zu verhungern. Dann müssen sie ihre Zuflucht dazu nehmen, den Chayuar und die Cactus für die Thiere geniessbar zu machen, indem sie trockne Reiser und Halme rund herum anhäufen und anzünden und auf diese Weise die furchtbaren Stacheln dieser Gewächse verbrennen.

Unter diesen Umständen sind die Bewohner gezwungen ihren Unterhalt auf dem Meere zu suchen, welches sehr fischreich zu sein scheint. Namentlich war lange der *Congrio* eine ergiebige Nahrungsquelle für sie. Dieser Fisch ist kein Conger, wie man nach dem spanischen Namen meinen könnte, und wie Herr Gay geglaubt hat, sondern ein bis dahin unbeschriebener Fisch aus der Abtheilung der Blennioiden, den ich Genypterus nigricans genannt habe, indem die auf ein paar Fäden reducirten Bauchflossen an der Spitze des Kinnes sitzen. Diesen Fisch, welcher 2—3 Fuss lang wird, fängt man fast nur im hohen Meere und zwar mit Angeln, deren eine ganze Menge an einer Schnur oder Ruthe befestigt sind. Zur Zeit als Chile noch spanische Colonie war, galt der Centner trocknen Congrios in Valparaiso 40 und in Lima gar 60 pesos (= 80 Thlr., also das Pfund 24 Sgr.!); jetzt war, wie ich oben angeführt habe, der Werth in Paposo 8 pesos für den Centner. Seit dem Handel mit Europa wird viel Stockfisch eingeführt, auch werden die Fasten nicht mehr so streng gehalten, und so erklärt sich das Sinken der Preise. Aus diesem Grunde bringt die Arbeit in den Bergwerken mehr ein, und die Bevölkerung hat sich daher grossentheils von der Küste weggezogen.

Früher gab es an der ganzen Küste sehr viele Seehunde (*lobos*, eigentlich Wölfe), welche für die *Changos* von grosser Wichtigkeit sind, indem sie denselben namentlich ihre Fahrzeuge, wovon gleich mehr, liefern. Seit zwanzig Jahren haben sie mit einem Mal erstaunlich abgenommen. Damals soll eine Seuche, eine Art Wasserscheu, unter fast alle Thiere gekommen sein, und nicht nur viel Hunde und Füchse, sondern auch Rindvieh, Pferde, Maulthiere, Ziegen und Schaafe weggerafft haben. Dieselbe Krankheit, meinen die Fischer, habe damals auch die Seehunde ergriffen; denn sie wurden zu der Zeit in grosser Menge todt, aber fett und ohne Wunden am Ufer gefunden. (Auf dem Ritt von Paposo nach Cobre tödtete mein Diener mit einem Steinwurfe ein Junges, welches am Ufer auf einem Felsen schlief; es war die gewöhnliche Otaria porcina.) Auch die Menge der Vögel soll sehr abgenommen haben; bis 1812 wurden von der ganzen Küste, und namentlich von Chañaral eine Menge Pelikanfedern nach Volparaiso gebracht, die zum Schreiben dienten, bis sie durch die europäischen Gänsekiele und die Stahlfedern verdrängt wurden. Ueberall liegen zahlreiche Wallfischknochen am Strande, dennoch habe ich nie etwas von gestrandeten Wallfischen, von der Gewinnung von Thran und Fischbein u. s. w. erzählen hören.

Die Küstenbewohner führen von Huasco an bis nach Bolivien den Namen *Changos*;

es ist ein indischer Stamm, aber jetzt sehr vermischten Blutes. Seine Sprache soll die gewöhnliche chilenische gewesen sein; jetzt reden sie aber nur Spanisch und haben ihre ursprüngliche Sprache ganz vergessen. Die Zahl derjenigen, welche im Distrikt Paposo oder von Caldera bis Mejillones wohnen, mag etwa 500 betragen. Männer und Weiber leben den grössten Theil des Jahres getrennt, die ersteren mit dem Fischfange oder jetzt in den Bergwerken beschäftigt, die letzteren mit ihren Ziegenheerden herumziehend, wo sie Weide und Wasser finden. Im Winter, wenn die stürmische See nicht erlaubte zu fischen, gingen die Männer in die Wüste auf die Guanaco-Jagd. Wirkliche Ehen gibt es unter ihnen nicht, auch könnten sie solche beim besten Willen nicht kirchlich einsegnen lassen, da in der ganzen Provinz nur ein Pfarrer, in der Stadt Copiapò, existirt. Die Kinder bleiben bei der Mutter, bis die Knaben gross genug sind, an dem Berufe der Männer sich zu betheiligen.

Die Fahrzeuge, in denen diese *Changos* sich oft weit in die hohe See wagen, heissen *balsas* und sind sehr eigenthümlich. Es sind nämlich zwei mit Luft aufgeblasene Schläuche von Seehundsfell, die vorn und hinten in eine etwas aufgerichtete Spitze endigen. Sie mögen etwa 10 Fuss lang sein, und sind hinten etwas breiter als vorn. Oben sind sie durch Reiser verbunden, und die Fischer sitzen darauf platt wie die Schneider oder knieend. Diese Fahrzeuge sind wegen ihrer Leichtigkeit und Elasticität vortrefflich für diese klippige Küste mit der fürchterlichen Brandung geeignet, wo nur an wenigen Stellen gewöhnliche hölzerne oder eiserne Fahrzeuge anlanden können. Sie sind mit Ocker roth gefärbt.

Capitel II.

Reise schräg durch die Wüste von der Küste bis zum Städtchen Atacama.

Gleich beim Anfange unserer Reise befand ich mich in keiner geringen Verlegenheit. Don Diego hatte mich gebeten, es ihm zu überlassen, den Contract wegen der Maulthiermiethe mit den Atacamenern abzuschliessen, indem er die Art und Weise dieser Leute kenne, und ich hatte eingewilligt. Ich hatte ihm eingeschärft, fünf Maulthiere für den Transport unserer Effekten und Lebensmittel zu miethen, und ein lediges Maulthier für den Fall, dass unterweges ein Maulthier unbrauchbar würde. Als nun aber die Maulthiere in Tartal anlangten, waren nur drei für das Gepäck da, und auch kein lediges. Er sowohl wie Herr Döll hatten meine Anordnungen für überflüssig gehalten und der Regierung 30—40 pesos sparen wollen. Die Folge dieser Klugheit war, dass unser Gepäck nicht fortzuschaffen war. Jetzt war guter Rath theuer. Am Wasserplatze Cachinal de la Sierra durfte ich hoffen andre Atacamenier zu finden, die ledige Maulthiere vermiethen konnten. Aber wie bis dahin gelangen? Zu Fusse gehen, und die Reitmaulthiere beladen? Dies war erstens sehr beschwerlich bei den weiten Wegen, die nothwendig von einem Wasserplatze zum andern in einem Tage zurückgelegt werden mussten, und zweitens lässt sich Gepäck nicht auf einem Reitsattel befestigen. Einen grossen Theil der Lebensmittel zurücklassen und verstecken, war auch sehr gewagt, da wir keineswegs deren zu viel hatten. Ich musste daher sehen, von den *Changos* Esel bis Cachinal de la Sierra zu miethen. D. Diego erbot sich die nöthigen Schritte zu thun und ritt herum, um nach Eseln zu suchen. Bald erschien er auch mit einem Chango, der nur, mit Erlaubniss zu sagen zwei Esel — anders sprach der höfliche Mann nie von seinen Thieren — vermiethen konnte; als wir aber den Contract abschliessen wollten, zog er sich zurück, indem er sich besann, dass er seine Esel nicht so lange missen könne. Wir zogen daher so gut es ging die zwei Stunden Weges bis nach unserm früheren Lager bei der Agua de Clerigo, am Südabhange des hohen Cerro de Hueso parado, waren aber diesmal so klug, unser Zelt in ziemlicher Entfernung vom Brunnen aufzuschlagen, wo wir nichts von den Stichen der Mücken und Moskitos zu leiden hatten. Don Diego bemühte sich während des Nachmittags eifrig, unter den in der Nähe wohnenden Hirtinnen Esel aufzutreiben, und kam gegen Abend voller Freude mir zu sagen, die alte Doña Serafina wolle uns drei Esel für die beiden Tagereisen bis Cachinal leihen, könne aber niemanden mitgeben, der die Esel nachher zurücknähme. Er habe daher zu diesem Zwecke einen Knaben für 13 pesos! gemiethet. Nun wurde ich der Sache überdrüssig und verhandelte selbst mit der Alten und ihrem Manne. Für ein Pfund *coca*, welches ich in Cachinal von den Atacameniern kaufen sollte, die ich dort zu treffen hoffte, etwas Mehl, etwas *harina tostada* (Mehl von geröstetem Weizen), etwas Rinderfett, Schiffszwieback, Charqui (an der Luft getrocknetem Rindfleisch), Zucker und *Yerba Mate* (Paraguaythee) wurden mir zwei Esel vermiethet und der alte José begleitete uns bis Cachinal, um sie von dort wieder zurückzunehmen. Diese Lebensmittel waren keine 3 pesos im Einkaufspreise werth, und die *Coca* sollte 2 pesos kosten. Spasshaft waren die Verhandlungen mit der alten Serafina. Ja, ich weiss es wohl, dass es ein *vicio* (eigentlich Laster) von mir ist, *Coca* zu kauen, aber ich bin alt und kann es ein Mal nicht lassen, wiederholte sie wohl zwanzig Mal.

Den 11. Januar. Von Agua de Clerigo bis Cachiyuyal, 14½ leguas.

Nachdem wir noch zwei Flaschen Milch und ein Huhn erhandelt, brachen wir endlich Morgens 8 Uhr auf. Don Diego war vorausgeritten, um früher in Cachinal einzutreffen, damit nicht etwa die Atacamenier mit ihren Maulthieren abzögen, ehe wir dort eintrafen. Ich war fest entschlossen, falls wir keine Maulthiere in Cachinal träfen, mit Gewalt die beiden Esel zur Weiterreise zu pressen. Der alte José nahm sich zur Gesellschaft noch einen Knaben mit. Die zwei Esel, kleine Thiere, reichten nicht aus, das Gepäck zu tragen, ich befahl daher, die zwei Säcke mit Schiffszwieback auf mein Reitmaulthier zu laden, und ging zu Fusse. Nach einem Marsche von zwei Stunden bogen wir aus dem Hauptthale links ab in das Thal von Breadal in einer Höhe von 1270 Fuss, so stark ist das Gefälle auf 2 deutsche Meilen! Die Berge, welche dasselbe einfassen, sind niedrige Porphyrberge, der Boden ist mit Salzefflorescenzen bedeckt und die Luft riecht wie bei Salinen. Bald kamen wir auch an Wasser, welches so salzig ist, dass überall eine dicke weisse Kruste bleibt, wo es verdunstet. An demselben wuchs die *Brea*, welche dem Thale den Namen gegeben hat, und *Chépica brava*, ein niedriges, graues Gras mit zweizeiligen, stechenden Blättern (Distichlis thalassica Kth.). Bald darauf findet sich eine ähnliche Pfütze, und zehn Minuten weiter öffnete sich das Thal, so dass es beiderseits nur flache, höchstens 100 Fuss hohe Rücken zeigte. Hier mündete rechts ein Weg ein, der nach einem etwa zehn Minuten entfernten Wasserplatze führte, um welchen herum auch etwas Futter stand. Die Maulthiere wurden abgeladen und nach diesem Wasser getrieben, um sich dort etwas zu erholen, da wir noch einen weiten Tagemarsch, wohl 10 leguas, bis zum nächsten Wasserplatze, Cachiyuyal (nicht mit dem früher erwähnten Cachiyuyal zu verwechseln), vor uns hatten. Die Hügel in der Nähe zeigen eine Menge von den Guanacos getretene Pfade, gerade wie sie die Schaafe auf den Abhängen hervorbringen. Die Höhe dieses Halteplatzes ist 1629 Fuss über dem Meere.

Um $1\frac{1}{2}$ Uhr ging es weiter. Der Weg führte durch ein weites, flaches mit Schutt erfülltes Thal, in welchem ab und zu ein Mal Wasser fliessen muss, welches seinen Weg durch eine dünne Schlammschicht bezeichnet. Selten treten die flachen Bergkuppen an den Weg selbst heran, so dass man sehen kann, aus welchem Gestein sie bestehen; mit einem Wort das Thal hat viel Aehnlichkeit mit dem des Salado, nur sind die Berge niedriger und ohne Gänge. Im Anfange scheint alles Porphyr zu sein; und so auch der rothe Berg im Süden, etwa $1\frac{1}{2}$ Stunden von Breadal, aus welchem D. Diego sein *„oro richisimo"* (höchst feines Gold) gewonnen hatte. Anderthalb Stunden weiter war aber im Süden ein aus lauter Syenitblöcken gebildeter Berg. Das Gestein liess deutlich grauen Quarz und grauen Feldspath, wogegen die Hornblende sehr zurücktrat, und ein oder das andre Glimmerblättchen unterscheiden. Die Gemengtheile waren nur $\frac{1}{2}$—1 Linie gross. Vier und eine halbe Stunde von Breadal kamen wir an einen weissen Granitberg. Das Gestein bestand aus milchweissem Feldspath, weissem Quarz und wenigem Glimmer. Dieser ist meist schwarz, selten gelb und bisweilen durch graugrünen Chlorit ersetzt. Auch das Schuttland zeigt manches Interessante. Man sieht, dass er deutlich geschichtet und über 40 Fuss mächtig ist. Im Geröll fand ich Eisenglimmer, Jaspis, Carneole. Häufig sind Gypskrusten, bröcklich, durchaus porös, meist ins Gelbliche ziehend. In den Höhlungen sieht man kleine Krystalle, und hie und da ist ein Sandkorn oder Steinchen eingeschlossen. Sie sehen oft aus wie Zucker, durch den Wasser gesickert ist. Dieser Gyps ist besonders vier Stunden von Breadal sehr entwickelt, und bildet förmliche flache Hügel, in denen der Gyps durchaus vorherrscht. Nachdem wir etwa 6 leguas zurückgelegt hatten, verliessen wir das Thal, welches sich hier in einen engen Wasserriss zwischen 10—30 Fuss hohen Schuttwänden verwandelt hatte, um auf der anstossenden Ebene zu reiten. Hier war viel Kochsalz und Glaubersalz ausgewittert, doch setzte die einbrechende Nacht bald den Beobachtungen ein Ziel. Erst kurz vor Mitternacht langte ich am Lagerplatze an.

Bei Breadal war noch ziemlich viel Vegetation, drei Arten **Heliotropium**, **Cynoctonum viride**, **Tetragonia maritima**, **Allona mollis**, **Alibrexia villosa**, **Sorema elegans**, **Argylia puberula**, **Closia anthemoides**, **Bustillosia chilensis**, **Cruikshanksia tripartita**, **Calandrinia discolor**, eine Art Echinocactus und ein Cereus. Weiter hinauf erschien in den Wasserrissen der *Palo de Jote* und die Ephedra americana, das *Pingo-pingo* der Eingebornen, aber die Pflanzen wurden immer seltener, je weiter wir kamen, und vier Stunden hinter Breadal war die Vegetation absolut null. Erst auf den oben erwähnten Gypsbuckeln erschien wieder eine Pflanze mit schönen rothen Blüthenrispen, einer Amarantacee ähnlich, es ist aber eine Portulacee: **Silvaea pachyphylla** Ph.

Den 12. Januar. Von Cachiyuyal nach Cachinal de la Sierra. 13 leguas.

Unser Nachtquartier lag schon 4000 Fuss über dem Meere, und wir hatten in der Nacht einen eiskalten, schneidenden Ostwind (*Serrano*, Gebirgswind Span., oder *Puelche*, Ostwind Araukan.) gehabt, so dass das Thermometer den Morgen um 5 Uhr nur 5,8° Cels. zeigte. Wir hatten unser Quartier an einem kleinen Bache mit gutem Wasser aufgeschlagen, dennoch waren am Ufer nur drei Pflanzenarten: Paspalum conjugatum Sw., Scirpus chilensis Nees, und *Brea* (Tessaria absinthioides DC.). Das Thälchen war 40—80 Fuss hoch im Schutte eingerissen, und man konnte deutlich an den steilen Wänden die horizontale Schichtung sehen. Der Schutt wechselte mit Schichten von gelblich weissem Trippel ab. Ein schwarzer Berg in der Nähe besteht aus Hornsteinporphyr. Die Grundmasse ist ein schwarzer, ausgezeichnet splittriger Hornstein, in dem weisse oder fleischrothe Feldspathkrystalle von 1—2 Linien Grösse und graue Quarzkörner ausgeschieden sind. Fast eine Stunde lang dicht hinter Cachiyuyal ist die Ebene mit dem *Cachiyuyo* bedeckt, welcher der Stelle den Namen gegeben hat; es ist dies ein strauchartiger, fünf Fuss hoher Atriplex (A. deserticola n. sp.). In dieser Gegend kommen öfter kleine Brunnen vor, meist von einem dichten Rasen von *Chepia dulce* d. h. Paspalum conjugatum eingefasst. Hier fand ich zum ersten Male eine niedliche kleine Lobeliacee mit weissen Blümchen, Pratia atacamensis n. sp., welche fast an keinem Brunnen der Wüste fehlt, ein ganz niedriges, graugrünes Lycium (L. humile Ph.) mit fleischigen Blättern und weisser Blume, welches essbare Früchte von der Grösse und Farbe der Heidelbeeren trägt, und wie ich später erfuhr, *Jurne* genannt wird — es war hier aber noch nicht in Blüthe; endlich Acaena canescens.

Die ganzen 13 leguas bis Cachinal de la Sierra sind eine sanft nach O. ansteigende, stellenweise zwei leguas breite, flache Einsenkung, so dass man die niedrigen Berge meist in einer zu bedeutenden Entfernung sieht, um ihre geognostische Beschaffenheit zu erkennen; dieselben sind stets abgerundet, nie sieht man Felsen oder Klippen, Alles zerbröckelt, Alles ist Schutt. Der Boden zeigt fast überall unter der obersten lockeren Geröllschicht Gypskrusten, und in den von den Huftritten der Maulthiere gebildeten Vertiefungen war oft federartiges Salz, wohl Glaubersalz, ausgeblüht. Nur aus den lose umherliegenden Steinen kann man einen Schluss auf die Beschaffenheit der Berge wagen. Häufig sieht man Grünsteinporphyre, wo in dunkelgrauer Masse $\frac{1}{2}$—1 Linie grosse, grünlich-weisse Feldspathkrystalle ausgeschieden sind, oder Hornsteinporphyre, wo in einer bald mehr röthlichen, bald mehr schwärzlichen Grundmasse Quarzkörner und Feldspathkrystalle, selten Glimmerblättchen sich zeigen. Dieselben sehen oft wie Schlacken aus. Ein Berg, $5\frac{1}{2}$ leguas von Cachiyuyal beinah 5000 Fuss über dem Meere, der am Abhange grosse Blöcke trug, die wir von Weitem für Büsche hielten, ist ein feinkörniger Syenit.

Aber wie sind folgende Thatsachen zu erklären? Schon den Morgen hatte ich einzelne grosse Kalkspathblöcke, einige bis $1\frac{1}{2}$ Fuss Durchmesser gesehn. Wo konnten diese herstammen? Bald nachdem wir den zuletzt erwähnten Berg passirt, war der Boden mit Millionen kleiner, runder, grauer Chalcedonkörner, wie mit Erbsen oder Pfefferkörnern bestreut, was sogar meinem Diener auffiel, der meinte es sähe ja aus, als ob der Boden mit Hagel bedeckt wäre. Weiterhin war ein Feld ganz mit Rapilli und Schlacken bedeckt. Es war als ob ich mit einem Male wieder in den Vesuv, den Aetna oder auf die Liparischen Inseln versetzt wäre, die ich vor 23 Jahren durchwandert, in Gesellschaft meiner unvergesslichen Freunde Friedr. Hoffmann und Arnold Escher. Der einzige Unterschied war, dass die Unebenheiten der Schlacken nicht so rauh, sondern mehr abgerundet waren. Die Oberfläche ist löcherig, das Innere durchaus porös, wie bei einer gewöhnlichen Schlacke. Die Poren sind theils leer, theils mit pulverförmigem, weissem, kohlensaurem Kalke, der lebhaft in Säuren brauset, theils mit Chalcedon erfüllt, und scheinen diese Substanzen von aussen eingedrungen zu sein, indem die Poren im Innern der Masse leer sind, wogegen sie um so mehr angefüllt erscheinen, je näher sie an der Oberfläche liegen. Die Grundmasse ist grauschwarz, schwer und lässt unter der Lupe sehr kleine weisse Feldspathkrystalle und honiggelbe bis hyacinthrothe Körnchen unterscheiden. Die Rapilli sind nie bis sieben Linien gross, sehr porös, aber selten rauh anzufühlen, als ob die feinen Rauhigkeiten weggeschmolzen wären; sie sind von der gewöhnlichen grauen oder röthlichen Farbe und lassen keine Bestandtheile erkennen. Zwischen diesen offenbar vulkanischen Massen liegen Chalcedone herum, von zwei Linien bis zu mehreren Zoll Durchmesser, milchweiss, durchscheinend, mit concentrischen Ringen, bisweilen strahlig auf dem Querbruche, unten ziemlich flach, oben nieren- oder tropfsteinförmig, als ob sie in weichem, breiigem Zustande vom Himmel gefallen wären. Einzelne Stücke zeigen in ihren Löchern einen schwärzlichen Anflug, als ob es ein Ueberrest von Lava oder Schlackenmasse wäre. Sind diese Schlacken, Rapilli, Chalcedonknollen und die vorhinerwähnten kleinen Chalcedonkörner wie gewöhnliche Schlacken und Rapilli von einem Vulkane ausgeworfen? und wo wäre dieser? Nichts zeigt in der Nähe den entferntesten Anschein von einem Krater.

    Den ganzen Tag beinahe sahen wir in der Ferne die Berge der hohen Cordillere vor uns, denn wir meinten natürlich damals noch, wir müssten durchaus eine Kette von Bergen finden, aber ohne Schnee. Nur ein Mal zeigte die fernste, nördlichste Kuppe an ihrem Südabhange einen Schneestreifen. Die Berge haben fast alle die Form eines abgestutzten Kegels oder eines Doppelkegels, da sind keine kühnen Gestalten, keine Hörner wie in den Alpen. Weder D. Diego, noch mein Führer aus Atacama wusste einen Namen für irgend einen dieser Berge; in der That haben die wenigsten Berge in der Wüste einen Namen.

    Fast den ganzen Tag wehte ein heftiger Westwind, Seewind; sonst wäre die Hitze auf den Schutt- und Kiesflächen unerträglich gewesen, aber kaum war die Sonne untergegangen, so blies ein eisiger Ostwind von der hohen Cordillere herab. Diese Erscheinung wiederholte sich mit der grössten Regelmässigkeit alle Tage so lange ich in der Wüste reiste. Um 10 Uhr traf ich im Nachtquartiere ein, wo meine Gefährten schon eine halbe Stunde früher angelangt waren, da sie ritten.

    Vegetation gab es, ausser in der Nähe des Ausgangs- und Endpunktes dieses Tagemarsches absolut gar keine: ich habe in meinem Tagebuche ausdrücklich angemerkt, dass ich während zehn Stunden auch nicht eine Spur von einem Gewächse gesehen habe. Sehr passend sagt Darwin (Journ. of researches etc. new. edit. p. 349): „Ich habe die Ebenen von Patagonien eine Wüste genannt, aber diese können doch noch Dorngesträuche und Grasbüsche aufweisen, und sind fruchtbar im Vergleich mit dem nördlichen Chile. Hier wiederum gibt es wenige Stellen von 300 Quadratellen, wo man nicht bei sorgfältiger Untersuchung einen kleinen Busch, einen kleinen Cactus oder ein Lichen entdeckt, und im Boden liegen Samen schlafend, die bereit sind, im ersten regnerischen Wetter aufzugehen. In Peru erstrecken sich wahre Wüsten über weite Landstriche." Diese Wüste setzt nicht plötzlich gegen die üppige Vegetation des südlichen Chiles ab, sondern ganz allmählig wird der Pflanzenwuchs reicher, je weiter man nach Süden geht und je häufiger die Regen werden. Aber sehr auffallend bleibt es, wie lange die Wüstennatur auf den Höhen der Cordilleren anhält. Die hohen Berge bei Santiago sind auf ihren breiten Rücken eine Art Wüste; es ist nicht die Spur von dem Rasenteppich, den die alpine Region der Schweizer und Tyroler Gebirge darbietet, sondern kahle Schutt- und Felsenflächen, hie und da von niedrigen Büschen meist dorniger und harziger Gewächse unterbrochen.

Den 13. Januar. Rasttag.

Wir rasteten den ganzen Tag. Die Atacamenier waren glücklicherweise mit ihren Maulthieren noch nicht vorbei gekommen und trafen den Morgen von Paposo ein; sie waren die Nacht hindurch marschirt; auch traf gegen Abend ein Bursche mit 4—5 Maulthieren derselben ein, die in dem etwa 9 Stunden entfernten Thale von Sandor geweidet hatten. Ich konnte also nun die mir fehlenden Maulthiere miethen, die *Coca* für die alte Serafina kaufen, und den alten José mit seinen Eseln zurückschicken.

Der Cachinal de la Sierra genannte Ort ist eine höchst unbedeutende Senkung in der grossen geneigten Hochebene, nur im Osten sieht man ganz niedrige Hügel und begreift gar nicht, woher hier Wasser quillt. Dasselbe rieselt über einen tausend Schritte langen, 330 Schritte breiten Raum in verschiedenen kleinen Strömchen. Es ist sehr gypshaltig und bildet daher überall Gypskrusten, schmeckt aber nicht salzig. Dennoch findet man häufig unter den Gypskrusten einen Anflug von Kochsalz. Die Temperatur des Wassers betrug in einem runden, mit Steinen eingefassten Loche 12° R., ist aber schwerlich constant. In diesem Wasser waren weder Schnecken noch Frösche, aber kleine schwarze Blutegel.

Die Flora dieser kleinen Oase bestand aus folgenden Pflanzen:

Erodium dentatum oder moschatum.	Pratia atacamensis Ph.	Stipa chilensis Nees.
Adesmia atacamensis Ph.	Lycium humile Ph.	Polypogon chilensis Ph.
Zuccagnia mucronata Ph.	Alona mollis Ph.	Deyeuxia deserticola Ph.
Acaena canescens Ph.	Atriplex deserticola Ph. (ein Busch!)	Distichlis thalassica Kth.
Mulinum deserticola Ph.	Sisyrinchium azureum Ph.	Hordeum comosum Presl.
(ein einziger Busch)	Juncus deserticola Ph.	Graminea absque flore.
Baccharis juncea Desf.	— depauperatus Ph.	

Keines dieser Gewächse war holzig genug, um als Brennmaterial zu dienen; wir benutzten hier als solches zum ersten Male Maulthiermist, der sehr gut brennt und viel Hitze gibt.

Die Differenz zwischen dem Aneroid- und dem Quecksilberbarometer erreichte hier einen enormen Grad; ersteres zeigte 624,5 mill., letzteres bei 11,5° C. 251,3 Par. Linien oder 567 millim. Da letzteres mehr Vertrauen verdient, so berechnet sich die Meereshöhe von Cachinal de la Sierra (Barometerhöhe am Strande von Taltal 757,5 m. bei 22° C.) auf 7516 Fuss. Die geringste Höhe, wenn man die Angabe des Aneroids für richtig nimmt, ist immer noch 6200 Fuss. Ich bemerke ausdrücklich, dass das Quecksilber beim Anschlagen noch einen sehr hellen Klang gab, also keine Luft im vacuum zu sein schien, und dass bei grösseren Höhen der Aneroid gar nicht mehr sich bewegte oder ganz unregelmässig war. Wir waren also etwa in der Höhe von Mejico oder vielmehr beinahe in der Höhe des Hospizes des Grossen Bernhard. Die Nacht hatte es gefroren, um 5 Uhr Morgens war die Temperatur schon 3° C., um 3 Uhr Mittags an einem vor dem Winde geschützten Orte aber 25° C.

Den 14. Januar. Von Cachinal de la Sierra nach der Agua de Profetas, etwa 9 leguas.

Der Weg hat im Ganzen die Richtung nach Nordost und führt längere Zeit in der weiten, thalartigen Senkung fort, die wir eigentlich von Tartal an nicht verlassen hatten. Nach fünf Stunden Weges wurden die von Osten herabkommenden kleinen Schluchten immer tiefer, während sich im Westen ein weites flaches, nach der Küste hinziehendes Thal öffnet, welches diese kleinen Schluchten und Wasserrisse aufnimmt. Die flache Wasserscheide zwischen diesem Thale und dem von Cachinal liegt etwa 422 Fuss über Cachinal. Die Gegend gehört offenbar der Porphyrbildung an, doch kann man, wie fast immer in der ganzen Wüste, nur selten das anstehende Gestein beobachten. Eine Stunde hinter Cachinal fand ich in einer flachen Schlucht einen beinahe lavendelblauen Thonporphyr anstehend, in welchem der Feldspath nicht in Krystallen, sondern in weissen, länglich-linsenförmigen, 2 Linien langen, $^1/_4$ Linie dicken Körnern ausgeschieden ist, die alle mit ihrer Längenachse unter einander parallel liegen, weshalb das Gestein sehr schiefert. Weiterhin sah ich aber auch Hornsteinporphyr mit milchweissen Feldspathkrystallen und grauen Quarzkörnern von $1^1/_4$ Linie Durchmesser. Auf halbem Wege waren niedrige, weisse Trachythügel. Das Gestein ist hellgrau, sehr rauh, indem die einzelnen Gemengtheile kleine Zwischenräume zwischen sich lassen. Es sind glasige, bis 2 Linien grosse Feldspäthe, schwarze Glimmerblättchen, auch wohl kleine Hornblendekrystalle darin zu erkennen. Bisweilen sind schwärzlich-graue, bis einen Zoll grosse Schlackenbrocken darin eingebacken, bisweilen sieht man parallele Streifen von einer glasigen Masse.

In der Nähe des Wassers von Agua de Profetis waren Schutthügel, die dem Granit ihren Ursprung verdankten. Derselbe besteht ziemlich zu gleichen Theilen aus weissem Feldspath, weissem Quarz und schwarzem Glimmer, eine bis fünfviertel Linien gross, wozu sich ab und zu etwas grüne Hornblende gesellte. Allein es trat hier auch die Secundärformation auf, vorzüglich in Gestalt eines feinkörnigen, braunen, mergeligen Sandsteins und loser Knollen von schwarzem, bituminösen Mergelkalk von der Grösse der Flintenkugeln, Aepfel und darüber, theils kugelig, theils etwas plattgedrückt. Es ist, wie sich späterhin auswies, Lias oder unterer Jura. Das Wasser quillt an mehreren Stellen am östlichen Abhange niedriger flacher Hügel und schmeckt durchaus nicht salzig. Die Quellen sind runde Löcher in der Mitte kleiner, zwei bis drei Fuss über den Boden erhabener Hügel, die offenbar erst durch die Vegetation erzeugt sind, und fliessen in ein enges Thälchen ab, das sich nach Norden öffnet und dessen Sohle etwa 50 Fuss tiefer liegt. Im gegenüberstehenden, vom Schutt gebildeten Thalufer ist eine zwei Fuss mächtige Bank von Kochsalz, das in papierdünne Blätter geschichtet ist, und das ganze Thälchen ist voll Salz und Gypskrusten. Ich sah einen losen Nagelflühteblock von 20 Fuss Durchmesser.

Auf dem ganzen Wege war immer in den kleinen Schluchten etwas Vegetation; anfangs Adesmia atacamensis n. sp., ein unbewehrter, sonderbarer Strauch, an dem die stipulae die Stelle der Blätter vertreten, welche fehlen; dann häufiger Atriplex deserticola. Wo diese vorkommt, ist der Boden fast immer etwas thonig und mit Salzausblühungen versehen. Dann erscheint ein Mal wieder Ephedra americana, eine überaus stachelige Adesmia, der A. arborea ähnlich, wahrscheinlich A. hystrix mihi, eine kleine Argylia halbkugelige Büsche bildend, A. tomentosa mihi. Auf halbem Wege fand ich ein $3^1/_2$ Zoll hohes Tulostoma (T. giganteum mihi). Ab und zu sieht man auch eine Silvaea.

In der Nähe des Wassers ist eine ziemlich reiche Vegetation, und mehrere bis dahin noch nicht gesehene Pflanzen boten sich meinem Auge dar, unter denen mir besonders die Ricarica, Lippia trifida Gay, auffiel. Es ist ein zwei bis drei Fuss hoher, sehr vielästiger Strauch, dessen Stamm wohl 3 Zoll dick ist; die platte Rinde spaltet der Länge nach; die Blätter sind dicht gedrängt, fleischig, kaum eine Linie lang, dreispaltig und sehr stark riechend, ähnlich wie Pfeffermünze. Die Blumen sind unbedeutend. Sehr fremdartig sieht auch Gymnophytum spinosissimum n. sp., eine strauchartige, zwei Fuss hohe, vielfach verästelte Umbellifere aus. Sie ist blattlos, und alle Zweige enden in vier horizontal abgehende Stacheln, die an ihrer Spitze die Blüthen tragen.

Die Flora dieses Platzes beschränkt sich auf folgende Gewächse:

Cristaria andina Gay.	Baccharis Tola Ph.	Sisyrinchium azureum Ph.
— sp.	Tessaria absinthioides Ph.	Juncus deserticola Ph.
Adesmia atacamensis Ph.	Pratia atacamensis Ph.	— depauperatus Ph.
— hystrix Ph.	Argylia tomentosa Ph.	Heleocharis atacamensis Ph.
Zuccagnia eremophila Ph.	Lippia trifida Gay.	Scirpus deserticola.
Silvaea amaranthoides Ph.	Lycium humile Gay.	Distichlis thalassica.
Colobanthus quitensis Bartl.	Ephedra americana H. B. Kth.	Deyeuxia deserticola Ph.
Gymnophytum spinosissimum Ph.	Triglochin atacamense Ph.	Hordeum comosum Presl.
Achyrophorus glaucus Ph.	— fonticola Ph.	

Im Wasser waren Flohkrebse, Amphithoë andina n. sp., Elmis, und kleine schwarze Blutegel, aber keine Schnecken, Mückenlarven etc. Auch sah ich sonst kein Insekt irgend einer Art.

Agua de Profetas liegt 9180 Fuss über dem Meere, also etwa in der Höhe von Quito.

Den 15. Januar. Von Agua de Profetas nach Agua de Varas, $4-4^1/_2$ leguas.

Die Nacht hatte es wieder gefroren, um $6^1/_2$ Uhr Morgens zeigte das Thermometer erst $2^1/_4 °$ C. Von hier nach Punta negra gibt es zwei Wege, der eine, östlichere, umgeht den hohen Alto de Varas, der andre, westlichere, überschreitet diesen Berg. Ich liess den letzteren einschlagen, in der Erwartung, von der Höhe, die wir schon seit gestern beständig erblickten, eine lohnende Aussicht zu haben. Wir brachen um $8^3/_4$ Uhr auf. Der Weg macht anfangs einen Bogen nach Nordnordwest. Im Osten hat man geschichtete Berge von braunem Sandstein und Mergel gebildet. Die Schichten streichen ziemlich von Norden nach Süden und schiessen nach Osten unter einem Winkel von etwa 20 Grad ein. Man überschreitet eine Menge kleiner Rücken und kleiner, vom Wasser in den lockeren Schutt gerissener Schluchten, die sich alle in ein weites, flaches, nach Westen ziehendes Thal öffnen. Nach $1^1/_2$ Stunden kommt man aber über einen Ausläufer des Secundärgebirges, welches hier vorherrschend aus rothem, mit Fasergyps durchzogenem Mergel besteht. Untergeordnet erscheinen dünne, etwa einen halben Zoll mächtige Schichten eines graugelben, sehr feinkörnigen Mergelsandsteins. In diesem Hügel setzen mehrere, wohl einen Fuss mächtige Gänge eines hellen, grünlich-grauen Porphyrs auf. Die Grundmasse ist sehr splittrig, an den Kanten durchscheinend, man erkennt darin Quarzkörner, Feldspathkrystalle, grauen und grünen Glimmer und Hornblende, alle porphyrartig ausgeschieden, und etwa ½ Linie gross. Bisweilen erscheint die Masse dieser Gänge ganz homogen, mit pistasiengrünen Adern und braunrothen Flecken. Der Weg führt, nachdem er diesen Berg überschritten hat, lange in der Ebene fort. Sie ist ganz und gar aus Schutt gebildet, der fast nur aus Bruchstücken eines röthlich-grauen und bläulich-grauen Feldspathporphyrs besteht, der weisse, ein bis zwei Linien grosse Feldspathkrystalle zeigt. Weiterhin erschienen kleine, abgerundete Hügel von einem geschichteten Porphyr gebildet, aber sehr zertrümmert. Die Schichten schienen nach Süden einzufallen. Die Grundmasse ist ein grauer Thonstein, und darin sind 1—2 Linien grosse, weisse oder röthliche Feldspathkrystalle ausgeschieden. Hornblendekrystalle sind weit seltener und kleiner.

Zwischen solchen Hügeln in einem breiten, sanft aufsteigenden Schuttthale liegt die Agua de Varas und bildet eine ähnliche Oase wie Cachinal de la Sierra, nur vielleicht noch etwas grösser und weit grüner. Hier weideten sieben bis acht Guanacos friedlich mit einem Esel zusammen, nahmen aber die Flucht, als sie uns sahen. Folgende Pflanzen konnte ich hier beobachten:

Sisymbrium amplexicaule Ph.	Baccharis Tola*) Ph.	Juncus deserticola Ph.
Arenaria rivularis n. sp.	Pratia atacamensis Ph.	— . depauperatus Ph.
Phaca depauperata n. sp.	Varasia (n. gen. Gentian.) podocarpa Ph.	Halocharis melanocephala Desv.
Adesmia hystrix Ph.	Lycium horridum Ph.	Festuca deserticola Ph.
Colobanthus quitensis Bartl.	Nicotiana soepigera Ph.	Hordeum comosum Presl.
Opuntia atacamensis Ph.	Atriplex microphyllum Ph.	
Azorella depauperata Ph.	Ephedra americana Kth.	

Die Vegetation zwischen den beiden Wasserplätzen war sehr spärlich gewesen. Am häufigsten war der *Pingo-pingo* (Ephedra), nächstdem die Adesmia atacamensis; die Opuntia atacamensis, mit eiförmigen, etwa zolllangen Gliedern, und 8—9 Linien langen Stacheln sah ich nur in drei oder vier Exemplaren.

Das Wasser enthielt dieselben Thiere wie das von Profetas; es wurden ein paar *Cojones* erlegt, Tinochoris d'Orbignyanus, eine Emberiza atriceps und ein Carduelis atratus. Auch sahen wir den *Tingue de la Cordillera*.

Die Agua de Varas liegt 9767 Fuss par. über dem Meere, also noch etwas höher als der Gipfel des Moschelhorns.

Den 16. Januar. Von Agua de Varas nach Punta negra, 8 leguas.

Die Nacht hatte es natürlich gefroren, und um 6 Uhr Morgens stand das Thermometer auf 2½° C. Um 7½ Uhr ritten wir fort und fingen alsbald an, den Alto de Varas zu ersteigen. Am Abhange dieses Berges fand ich die rasenbildende, kaum 4 Zoll hohe Adesmia frigida n. sp. zuerst, deren ein paar Fuss lange, fingerdicke, holzige, unter der Rinde citronengelbe Wurzel später in grösseren Höhen oft unser Brennholz gewesen ist, Haplopappus rigidus n. sp., Eritrichum hispidum n. sp., Sisymbrium amplexicaule Ph. und die sonderbare Fabiana bryoides n. sp., ein niedriger Strauch, dessen kleine schuppenartige Blätter in dicht gedrängten Knöpfen oder Rosetten sitzen; er heisst bei den die Wüste durchziehenden *Cateadoren* (Minensuchern) *Pata de Perdiz*, Rebhuhnfuss. Auf dem Berge

---

*) Tola bezeichnet nach D'Orbigny in der Aimara Sprache einen kleinen Strauch aus der Familie der Compositae.

selbst fand ich nur ein paar Exemplare einer sehr stacheligen Opuntia und beim Herabsteigen eine strauchartige Verbena (V. bryoides mihi), deren Blätter ähnlich wie bei der Fabiana bryoides beschaffen waren, und deren Blüthen wie die der Orchis-Arten dufteten. Sonst war durchaus keine Vegetation da: die wässerigen Niederschläge aus der Atmosphäre müssen auf diesem isolirten Berge also wohl sehr unbedeutend sein.

Wir brauchten zwei volle Stunden, um den Pass zu erreichen, und drei Stunden, um wieder hinabzusteigen. Das Quecksilberbarometer zeigte oben 209,1 par. Linien. Der Himmel war bezogen, und es wehte ein kühler Wind, so dass das freie Thermometer nur 11^0 C. zeigte, eine halbe Stunde später, als der Wind sich etwas gelegt hatte, war die Temperatur $17,5^0$ C. Die Höhe dieses Passes mag 11500 Fuss betragen, d. h. ungefähr so viel wie der Gipfel des Grossglockners. Die Aussicht umfasste einen sehr weiten Horizont nach Norden, Osten und Süden, im Westen lag der etwa 2 Stunden entfernte Gipfel des Berges und verdeckte die Aussicht nach dieser Seite hin. Im Osten sah ich eine Reihe von Bergen, die mir damals noch immer die Kette der hohen Cordillere zu sein schien, deren nördlichster Gipfel der dem Atacamenier wohl bekannte *Socómpas* war. Diese vermeintliche Kette zog von Süden nach Norden. Ihr parallel zog sich eine Erhöhung, eine Art Rücken, vom Gipfel des Alto de Varas nach Norden, und zwischen beiden lag vor unsern Füssen ein mit weissem Salz wie mit frisch gefallenem Schnee bedeckter See oder Sumpf, 14 leguas lang und 4 breit. Auf der Ostseite erhob sich das Land in Gestalt einer sanft geneigten Ebene bis zum Fusse der hohen Cordillere; dieselbe ist nur durch einen kleinen, schwarzen von Ost nach West ziehenden Rücken unterbrochen, dessen westliches Ende fast an den Salzsumpf stösst. Dies ist die Punta negra, wo wir Nachtquartier machen mussten. Gegen Süden war ein Labyrinth namenloser, niedriger Berge. Im Allgemeinen sah ich, dass die ganze Gegend von einer sanft nach Westen abfallenden Ebene gebildet ist, auf welcher isolirte, selten zusammengruppirte niedrige Kuppen sich erheben. Nirgends ist eine Gebirgskette, nirgends ein tiefes Gebirgsthal, ein *cajon*, wie man in Chile sagt. Es gibt nur nur unbedeutende Schluchten, *Quebadras*, oder blosse Wasserrisse, welche offenbar von Platzregen in das Schuttland gerissen sind, ungeachtet solche Regengüsse sich kaum zwei Mal in einem Jahrhunderte ereignen dürften, und als grössere Thäler höchst flache, eine halbe Stunde und darüber breite Einsenkungen. Ich hatte die Absicht, den Gipfel des Berges zu besteigen, allein mein Maulthiertreiber trieb zur Weiterreise. Hätte ich gewusst, dass unser Nachtquartier nicht entfernter wäre, so hätte ich auf meinem Vorsatze bestanden, allein auf einer Reise durch eine Wüste ist man ganz in der Hand seiner Führer, wenn man nicht sehr gut Bescheid weiss.

Der Berg besteht durchaus aus einem bläulichen Thonsteinporphyr und ist nicht geschichtet.

Am Fusse des Berges waren einzelne Büsche von Adesmia horrida mihi und *Pingopingo* (Ephedra americana); die Vegetation am Ufer des Salzsumpfes bestand aber nur aus Juncus deserticola, Deyeuxia deserticola, einer Festuca ohne Blüthe, und hie und da aus Lycium humile mihi. Das Vieh war zu seiner Nahrung fast nur auf die *Cachina*, d. h. den Juncus angewiesen.

Um 4 Uhr machten wir am Rande des Sumpfes Halt. Die Spitze des schwarzen Rückens von Punta negra, welche von der Höhe des Passes des Alto de Varas gesehen den See zu berühren schien, war noch 1½ bis 2 leguas entfernt. Die von demselben hergekommenen Geschiebe sind schwarze, selten rothe Schlacken, die kein Mensch von Vesuv- oder Aetna-Schlacken unterscheiden wird, und eine aschgraue Lava. In dieser erkennt man eine Menge glasiger und milchweisser Feldspathkrystalle, so wie Hornblendekrystalle, alle etwa 1 Linie lang, gegen welche die Grundmasse oft zurücktritt. Am folgenden Morgen kam ich in der Nähe eines Lavastromes (?) vorbei und sammelte noch mehr Produkte dieser vulkanischen Bildung. Die Schlacken sind durchaus schwammig, die Poren feiner oder gröber bis 1 Linie Durchmesser. Die der Oberfläche zunächst gelegenen sind mit einem weissen Pulver überzogen, das offenbar Kochsalz ist. In der Grundmasse glaubte ich ein paar Mal glasigen Feldspath zu erkennen. Die Lava ist trachytisch. In der rauhen, grauen oder röthlichen Grundmasse ist glasiger Feldspath und brauner Glimmer in ziemlicher Menge ausgeschieden, bisweilen auch Hornblende. Ein Handstück hatte einzelne Brocken eines braunen, von der Hitze veränderten Porphyrs umschlossen, in dem die Feldspathkrystalle undurchsichtig, erdig und kreideweiss waren. — Von den Bergen von Punta negra scheint auch eine Art Pechstein (?) herzustammen. Er ist schwarz, ins Braune ziehend, der Bruch beinahe splittrig, die Kanten nicht durchscheinend, der Glanz nur schimmernd. Die natürliche Oberfläche ist uneben, aber wie polirt oder wie mit einem schwachglänzenden Firniss überzogen. Aehnliche Gesteine habe ich auch in der Provinz Valdivia selten angetroffen. Ich habe auch einen blasigen, röthlich-weissen, in Bimstein übergehenden Trachyt gefunden, in dem der braune Glimmer und der wasserhelle glasige Feldspath sehr hübsch in die Augen fielen. Von einem Krater ist keine Spur zu sehen, auch nicht vom Alto de Varas aus. In dem Schutte der Ebene befand sich ausserdem viel rother und gelber Jaspis, weisser Quarz, schwärzlicher, feuerrother und ziegelrother Hornsteinporphyr mit zahlreichen milchweissen Feldspathkrystallen, so wie graulich-weisse Gypsconcretionen.

Um Wasser zu erhalten, mussten wir erst ein Loch in den Sand graben, etwa 4—5 Fuss tief. Das Wasser, welches sich darin sammelte, war trübe und schlammig, aber kaum salzig. Als Brennmaterial war nichts anderes vorhanden, als Maulthiermist.

Das Quecksilber des Barometers war nach und nach aus demselben nicht ausgelaufen, sondern in Folge der Erschütterungen beim Reiten herausgeschleudert, woran schwerlich der Verfertiger gedacht hat, als er die sinnreiche Einrichtung erfand, welche der Luft den Zutritt zum Quecksilber gibt, und war nunmehr ganz unnütz; der Aneroid war längst unbrauchbar, ich musste mich daher begnügen, die Temperatur des siedenden Wassers zu beobachten, so gut es mit den gewöhnlichen, nicht für diesen Zweck besonders construirten Thermometern möglich war. Ich glaube nicht viel zu irren, wenn ich die Höhe von Punta negra auf 8200 Fuss angebe, d. h. so viel wie Santa Fé de Bogotá, oder der Gipfel des Julier.

Den 17. Januar. Von Punta negra nach Imilac, c. 12 leguas.

Der Weg führt in geringer Entfernung vom Salzsumpfe entlang über den gewöhnlichen Schuttboden. Man sieht fast gar keine Vegetation, höchstens ab und zu in einem kleinen Wasserrisse einen Busch von Adesmia (hystrix Ph.?) oder von Atriplex, hie und da war auch wohl eine Silvaea oder eine Argylia tomentosa, aber im Laufe des Tages kamen kaum ein paar Dutzend Pflanzen zusammen. An einer Stelle waren sonderbare Steinhaufen zusammengelegt, Verstecke für die Guanacosjäger, die ab und zu diese Wüste durchstreifen. Eine schwache Erhöhung trennt den grossen Salzsee von Punta negra von einem kleinen, nördlich davon gelegenen Becken, in dem ebenfalls etwas Salzsumpf ist, der Imilac heisst und wo wir übernachten mussten. In dieser Erhöhung findet sich ein trockner Schlammstrom, der von Südsüdwest nach Nordnordost geflossen war. Krusten von Gyps, kohlensaurem Kalk, feiner Schlamm liessen über den Ursprung keinen Zweifel. Das Wasser von Imilac erzeugt eine spärliche Vegetation, die nur von Weitem für eine Art Wiese genommen werden kann. Die einzigen Gewächse sind Triglochin atacamense, Isolepis atacamensis, Scirpus deserticola, Poa deserticola. Die Büsche derselben sind alle an der Basis mit weisser Salz- oder vielmehr Gypseflorescensen umgeben, und die Gewächse enthalten so viele Erdsalze, dass der Mist der Maulthiere, die sich von ihnen nähren müssen, der hier der einzige Brennstoff ist, nur mit Schwierigkeit brennt. Anstatt Asche zu geben, gibt er eine Schlacke, und man muss beständig am Feuer schüren, damit es nicht verlöscht. Es war daher nicht möglich, das Wasser ordentlich zum Sieden zu bringen und den Siedepunkt zu beobachten. Der Boden ist in grossen Strecken mit festen, schneeweissen, oft 9 Linien dicken Salzkrusten bedeckt. Die Binsen und Gräser wachsen bisweilen mitten aus dem weissen Salze heraus und bilden, abgestorben, dichte torfartige Rasen. Das Wasser ist besser als man erwarten sollte.

Ich schätze die Höhe von Imilac auf 7800 Fuss. Hier trifft ein Weg ein, der von Botijas an der Küste kommt, welcher Punkt in grader Linie 37 leguas entfernt liegen soll. Auf diesem ganzen Wege ist keine Spur von Pflanzen, und nur einmal in Aguas blancas, 16—18 leguas von Botijas etwas Wasser. So berichtete mir später ein Atacamenier, der eben von dort kam. In diesem Theile der Wüste soll nach Diego das liebliche *Valle perdido* (verlornes Thal) liegen, voll Feigenbäume und *Algarrobos*, welches einst vier Argentiner entdeckt, seitdem aber kein Mensch wieder gesehen hat. Der alte Herr glaubte steif und fest an diese Geschichte. Bei Aguas blancas soll Holz von *Algarrobo* vorkommen, vielleicht versteinertes Holz, was nicht unmöglich wäre. — Eine Stunde von Imilac kommt das Meteoreisen vor, wovon in einem eigenen Abschnitte.

Den 18. Januar. Von Imilac nach den Höhen von Pingo-pingo, 10 leguas. Da wir beim folgenden Nachtlager kein Wasser hatten, so füllten wir den Morgen unsere blechernen Caramayolen und die gläsernen Flaschen, die wir zur Hand hatten. Der Weg nimmt eine nordöstliche Richtung und führt anfangs fast zwei Stunden lang sanft abwärts — immer über den, den ganzen Desierto de Atacama vorherrschend bildenden Schuttboden — in eine flache Senkung, welche die grosse Thalebene von Punta negra mit der noch grösseren von Atacama verbindet, wohin sie sich allmählig neigt; der Schlammstrom, der vorhin erwähnt wurde, ist zu unbedeutend, um eine Unterbrechung zu bilden. Nach 6 leguas begannen wir das Gebirge von Pingo-pingo zu ersteigen, welches granitisch ist, während aller Schutt bis dahin von zertrümmertem Porphyr hergeführt hatte. Dieser Granit ist weiss oder roth, immer kleinkörnig und arm an Glimmer. Eine Stufe zeigt graulichen Quarz, fleischrothen Feldspath, pistazien-grünen Epidot, keinen Glimmer; eine andre grünlich-grauen Quarz, siegelrothen Feldspath und grünlich-grauen Glimmer. Dieser Granit ist von Grünsteinadern durchzogen und enthält Spuren von Kupfer an seinem südwestlichen Abhange. Auf der Höhe fand ich dichten Eisenglanz mit Kalkspath und pistazien-grünem Epidot, offenbar aus einem Gange herstammend. Dieser Granit bildet einen wohl 12 leguas breiten Rücken.

Auf der Höhe angekommen, bildete das Gestein ein paar Felsen, eine Seltenheit, und zwischen diesen standen ein paar Büsche der gelben, blattlosen, klebrigen **Fabiana denudata** Miers, die ich hier zum ersten Male sah — die Atacamenier nennen sie *Tolilla* —, der **Adesmia atacamensis** und der **Ephedra**, die dem Rücken den Namen gegeben hat. In den Schluchten am Fusse desselben hatte ich die hübsche **Silvaea celosioides** gefunden. Diese Gewächse und ein paar Büsche von **Opuntia** bildeten die ganze Vegetation. Späterhin, namentlich in der Nähe des Ortes wo wir Halt machten, war der **Pingo-pingo** und **Atriplex microphylla** ziemlich häufig, welche den Maulthieren als Nahrung dienten, sowie die **Ricarica**; auch erschienen einzelne **Cristaria andicola** Gay. Die Passhöhe, welche wir um etwa 1 Uhr erreichten, schätze ich auf 11300 Fuss (so hoch wie der Alto de Varas oder der Gipfel des Grossglockners). Man hat hier eine schöne Aussicht auf die hohen Berge, im Osten den *Pülar, Pältur, Socómpas* u. s. w. Bald unterhalb des höchsten Punktes senkt sich ein schmales Thälchen nach Norden. Durch dieses geht der alte Inca-Weg, von diesen ehemaligen Beherrschern Perus zwischen Atacama und Copiapó angelegt, den wir überschritten, ohne es gewahr zu werden. Der gute, alte Don Diego hatte den Kopf zu sehr erfüllt von seinen *Vetas* und *mantas*, um an solche Dinge zu denken, und sagte es uns erst den Abend. Von diesem Punkte aus senkt sich der Weg sehr unbedeutend, und der Rücken ist im Ganzen horizontal und in Schutt verwandelt, aus dem nur hie und da einzelne Buckel hervorsehen.

Um 4 Uhr Nachmittags machten wir Halt. Das Wasser siedete bei 88,25° C., und ist die Höhe demnach etwa 10,800 Fuss über dem Meere (wie der Gipfel des Titlis, des Aetna, oder Muttahacon in Spanien).

Den 19. Januar. Nach Tilopozo, 8 leguas.

Es war herrlicher Mondschein, und wir brachen daher bald nach Mitternacht auf, damit die Maulthiere, deren Kräfte sichtbar abnahmen, bald etwas zu saufen und zu fressen bekämen. Kaum hatte ich eine Stunde zurückgelegt, als ich mich auf einem Lavastrome befand. Die einzelnen Schollen waren ganz so geformt und übereinander geschoben, wie auf den grossen Lavaströmen des Aetna; allein ab und zu waren kleine Schluchten und conische Hügel zu den Seiten, die ich mir nicht zu erklären wusste. Als der Tag graute, waren wir in einer engen, aber höchstens 15—40 Fuss tiefen Schlucht, welche uns nach ein paar Stunden aus den Bergen heraus in die ungeheure Thalebene brachte, welche grossentheils von dem 25 leguas langen und 7—8 leguas breiten, trocknen Salzsee oder Salzsumpfe ausgefüllt ist, an dessen nordwestlichem Ende der Ort S. Pedro de Atacama, oder Atacama schlechtweg liegt, während am südöstlichen Ende der Brunnen von Tilo (Tilopozo) liegt. Nachdem man aus dem Berge herausgetreten ist, hat man bis zu diesem noch eine Stunde, anfangs schwach sich senkendes Schuttland, dann vollkommen horizontalen Thonboden mit Salz- und Gypskrusten, Binsen, ab und zu einem Grase oder einer andern Pflanze bedeckt.

Auf der Rückreise hatte ich Gelegenheit, den östlichen Abfall der Höhen von Pingo-pingo mit seinem Lavastrome genauer zu untersuchen. Von Tilopozo ausgehend trifft man zunächst am Ausgange der Berge ein hellblaugraues, massiges Trachytgestein, das in grosse kugelige Massen mit concentrischen Schalen zerfällt, die sich allmählig in Grus und Sand auflösen. Der Feldspath ist darin nur mit Schwierigkeit zu erkennen, der Glimmer ist tombackbraun. Ein paar hundert Schritte weiter trifft man auf das Ende des mächtigen Trachytstromes, welcher den ganzen nordöstlichen Abhang der Höhen von Pingo-pingo, mehrere Quadratmeilen bedeckt. Nachdem man nun einen Schuttabhang überschritten hat, der lediglich von Granit, Trachyt und Grünsteinbrocken besteht, tritt der Weg in ein gewundenes enges Thälchen ein, das höchstens 30—40 Fuss tief eingeschnitten ist. Die Sohle ist bald ein fester, geglätteter Granit, in Platten von 10—15 Fuss Durchmesser zerklüftet, die fast wie ein künstliches, riesenmässiges Strassenpflaster aussehen, bald Schutt. Die Wände sind theils senkrechte Felsen, theils geneigte, mit Felsblöcken bedeckte Abhänge; immer liegt oben ein drei bis sechs Fuss mächtiger Trachytstrom auf. An mehreren Stellen kann man sehen, wie der Trachyt unmittelbar den Granit bedeckt. Zunächst liegt auf der ziemlich platten Oberfläche des Granites eine Art Conglomerat von einem sehr sandigen, leicht zerbrechlichen und zerreiblichen Trachyt auf, in dem einzelne grössere Brocken eines festeren Trachytes liegen. Diese nehmen an Zahl und Umfang nach oben zu, verschmelzen mit einander und gehen so in die feste Hauptmasse des Stromes über. Diese untere, gleichsam aus zusammengebackenen Schlacken bestehende Schicht enthält lange, bis 2 Zoll grosse, faserige Bimssteinmassen, deren Fasern in der Richtung liegen, die der Strom beim Herabfliessen genommen hat. Ich fand in dieser Trachytmasse auch Brocken eines ganz feinkörnigen Granites eingeschlossen, verschieden von dem Granit, auf welchem der Trachyt aufliegt, der aus grauem Quarz, rothem Feldspath und tombackbraunem Glimmer besteht. Er hat durch die Gluth des geschmolzenen Trachytes keine andere Veränderung erlitten, als dass seine Bestandtheile lockerer geworden sind. In losen, herabgefallenen Trachytblöcken fand ich später mehrfach wallnuss- bis faustgrosse Granitbrocken eingeschlossen.

Der Trachyt aus der festen Mitte des Stromes ist bald heller, röthlich-weiss, bald dunkler, fleischroth. Er fühlt sich sehr rauh an und ist unter der Lupe fein porös. Er enthält Krystalle von glasigem Feldspath von $1/2$—$1\frac{1}{2}$ Linien Durchmesser, und Blättchen von tombackbraunem Glimmer, die etwas kleiner zu sein pflegen. Die Oberfläche des Stromes ist mit Schlackenschollen bedeckt, die so frisch aussehen, als wäre der Strom erst vor ein paar Wochen geflossen. Diese Schlacken bilden ein bis anderthalb Zoll dicke Fladen, die auf beiden Seiten voll Löcher, Zacken und Spitzen sind; der Bruch ist aber nur wenig porös. Von aussen erscheinen sie hellbraun, inwendig zeigen sie ein sehr blasses, gelbliches Grau. Die Bestandtheile, welche porphyrartig ausgeschieden sind, sind dieselben, wie im dichten Trachyt.

Ich stieg über den Lavastrom hinüber zu einem der tausend kleinen, auf dem Abhange des Berges sich erhebenden Hügel, um die Gränze des Lavastroms, wo er den Hügel umfluthet, zu sehen, aber ohne Erfolg. Anfangs war die Oberfläche des Bodens nur mit Trachytschlacken bedeckt, darunter mengten sich aber bald scharfkantige, 6 bis 12 Zoll grosse, 1—3 Zoll dicke Bruchstücke eines granitischen Gesteines, und diese losen Bruchstücke schienen den ganzen kleinen Hügel zusammenzusetzen; es stand keine grössere Felsmasse an. Dieses Gestein hatte ein gefrittetes Ansehn; es war im Bruche uneben und splittrig. Die Grundmasse war grau mit schwärzlichen Streifen und Punkten, die unter der Lupe feinschuppig erschienen. Man erkennt deutlich darin milchweisse, bis 2 Linien grosse Feldspathkrystalle und Quarzkörner. Bisweilen bestehen die eben erwähnten kleinen Kuppen aus lauter scharfkantigen Bruchstücken von Grünstein, nicht verschieden von dem, welcher die gleich zu beschreibenden Gänge im Granit bildet.

Der Trachyt enthält keinen Quarz und scheint geflossen zu sein, nachdem das beschriebene Thälchen im Granit bereits gebildet war, indem er sich überall den Unebenheiten der Ränder desselben anschmiegt.

Der Granit ist im Allgemeinen hellgrau, feinkörnig bis kleinkörnig; der Quarz ist grau oder wasserhell, der Feldspath weisslich oder ins Röthliche ziehend, der Glimmer selten, schwarz oder grünlich. Ab und zu sieht man eine Spur von zeissiggrünem Epidot. An der Luft wird der Granit nicht selten röthlich, und bei oberflächlicher Betrachtung z. B. beim schnellen Reiten, ist es oft nicht möglich, ihn vom Trachyt zu unterscheiden. Zahlreiche Adern einer Art Grünstein durchziehen den Granit in allen möglichen Richtungen, verästeln sich und keilen sich aus. Bald kann man in der grünlich-grauen Grundmasse nur mit Mühe unter der Lupe den einen oder andern kleinen Feldspathkrystall erkennen, bald sieht man deutlich, dass dieselbe ein Gemenge von sehr kleinen Feldspath- und Hornblendekrystallen ist, und ausserdem sind darin grössere $^1/_2$ — 1 Linie lange Feldspath- sowie kleinere und seltnere Hornblendekrystalle ausgeschieden.

Ich wage den Ursprung dieses Trachytstromes und dieser zahllosen Kuppen und Kegel nicht zu erklären, nur soviel steht fest, es ist kein Krater vorhanden und keine Quelle des Stromes. Die Gegend hat auf mich den Eindruck gemacht, als ob eine grosse Fläche des Bodens geschmolzen und allenfalls an den geneigten Stellen herabgeflossen wäre; während auf einzelnen Punkten sich grosse Gasblasen entwickelt, die über sich befindlichen Massen emporgetrieben und so jene kleinen Hügel gebildet hätten.

Der Brunnen, an welchem wir unser Lager aufschlugen, bildet ein 10 Schritte langes, 7 Schritte breites und etwa vier Fuss tiefes Becken. Fortwährend sprudeln Luftblasen aus dem Boden hervor und seine Temperatur beträgt 25,$^{\circ}$7 C., es ist also offenbar ein Thermalbrunnen. Das Wasser schmeckt etwas salzig und erdig, wie das fast aller Brunnen in der Wüste. Ein kleiner Bach rieselt nach Süden, verzweigt sich und verliert sich in kleinen Sümpfen. Diese kleinen Bäche sind ganz mit Potramogeton filifolius n. sp. (ähnlich dem pectinatus) erfüllt, auf dem eine kleine Paludine und viele Blattläuse leben, welche letztere von der gemeinen chilenischen Coccinella opposita Guér. verfolgt werden. Sehr gemein sind im Wasser Flohkrebse und zwei Arten Dyticus, sowie Larven von Libellula und Agrion, von Culex und Simulia. Diese beiden letzteren Insekten scheinen dieselben Arten zu sein, wie die, welche uns bei Hueso parado peinigten. Häufig war ein Acridium, auch flogen ein paar Schmetterlinge umher. Zwei Arten Bremsen stachen empfindlich und waren häufiger als uns lieb war.

Ein paar hundert Schritte von unserm Brunnen weideten 6 Flamingos, eine neue Art ohne Daumen (Phoenicopterus andinus mihi), die nur in der hohen Cordillere vorkommt, aber, wie es scheint, von Peru bis Copiapó nicht selten ist. Sonderbar, dass kein Naturforscher sie früher beobachtet hat. Schon *Garcilaso de la Vega*, der Sohn eines Begleiters von *Pizarro* und *Almagro*, erwähnt diesen Vogel und sagt, er heisse *Parrihuana*. In der Wüste Atacama führt er den abgekürzten Namen *Parrina* (und ist ohne Zweifel der rothbrüstige Flamingo, dessen Herr *Bollaert* in seiner Beschreibung der Provinz *Tarapacá* gedenkt). Er nistet auf den hohen Alpenseen und seine Eier werden im December im Orte Atacama auf dem Markte verkauft. Jetzt brüteten die Weibchen. Eine kleine *Avecasina*, wahrscheinlich Gallinago Paraguiae Vieill., war ziemlich häufig, wurde aber nicht erlegt. Ringsherum waren eine Menge Rattenlöcher; sie rührten von einer unbeschriebenen Art Ctenomys her, die ich Ct. atacamensis genannt habe.

Was die Vegetation anbetrifft, so war am Saume der Berge die Ephedra recht häufig und bildete bisweilen 6—8 Fuss hohe Sträucher mit dicken Stämmen, sie wurde als Brennholz herbeigeschafft und musste sich gefallen lassen, mit Maulthiermist in Gesellschaft unser Essen zu kochen. Am Saume der Sumpffläche war besonders *Brea* (Tessaria absinthioides), häufig, sonst Binsen, Gräser, hie und da Salicornia peruviana und selten ein Glaux. In den Gräben zum Theil viel Chara clavata Gay. Die Flora dieser Gegend bestand demnach nur aus folgenden Pflanzen:

Ranunculus bonariensis Poir.	Ephedra americana Kth.	Distichlis thalassica Kth.
Tessaria absinthioides DC.	Potamogeton filifolius Ph.	Agrostis distichophylla Ph.
Glaux atacamensis Ph.	Heleocharis palustris L. (?)	
Salicornia peruviana Kth.	Scirpus chilensis Nees.	

Interessanter, wenn auch sehr ärmlich war die Vegetation in dem durch die Auflagerung des Trachyts auf dem Granit merkwürdigen Thälchen. Hier fand ich die Huidobria fruticosa und Lycopersicon atacamense wieder, Baccharis Tola, Atriplex microphylla, Lippia trifida waren häufig, und hier wuchs auch eine strauchartige Synantheree, die ich an keinem andern Orte wieder gesehen habe, und die ich Brachyandra macrogyne genannt habe. Hie und da zeigte sich die niedliche Silvaea celosioides.

Rast in Tilopozo.

Wir rasteten den Rest des Tages in Tilopozo. Als wir den andern Morgen aufbrechen wollten, waren unsere Maulthiere verschwunden; sie hatten in der Nacht den ihnen wohlbekannten Weg nach Hause eingeschlagen, um sich dort wo möglich an Gerste und Alfalfa (Luzern) zu erlaben. Da sie sich aber unterweges bei jedem essbaren Busche aufhielten, so wurden sie gegen Abend glücklich wieder zurückgebracht. Ich benutzte diesen Tag, mich zu baden, das Panorama zu zeichnen, welches auf Tafel 11 zu sehen ist, und meine Hosen, Strümpfe und Rock auszubessern, welche sämmtlich eine kleine Nachhülfe sehr nöthig hatten. An diesem Tage wurde es ordentlich lebhaft. Es trafen die zwei Atacamenier mit ihren Maulthieren ein, die wir in Paposo und dann in Cachinal de la Sierra gesehen hatten, der Onkel unseres *Pedro*, und ein Kerl, der seinen Hut mit einer Menge messingener Kreuze verziert hatte, sowie ein andrer Atacamenier der von Cobre kam. Die Höhe von Tilopozo habe ich nach der Temperatur des siedenden Wassers, 91,°9 C., auf 7300 Fuss berechnet, was gut mit der Höhe von Atacama stimmt: die geographische Breite ist nach einer sehr guten, von Herrn Dr. *Mösta* berechneten Mondbeobachtung niedergelegt.

Den 21. Januar. Von Tilopozo nach der Agua de Carvajal, 14¼ leguas.

Um zwei Uhr Morgens brachen wir auf, vom bleichen Monde nothdürftig erleuchtet, und gingen zuerst quer durch den hier 3½ leguas breiten, meist trocknen Sumpf, welcher in der Mitte durch einen von Südost nach Nordwest geflossenen Travertinstrom unterbrochen ist. Ich kann diese Bildung nicht passender als mit einem Lavastrome vergleichen. Es ist ein fast eine Stunde breiter Rücken, der in der Mitte kaum über 100 Fuss hoch sein mag und auf der Oberfläche fast so rauh ist wie ein Lavastrom. Das Gestein ist gelblich weiss, hie und da porös und von Klüften durchzogen, die, wie man zum Theil deutlich sieht, von Binsen u. dgl. herrühren, aber sonst sehr fest und dicht. Die Höhlungen haben oft einen röthlichen Anflug. Wie hat sich dieser Travertin bilden können? Selbst wenn man keine Schwierigkeit in der Annahme findet, dass früher andre atmosphärische Verhältnisse geherrscht haben, und ein sehr kalkhaltiges Wasser hier geflossen sei und den Stein abgesetzt habe, so ist schwer einzusehen, wie er einen so hohen Rücken habe bilden können.

Am jenseitigen Rande des Sumpfes ist wieder süsses Wasser in verschiedenen Gräben und kleinen Pfützen. Die Gegend heisst *Ciénago redondo* (runder Sumpf). Der Weg führt sodann stets dem Ufer des Salzsumpfes parallel, bald über den thonigen mit Brea bewachsenen Ufersaum desselben, bald über Sand und Schutt. Man bleibt stets etwa eine oder anderthalb Stunden von den Bergen im Osten entfernt, die auf einer 500—700 Fuss höheren Terrasse aufgesetzt und vollkommen von einander isolirt sind. Am Fusse derselben sieht man Tilopozo gegenüber einen grünen Fleck, den Tilo-Wald, Tilomonte, weiter nach Norden einen zweiten, in welchem das aus wenigen Häusern bestehende Dörfchen Paine liegt. Der Weg ist höchst ermüdend, sei es, dass man durch den Sand waten muss, der oft förmliche Sanddünen*) bildet, oft mit grossen Steinen übersäet ist, sei es, dass man über den lockeren Schutt schreitet, zumal kein kühler Wind geht, den unstreitig die Höhenzüge abhalten, welche im Westen des Salzmeeres streichen. Die tropische Sonne brennt also mit aller Macht, und nirgends ist der geringste Schatten. Das Thermometer, von meinem Körper beschattet, zeigte um 1 Uhr Mittags 37,°5 C. oder 30° R. Nur ein Mal trifft man unterweges einen einzeln stehenden *Algarrobo* (Prosopis Siliquastrum DC.) an, *Algarrobillo* mit dem Diminutiv genannt, trotzdem dass sein Stamm wohl 1½ Fuss Durchmesser hat und vielfach verästelt ist. Er gewährt doch etwas Schatten, ungeachtet dieser bei dem feinen, gefiederten Laube nicht sehr dicht ist. Der nächste Wasserplatz ist die Agua de Quélana, wir marschirten aber noch eine Stunde weiter bis zur Agua de Carvajal. In der Nähe der Pfützen dieses Namens waren, wie immer an solchen Stellen, die häufig zum Nachtquartier dienen, und u. a. auch bei Tilopozo, mehrere etwa 4 Fuss hohe *pircas* (kreisförmige oder viereckige Mauern aus lose aufeinandergelegten Steinen) errichtet, welche wenigstens einigen Schutz gegen den oft schneidenden Wind geben. Gegen eine solche *pirca* hatte der rohe Witz eines *Arriero* (Maulthiertreibers) zwei gefallene Maulthiere aufgerichtet, die zu Mumien vertrocknet und noch mit dem Felle bekleidet in dieser Stellung verblieben waren. Nichtsdestoweniger wählte Don Diego diese *pirca* zu sei-

---

*) Solche Sanddünen hat *D'Orbigny* in der Nähe von Oruro beobachtet 4000 met. über dem Meere. Das benachbarte Terrain ist daselbst gleichfalls thonig mit Salzefflorescenzen und Salzpflanzen bedeckt. Also vielleicht auch ein ausgetrockneter Salzsumpf.

nem Schlafgemache. Er hat auf der ganzen Reise nie mit uns, sondern immer allein schlafen wollen.

Hier traf uns ein gewisser *Manuel Plaza* aus *Paine*, Guanacojäger und Minensucher, der den Auftrag hatte, uns entgegenzureisen und D. Diego zu bitten, zwei Silbergänge in den Bergen von Pingo-pingo zu untersuchen, wozu es jetzt zu spät war. Von diesem Menschen erfuhr ich, dass das Meteoreisen dicht am Wege läge, den wir gekommen waren, eine Stunde von Imilac, dass der Socómpas und die Berge bei Doña Inez Alaun enthielten und dass man mehrmals in alten Zeiten, so lange diese Länder noch Colonieen waren, vom Llullailaco und vom Cerro de Azufre (auf dem Wege von Paposo nach Antofagasta) Schwefel geholt habe.

Der Schutt bestand vorherrschend aus vulkanischen, besonders trachytischen Bruchstükken, doch fehlten auch beinahe nie einzelne Porphyrbrocken namentlich beim Algarrobillo. Die Vegetation ist sehr gering: *Brea* auf dem Lehmboden; *Pingo-pingo*; *Ricarica* (Lippia trifida Gay) und *Cachiyuyo* (Atriplex atacamensis n. sp.) auf dem Schutte; mit diesen ab und zu ein Pflänzchen der Coldenia atacamensis n. sp. Auf dem Atriplex war ein schöner Buprestis, Latipalpis speciosa Ph. Germ. nicht selten.

Den 22. Januar von Agua de Carvajal bis Atacama, 12½ leguas.

Wir brachen auf, so wie der Tag graute. Der Weg war fester als am vorigen Tage, es war mehr Thonboden und weniger Sand. Etwa auf halbem Wege ist wieder ein Wasserplatz *Chilepuri* (Chilewasser) und bald darauf ein *Tambillo*, bei dem auch Pfützen eines leidlich süssen Wassers mit Charen erfüllt sind. Es ist dies eins von den für das Obdach der Reisenden von Zeit zu Zeit an den Heerstrassen in Bolivia errichteten Häuschen, eine wohlthätige Einrichtung, die von den Incas herstammt. Diese Häuser heissen eigentlich *Tambo*, Tambillo ist das Diminutiv. Dieses *Tambillo* ist einfach ein Zimmer von Lehmwänden, mit einem Lehmdache, einer Thüröffnung und einer Stufe von etwa 9 Zoll Erhöhung an den Wänden, dem *Estrado* in den alten spanischen und chilenischen Häusern entsprechend, auf welchem die Frauenzimmer während des Tages mit untergeschlagenen Beinen sitzen, und auf welchem die Besucher des Nachts schlafen, wenn sie es nicht vorziehn, dies unter dem Corridor im Freien zu thun. Von dem *Tambillo* aus sieht man rechts in etwa 3½ Stunden Entfernung die grüne Oasis von Bäumen des Dörfchens Toconao und vor sich die grünen Bäume von Atacama. Von hier an begegneten uns ab und zu Menschen. Bald zeigten sich hie und da Gerstenfelder, wo das Terrain erlaubt hatte, Wasser hinzuführen, gewöhnlich mit *Tapias* (Lehmmauern) eingefasst. Man war schon in voller Aernte. An einigen Stellen wurde gedroschen, indem Stuten und Maulthiere im Galopp herumgejagt die Körner austreten mussten; an andern wurde noch geschnitten; an andern endlich die goldene Aernte in Säcke gefüllt und auf Maulthiere geladen, um sie heimzubringen. Oefter zeigte sich am Wege ein *Algarrobo* oder ein *Chañar*, letzterer voll unreifer, grüner Früchte wie eine Pflaume; es erschienen einzelne Gehöfte, zwar noch von dem dürren Schutte der Wüste getrennt, sie rückten aber immer näher, und um 2 Uhr stiegen wir vor dem Hause unseres wackeren Führers *Pedro* ab. Er sowohl wie sein Sohn *Belisario*, ein 14jähriger Knabe mit prachtvollen schwarzen Augen, hatte sich auf der ganzen Reise zu unserer vollsten Zufriedenheit betragen, jetzt wurden wir von seiner Frau auf das Freundlichste empfangen.

Capitel III.

Aufenthalt in S. Pedro de Atacama.)*

Das Haus von *Pedro*, wie alle Häuser in Atacama von blossem Lehm erbaut, bestand aus drei Räumen; der eine war das Schlafzimmer, der andre Vorrathskammer, der mittlere Wohnzimmer. Dieses war nicht vollständig gedeckt, und in der einen Ecke stand ein Algarrobobaum. An der Wand war eine von Lehm aufgemauerte Bank und davor ein Tisch; weitere Möbel waren nicht vorhanden. Ein hübscher, luftiger, von *Chañar* und *Algarrobo* beschatteter Gang zwischen zwei Lehmmauern führte nach dem *Corral* (Viehhofe), der ebenfalls von einer Lehmmauer umgeben war. Dicht daran war ein Luzernefeld. Dieses Gewächs heisst hier *Alfa* anstatt *Alfalfa*, wie in Chile. Es wurden uns gleich Birnen vorgesetzt, während eine *cazuela*, eine Art Suppe, von Hammelfleisch gemacht wurde.

Gegen Abend ritt ich, von einem ältern Sohne *Pedros* geführt, nach dem Gouverneur des Ortes, *D. Anacleto Puche*, welcher etwa 1½ Stunden entfernt dicht beim Platze wohnte. Hier traf ich mehrere Herren und unter andern den Präfekten der Provinz, *D. Zacaria Tamayo*, einen sehr unterrichteten Mann, der in Frankreich Medicin studirt hatte, und dessen Bekanntschaft ich einem lächerlichen Umstande zu verdanken hatte. Damals war, wie ich schon früher erwähnt, Krieg zwischen Bolivien, wozu Atacama gehört, und Peru. Die peruanischen Truppen hatten sich des einzigen bolivianischen Hafens Cobija bemächtigt, und die bolivianischen Truppen standen unter dem Oberbefehle von *D. Zacaria* ihnen in Calama, auf halbem Wege zwischen Atacama und Cobija, gegenüber. Nun war nach Atacama die Nachricht gelangt, 50 bewaffnete Leute seien in Paposo gelandet und auf dem Wege nach Atacama, um den bolivianischen Truppen in den Rücken zu fallen und sie abzuschneiden, oder in Atacama eine Revolution zu machen. Da ein solches Ereigniss gar nicht unmöglich schien, so war *D. Zacarica* mit einer Schwadron Reiterei nach Atacama geeilt, hatte aber schon Tags vorher erfahren, dass diese 50 Bewaffneten sich auf eine Expedition von 5 friedlichen Leuten reduzirte, und die Truppen wieder zurückgeschickt. Er selbst war aber geblieben, um uns kennen zu lernen.

Herr *Puche* verschaffte mir ein Zimmer nicht weit von seiner Wohnung, hinter welchem zwei kleine Höfe von der Breite des Zimmers waren, und versah dasselbe mit Möbeln so gut er konnte, nämlich mit zwei Betten, ein paar Stühlen und einem Tische. Ich installirte mich denselben Abend in diese Wohnung, und den folgenden Tag kam auch Herr Döll und die beiden Diener. Don Diego fand bei einem alten Bekannten ein Unterkommen. Wir

---

*) Früher war der Ort unter dem Namen Atacama alto bekannt, so wie früher sowohl Calama wie Chinchiu Atacamo bajo hiessen, was nothwendig Veranlassung zu Irrrthümern geben musste; jetzt sind die Benennungen Atacama alto und Atacamo bajo nicht mehr gebräuchlich, ja zum Theil unbekannt.

errichteten unsere Küche auf dem Hofe, der Boden war der Heerd. Der Marktplatz von Atacama ist nicht besonders versehn. Rindvieh kommt fast nur aus den argentinischen Provinzen, doch ist fast alle Tage Rindfleisch zu haben. Bisweilen bekommt man Lamafleisch; auf dem Wege nach Potosi findet man nämlich einige Thälchen, deren Bewohner Lamaheerden halten. Häufiger ist Hammelfleisch. Die Schaafe sind aber nicht bei der Stadt, sondern in grösserer Entfernung in den Oasen, die etwas Weide haben. Ab und zu bringen die Jäger Guanaco- und Vicunnafleisch. Hühner und Eier sind selten zu haben. Noch seltener ist Milch. Sehr wenige, wohlhabende Einwohner halten eine Milchkuh für den eigenen Bedarf und verkaufen die Milch nicht. Mehl ist hinreichend da, den Bedarf zu befriedigen, und kommt von den argentinischen Provinzen; doch hätte ich Mühe gehabt, meinen Bedarf für die Rückreise zu erhalten. Bäcker gibt es nicht, aber viele Privatleute verkaufen Brot. Selten ist Gemüse zu haben, allenfalls Kürbisse und etwas Mais, Kartoffeln sind selten. Ich habe weder *Quinoa* (Chenopodium Quinoa) noch *Oca* (Oxalis tuberosa) gesehn, welche auf den Hochebenen von Peru gebaut werden sollen. Von europäischem Obst gibt es nur Birnen, Feigen und Weintrauben. Die beiden letzteren waren noch nicht reif, aber von Birnen war grosser Ueberfluss. Sie sehen einer gelben Butterbirne ähnlich und haben auch deren Geschmack, sind aber höchstens halb so gross, und haben nie Kerne. Eine wichtige Rolle spielen hier die Algarrobo- und Chañar-Früchte und dienen Menschen und Vieh zur Nahrung. Die Chañarfrüchte sollen, wenn sie reif sind, gelb sein; ich sah sie nur unreif und getrocknet, und möchte sie in getrocknetem Zustande am liebsten in Grösse und Geschmack mit den Datteln vergleichen, nur ist das Fleisch sehr holzig und geht nicht glatt vom Steine ab. Dieser Stein wird sorgfältig aufgehoben, zu Mehl gemahlen und mit demselben Federvieh und Maulthiere gefüttert, grade so wie in manchen Gegenden Arabiens gemahlene Dattelkerne als Viehfutter dienen. Unser Pedro hatte, als wir von Tartal mit ihm fortreisten, noch einen ziemlichen Vorrath von Chañar- und Algarrobo-Früchten, von denen uns ein Theil als Naschwerk, der grössere Theil aber den Maulthieren als Futter diente.

Von Getraide wird nur Gerste gebaut, als Viehfutter. Einen noch grösseren Theil der Felder nimmt aber die Luzerne ein. Der Haupterwerbszweig der Atacamenier ist nämlich der Transport der Waaren von Cobija nach den argentinischen Provinzen Salta, Jujui, Tarija. (Nach dem Innern von Bolivia gehn wenige Waaren über Cobija; der nächste Hafen ist Arica, und Tacna kann als das Emporium Boliviens betrachtet werden.) Zu dem Ende sind hier so viele Maulthiere, und der dritte Theil der Einwohner sind gewiss Maulthiertreiber. Die Thiere werden hier nicht gezogen, sondern kommen von den argentinischen Provinzen. Sie kosten gewöhnlich 30—40 pesos, da aber damals wegen des Krieges der Handel stockte, so bekam ich sie zu 25 bis 30 pesos. Pferde sieht man gar nicht; sie sind für diese Wüstengegenden weniger geeignet, als die genügsamen, mit dem schlechtesten Futter zufriedenen Maulthiere.

Es existirt gar keine Industrie in Atacama. Es gibt keinen Tischler, keinen Schlosser, keinen Arzt und Apotheker. Die Kleidungsstoffe sind von Schaaf- oder Guanaco-Wolle und werden von den Weibern gemacht, die auch sehr schön färben. Blau wird mit Indigo, roth mit *Grana*, gelb mit einer einheimischen Pflanze, *Fique*, gefärbt, die ich jedoch nicht zu sehen bekommen konnte. *Grana* ist eine Art Cochenille, die von den Provinzen der *otra banda*, der andern Seite, namentlich von **Santiago del Estero** kommt. Es ist eine Schildlaus, die auf Cactus lebt, vielleicht verschieden von der mexicanischen. Die Thiere werden nicht wie in Mexiko getödtet und getrocknet, sondern auf platten Steinen zu einem Teige zermahlen, aus dem Täfelchen formirt werden, die man nachher auf Fäden gereiht trocknet, und so in den Handel bringt. Das Pfund kostet in Atacama vier bis fünf pesos. Zu andern Farben wendet man, wie in Chile, *bayeta* an, deren Fäden man auszupft und in den neuen Stoff einwebt. Ganz rothe, oder roth- und weiss-gestreifte *Ponchos*, die bekannten Mäntel, welche weiter nichts sind, als ein viereckiges Stück Zeug mit einem Schlitze in der Mitte, durch welchen man den Kopf steckt, — sind hier sehr beliebt; die ersteren kosten eine Unze = 22 Thlr., die letzteren 12 pesos = 16 thlr. Auch werden, glaube ich, die Filzhüte hier gemacht, die allgmein im Gebrauche sind.

Regelmässige Strassen sind nur in der Nähe der *Plaza*, des Platzes, welcher gerade am äussersten Nordostende der Stadt liegt. Ich habe ihn abgezeichnet, s. 8. Tafel. Sie sind gradlinigt und durchkreuzen sich rechtwinklig. Hier sind auch vor einigen Häusern gepflasterte Bürgersteige, sonst ist kein Strassenpflaster da. Die übrigen Strassen sind eigentlich unregelmässige Wege. Die Häuser liegen an denselben zerstreut, mit Gärten und Feldern umgeben, ja bisweilen durch ein Stück Wüste getrennt. Sie ziehen sich alle in geringer Entfernung vom Atacama-Flusse hin, dessen Wasser zur Bewässerung aufgebraucht wird, ehe es den Salzsumpf erreichen kann. Daher ist der Ort über $1^1/_2$ Stunden lang und hat doch nur 2—3000 Einwohner. (Genau konnten mir die Behörden die Zahl nicht angeben.) Er ist in fünf *Aïllos*, Stadtviertel, getheilt; jedem steht ein *Alcalde* vor, dessen Amtszeichen ein Stock mit einem silbernen Knopfe ist.

Die Häuser sind ohne Ausnahme einstöckig und von Lehm erbaut (eine Art Pisébau); nur sehr wenige sind von *Adoves* (Luftsteinen), aufgeführt und von grauer Naturfarbe, nur die Wohlhabenden lassen ihre Häuser weissen. Die Dächer sind nicht flach. Zu Sparren dient *Chañar-* oder *Algarrobo*-Holz, nothdürftig an 2 Seiten behauen. Darüber kommen als Latten ebenso nothdürftig behauene Stangen; auf diese Bündel von *Brea*, ein Mal der Länge und dann auch der Quere nach; hierüber wird Lehm geschmiert. Fenster habe ich nur in einem zerstörten Hause der Plaza gesehen, von dem nur noch die Mauern standen. Als Fussboden dient das natürliche Erdreich. Viele Thüren sind von Cactus-Holz, nämlich von Cereus atacamensis n. sp., der bisweilen $1^1/_2$ Fuss breite Bretter liefert. Dieselben sind freilich beinahe netzartig, mit maschenförmigen Löchern. Auch die Residenz der Behörden ist nicht viel besser. Bei Beurtheilung dieser Bauart darf man nicht vergessen, dass viele hundert Meilen rings um Atacama kein Bauholz zu finden ist; man müsste europäisches, nordamerikanisches, californisches oder valdivianisches nehmen, nach Cobija bringen und von dort auf Maulthieren 70 leguas weit nach Atacama schleppen!

Flöhe und Bettwanzen sind in Atacama unbekannt, und man versicherte mich, dass sie bald sterben, wenn sie ja ein Mal dorthin eingeschleppt werden. Dafür wimmeln die Häuser von *Vinchucas*. Es ist dies eine Art grauer, geflügelter, sehr langbeiniger Wanzen, bis 10 Linien lang, aber schmal. Sie fliegen indessen selten, sondern steigen aus ihren Schlupfwinkeln, besonders den Dachreisern, den Abend ohne alles Geräusch auf ihren Stelzenbeinen herab, um sich am süssen Menschenblute zu laben. Man fühlt ihren Stich gar nicht, allein bei einigen Personen, zu denen der arme Döll gehörte, bringen sie Quaddeln hervor, die mehrere Tage brennen und jucken. Zerdrückt man eine mit Blut erfüllte Vinchuca auf der Wäsche, so entsteht ein tief-schwarzer Fleck, der nicht wegzuwaschen ist. In meinem Bette zählte ich eines Morgens kurz vor Tages-Anbruch 41 Stück dieser Blutsauger, grosse und kleine. Diese Thiere scheinen verschiedenen Arten anzugehören und halten sich auch im Freien auf; ich erinnere mich, späterhin mitten in der Wüste den Morgen zweie auf meinem Lager gefunden zu haben.

Die Vegetation um Atacama herum ist sehr ärmlich; als Unkraut in den Gärten sieht man die Bouchea copiapina (bei Gay) mit wohlriechenden, weissen Blumen und keinen Knollen (sollte die Pflanze nicht einerlei mit Priva laevis sein? Ich habe keine reifen Früchte gesehn), so wie das schöne Solanum elaeagnifolium Cav. mit rostbraunen Stacheln am Stengel und auf der Mittelrippe der Blätter, endlich Euphorbia depressa Torr. Im Schutte der nächsten Umgebung sieht man nur *Cachiyuyo* (Atriplex atacamensis Ph.), *Ricarica* (Lippia trifida Gay), *Brea* (Coldenia atacamensis n. sp.) und eine hübsche Synantheree, die ich Urmenetea atacamensis genannt habe. Im Flusse ist Myriophyllum elatinoides Gaud., eine Chara, Conferven u. s. w. häufig, sowie verschiedene Binsen, und am Ufer stehn Ranunculus bonariensis und muricatus.

Das Geröll im Nordosten des Ortes besteht fast nur aus vulkanischen Gesteinen, und daher ist es sehr wahrscheinlich, dass der s. g. Vulkan von Atacama (s. d. Karte und die Ansicht, welche ich von Atacama aus aufgenommen habe), wirklich ein Vulkan ist. Ich sammelte: 1) eine schlackige, sehr poröse, schwärzliche Lava mit weissen, $1/2 — 1$ Linie grossen Feldspathkrystallen und einzelnen, nadelförmigen, 2 Linie langen, $1/6$ Linie dicken Hornblendekrystallen. 2) eine graulich-schwarze mit einzelnen, ziemlich grossen Poren versehene Schlacke von fast splittrigem Bruche, die ausser den gewöhnlichen Feldspath- und Hornblendekrystallen kleine, glänzende, eisenschwarze, stark muschlige Körner, wohl Magneteisen oder Titaneisen enthält. — Der schwarze Eisensand, der sich hie und da in Wasserrissen findet, stammt wahrscheinlich aus einem solchen Gesteine her. 3) hellgraue, durch und durch poröse Schlakken, in denen die Feldspathkrystalle in eine erdige, kreideweisse Masse umgewandelt sind. 4) röthlich-grauen Trachyt, in dem der Glimmer theilweise durch Hornblende ersetzt ist. — Ausserdem findet sich aber auch schwarzer und rother Hornsteinporphyr, der oft quarzführend ist, aber kein Thonsteinporphyr, und Gesteine, denen ich keinen Namen zu geben weiss, z. B. a) ein ganz dichtes, kastanienbraunes Gestein, auf dem Bruche uneben, beinah erdig, mit mikroskopischen (Feldspath?)krystallchen; b) ein helles, grünlich-graues Gestein mit zahlreichen, mikroskopischen (Feldspath?)pünktchen, grösseren bis 2 Linien langen, grünen Hornblendekrystallen und mikroskopischen Glimmerblättchen; c) ein gelbgrünes, durchscheinendes splittriges, in welchem man einzelne Kryställchen unterscheidet, die mehr an Strahlstein als an Hornblende erinnern; die verwitterte Oberfläche ist fein hellgrün und dunkelgrün marmorirt. Soll man diese Gesteine zu den Grünsteinen rechnen?

Man kann annehmen, dass Atacama etwa 7400 Fuss über dem Meeresspiegel liegt. In Atacama fand ich zufällig Quecksilber, wenn auch wohl kein besonders reines, und mit vieler Mühe und Geduld brachte ich es dahin, mein Buntensches Barometer wieder zu füllen; ich habe freilich nicht gewagt, es auszukochen. Nun machte ich fast stündlich Beobachtungen, im Ganzen 24, reduzirte diese auf 0° des Thermometers und nahm das Mittel. Dieselbe Reduktion nahm ich mit den zahlreichen, ebenfalls von früh Morgens bis spät Abends an Bord des Schiffes bei Mejillones, welches ungefähr unter gleicher Breite liegt, von mir angestellten Beobachtungen vor und berechnete nun aus beiden Zahlen obige Höhe von 7400 Fuss. Der Siedepunkt des Wassers gab mir nur 6800 Fuss Meereshöhe. Atacama liegt also immer so hoch wie der Gipfel des Niesen am Thuner See und wenig niedriger als Santa Fé de Bogotá, etwa so hoch wie der Monte velino in den Apenninen, oder der Pic der Azoren. Das Klima ist sehr unangenehm. Im Sommer sind die Nächte kühl und die Tage glühend heiss. Ich beobachtete z. B. um 5¼ Uhr Morgens 8,1° C. und zwischen 1 und 2 Uhr Mittags 27° C. Im Winter ist es recht kalt und friert alle Nächte, und die Luzerne macht eine vollständige Pause in ihrer Vegetation; man muss also einen Vorrath von Luzerneheu für den Winter sammeln. Dazu kommt, dass Brennmaterial selten und theuer ist, man sich daher in den Häusern schlecht erwärmen kann. Mehrere Atacamenier haben mir versichert, sie gingen im Winter um acht Uhr Abends zu Bett und ständen nicht vor 9 Uhr Morgens auf. Im Winter regnet und schneit es nie, aber im Februar soll es oft regnen, namentlich in der Cordillere, eine Nachricht, die mich für meine Rückreise besorgt machte, allein man versicherte mir auch zugleich, es seien jetzt 18 Monate her, seit es zum letzten Male in Atacama geregnet habe.

Bei diesem Mangel an wässerigen Niederschlägen, der nur in sehr geringem Masse durch den Thau ersetzt wird, der reichlicher ist, als ich bei der Trockenheit der Luft erwartet hatte, was sich aber durch die grosse Temperaturdifferenz erklärt, begreift es sich, dass Atacama als Wohnsitz von Menschen nur in Folge des Atacama-Flusses existiren kann. Dieser soll etwa 16 leguas von Atacama in der hohen Cordillere aus mehreren Bächen entspringen, erst nach Südwest und dann gerade nach Süden fliessen; ich habe ihn mehrere Meilen weit in seinem untern Laufe verfolgt. S. weiter unten. Nur die wenigen gebildeten Personen, grösstentheils Kaufleute, sind europäischen Ursprungs; es sind Argentiner, die im Jahre 1840 vor den „degollaciones" (Köpfungen) von Rosas hierher geflohen sind. Die grössere Mehrzahl der Einwohner sind reinen, indischen Blutes. Ihre Hautfarbe ist bedeutend dunkler als bei den Europäern, aber doch keinesweges kupferfarbig zu nennen, wie ich denn bis jetzt noch nicht Gelegenheit gehabt habe, einen wirklich kupferrothen Amerikaner zu sehen. Sie sind von Natur durchgängig klein, kurz und gedrungen,*) haben niedrige Stirnen, flache, breite Nasen, ziemlich vorstehende Backenknochen u. s. w., kurz sie unterscheiden sich wenig in der Bildung von den niedern Volksklassen Chiles.

Merkwürdig ist es, dass sie eine ganz eigenthümliche Sprache reden, gänzlich verschieden von der chilenischen oder araukanischen im Süden, und von der Aimará (das a der mittleren Silbe ist kurz) im Norden. Schon D'Orbigny hat dies gewusst, ist aber im Irrthume, wenn er meint, in der peruanischen Provinz Tarapacá (woher der s. g. Chilesalpeter kommt,

---

*) D'Orbigny sagt in seiner Reise (l'Homme américain p. 51), die Atacamenier seien im Durchschnitt 1,600 m. gross, die Changos aber nur 1,590 m., die niedrigsten von allen amerikanischen Racen, allein auf der folgenden Seite 52 sagt er: „die Abnahme der Grösse steht im Verhältnisse mit dem Niveau ihres Wohnplatzes, d. h. in dem Masse, als man sich auf die Berge erhebt, nimmt die Grösse ab." Ein grösserer Widerspruch zwischen Thatsache und daraus gezogener Folgerung ist nicht denkbar. Uebrigens sind nach meinen Erfahrungen die Changos durchschnittlich grösser als die Atacameños.

wo Iquique (und das berühmte, jetzt verlassene Silberbergwerk Huantajaya liegt) redet man atacamenisch; in Tarapacá wird Aimará gesprochen. Die atacamenische Sprache wird von einer Bevölkerung von drei bis viertausend Menschen geredet, nämlich in den Orten S. Pedro de Atacama, Toconado, Soncor, Socaire, Peine, Antofagasta, und einigen kleinen Orten im Norden von S. Pedro de Atacama im Canton Chiuchiu. Es gab eine Zeit, wo das *idioma atacameño* (die atacamenische Sprache) auch in Chiuchiu und Calama geredet wurde, allein jetzt ist es dort ganz und gar durch das Spanische verdrängt worden, und nur alte Personen verstehen dort noch Atacamenisch. Die Sprache ist sehr rauh durch die vielen und harten Kehllaute, welche wie es scheint, von den Gebirgen erzeugt werden; man denke an den Unterschied zwischen Schweizerdeutsch und Plattdeutsch. Ich hatte zu wenig Zeit und zu wenig Vorkenntnisse, um die atacamenische Sprache zu studiren, doch hat vielleicht folgendes *Vocabulario* einiges Interesse für den Sprachforscher. Zur Vergleichung setze ich die entsprechenden Worte in der Aimará-, Quichua- und chilenischen (araukanischen) Sprache daneben.

	Atacamenisch	*Aimará*	*Quichua*	*Chilenisch*
der Mann	sima	chacha	ccari	che (tsche)
die Frau	likan	marmi	huarmi	domo
das Kind	pauna		uaua*	hueñi (huenji)
der Knabe	sima panna		runa*	hueche
das Mädchen	likan pauna		huarma*	malgen
der Vater	itica	auquiha	auqui	chao (tschao)
die Mutter	ipata	taycaha		ñuke (njuke)
der Bruder	} sala		huanque	peñi
die Schwester			ñaña	lamgen
der Kopf	hlacsa		uma*	lonco
das Haar	musa		chuccha	shopel, chape
die Augen	ikhepa		ñauis*	ge
die Ohren	alke		nigria*	pilun
die Nase	sepca		senca*	yu
der Mund	khaipe		simi*	ûn
die Zähne	ome		quiru	boru
die Brust	huntur		sonco*	rücu
der Magen	chitaj (spr. tschitsch)		huisa*	ke
der Arm	soke			riun
die Finger	sui			chagul
die Nägel	khin		sillu*	huili
die Füsse	khoche (khotsche)		chaqui*	namun
die Erde	hoire		pacha	tue
das Wasser	puri		yacu*	co
das Feuer	humur		nina*	küthal, küthwel
die Luft	aire*			krüv
das Haus	t'huri, khapu	uta	huasi*	ruca
die Ortschaft	liken	marca	llajta*	cara
der Weg	peter		niang*	rüpü
gut	khaya khai-ja		sumach*	küme
schlecht	ualcher		fiero*	huera
schwarz	h'achi (ha-tschi)		yana*	kuri, kurü

*) Ob aus dem Spanischen entlehnt?

	Atacamenisch	Aimará	Quichua	Chilenisch
weiss	tarar		llóraj*	ligh
grün	k'hal		k'hómer*	karü, kari
gelb	kala		k'héllu*	chod
roth	lar		puca*	cum, kali
eins	sema	maya oder mayni	huoc	kiñe
zwei	poya	paya oder pani	iscay	epu
drei	pálama	quimsa	quimça	küla
vier	chalpa (tschalpa)	pusi	tahua	meli
fünf	mutsma	pisca	pichcca	kechu (ketsuha)
sechs	michelo (mitschelo)	choktita	çoccta	cayu
sieben	ch'hoya (tsch'hoja)	pacalloo	ccanchis	relge
acht	ch'olo	quimsa callco	puçacc	pura
neun	tékar	llallarmca ⊕	iscoon	ailla
zehn	such (sutsch)	tunca	chunca	mari
elf	such-ita-sema	tunca mayani	chunca-huco-niyoc	mari-kiñe
zwanzig	tekner	paya tunca	iscay chunca	epümari
dreissig	tekner poix	quimsa tunca	quimça chunca	küla-mari
hundert	hara sema	pataca	pachacc	pataka
zweihundert	hara poya		iscay pachacc	epu-pataca
ich	ákia	na	ñocca	inche (intsche)
du	chema (tschema)	huma	ccam	eymi
er	ia	hupa	pay	teye
wir	kuna	nanaca	ñoccanchicc	inchiñ (intschinj)
		hiussa	ñ'occaycum	
ihr	chime (tschime)	humanaca	ccam-cuna	eyun
sie	k'hota	hupanaca	pay-cuna	teye eñ
ich liebe	akia kejepe (kechepe)		mona coiqui*	ayún
ich liebe dich	akánché kepe		ñocca mono coiqui*	ayú eymi
du liebst	chima skepten		mona cunqui*	ayú ymi

Ich bemerke, dass im Atacamenischen der Accent stets auf der vorletzten Sylbe zu ruhen scheint (Ausnahme pàlama) und dass das s immer scharf ist. Die Wörter aus der Aimará-Sprache habe ich aus der 1611 in dem Städtchen Juli in Hochperu gedruckten Grammatik des Paters *Ludovico Bertonio* entnommen; die der Quichua-Sprache aus der: *Artes de la lengua general de los Indios del Perù por el doctor Juan Roxo Mexia y Ocon. Lima 1648.* Die Orthographie beider habe ich unverändert beibehalten. Die mit einem * bezeichneten Worte der Quichua-Sprache habe ich mir von einigen Knaben aus Bolivien sagen lassen, die sich hier in Santiago im Erziehungs-Institute des Herrn Dr. Otto aus Kurhessen befinden. Die Worte der chilenischen Sprache sind theils aus den bekannten Werken von *Molina* und dem Pater *Febres*, theils aus eigner Erfahrung genommen, und habe ich sie geschrieben, wie sie in der Provinz Valdivia ausgesprochen werden.

Atacama ist heutigen Tages Hauptstadt der Provinz*) gleichen Namens, Chiuchiu ist ein Canton und Calama, Rosario, Susques und Antofagasta sind Vicecantones.

Die nachfolgenden Itinerarien, welche ich grösstentheils Herrn *Anacleto Puche* verdanke, dürften von Interesse sein.

---

*) Was in Bolivien Provinz heisst, nennt man in Chile nur Departamento; die grösseren Abtheilungen des Landes, welche in Chile Provinzen heissen, werden in Bolivien Präfekturen genannt.

I. Itinerar von Atacama nach Cobija.

Von Atacama nach Calama	30 leguas.

Alles Wüste, weder Wasser noch Viehfutter: 10 leguas von Atacama ein Gebirge (Sierra), *Sarapana* genannt, an dessen Fusse nach Atacama hin ein von der Regierung gebauter *Tambo* zum Uebernachten der Reisenden steht; in der Nähe ist etwas Brennholz.

Von Calama nach Guacate	9 "

Der Weg führt theils zwischen den beiden Flüssen S. Salvador und Guacate, in welche sich der Fluss von Calama (der *Rio Loa*) theilt, theils etwa eine Stunde von ihnen entfernt.

Von Guacate nach Miscante, immer den Fluss von Guacate entlang	5 "
Von Miscante nach Colupo (Quelupo) ohne Wasser, Futter oder Brennholz	14 "
Von Colupo nach Cobija desgleichen	12 "
Im Ganzen	70 "

II. Itinerar von Atacama nach Potosi (bis an die Provinz Lipez).

Von Atacama nach Chiuchiu	25 leguas.

Wüste mit einem Wasserplatze, *Breas* genannt, 10 leguas vor Chiuchiu.

Von Chiuchiu nach Santa Bárbara (am Flusse Loa entlang mit Viehfutter),	14 "
Von Santa Bárbara nach Pozo cavado (wo Futter, Brennholz und Wasser)	8 "
Von Pozo cavado nach Ascotan (ohne Futter, aber mit Brennholz und Wasser)	7 "
Von Ascotan nach Tapaquilcha (Centrum der Cordillera, nur Wasser)	8 "
Von Tapaquilcha nach Vizcachillas	6 "
Zusammen	68 "

In Vizcachillas ist Viehfutter und Wasser und ist bei dieser Post die Gränze der Provinz Lipez.

III. Bemerkung über den Lauf des Flusses Loa.

Der Fluss Loa entspringt in „Miño," einem zu Peru gehörigen Oertchen, fliesst bei den Posten von Santa Bárbara, bei Chiuchiu, Calama, Guacate und Chacance vorbei, sowie beim Dörfchen Quillagua, welches halb zu Peru und halb zu Bolivien gehört, und beschreibt ziemlich einen Halbkreis. Der „Ciénago de Calama" (Sumpf von Calama) hat acht bis zehn leguas Umfang und wird hauptsächlich dadurch gebildet, dass der Fluss Loa sich eine Stunde östlich von Calama in die beiden Arme S. Salvador und Guacate theilt, die sich bei Chacance, früher eine Post, jetzt verlassen, vereinigen, von wo der Fluss ungetheilt bis zum Meere läuft.

IV. Itinerar von Atacama nach Molinos (Provinz Salta der argentinischen Republik).

Von Atacama nach Tambillo (guter Weg, Futter, Wasser, Brennholz)	7 leguas.

Von Tambillo nach Soncor (drei leguas von Tambillo trifft man das Dörfchen Toconado, wo es sehr gutes Wasser, Obst, und von Oktober bis April auch Viehfutter gibt. Zwei Stunden von Toconado ist ein Bach, Aguas blancas, stark

		7 leguas.
genug, um eine Mühle zu treiben, derselbe soll aber gar keine Vegetation erzeugen. Soncor ist ein Dörfchen, wo 7 indianische Familien wohnen; man findet daselbst gutes Wasser und Viehfutter)		7 „
Von Soncor nach Pajonal. Wüste, aber mit Futter und Brennholz		6 „
Von Pajonal nach Agua caliente. (Letzterer Rastort ist das Centrum der Cordillere, man findet daselbst Futter und Brennholz, und, vom Wege etwas entfernt, Wasser.)		6 „
Von Agua caliente nach Puntas negras (Cordillere mit Brennholz)		7 „
Von Puntas negras nach Guatiquina (daselbst Futter, Wasser und Brennholz)		10 „
Von Guatiquina nach Taldo-ciénega (desgl.)		12 „
Von Taldo-ciénega nach Quiran (desgl.)		8 „
Von Quiran nach Pasto grande. (Dörfchen von 8 Familien bewohnt, wo man Brennholz, Wasser und Futter findet. Es gehört zum Vicecanton Susques, und zehn bis zwölf leguas südlich davon ist die Gränze der argentinischen Republik.)		6 „
Von Pasto grande nach las Cortaderas (Wüste aber mit Futter, Brennholz und Wasser)		7 „
Von las Cortaderas nach Luracatao (das erste Dörfchen, welches zur argentinischen Republik gehört)		8 „
Von Luracatao nach Molinos		3 „
	Zusammen	89 „

V. Itinerar von Atacama nach Antofagasta.

Um diese ungeheuren Wüsten zu durchkreuzen, schreibt mir Herr Puche, gibt es viele Wege; der von Ihnen (nach Navarrete) verzeichnete ist schlecht; nach der allgemeinen Meinung ist der folgende derjenige, welcher am meisten mit Wasser und Futter für die Thiere versehen und dabei kurz ist.

Von Atacama nach Tambillo (Futter, Wasser und Brennholz)		7 leguas.
Von Tambillo nach Carabajal (desgl.)		14 „
Von Carabajal nach Tilomonte (desgl.)		12 „
Von Tilomonte nach Pajonal (daselbst Futter und Brennholz, aber kein Wasser)		10 „
Von Pajonal nach Socompas (Gebirge mit Futter, Wasser und Brennholz)		7 „
Von Socompas nach Samenta (desgl.)		14 „
Von Samenta nach Cari (desgl.)		7 „
Von Cari nach Cabi (desgl.)		7 „
Von Cabi nach Antofaya (oder Antofalla) (desgl.)		12 „
Von Antofaya nach Colorados (desgl.)		6 „
Von Colorados nach Calalasti (desgl.)		7 „
Von Calalasti nach Antofagasta (desgl.)		7 „
	Zusammen	94 „

Antofagasta liegt schon ausserhalb der Cordillera und ist ein Dörfchen, wo vier oder sechs Familien wohnen. Es ist daselbst ein grosser, futterreicher Ciénego (Sumpf, ob Salzsumpf wie Tilopozo?).

Es ist mir nicht möglich gewesen, Itinerarien von Copiapó nach Antofagasta zu erhalten.

VI. Itinerar von Cobija über Atacama nach Salta.

Von Cobija über Atacama bis Guatiquina wie in No. I u. IV. berechnet auf	121 leguas.
Von Guatiquina bis Catua (hier ein paar Häuser, Wasser und Viehweide)	7 „
Von Catua nach Olacapata (hier eine Hütte, Wasser und Futter)	13 „
Von Olacapata nach S. Antonio de los Cobres (ebenfalls eine Hütte, Wasser und Futter)	12 „
Von S. Antonio nach las Cuevas (drei Häuser, Alfalfa (Luzerne) in Menge und Wasser)	12 „
Von las Cuevas nach la Cebada	13 „
Von la Cebada bis zur boca de la Quebrada (Ausgang des Gebirgsthals)	12 „
Von der boca de la Quebrada bis Salta	8 „
Zusammen	198 „

Die Reisenden legen gewöhnlich den Weg von Cobija nach Salta in 14 Tagen zurück, einige sogar in 10 Tagen, aber dann muss man Thiere zum Wechseln haben. Dieser Theil der Cordillere ist beinahe das ganze Jahr hindurch zu passiren, aber in den Monaten Juli, August und September hat man Schneefälle und im Februar Regenschauer zu erwarten.

Die Schneestürme können hier eben so gefährlich werden, wie in andern Theilen der Anden; ich kenne einen deutschen Kaufmann, der zwischen Atacama und Salta bei einem solchen Schneesturme beinahe das Leben eingebüsst hätte und froh war, mit dem Verluste seiner Zehen durch den Frost davon zu kommen.

Man sieht, welch eine traurige Gegend der ungeheure Landstrich ist, wo die Republiken Chile, Bolivien und Argentina zusammenstossen.

Excursion nach den Kupferminen von S. Bartolo.

Die Kupferminen von S. Bartolo im Norden von Atacama sind schon von den Indiern vor den Zeiten der Spanier bearbeitet worden, aber wie es scheint, verlassen, als diese sich des Landes bemächtigt und die Einwohner unterworfen hatten. Im Jahre 1848 hatte sie unser Gefährte, D. Diego de Almeida wieder entdeckt, allein erst zur Zeit meiner Anwesenheit in Atacama sollten sie vermessen und vertheilt werden. D. Diego hatte mit den Herrn Elizalde und Puche eine Gesellschaft zur Bearbeitung dieser Minen gebildet, und die Regierung hatte derselben auch die drei *Estacas* zugesprochen, auf welche sie als Entdecker eines neuen *Mineral* Anspruch hatten. Nun war aber die Frage entstanden, ob diese *Estacas* nach dem peruanischen, oder nach dem mexikanischen *Codigo de Minas* gemessen werden sollten, was einen grossen Unterschied macht, indem die *Estaca* nach dem einen 200 *varas* (600 span. Fuss), nach dem andern nur 80 *varas* lang ist. Jetzt war die Sache endlich entschieden, und den 5. Februar sollten die Messungen vorgenommen werden. Dieser Umstand und andre hatten einen Stillstand in den Arbeiten bewirkt; mittlerweile hatte sich aber die Nachricht von diesen Minen verbreitet, und es waren mehrere Liebhaber in Atacama eingetroffen, die auch

Estacas verlangten, von denen ich namentlich einen Herrn Coro aus den argentinischen Provinzen, und einen Herrn Villamil aus Pazco in Peru kennen lernte. Die Excursion nach den genannten Minen war in geognostischer Beziehung höchst interessant. Wir ritten den 25. Jan. fort. Der Weg führt beständig den Fluss von Atacama entlang, den man wohl funfzig bis sechzig Mal durchreiten muss; er ist aber nirgends tiefer als höchstens 2 Fuss. Wo das Thal sich etwas erweitert sind kleine Anpflanzungen von Alfalfa, Mais, Kürbis, Weizen, von *pircas* (trocknen Steinmauern) oder *tapias* (Lehmmauern) umgeben; man sieht auch eine Menge *Algarrobos* und *Chañares*, aber nur selten einen Birnbaum. Eine halbe Stunde bleibt man in der Ebene und hat nur ab und zu im Osten Schutthügel, die horizontal geschichtet und höchstens 100 Fuss hoch sind. Dann tritt man in die niedrigen Berge ein durch eine ziemlich weite Oeffnung. Im Westen steigt ein etwa 200—250 Fuss hoher Hügel empor, der im Norden durch eine tiefe von O. nach W. laufende Schlucht, im Westen durch einen künstlichen Einschnitt, im Osten durch den Fluss begränzt ist und nach diesen drei Seiten steile, unzugängliche Wände darbietet. Er ist nur von Süden zugänglich, wohin er sich flach senkt, und trägt auf seinem Rücken Reste alter Häuser, d. h. *pircas*. Man behauptet, dass die Atacamenier bei der Ankunft der Spanier sich hierher zurückgezogen und daselbst längere Zeit vertheidigt haben sollen, also eine alte Bergfestung, wie sie in Bolivien öfter vorkommen, wo sie *Pucará* heissen. Dieser Hügel besteht aus braunrothen Mergeln, die unter einem Winkel von etwa 20° nach NW. einfallen und von einem mächtigen, wohl 80 Fuss starken Strome trachytischer Lava bedeckt sind. Diesen selben Strom verfolgt man 6 leguas weit bis zu den

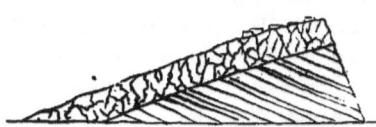

Kupfergruben, und vielleicht erstreckt er sich von dort noch 12 leguas weiter nach Nordost; Niemand konnte mir darüber Auskunft geben, *nadie se fijó en esto*. An vielen Stellen liegen noch die Schollen, die der Strom auf seiner Oberfläche gebildet und fortgewälzt hat, unverändert und frisch da, meist 1—3 Fuss lang und 4—5 Zoll dick. An andern Stellen ist die Oberfläche eben und glatt, die Schollen sind klein, nur ein paar Zoll lang und sehr zerfallen; ja oft hat sich die Oberfläche in eine Art Sand aufgelöst, in dem die frei gewordenen Körner und Krystalle von Quarz wie Diamanten glitzern.*) In der Mitte ist das Gestein, wie bei allen Lavaströmen, sehr fest und dicht, und die untere Partie ist wieder lockerer und poröser. Man findet auch bisweilen grosse Stücke, die so porös sind, dass sie als Filtrirsteine zum Filtriren des Trinkwassers gebraucht werden können. Stellenweise liegen auf der Oberfläche schwarze, ziemlich abgerollte Schlacken, die von den vulkanischen Bergen im Osten, z. B. dem Vulkane von Atacama durch Wasser herbeigeführt zu sein scheinen, sowie Chalcedongeschiebe. Der Trachyt ist in der Regel röthlich-weiss, sehr rauh, auf dem Bruche erdig; er hat einen starken Thongeruch. Feldspathkrystalle sind nicht zu sehn, aber eine Menge wasserheller Quarzkrystalle, bisweilen Bipyramidaldodekaeder von 1—1½ Linien Länge, und schwarzer Glimmer. Die Sohle des Stromes ist heller, fast rein weiss, weniger fest, selbst zerreiblich zwischen den Fingern, die Quarzkörner sind weniger zahlreich, der

---

*) Diese Erscheinung ist in Bolivien häufig. D'Orbigny hat diese Quarzkrystalle in der Ebene von Viloma, Prov. Carangas, am Rio Mauri und auf der ganzen westlichen Cordillere gefunden, natürlich auch wohl die quarzführenden Trachyte, aus denen sie stammen.

Glimmer fast glanzlos. Bisweilen findet man im Trachyt Knollen, welche aus einer dunklern, glasartigen, im Bruche splittrigen Masse bestehen, die keine Gemengtheile unterscheiden lässt; sie gehen allmählig in den gewöhnlichen Trachyt über. Dieser Strom ist bald dicker, bald dünner, je nach den Unebenheiten des Erdbodens, den er vorfand, und so ist das Thal bald ausschliesslich in Trachyt eingeschlossen, bald in die geschichteten Mergel eingeschnitten.

Als wir eine Krümmung des Flusses abschnitten, trafen wir in der Höhe inmitten der grössten, vollkommen vegetationsleeren Oede eine Anzahl *Pircas*, dem Anscheine nach ehemalige Wohnungen der Indier. Oder haben sie etwa zur Guanacojagd gedient? Eine Erweiterung des Thales, in welcher viel Algarroben, Chañar und Birnbäume, sowie einige Häuser stehen, heisst S. Bartolo. Von hier an bis zum Zechenhause der Gesellschaft Almeida Elizalde und Puche sind noch 1½ Stunden. Die Thalwände bilden sich fast ausschliesslich von den dunkel-rothbraunen Mergeln, die mit Gypsadern und Steinsalz durchzogen sind, und in denen man auch Schwefel gefunden hat. Tiefe und enge Risse haben dies weiche, keines Widerstandes fähige Gestein mannigfach zertheilt, und grosse Massen scheinen sich losgelöst und aus ihrem Zusammenhange gerissen zu haben, so dass es nicht leicht ist, das Streichen und Fallen der Schichten zu beurtheilen. Am häufigsten sieht man die Schichten von Südwest nach Nordost streichen und nach Nordwesten einschiessen, in einzelnen Partien sieht man aber auch die Schichten nach Süden und nach Norden einfallen. Die Neigung ist auch verschieden, bisweilen noch steiler als 20 Grad. Vulcanische Erschütterungen haben wahrscheinlich grossen Antheil an diesen Unregelmässigkeiten. Die Kupferminen liegen in einem Seitenthale, welches von Nordosten kömmt und sich unterhalb des erwähnten Hauses in das Hauptthal öffnet. Es ist sehr eng, vielfach hin und her gewunden, und die steilen Mergelabhänge sind zu beiden Seiten durch 60 bis 80 Fuss tiefe, senkrechte Spalten zerrissen, so dass die groteskesten Formen, Zinnen, Zacken, Thürme u. s. w. entstehen. Im Grunde liegen viel Trachytblöcke umher, die von dem Strome herabgefallen sind, der die Ebene oben bedeckt, so dass der Pfad Mühe hat, sich zwischen durch zu winden, und oft in dem Wässerchen entlang führt, welches in diesem Thälchen fliesst. Dasselbe ist so voll Kochsalz und Kupfervitrioltheile, dass es die Hufe der Maulthiere anfrisst, welche täglich diese Wege machen müssen. Im Hauptthale waren mir schon einzelne Blöcke von Kupfererz aufgefallen, hier lagen deren viel mehr, durch den Einfluss des Salzwassers zersetzt und ausblühend. Kleine Steinpyramiden bezeichneten die Gränzen der verschiedenen *Estacas*, und an mehreren Stellen hatte man angefangen, *Socavones* (Gallerien, Stollen) zu graben, von denen keiner tiefer als 10 Fuss eingedrungen war. Nach einem Ritte von etwa einer Stunde langten wir bei den Gebäuden der Compagnie Almeida, Elizalde und Puche an, die an der günstigsten Stelle des ganzen Thales angelegt waren, da wo am Abhange sich eine kleine horizontale Fläche zeigte, wie keine im bisherigen Verlaufe des Thales dagewesen war. Sie bestanden aus einem saubern Häuschen mit einem hübschen, dichten Dache, d. h. einem einzigen Raume, welcher neben der Thüre einen Ladentisch, rechts einen kleinen Herd zu einem Probirofen und links eine gemauerte Bettstelle enthielt. Die Küche dicht daneben bestand aus vier Wänden ohne Dach. Gegenüber war ein zweites Gebäude, welches als Vorrathskammer und Schlafstätte für die Grubenarbeiter diente, und neben diesem war der Backofen. Vor dem Wohnhause befand sich eine ordentliche Terrasse mit Stufen. Man muss gestehen, dass diese zweckmässige, saubere Anlage

D. Diego alle Ehre machte, um so mehr, wenn man die grossen Schwierigkeiten berücksichtigt, mit denen er zu kämpfen hatte: das Bauholz (von Algarrobe) hatte alles von Menschen, zum Theil drei Stunden weit hergeschleppt werden müssen.

Wir kamen früh genug an, um ein paar Gruben zu befahren und uns in der Gegend umzusehn. Der tiefe Stollen mündet wenige Schritte von den Gebäuden in der Sohle der Schlucht und war damals höchstens 15 Schritte lang. Er hat eine *veta* (Erzgang) durchfahren, die aus lockerem Sandsteine besteht, in welchem das gediegene Kupfer in grösseren und kleineren Körnern und in Fladen (*charqui*, eigentlich das in dünne Streifen geschnittene und an der Luft getrocknete Rindfleisch), die aus zusammengewachsenen, unregelmässigen und undeutlichen Krystallisationen bestehen, vorkommt. Ich wog einen solchen Fladen und fand sein Gewicht 5 Pfund. An dieser Stelle hatten schon die alten Indier Kupfer gegraben. Einige vierzig Schritte von diesem Stollen und weiter oben war ein zweiter, der schräg in den Berg hinabging und ebenfalls eine *veta* angefahren hatte. Diese enthielt jedoch fast nur Kupferoxyd, Malachit u. s. w., wird aber wahrscheinlich in grösserer Teufe nur gediegenes Kupfer führen. Es war auch ursprünglich eine alte indianische Grube. Man hatte darin mehrere Werkzeuge derselben gefunden, u. a. kupferne Fäuste. Ich selbst fand eine hölzerne Schaufel von Kupfersalz grün gefärbt. Ein fünf Fuss langes Algarrobobäumchen war in dieser Grube gefunden worden. Es war sogar noch die Rinde davon erhalten, und zwar mit einer dünnen Schicht metallischen Kupfers incrustirt. Ich brauche wohl nicht zu sagen, dass dies kein Beweis für die Meinung von dem Nachwachsen der Metalle ist, sondern dass die Erscheinung sich einfach aus dem Umstande erklärt, dass organische Körper die Metalle aus ihren Salzauflösungen leicht regulinisch niederschlagen. So beschlägt in den Gruben von Potosi das alte Grubenholz leicht mit Silber, ja man hat dort Menschenschädel mit einem Häutchen von metallischem Silber überzogen gefunden.

Es war hier eine sehr günstige Stellung, die Bildung des Thales zu übersehen. Das Streichen der *Vetas* und *filones* ist NO. 30°; sie fallen auf der linken oder nordwestlichen Thalwand nach NW. ein.

Die der Thalsohle nächsten stehen senkrecht, (siehe die beigegebene Figur), die oberen zeigen allmählig ein immer schwächeres Einschiessen. Auf der rechten oder südöstlichen Thalwand schiessen die *vetas* aber in entgegengesetzter Richtung ein. Es unterliegt keinem Zweifel, dass das, was die dortigen Bergleute *vetas* und *filones* (Gänge und Erdadern) nennen, nur untergeordnete Schichten oder Lager im rothen Mergel sind. Das Thälchen selbst scheint als eine Erhebungsspalte betrachtet werden zu müssen, wofür seine Enge, seine Zerrissenheit sowie die verschiedene Neigung der Schichten spricht. Ob man die Erhebung mit dem Imprägniren der Sandsteinschichten durch gediegenes Kupfer in Verbindung zu bringen hat, oder ob die Kupferkörner nicht vielmehr gleichzeitig mit den Sandsteinschichten entstanden sind, wage ich nicht zu beurtheilen.

Herr Carrasquilla, der Administrator dieser Gruben, nahm uns sehr freundlich auf. Dieser Herr ist aus Neu-Granada und hatte wegen der Geschichten mit dem General Flores auswandern müssen. Er war einen Arm des Amazonestromes herabgefahren und so nach Brasilien gekommen, von dort zu Lande nach Peru gegangen und auf dem Wege von Peru über Bolivien nach Valparaiso in Atacama geblieben.

Das vorhin erwähnte, im Hauptthale gelegene Haus der „Compagnie Almeida etc." war auch von dem alten Herrn erbaut worden. Das Dach bestand nur aus Reisern, und in der Mitte war ein lebendiger Algarrobo-Baum stehen gelassen, um als Pfeiler zu dienen. Hier soll späterhin der *Trapiche*, das Pochwerk, angelegt werden. Jetzt wird noch der kupferführende Sandstein auf eine sehr rohe Weise zermahlen, indem in einem steinernen Troge ein etwa drei Fuss langer, anderthalb Fuss dicker und einen Fuss breiter Stein von Menschenhänden mittelst zwei hölzerner, an beiden Enden eingetriebener Handgriffe hin und her bewegt wird. Nachher hat man weiter nichts zu thun, als diesen Sand zu waschen, wodurch die schweren Kupferkörner leicht getrennt erhalten werden.

Die berühmten Kupferbergwerke von Corocoro*) in Bolivien in der Nähe von la Paz sind dieselbe Formation; sie beruhen ebenfalls auf Sandsteinschichten voll gediegener Kupferkörner, die in demselben rothen, Gyps und Steinsalz führenden Mergel vorkommen, liegen aber in der s. g. *Puna*-Region, wo kein Holz mehr wächst. Es sind dort ein paar ordentliche Mühlen zum Pochen vorhanden, doch wird der Sandstein mehrentheils auf dieselbe rohe Weise gemahlen, wie ich es bei S. Bartolo sah, nur dass einzelne Grubenbesitzer an 40 solcher Tröge haben. Es existiren daselbst auch einige Schmelzhütten, die als Brennmaterial Lamamist gebrauchen. Das Kupfer in Körnern, die s. g. *barrilla*, wird zu $7\frac{1}{2}$ pesos = 10 Thlr. der Centner verkauft, wenn sie 75 Procent Kupfer enthält; für jedes Procent Kupfer steigt der Preis um einen real. Die *Charquis* kosten 11—12 pesos der Centner, das geschmolzene Kupfer 14 pesos.

Da nun S. Bartolo vor Corocoro den Vorzug hat, in einer geringeren Meereshöhe, höchstens etwa 8200—8500 Fuss zu liegen, und der Transport des Kupfers von S. Bartolo nach dem Hafen billiger kommt, wenn auch die Entfernung ziemlich dieselbe sein mag, so versprach man sich die grössten Vortheile von demselben. Indessen könnte wohl ein allzugrosser Zudrang, diese Minen zu bearbeiten, denselben hinderlich sein; denn die Hülfsmittel, welche das Thal von S. Bartolo und die ganze Provinz Atacama bietet, sind zu gering, um viele Menschen und Thiere zu ernähren, und können durch die grösste Sorgfalt nur bis zu einem gewissen Punkte, aber nicht darüber hinaus, gesteigert werden. Sollen aber die Thiere mit Gerste aus den argentinischen Provinzen oder aus Chile erhalten werden, so dürfte die Bearbeitung der Minen und der Transport des Erzes zu theuer werden.

Der Atacamit, das seltene Kupfererz, welches eine Verbindung des Chlors mit dem Kupfer ist, findet sich in den Gruben von S. Bartolo nicht, sondern in denen von Chuquicamata, 2 Stunden nördlich von Calama, woselbst dasselbe nicht in Gängen, sondern in s. g. *Remolinos*, Stockwerken und grossen Nestern vorkommt. Diese Gruben werden jetzt

---

*) Da Corocoro auf den meisten Generalkarten fehlt, so bemerke ich, dass der Ort auf dem Wege von Tacora nach la Paz in geringer Entfernung vom Desaguadero, Ausfluss des Puno- oder Titicaca-Sees, über 11000 Fuss über dem Meere liegt. Dieselbe Formation findet sich nach d'Orbigny bei Huallamarca und erstreckt sich also wahrscheinlich von Corocoro, bis S. Bartolo nur vielfach durch Auflagerungen andrer Gesteine, Schutt, Trachytströme etc. versteckt. Dies gäbe eine Länge von $5\frac{1}{2}$ Grad oder 137 leguas. Das Streichen dieser Formation von Kupfersandstein ist wohl genau von Nord nach Süd.

nicht mehr bearbeitet, seit die Schmelzhütten alles Holz der Umgegend, welches hauptsächlich Algarrobo war, consumirt haben, da der Transport des blossen Erzes nach Cobija keine Rechnung lässt. (Dass ich dies Erz bei las Animas gefunden habe, bemerkte ich oben. Sonst kommt kein Atacamit in der Wüste Atacama vor.)

Auf dem Rückwege, den wir den andern Tag antraten, verliessen wir das Hauptthal und ritten eine bedeutende Strecke auf den Höhen des linken Ufers entlang, um die Aussicht auf die Berge im Osten zu erhalten, sahen aber nicht viel mehr als vom Orte Atacama aus. Doch hatte ich Gelegenheit, den oben beschriebenen, trachytischen Lavastrom in seiner Ausdehnung und Grossartigkeit besser zu beobachten. Als wir in einen sehr betretenen, von dem Dörfchen Machuca kommenden Pfad gelangt waren, trafen wir im Westen eine etwa sechs Fuss hohe, senkrechte, glatte Wand im Trachyt, welcher der Mensch an sehr vielen Stellen nachgeholfen hatte, und die in der Ausdehnung von wenigstens 100 Schritten über und über mit Figuren bedeckt war, daher der Weg auch den Namen Camino de las pintadas führt. Sie stellen meist Guanacos von allen Grössen, oft in einander und über einander dar, doch unterscheidet man auch Hunde, Füchse, Schlangen? und Vögel. Menschen sieht man selten, auch sind sie nicht besonders gezeichnet. Ich vermuthe, die Figur a in III. soll einen Mann, und b eine Frau vorstellen. Oft durchkreuzten die Umrisse einer Figur die der andern, wie in IV. Am besten sind den Künstlern offenbar die Guanacos gerathen; in Fig. IV. sieht man deutlich die beiden Zehen derselben dargestellt. Manche Bilder scheinen Hieroglyphen, so z. B. die von No. I., die beiden stabartigen Figuren a in No. II, die Figur c in No. III. Die Figuren sind sämmtlich im Umrisse in den Felsen eingegraben etwa 1½ Linie tief. Der beigegebene Holzschnitt wird ein anschauliches Bild von der Zeichnung dieser Monumente geben,

die offenbar aus der alten Inca-Zeit herstammen. Aber wie in aller Welt kommen sie hierher? Stunden weit rings herum wächst kein Hälmchen, ist keine menschliche Wohnung. Zum blossen Zeitvertreibe wird Niemand eine Felswand glätten und dann viele hundert Figuren eingraben. Sollen sie vielleicht das Andenken an eine jener grossen Jagden verewigen, von denen *Garcilaso de la Vega* spricht? Die Incas liessen nämlich in jeder Provinz ihres Reiches von Zeit zu Zeit grosse Jagden anstellen, bei denen man die ganze Bevölkerung aufbot. Es wurde ein grosser Raum umzingelt, und indem die Menschen unter Schreien und Lärmen wie bei einer Treibjagd nach dem Mittelpunkte zuschritten, wurde fast alles in dem umzingelten Raume befindliche Wild in einen engen Kreis von Menschen eingeschlossen, aus dem es nicht mehr entweichen konnte. Dann wurden dies schädlichen Thiere: Löwen, Jaguare, Bären getödtet, von dem essbaren Wilde, den Hirschen, Guanacos und Vicuñas nur eine gewisse Anzahl Männchen, deren Fleisch unter die Einwohner der Provinz vertheilt wurde. Von den Guanacos und Vicuñas wurden die übrigen Männchen so wie die Weibchen eingefangen, geschoren, um die Wolle zu erhalten, die ebenfalls vertheilt wurde, und dann liess man sie wieder laufen. *Garcilaso* beklagt es bitter, dass dieses verständige System mit dem Eindringen der Spanier ein Ende genommen habe, welche die Jagd ganz unmethodisch betrieben, und mit dem Schiessgewehre diese nützlichen Thiere ohne allen Vortheil für das allgemeine Wohl in Massen vertilgten.

Das Vorkommen dieser Sculpturen und der Ruinen von Häusern und *Pircas* an Stellen, die durchaus unfruchtbar, ja ohne Wasser sind, ist eine sonderbare Thatsache, die sich oft wiederholt. Auf dem Rückwege nach Copiapó fand ich am Incawege eine Menge *Pircas*, und *Darwin* hat schon (*Journal of Researches into not. hist. and geol. new. edit. p.* 356) darauf aufmerksam gemacht. Er fand die vollkommensten Ruinen dieser Art bei Tambillos im Uzpallata-Passe, wo sogar noch Thüren stehen, die, wie in allen alten peruanischen Gebäuden, niedrig, nur 3 Fuss hoch sind. Viele dieser Ruinen sollen so hoch liegen wie der ewige Schnee und in Gegenden, wo keine Pässe sind.

Was die Sculpturen betrifft, so scheinen sie häufig in der an Atacama gränzenden peruanischen Provinz Tarapaca. Herr *W. Bollaert* beschreibt die in der Quebrada de los Pintados bei Mani. Dort sieht man die Darstellungen von Indiern, Lamas, Hunden und andern Gestalten; die Figuren sind aber 20 bis 30 Fuss hoch in den sandigen Mergel eingeschnitten mit 12 bis 18 Zoll breiten und 6 bis 8 Zoll tiefen Linien. Herr *Bollaert* meint, sie seien neuer als die spanische Eroberung. S. dessen *Observ. of Sonthern Pern. Read bef. the Roy. Geogr. Soc. of Lond.* 28. *Aprl.* 1851.

Die botanische Ausbeute dieser Excursion war nur gering. Das Wasser des Atacama-Baches und seiner Nebenbäche erzeugt nur eine schwache und wenig mannigfaltige Vegetation. Am Ufer sieht man ausser Binsen, Ranunculus bonariensis und muricatus, besonders Tessaria absinthioides und Baccharis petiolata DC., bisweilen die binsenartige, an 2 Fuss hohe Baccharis juncea Desf., hier *Suncho* oder *Totora* genannt; von Gräsern *Chépica brava* (Distichlis thalassica Kth.), ein Polypogon, eine bereits ganz abgeblühte Festuca?, auch wohl Hordeum comosum Presl. mit seinen schwärzlichen Aehren. An den Felsabhängen wuchs ein paar Mal das schöne Gynerium Quila Nees, *Cortaldera* genannt: die Wurzelblätter sind wohl 2 bis 3 Fuss lang, aufrecht und scharf gesägt am Rande, die grossen dichten, silberglänzenden Rispen ragen wohl einen Fuss darüber hinaus. An trocknen Stellen ist ziemlich viel *Cachiyuyo* (Atriplex atacamensis), den ich unter dem Schutze eines *Chañar* ein Mal 8 Fuss hoch sah, *Pingo-pingo*, *Ricarica*, selten Haplopappus rigidus Ph. An den Abhängen erblickt man ab und zu die Opuntia atacamensis. Die steilen Abhänge des Flussbettes sind vollkommen kahl; alles ist todte Wüste bis auf das Thal selbst. Den Cereus? atacamensis n. sp., welcher hier Holz zu Thüren u. dgl. liefert, erblickte ich nur von fern von den Kupfergruben aus; er wächst unverästelt, wie eine dicke Säule. Herr *Carrasquilla* liess mir ein Exemplar holen; ich schleppte es auf den Maulthieren durch die ganze Wüste bis Copiapó und von dort nach Santiago; es kam aber todt an. Auf dem Rückwege fand ich die Fabiana denudata Miers, *Tolilla* genannt, und eine Krameria, welche die Eingebornen *Iluca* nennen, aber nicht als Arznei-Mittel gebrauchen, und eine ganz abgeblühte Baccharis, die mir später nicht wieder zu Gesicht gekommen ist.

Capitel IV.

Reise von Atacama nach Copiapó.

Die zweckmässigste Weise nach Copiapó zurückzukehren, war nach allen Erkundigungen die, Maulthiere einzukaufen und in Copiapó wieder zu verkaufen, wodurch die Rückreise nicht halb so theuer kam, als wenn ich hätte Maulthiere miethen können. Herr Döll übernahm es, von den Dienern unterstützt die Maulthiere nach und nach einzukaufen, und war so glücklich, 18 starke Thiere zum Preise von 25—30 pesos das Stück zu erhandeln, nämlich 5 Maulthiere zum Reiten für uns, fünf für unsere Lebensmittel und das Gepäck; ein eilftes für den Führer, und zwei um wechseln zu können, wenn etwa ein Thier müde werden oder fallen sollte. Ich wollte Gerste zum Futter derselben kaufen, allein Niemand wollte Gerste verkaufen: fünf *almudes* (die *fanega* hat 12 *almudes* und wiegt 150 Pfd.) wurden mir geschenkt. Don Diego, der sich die ganze Zeit unseres Aufenthaltes in Atacama mit metallurgischer Operation und mit der Regelung seiner Minen-Angelegenheit beschäftigt hatte, fand zwar viel am Ankauf zu tadeln und meinte auch, wir würden die Maulthiere gar nicht zusammenhalten können, da wir ja keine *Madrina* (Stute mit Schelle) hätten, welche immer die Maulthier-*tropas* anführt. Allein wir waren ohne *Madrina* hergekommen, und die Rückreise ging auch ohne Madrina ganz gut, auch kamen alle Maulthiere glücklich in Copiapó an und fiel keines unterweges. Die Schwierigkeit war nur, einen Führer durch die Wüste zu finden. Drei verschiedene Personen hatten mir einen versprochen, als aber die Abreise vor sich gehen sollte, war der eine Führer unter die Soldaten gesteckt, der andre in den Bergwerken, wo er nicht abkommen konnte, der dritte verreist. Endlich fand ich einen Burschen, der als Führer mitgehen wollte, aber er besann sich den folgenden Tag anders. Meine Freunde trösteten mich, ich würde sicher in Toconado oder wenigstens in Peine, wo alle Einwohner Guanacojäger seien, Führer finden, und ich bekam auch einen Brief für den oben erwähnten Manuel Plaza in Peine, in welchem er aufgefordert wurde, uns als Führer zu begleiten. Ich miethete auf alle Fälle einen gewissen Lucas Araya, der Bescheid wusste, aber nicht reiten wollte, und vor kurzem erst von einer schweren Krankheit genesen war. Der 30. Januar wurde zur Abreise festgesetzt und Tags zuvor von unseren Bekannten und Freunden Abschied genommen, die Alles, was in ihren Kräften stand, aufgeboten hatten, uns den Aufenthalt daselbst so angenehm wie möglich zu machen, namentlich D. *Anacleto Puche* und *Doña Jacinta Ribera*.

Den 30. Januar von Atacama nach Toconado, 10 leguas.

Es wurde ziemlich spät, ehe die Maulthiere von den Weideplätzen geholt und beladen werden konnten. Nun erst erfuhr ich, in Toconado sei keine Weide, und man müsse *Alfalfa* von Privatleuten kaufen. Es wurde daher ein Expresser nach Toconado geschickt mit einem Briefe vom Gouverneur von Atacama an den dortigen Richter, worin demselben aufgetragen wurde, Futter für unsere Thiere bereit zu halten. Da mir das Satteln und Bepacken der Maulthiere zu lange dauerte, steckte ich ein paar Birnen in die Tasche, hing mein Barometer um und marschirte voraus. Der Weg bot natürlich nichts Neues: ich habe schon bemerkt, dass sich von dem grossen trockenen Salzsee aus die Schuttebene allmählig in der Breite von

2 Stunden erhebt, und dass erst auf dieser Erhebung die kegelförmigen Berge und zwar isolirt aufgesetzt sind. Ihre Form und der Schutt der Ebene, den man ihnen zuschreiben muss, sprechen dafür, dass sie vulkanisch sind. Auch hat der eine derselben, der Hlascar im Jahre 1848 eine Eruption gehabt und rauchte noch. Er ist in dem Panorama von Atacama angegeben, aber in der Karte, die Herr Döll gezeichnet, vergessen. Er muss auf dem Wege nach Soncor liegen. Von der Hitze höchst ermattet, langte ich in Tambillo an, ehe die Maulthiere kamen, und warf mich platt auf den Bauch, um den brennenden Durst einigermassen mit dem lauen Wasser der mit Chara gefüllten Pfützen zu stillen. Die süssen Birnen hatten den Durst nur vermehrt anstatt ihn zu löschen. Bald darauf kam Herr Döll angetrabt, mein Maulthier hinter sich ziehend, und berichtete, wie oft die Maulthiere fortgelaufen waren oder ihre Last abgeworfen hatten. Im Anfange einer Reise hat man mit diesen Thieren eine grässliche Noth, zumal wenn darunter welche sind, die früher noch keine Lasten getragen haben. Wenn es den Thieren einfällt, dieselbe abzuwerfen, so kann sie nichts daran hindern. Wie rasend reissen sie plötzlich aus und galoppiren im Kreise herum, bis die Last in Folge der Centrifugalkraft, und wenn sie noch so gut festgebunden ist, fortfliegt, wobei man sich in Acht nehmen muss, dass einem kein Sack, keine Kiste u. dgl. an den Kopf fliegt. Dann sind aber die Thiere auch so matt, dass man sie leicht einfängt und aufs Neue beladet. Wir hatten Thiere, die erst nach 9 Tagen so weit zahm waren, dass man keine solche Streiche mehr von ihnen erlebte. Da die Thiere gern nach ihrer *Querencia*, heimathlichen Weide, zurücklaufen, so müssen ihnen auf den ersten Tagemärschen die Vorderfüsse zusammengefesselt werden, wenn man sie des Abends abgeladen und auf die Weide gebracht hat, damit sie während der Nacht fressen.

Herr Döll meinte, die Thiere würden heute gar nicht von Atacama fortkommen, sondern erst den folgenden Tag. Ich bat ihn daher, nach Toconado zu reiten und dafür zu sorgen, dass daselbst Futter vorräthig sei, und beschloss im Tambillo zu bleiben bis die Maulthiere den folgenden Tag kämen. Wider Erwarten erschienen sie um 5 Uhr Abends dennoch; ich setzte mich auf eins der leeren Maulthiere, und eine halbe Stunde nach Sonnenuntergang trafen wir in Toconado ein, wo wir beim Friedensrichter gastfreie Aufnahme fanden. Die Thiere wurden nach einem der Gemeinde gehörigen Grasplatze (*ciénego*) in einer Schlucht gebracht, welcher nur für die Thiere der Durchreisenden bestimmt ist. *Alfalfales*, sagte mir der Richter, gäbe es gar nicht. Sonderbar, dass keiner unserer Bekannten in Atacama, nicht einmal der Gouverneur des Orts, diese Verhältnisse gewusst hatte! — Wir hatten ein herrliches Abendessen, eine *Casuela* mit Kartoffeln! hier eine seltene Frucht, und unreifen Maiskolben, *choclos*, und als Nachtisch Käse von den argentinischen Provinzen und herrliche Muskatellertrauben. Toconado liegt 157 Fuss über Atacama.

Den 31. Januar. Von Toconado nach der Agua de Carvajal, 12 leguas.

Bis die Maulthiere beladen waren, hatte ich Zeit, mich im Oertchen umzusehn. Von der Gegend von Atacama bis Toconado erstreckt sich ein einziger trachytischer Lavastrom und an dessen Saume, in Spalten, die wohl 30 Fuss tief, zum Theil kaum 30 Schritte breit und mit senkrechten Wänden eingefasst sind, fliesst das Wasser, das in diesen Thälern und am Ausgange derselben die Obst- und Gemüsegärten von Toconado speist und dann im Sande und Schutt versiegt. Diese ganze Oasis mag kaum eine Viertelstunde lang und halb so breit sein. Algarroben sind die häufigsten Bäume, nächst dem Birnen und Feigen; auch sollen ein paar Pflaumenbäume da sein. Weinreben sind überall. Merkwürdig ist, wie oft die schönsten Bäume ihre Wurzeln fast nur in Felsenspalten haben. Die Baccharis petiolata sahe ich hier zu Hecken benutzt. Toconado sieht freundlicher aus als Atacama, namentlich auch seine ganz freistehende Kirche, die einen kleinen Glockenthurm hat, wenngleich Alles in atacamenischem Geschmacke ist.

Der Trachyt von Toconado ist fast rein weiss; seine Oberfläche ist sehr rauh und zeigt eine Menge sonderbarer Höhlungen, die mehrere Linien lang, eine bis drei Linien breit und längsgestreift, oder auch ganz mit haarförmigen Fasern ausgefüllt sind, die zum Theil von kleinen Warzen bedeckt werden, und mehr an ähnliche, durch Pflanzentheile im Travertin hervorgebrachte Höhlungen, als an die Blasenräume erinnern, die man in den Vesuv- und Aetna-Laven sieht. Die Quarzkrystalle sind weit seltener als im Trachyt von S. Bartolo, und noch seltener sind Glimmerblättchen. Dafür ist ein eingesammeltes, etwa zollgrosses Stück desto reicher an Quarzkrystallen und Glimmer. Den Morgen war ich endlich so glücklich gewesen, einen jungen, rüstigen Burschen, *Juan Guadia* aus Soncor als Führer bis Copiapó zu miethen. Er bekommt 15 pesos den Monat, die Rückreise wird auch bezahlt und bekommt er dazu ein Maulthier und die nöthigen Lebensmittel. Er wollte nur erst seine kleinen Angelegenheiten daheim besorgen und uns im Nachtquartiere treffen.

Wir hatten schönes Wetter, aber am Hlascar war ein arges Schneegestöber, und die benachbarten Berge sahen den andern Morgen ganz weiss aus. Wir sahen zwei Guanacos in grosser Nähe, sie empfahlen sich aber, ehe die Jäger die Flinten zum Schusse fertig hatten.

Den 1. Februar. Von Agua de Carvajal bis Ciénego redondo.

In der Nacht war im Innern der Cordillere viel Donner und Blitz, und den Morgen machte ich die traurige Entdeckung, dass der gute alte D. Diego mein Barometer zerbrochen hatte, welches ich an eine Pirca angelehnt hatte. Der arme Schelm hatte entzündete Augen von der glühenden Hitze und dem Staube bekommen und hatte sie sich beinahe ganz zugebunden, so dass er fast nichts sehen konnte. Um die Pirca auszubessern, in der er schlafen wollte, hatte er Steine geholt, das Barometer umgeworfen und zum Ueberfluss noch einen schweren Stein darauf fallen lassen, der sogar die Messinghülse platt geschlagen hatte. Ich sah mich daher abermals gezwungen, zur Höhenbestimmung der Temperatur des siedenden Wassers zu bedienen. Unterweges traf uns diesen Morgen ein Wirbelwind, der zwei Sandhosen in die Höhe wirbelte, durch welche wir hindurchreiten mussten. Die Maulthiere wollten nicht weiter, aber die Bewegung war nicht so heftig, als ich geglaubt hätte. Bald darauf trafen wir unsern Freund *Juan Guadia*, der zwei Esel vor sich hertrieb. Dies war höchst verdächtig, da Soncor in einer ganz andern Richtung liegt. Er versprach zwar, uns den folgenden Abend in Tilopozo zu treffen, allein ich traute dem Burschen nicht, und bat Herrn Döll nach Peine zu reiten, um dort einen Führer zu miethen; D. Diego ritt mit ihm. Wir hatten kaum abgesattelt und abgeladen, als beide wiederkamen. In Peine war keine menschliche Seele: die Männer waren sämmtlich auf der Jagd, und auch die Weiber mit den Kindern waren fortgezogen, um in Atacama bei der Gerstenärnte zu helfen, oder sich sonst etwas zu verdienen.

Sie trafen nur einen gewissen *José Maria Chaile* an, der im Begriff war, nach seiner *Estancia* bei Pajonal zu gehen, d. h. nach einem Weideplatze, wo er Schaafe hatte, und der sich *Dueño de la mina del hierro:* Herrn der Mine des Meteoreisens nannte. Er kam nebst einem Burschen, ein paar Eseln und Hunden, und wir übernachteten zusammen. D. Diego erfuhr bald, dass er sich auch mit dem Aufsuchen von Erzen abgab, und schloss schnell eine innige Freundschaft mit diesem Indier, die wirklich spasshaft war, in der Hoffnung durch ihn die Mine zu entdecken, die ein zweites Potosi abgeben würde. Er nannte ihn: Herr *Don José Maria*, kochte express für ihn und forderte uns auf, ehe wir an unser eigenes Essen dächten, doch etwas für die armen Hunde zu kochen; half dem Manne sein Bett machen u. s. w.

Hier sah ich zum ersten Male, was ich lange nicht hatte glauben wollen, dass die Hunde eine Art Schuhe von ungegerbtem Leder, s. g. *ojotas* bekommen. Ohne diese laufen sie sich, wenn sie bei der Jagd hitzig werden, die Füsse auf den scharfen Steinen, die grösstentheils die Oberfläche der Wüste bedecken, wund.

Den 2. Febr. Von Ciénego redondo bis Tilopozo, 5 leguas, und Rast daselbst am 3. Febr.

Diesen kurzen Weg legten wir bis Mittag zurück und rasteten nun den Nachmittag, sowie den ganzen folgenden Tag, damit die Maulthiere sich ausruhen und sattfressen könnten, indem wir von Tilopozo aus eine sehr starke und anstrengende Tagereise vor uns hatten. In der Nacht war wieder Donner und Blitz in der Cordillere. *Lucas Araya* kehrte nach Atacama zurück, dagegen engagirte ich den *Chaile*, mich bis nach dem Meteoreisen und dem Cerro de Azufre, dem Schwefelberge auf dem Wege von Paposo nach Antofagasta zu bringen.

Den 4. Februar. Von Tilopozo nach Puquios, 15 leguas.

Wir stiegen den Alto von Pingo-pingo hinauf, auf demselben Wege, den wir vor etwa 14 Tagen gekommen waren. Wir brauchten zwei volle Stunden, bis wir die wellige Hochebene erreichten, und hatten fortwährend den Trachytstrom zu beiden Seiten des Weges und unter unsern Füssen. Die zahllosen kleinen Kuppen dieses Rückens zeigen sehr verchiedene, bunte Farben und sehr verschiedene geognostische Beschaffenheit. Bald sind sie rother Granit, bald Quarzfels, bald Grünstein, bald geschichteter Porphyr. Der Boden dazwischen besteht aus gröberem und feinerem Grus, auch wohl gröseren Bruchstücken der benachbarten Kuppen, untermischt mit Quarzen und Jaspis. Kurz bevor wir die Stelle erreichten, wo wir auf der Hinreise Rast gemacht hatten, bogen wir links nach Süden ab und erreichten nach sieben Stunden die grösste Höhe der Hochebene, die hier wohl 11—12000 Fuss über dem Meere liegen mag. Hier hatten wir eine schöne Aussicht auf die hohen Berge vor uns, namentlich den riesigen, ganz beschneiten Llullaillaco, den Púlar, den Socómpas, der von hier aus die Gestalt eines regelmässigen Kegels zeigte, und zwischen beiden hindurch den ebenfalls kegelförmigen Péltur, alle vollkommen isolirt von einander. Es folgte nun eine ziemlich lange Ebene, so regelmässig wie mit einem Streichbrett abgestrichen. Kleine Vertiefungen, wo sich, wenn es ein Mal regnet, das Wasser sammelt, sind mit Schlamm erfüllt. Nach zwei Stunden machten wir Halt, damit die Maulthiere sich ausruhen und etwas fressen konnten. Es wuchs hier nämlich viel kleinblättrige *Cachiyuyo*, *Pingo-pingo* und Cristaria andicola Gay. Der Wind bliess sehr heftig, doch gelang es uns, hinter einer vier bis fünf Fuss hohen Wand Kaffee und Mehlbrei zu kochen.

Nach Sonnenuntergang ritten wir weiter. Der Mond war im ersten Viertel und die Dunkelheit zu gross, um die Beschaffenheit des Weges kennen zu lernen. Er war längere Zeit ziemlich horizontal und senkte sich sodann allmählig, um kurz vor unserm Nachtlager wieder etwas in ein Thal hinaufzusteigen. Sehr unangenehm war der Weg dadurch, dass wir nunmehr in eine Region der Cordillere eingetreten waren, in welcher der Boden von Millionen von Rattenlöchern durchbohrt ist, so dass die Maulthiere alle Augenblicke in ein solches Loch einbrechen. Auf dem Hinwege hatten wir sie nicht gehabt. Das Thier, welches sie hervorbringt, ist eine Art Ctenomys, hier *Occulto* genannt, welches nur kurz vor Sonnenaufgang und bald nach Sonnenuntergang aus seinem Baue herauskommt. Wovon leben diese Thiere? Man sieht oft viele Hunderte dieser Löcher, da wo nur höchst schwache, selbst gar keine Vegetation ist. Gibt es Zwiebeln und Knollen, die im Winter oder nach den Regengüssen, die so äusserst selten sind, emporspriessen? Ich habe keine Spur von ihnen gesehn und auch nichts von einer solchen Vegetation gehört. — Gegen 1 Uhr Nachts kamen wir in Puquios an.

Den 5. Februar Rast in Puquios.

Wir rasteten hier einen Tag. Dieser Punkt liegt 10800 par. Fuss über dem Meere, also so hoch wie der Gipfel der Gasteiner Tauern, des Titlis, des Simplon, und die Nacht war daher sehr kalt, wie immer, es fror, und um 5³/₄ Uhr Morgens hatten wir erst 3,1° C. Das Thal am Fusse des Alto de Puquios erweiterte sich abwärts, verengte sich aber plötzlich aufwärts. Auf der einen Seite waren eine Menge *Pircas* gemacht, theils zu Nachtquartieren für je zwei oder drei Personen bestimmt, theils als *Corrals* für Maulthiere dienend. Dreihundert Schritte aufwärts war das Wasser, zwei runde Löcher von etwa 3 Fuss Durchmesser, deren Wasser kaum zwanzig Schritte weit floss und dann schon versiegte. Seine Temperatur betrug um 9 Uhr Morgens 14°. Diese Brunnen waren von einem dichten Rasen von Scirpus deserticola, Pratia atacamensis, Arenaria rivularis, Phaca depauperata etc. umgeben. Für die Maulthiere gab es sehr wenig zu fressen, fast nur Atriplex microphylla und etwas *Pingo-pingo*, so dass sie eine schwache Ration Gerste bekamen. Sonst war die Vegetation in den Felsenspalten recht interessant. Ich fand hier zum ersten Male eine stark riechende Artemisia (A. copa mihi), welche die Atacamenier *Copa* nennen, die *Tuli papa* oder *Papa simarrona* (wilde Kartoffel), Lonchestigma tripinnatifidum, eine niedrige, vieltästige, auf der Erde liegende Solanacee, die nur durch ihre Blätter und Früchte entfernt an Kartoffeln erinnert, sonst mehr Aehnlichkeit mit der Alraun hat; sie treibt eine 1—2 Fuss lange, daumendicke fleischige, weisse Wurzel und keine essbaren Knollen, wie man mir weiss machen wollte. Ich fand ferner die Nicotiana scapigera, Eutoca frigida n. sp., Adesmia hystrix, Baccharis Tola, Fabiana denudata, Verbena deserticola n. sp., Opuntia atacamensis und vielleicht eine zweite Art dieses Genus.

Auch Thiere scheinen den Brunnen viel zu besuchen; beim Aufgange der Sonne waren dort Schwärme der Emberiza atriceps d'Orb. und des Carduelis atratus d'Orb., und eines ganz grauen Vogels derselben Familie, der nicht erlegt wurde, auch kam eine *Vicuña*, liess sich aber nicht schiessen.

Der Berg besteht aus kleinkörnigem Syenit; der graue Quarz, der weisse Feldspath und die Hornblende sind ziemlich zu gleichen Theilen gemengt. Zahlreiche Grünstein-Gänge sitzen in demselben auf, auch hat derselbe mehrere Erzadern. Ich sah kleinkörnigen Bleiglanz und Bleischweif, dem D. Diego ansah, er sei silberhaltig von einer kleinen, 1—2 leguas entfernten Quelle, Agua de Pedro Nolasco, ebenso Kupferlasur mit Malachit gemengt. Letzteres Erz hatte *Manuel Plaza*, der uns hier traf, begleitet von seinen Hunden. Er behauptete, dies Kupfererz enthalte viel Zinn. Davon war aber keine Spur vorhanden. Bei dieser Gelegenheit will ich bemerken, dass bei Peine Silberminen vorkommen, die aber sehr wenig Gehalt haben. Das Erz soll sich in Quarzgängen finden.

Den 6. Februar von Puquios nach Pajonal, 6 leguas.

Wir stiegen in dem Thale hinauf und brauchten beinahe zwei Stunden, um die Passhöhe zu erreichen, die ich auf 12,300 Fuss schätze, also so hoch wie der Gipfel des Schreckhorns. Auf der Höhe war eine ganz andre Flora; zahlreiche zerstreute Büsche eines feinblättrigen Grases, Stipa frigida n. sp., Fabiana bryoides mihi, Mulinum crassifolium n. sp., *Sucurco* genannt, eine Synantheree mit mehrzackigen, angedrückten Blättern, Polyclados cupressinus n. gen., Senecio eremophilus; eine Sida mit enormer Wurzel, welche einen dichten halbkugeligen Rasen bildet, *Nostaza* genannt (Sida megalorrhiza mihi), ein neues Genus aus der Familie der Portulaceen mit moosartigen Zweigen, Stichophyllum bryoides mihi. Die Passhöhe ist ein breiter Rücken von Schutt gebildet. — Der Weg bis Pajonal führt fast beständig abwärts. Zunächst überschreitet man ein Gebirge, das ganz aus scharfkantigen Bruchstücken besteht. Das Gestein ist sehr feinkörnig; mit der Lupe unterscheidet man grauen Quarz, graulichen Feldspath und rothe poröse Flecke, die vielleicht von zersetzter Hornblende herrühren. Weiter abwärts tritt aber der gewöhnliche rothe Thonstein-Porphyr auf, um sehr bald einem bunten, geschichteten Gesteine Platz zu machen. Dasselbe ist kirschroth, weiss und grün; erste Farbe herrscht vor. Die Schichten fallen unter einem Winkel von 35—40° nach Südwest ein, und bestehen aus Mergeln, Thonsteinporphyrn und einem grobkörnigen, rothen Sandsteine. Die Körner des letzteren haben im Durchschnitt die Grösse von Canariensamen und bestehen aus Quarz und milchweissem Feldspath, die durch ein thoniges Bindemittel verkittet sind. Selten ist schwarze Hornblende darin. Bisweilen findet sich auch ein grobes Conglomerat, dessen Gemengtheile die Grösse von Wallnüssen, selten von Aepfeln erreichen. Die Körner des Sandsteines wie des Conglomerates sind sämmtlich wohl abgerundet. Später werden die Mergel mit untergeordneten Schichten eines kirschrothen Porphyrs mit feinen, weissen Feldspathpünktchen, vorherrschend. Die Berge im Westen scheinen von dem oben erwähnten, schwarzen, feinkörnigen Syenit gebildet zu sein; nach den am Wege liegenden Bruchstücken zu urtheilen.

Die Agua de Pajonal liegt in der Erweiterung eines flachen Thales. Mehrere Wasserfäden laufen etwa 1000 Schritte weit, vereinigen sich dann, wo sich das Thal zu einer Felsschlucht verengt, laufen etwa eine Viertelstunde abwärts und versiegen dann. Dieses Wasser setzt überall Salzkrusten ab, schmeckt sehr schlecht, brackisch und wie faulig, und löscht den

Durst gar nicht. Die Temperatur desselben war um 11 Uhr Morgens 14° C., bei einer Lufttemperatur von 19,7° C., aber den Morgen um 7 Uhr betrug sie nur 8° C. In der ganzen Wüste gibt es keine Quelle mit constanter Temperatur, und es hat daher gar keinen Werth für die Wissenschaft, die Quellentemperatur zu beobachten. In der Erweiterung des Thales ist ziemliche Vegetation für die Wüste, und namentlich viele Gräser. Poa eremophila Ph. Deyeuxia robusta n. sp., Hordeum comosum Presl., Paspalum vaginatum Sw.; unmittelbar am Wasser die Juncus-Arten der Wüste, Triglochin, Pratia atacamensis, Lycium humile. Die übrige Vegetation bestand aus Adesmia hystrix, hier *Allaval* genannt, aus Baccharis Tola, Artemisia Copa, Senecio xerophilus n. sp., Lippia trifida, Fabiana denudata, Nicotiana noctiflora, Verbena deserticola, Lonchestigma tripinnatifidum, Atriplex microphylla, Ephedra americana, Sisymbrium amplexicaule Ph., hier *Chuchar* genannt, und ein oder zwei Arten Opuntia.

Guanacos kommen häufig hierher, wir sahen in Menge ihre Pfade und ihre Misthaufen. Hier wurden auch zwei Exemplare von der Ratte erlegt, welche die Millionen Löcher in den Boden macht, Ctenomys major Ph., die *Tinque de la Cordillera*, Turteltauben, die Emberiza. *Manuel Plaza*, der einen Tag nach uns anlangte, hatte ein Guanaco erlegt, und so konnten wir ein Mal wieder frisches Fleisch essen. Ich probirte auch die Ctenomys, sie schmekken gebraten gar nicht übel. Hier fingen wir eine interessante Eidechse mit kohlschwarzem Kopfe: Helocephalus nigriceps mihi.

Die Gebirge um Pajonal sind durchaus Porphyr, geschichteter und ungeschichteter, verschiedener Art: kirschroth mit kleinen, weissen Feldspathpünktchen, grün mit grösseren, weisslichen Feldspathkrystallen, hellgrau mit grünen Hornblendekrystallen. Auch findet sich ausgezeichneter, grünlich-grauer Mandelstein, dessen Kalkspathmandeln genau Grösse und Gestalt der Frucht haben, nach welcher sie benannt sind. Zahlreiche Grünsteingänge durchsetzen überall die Berge. Aus der Temperatur des siedenden Wassers berechnet sich die Meereshöhe auf 10,480 Fuss, also so hoch wie der Gipfel des Aetna.

Den 7. Januar nach dem Meteoreisen bei Imilac (8 leguas) und zurück; Rast in Pajonal.

Da ich dem Vorkommen des Meteoreisens ein eigenes Kapitel gewidmet habe, welches man später antreffen wird, so begnüge ich mich hier, die Beschaffenheit des Weges zwischen Pajonal und Imilac zu schildern. Gleich hinter Pajonal überschreitet man den flachen Rücken der das Thälchen im Norden einfasst, und senkt sich dann in ein andres, mit welchem das feste, anstehende Gestein, der Porphyr, ein Ende hat. Die 6 bis 7 leguas führen nur durch Schutt. Man kommt noch über mehrere Rücken, die sich alle nach Westen, in das grosse Becken von Punta negra verlieren, über die geneigte Ebene am Fusse der Berge, über den schon früher beschriebenen Schlammstrom. Alle diese Rücken und die geneigte Ebene sind nur Trümmer, und zwar liegen die grösseren Steine oben auf, und die Maulthiere treten zwei bis drei Zoll tief in Sand oder vielmehr Staub ein. In der Tiefe fand ich in einem trocknen Bachbette ein Stück Bimsstein, das einzige, was mir in der ganzen Wüste vorgekommen ist, wie ein Hühnerei so gross, welches wahrscheinlich von Punta negra herstammte. Auf dem Rückwege glaube ich deutlich Gänge von Porphyr und Grünstein, freilich sehr zertrümmert und zerfetzt, im Schutte erkannt zu haben. Es ist sehr schwer zu sagen, ob der Schutt in der Wüste von ferne herbeigeführt, oder durch Zerklüftung und Auflösung von anstehendem Gesteine entstanden ist. — Der rothe Berg im Norden unseres Lagers, der s. g. Cerro de Pajonal, enthält Gänge von Bleiglanz sowie von Malachit und Kieselkupfer; von beiden sahe ich Proben.

Die Vegetation nahm immer mehr ab, je mehr wir uns von den Bergen entfernten, aber die Rattenlöcher blieben ebenso häufig, selbst da, wo gar nichts Vegetabilisches mehr zu sehen war. Im Westen von Imilac, in einem kleinen Kessel, war ein Rudel von etwa 5 Guanacos.

Den folgenden Tag ruhten wir noch in Pajonal aus. Unser Freund *Chaile* erklärte uns mit einem Male, er könne uns nicht weiter begleiten. Alle Vorstellungen, alle Erinnerungen, einen abgeschlossenen Contract müsse man halten, halfen zu nichts. Er erinnerte sich mit einem Male, er müsse den Tribut*) in Peine einsammeln, wo doch Niemand war! und war mit einem Worte nicht zu halten. Vielleicht war es eine Intrigue, um mich zu nöthigen, *Manuel Plaza* als Führer zu engagieren, welcher 50 pesos bis Copiapó forderte. Die Sache kam jedoch anders. Es trafen zwei Leute aus Trespuntas ein, die nach Atacama wollten. Dem einen, einem gewissen *Frites*, war aber die Reise leid geworden, und als er erfuhr, dass wir ihm ein Maulthier zum Reiten geben könnten, entschloss er sich umzukehren und uns als Führer zu dienen.

In der Nacht vom 7. auf den 8. hatte es stark gefroren. Um Mittag bezog sich der Himmel; es entwickelte sich ein Gewitter mit starkem Blitz und Donner, allein wir bekamen nur einen schwachen Regen, der kaum eine Stunde anhielt.

Den 9. Februar. Von Pajonal nach Zorras. 7¼ leguas.

In der Nacht hatte es wieder stark gefroren; als wir aufwachten, war alles Wasser mit dünnen Eiskrusten bedeckt, und um 6 Uhr Morgens stand das Thermometer erst auf 2½° C. Ich ging mit Herrn Döll voraus. Der Weg führt im Thale abwärts, das sich hier verengt. Es wurde immer enger, zuletzt von Felsen ganz verschlossen, und wir sahen, dass wir den Weg verfehlt hatten. Wir kehrten also um und fanden bald, dass derselbe den Abhang nach Süden erstieg. Oben angelangt, waren wir auf der grossen, sanft von O. nach W. in das Becken von Imilac geneigten Schuttebene, die von seichteren oder tieferen Rissen, die alle von Ost nach West laufen, durchfurcht ist. Im Südosten hatten wir den riesenhaften Llullaillaco vor uns. Nach 2 Stunden trafen wir ein wohl 400 Fuss tief eingeschnittenes Thal mit Conglomeratwänden, die zum Theil senkrecht und 400 Fuss hoch waren; weiterhin verengte es sich zu einer engen Schlucht. Im Grunde waren hübsche *Pircas*, unstreitig von Guanacojägern angelegt, aber kein Wasser, und ausser etwas Cachiyuyo (Atriplex) keine Vegetation. Sonst hatte das Thal doch endlich ein Mal etwas Malerisches. In diesem Thale

---

*) Die Indier in Bolivien haben kein freies Grundeigenthum. Ihre Ländereien dürfen sie nicht verkaufen und vererben dieselben nur auf ihre Söhne, nicht auf ihre Töchter, welche nur vom beweglichen Eigenthume erben. Stirbt ein Indier ohne Söhne zu hinterlassen, so zieht die Regierung ohne Weiteres seine Ländereien ein. Jeder Indier muss für dieselben jährlich 9 pesos entrichten. Den Europäern gibt die Regierung die Ländereien als freies, nach Belieben veräusserliches Eigenthum.

lagen grosse Schlacken, als ob sie von einem Vulkane bis dahin geschleudert wären. Am Rande traten oben Syenitköpfe aus dem Schutte. Zwei Stunden später überschritten wir ein ähnliches, aber breiteres Thal, dessen Wände weniger steil und von lockerem Schutte gebildet waren, der vorherrschend aus Porphyr, nächst dem aus Brocken von grauem Trachyt bestand. Auch dies Thal hat kein Wasser. Abermals zwei Stunden später war ein drittes Thal, ebenfalls ohne Wasser und Vegetation. In dessen Sohle stand ein festes Conglomerat an aus Trachyt mit Brocken von Bimsstein, Quarzporphyr, Syenit etc. gebildet, so dass die Trümmergesteine, Conglomerat und loser Schutt hier wenigstens 500 Fuss mächtig sein müssen. Bald darauf kamen wir in ein flaches, mit ziemlich reicher Vegetation, namentlich mit zahlreichen Büschen von Senecio (ich glaube xerophilus) geschmücktes Thälchen, überschritten bald darauf einen niedrigen Rücken, der gleich dem erwähnten Thälchen nur aus Trachytconglomerat, Bimsstein und Schlacken bestand, und senkten uns dann in das grosse Querthal von Zorras, wo wir um 2 Uhr eintrafen.

Wir fanden hier eine schöne, grosse Pirca, welcher eine Grassmatte als Dach gedient hatte, die nun zum Fussteppich herabgewürdigt wurde. Unser neuer Begleiter, Fritz, hatte sie erbaut, als er hier im vergangenen Winter drei Monate gelebt, um eine kleine Heerde Maulthiere zu beaufsichtigen, und es ist in der That das Thal von Zorras der einzige Ort in der ganzen Wüste (den ich selbst gesehn), wo reichlicher Grasswuchs und reichliches Futter für eine mässige Anzahl von Thieren angetroffen wird.

Das Thal von Zorras erstreckt sich 3—4 leguas aufwärts nach dem Llullaillaco zu, von einem kleinen Bache durchrieselt, der noch eine halbe Stunde weiter als das Lager fliesst, bis das Thal sich in die oben geneigte Ebene verliert, und versiegt in dieser. Die Thalsohle ist im Durchschnitt nur 100 Schritte breit und von steilen Wänden eingefasst. Die geognostischen Verhältnisse sind sehr interessant. Die 80 bis 100 Fuss hohe, steile Thalwand im Süden, der Pirca gegenüber, besteht aus grauem Granit oder vielmehr Syenit, denn die Hornblende ist viel häufiger als der Glimmer, und auf demselben liegt ziemlich horizontal eine 10 bis 20 Fuss mächtige Conglomeratbank, die durchaus keine vulkanische Brocken enthält, und die ich nur mit der schweizer Nagelfluhe vergleichen kann. Die Nordwand des Thales ist von mehreren kleinen, von Nord nach Süd laufenden Thälchen unterbrochen, weniger steil und hoch. Hier sieht man dicht bei der Pirca einen Rücken, der beinahe in der Mitte einen ziemlich senkrecht stehenden, etwa 25 Fuss mächtigen, von Südost nach Nordwest streichenden Gang von gelblichem, strahligem und schaligem Kalksinter enthält (siehe a.). Beide Saalbänder des Ganges sind ein Conglomerat, in welchem Bruchstücke von Granit und kleine, wasserhelle Quarzkrystalle aus dem Trachyt stecken. Die Ausfüllungsmasse hat sich auf beiden Seiten des Ganges in concentrischen Schalen angelegt; die äusseren sind bräunlich, die

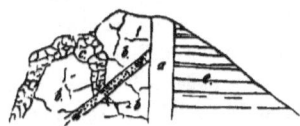

inneren heller oder dunkler gelb. Die Trennungslinie in der Mitte des Ganges ist deutlich, theilweise leer. Man sieht, die Spalte hat sich nach und nach erweitert und nach und nach angefüllt. Das im Süden des Ganges daran anstossende Gestein ist Syenit (siehe b.), mit Gängen und Adern von einer Art rothen Granit (siehe c.) ohne Glimmer und Hornblende, bloss aus rothem Feldspath und weissem Quarz bestehend. Auch Grünstein-Gänge setzen in diesem Syenit auf (siehe d.). Das

Gestein im Norden des Ganges (siehe e.), ist horizontal geschichtetes Trachytconglomerat. Der Kalksteingang ist eine lange Strecke nach Ost zu verfolgen, trotzdem er durch zwei Thälchen unterbrochen wird, bis er das Hauptthal erreicht und sich darin verliert. An dieser Stelle zeigen beide Wände des Hauptthales nichts als Trachyt. Dieser Trachyt ist vorherrschend von graulich-weisser Farbe und enthält nicht nur Quarz und schwarzen Glimmer, sondern auch schwarze Hornblende, welche Bestandtheile höchstens 1 Linie gross sind. — Der Trachyttuff an der im S.O. der Pirca gegenüberstehenden Wand des Seitenthälchens zeigt von unten nach oben

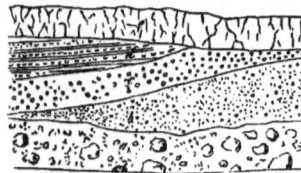

a) einen groben Tuff mit Brocken von verschiedener Grösse, bis faustgross und darüber. b) einen feinen Tuff, dessen Theile höchstens so gross wie Erbsen sind. c) einen Tuff, der fast ganz aus wallnussgrossen Bruchstücken besteht; d) einen feinkörnigen, in dünne Schichten getheilten Tuff; die Schichten enthalten zum Theil haselnussgrosse Bruchstücke. e) eine Schicht hellrosenrothen oder fleisrothen sehr festen Conglomerates, welche ich erst für einen Trachytstrom hielt. Da aber viele Bruchstücke fremden Gesteines darin sind, nämlich Syenit, rother Granit, Grünstein, Quarzfels, so ist es wohl richtiger, die Schicht für Tuff anzusprechen. Die Schichten b. und d. keilen sich seitlich aus. — Etwa 100 Schritte von der runden *Pirca* setzt im Seitenthale ein ziemlich seigerer Gang von Syenit auf, der 70° N. streicht und einen ziemlich langen Rücken bildet. Das Gestein ist sehr zertrümmert.

Die Höhe von Zorras berechne ich nach dem Siedepunkte des Wassers auf 9650 Fuss, also etwa so hoch wie die Scheidegg zwischen Grindelwald und Lauterbrunn.

Den 10. Februar. Excursion an den Fuss des Llullaillaco.

Die Nacht war das Thermometer auf 2,5° C. gefallen, um 6 Uhr Morgens stand es gerade auf dem Gefrierpunkte. Da hier so reichliche und gute Weide war, so wurde beschlossen, die Thiere einen Tag ruhen und fressen zu lassen, und ich benutzte diese Zeit, um mit Herrn Döll das Thal von Zorras hinaufzusteigen und an den Fuss des Llullaillaco zu gelangen, der, wie mir Herr Moreno in Cobre gesagt hatte, höchst 3—4 Stunden von Zorras entfernt war. Das Thal ist mehrere Stunden weit aufwärts mit einem dichten Rasen von Juncus deserticola und Deyeuxia robusta bedeckt, welches letztere Gras oft 4—6 Fuss hoch wird, oder mit einem niedrigen Teppich von Scirpus deserticola Ph. und Triglochin fonticola Ph., an dessen Rändern Lycium humile häufig ist. Im obern Theile bilden die abgestorbenen Büsche der Deyeuxia grosse, torfartige Rasen. An den Rändern wächst Adesmia erinacea, höher oben werden Polyclados cupressinus Ph., Artemisia Copa, Fabiana bryoides und denudata, Haplopappus rigidus, die Zuccagnia eremophila und Opuntien angetroffen. — Die auf der südlichen Wand gesehene Nagelflühe findet sich auch auf der nördlichen wieder. Nach anderthalb Stunden verengt sich das Thal, und seine Wände sind hier von rothem Quarzfels gebildet. Derselbe besteht aus sehr kleinen röthlichen Quarzkörnern und einzelnen, kleinen, weissen Glimmerschuppen, fast ohne alles Bindemittel; es ist dasselbe Gestein, wie ich es auch zwischen Puquios und Pajonal beobachtet hatte. Bisweilen sieht die ganze Masse wie gefrittet aus. Im Norden ist eine ziemlich hohe, hellrothe Kuppe von Trachyt. Darauf folgte wieder eine Erweiterung, in der die oben erwähnte Torfbildung zu beobachten war, und eine zweite Verengerung, die von Syenitfelsen gebildet wird. Das Wasser plätschert über Felsblöcke herab, und wir waren ganz verwundert, dieses Geräusch zu vernehmen. Bald darauf langten wir auf einer völligen Hochebene an, mit einer flachen, kesselförmigen Vertiefung, in welcher der Bach träge hinschlich. Wir bestiegen den Rand dieses Kessels und hatten nun den bis zu seinem Fusse in blendenden Schnee gehüllten, majestätishen Llullaillaco vor uns, aber sein Fuss war mindestens noch vier leguas entfernt, ungeachtet wir deren von Zorras aus 3 — 3½ zurückgelegt hatten. Wir konnten nicht hoffen, an diesem Tage noch dahin und zurück zu gelangen, und mussten daher zu unserm Leidwesen umkehren. Ich zeichnete die Ansicht des Berges von hier aus, habe sie aber verloren, als mein Zeichenbuch mit allen meinen übrigen Effekten am 11. Dec. v. J. im Schiffbruche des Dampfers Valdivia verloren ging. Der Berg ist ziemlich kegelförmig; eine Art dreikantiger Rippe läuft an der einen Seite herab, als wäre ein Lavastrom etwas unter dem Gipfel hervorgebrochen. Haben wir vielleicht hier den Ursprung eines der ungeheuren Trachytströme, die wir in diesem Theile der Wüste anstaunen? Wir mochten uns 11200 bis 11500 Fuss über dem Meere befinden, und der Berg mochte wohl noch seine 5 bis 7 tausend Fuss höher sein; er ist offenbar der höchste in der ganzen Wüste.

Das Wasser des Baches hatte hier oben, Morgens 11½ Uhr, die Temperatur von 18° C., während die Lufttemperatur nur 10° C. betrug; der Bach von Zorras verdankt daher offenbar einer warmen Quelle seinen Ursprung. Das Wasser ist ganz gut zu trinken, setzt aber doch überall weisse Krusten ab, die hauptsächlich aus Kochsalz und Glaubersalz bestehn. In demselben wuchs in Menge ein kleines Potamogeton (P. rigidus n. sp.), auf den kleinen Sandinseln in demselben ein kleiner Ranunculus (R. exilis n. sp.), eine kleine Calandrinia mit linealischen Blättern und versteckten kleinen Blumen, C. occulta Ph., Carex misera n. sp., und ein grasartiges, grosse Rasen bildendes Gewächs mit stechenden Blättern, leider schon abgeblüht, mit lederartigen, wie es scheint, nicht aufspringenden Kapseln, das mir in die Familie der Astelieen zu gehören scheint, Oxyschoenus andinus mihi.

Wir sahen unterweges Enten und Guanacos, allein meine Jäger waren heute besonders unglücklich und schossen nichts, als eine *Viscacha*, die ich braten liess. Auf der Hochebene war ein braunes Acridium sehr häufig.

Den 11. Februar. Von Zorras nach Aguas blancas oder Barrancas blancas, 11½ leguas.

Diese Nacht war die Temperatur auf 4° C. gesunken. Der Weg führt sogleich in Zickzackwindungen die steile südliche Thalwand hinauf und bleibt dann auf der flachen Ebene, die sich in das Becken von Punta negra allmählig herabsenkt. Der schneidende kalte Seewind, der oft so heftig war, dass man den Hut mit der Hand festhalten musste, damit er nicht fortgeweht wurde, und die vielen Rattenlöcher machten diese Tagereise sehr unangenehm. Dazu trugen die zahlreichen Schluchten das Ihrige bei, welche durchkreuzt werden mussten: sie sind 4—600 Fuss tief mit steilen Schuttwänden, an denen das Herauf- wie Herabsteigen gleich ermüdet. Ein solches Thal, etwa 1 legua südlich von Zorras heisst Rio salado, weil ein kleines salziges Wässerchen darin fliesst, das folgende Thälchen heisst das des Rio Llullaillaco und führt auch etwas Wasser. Beide haben aber sehr wenig Vegetation. Man passirt dann nach vier andere, wasserlose Thäler. Endlich senkt sich der Weg etwas nach einem kleinen weissen Salzsumpfe, und eine halbe Stunde jenseits ist eine kleine Schlucht mit Wasser, die Aguas blancas oder Barrancas blancas mit vortrefflichen *Pircas*, die an eine 5—6 Fuss hohe Wand von Trachyttuff angelehnt sind. Dieser Rastort liegt 8950 Fuss über dem Meere, etwa so hoch wie Quito oder der Gipfel des Glärnisch.

Man kann wohl sagen, dass die ganze Strecke von Zorras bis Aguas blancas eine zusammenhängende Schicht von Trachyttuff ist. Derselbe enthält vielfach Brocken nicht vulkanischer Gesteine und ist mit zahllosen grösseren und kleineren Schollen und Steinen übersät. Dieselben sind meist vulkanischen Ursprungs und finden sich darunter sehr häufig schwarze Schlacken. Man sieht auch bisweilen Blöcke von 6 Fuss Durchmesser, ächte vulkanische Brocken. Der letzte Rücken bis zum Nachtquartier ist mit Rapilli übersät, und im Trachyttuff von Barrancas blancas liegen eine Menge lose Quarzkörner und Quarzkrystalle, die aus dem Trachyt stammen. Diese Rapilli sind zollgross und kleiner, dunkelgrau, oder mit einem röthlichen Häutchen überzogen, löcherig, aber nicht rauh; es scheint als ob die Rauhigkeiten abgerieben wären. Auf dem frischen Bruche unterscheide ich nur kleine Feldspathkrystalle. Die kleinen Höhlungen sind oft mit Eisenoxydhydrat gefüllt. Grössere Stücke sind oft dunkler gefärbt und lassen die weissen Feldspathkrystalle deutlicher erkennen. Seltener sind Rapilli, in denen ausserdem Feldspath- auch Hornblendekrystalle vorkommen. Unter diesen rein vulkanischen Auswürflingen findet man auch Chalcedonknollen, ganz so wie zwischen Cachiyuyal und Cachinal de la Sierra. Woher sind diese Schlacken und Auswürflinge gekommen? Von dem 10 leguas weiten Llullaillaco? oder von den 3 leguas weiten nördlichen Bergen der Kette von Punta negra? Ich hatte gehofft, der Weg würde uns unmittelbar an diesen interessanten vulkanischen Bergen vorbeiführen, allein sie blieben wenigstens eine halbe Stunde vom Wege entfernt.

Im Südosten vom Nachtquartier steht in geringer Entfernung einmal wieder ein röthlicher Quarzsandstein an, ähnlich denen von Pajonal und Zorras. Das mitgebrachte Handstück enthält ausser den Quarzkörnern wasserhelle Feldspäthe und etwas Turmalin.

Nachdem wir den halben Weg zurückgelegt, hatten wir nach allen Seiten hin die freieste Aussicht; im Süden vom Llullaillaco erblickten wir noch eine Reihe mit Schnee bedeckter Berge, aber alle bedeutend niedriger.

Der Weg ist zum Theil der berühmte Inca-Weg, den die Jncas von Peru zwischen Atacama und Copiapó anlegen liessen. Er besteht darin, dass in einer Breite von etwa vier Fuss die Steine aus dem Wege geräumt und zur Seite gelegt sind; ausserdem zeichnet die Richtung den Weg aus, denn derselbe führt in schnurgrader Linie fort, ohne sich um Wasserplätze und Viehweide zu bekümmern. Letztes interessirte die Incas wenig, da sie keine vierbeinigen, grassfressenden Lastthiere besassen.

Die Vegetation ist sehr spärlich und besteht fast nur aus *Ricarica*, *Malvilla* (Oristaria andicola Gay) und *Chuchar* (Sisymbrium amplexicaule n. sp.), beim Nachtlager wuchs fast nichts als *Cachiyuyo*, den die Thiere nur aus Noth fressen.

Den 12. Februar. Von Barrancas blancas nach Rio frio, 8¼ leguas.

Die Nacht hatte es wie gewöhnlich gefroren, und der Brunnen war mit Eis bedeckt um 5 Uhr M. hatten wir jedoch schon 1,5° C. Der Weg führt längere Zeit in der sanften Abdachung der Mulde hinauf, die sich weiter im Norden mit dem Salzsumpfe von Punta negra endet. Nachdem wir einen Trachytstrom passirt, erreichten wir etwa auf halbem Wege die Berge, die hier aus Porphyr gebildet sind; sie ziehen sich aber bald zurück, und man sieht etwas im Westen die Mündung des Thales von Rio frio. Der Weg wendet sich aber weiter südlich und östlich und steigt einen Trachytstrom hinauf und gelangt so allmählig auf die Hochebene. Die Berge, welche anfänglich im Osten in geringer Entfernung vorlagen und etwa 800 bis 1000 Fuss hoch sind, nehmen bald ein Ende, und man erblickt nun in weiter Ferne zwei einzelne, kegelförmige blaue Berge, vermuthlich Vulkane. Die beiden Berggruppen im Westen, die Serrania de Profetas und die Serrania von Sandon begleiten den Weg länger. Nachdem wir etwa eine legua auf dieser Hochebene gemacht hatten, stiegen wir in das Thal hinab, welches wir aufwärts verfolgten. Anderthalb Stunden später zeigte sich zuerst das Wasser, ein kleiner Bach, und bald darauf waren wir am Lagerplatze.

Hier trafen wir Gesellschaft: *D. David Laso* aus Trespuntas nebst einem Diener und zwei Gefährten, welche in die Wüste gezogen waren, um zu *cateiren*, das heisst Minen zu suchen. Diese Herren waren auf der Jagd glücklich gewesen und hatten mehrere Guanacos erlegt, ausserdem hatten sie zur grossen Freude von D. Diego Zwiebeln und Knoblauch bei sich. Sie waren so freundlich, uns zu ihrem Mahle einzuladen, das für unsere Verhältnisse ein wahrhaft epicuräisches war. Die Hauptleckerbissen bestanden in Guanaco-Gehirn und einem Schulterblatte von diesem Thiere, beides in der glühenden Asche gebraten. Als Brennholz diente die lange, holzige Wurzel der Adesmia frigida mihi, zum Feuerschüren aber eine Maulthierrippe.

Den 13. Februar. Rast in Rio frio.

Da hier ziemlich gutes Futter war, so blieben wir den folgenden Tag da. Ich wollte von hier aus den Cerro de Azufre besuchen, den man von der Höhe aus deutlich erblickte, und der aus einer Spalte Rauch ausstiess. Allein Niemand wusste den Weg; ich erfuhr nur, der Berg sei drei Tagereisen von Rio frio entfernt; da es nun zu gefährlich ist, in der Wüste zu reisen, wenn man nicht weiss, ob und wo man Wasser und Futter für seine Maulthiere finden kann, so musste ich dies Projekt aufgeben, ungeachtet der Weg auf der Hochebene nicht wohl zu verfehlen war, da man den Zielpunkt beständig vor Augen hat.

Der Lagerplatz von Rio frio liegt 10500 Fuss über dem Meere, so hoch wie der Gipfel der Suremaalpe, der Col de Géant oder der Pic Nethou in den Pyrenäen, der Aetna etc. Er führt seinen Namen mit Recht. Wir hatten um 5¼ Uhr Morgens 7° C. unter dem Gefrierpunkte. Am Tage war die Hitze bedeutend, da das Thal gegen den kalten Wind geschützt ist; sie war um 12 Uhr 19°.

Das Thal ist in dieser Gegend von 80—120 Fuss hohen Wänden eingefasst. Die östliche Wand zeigt unten eine Schuttböschung und oben einen dicken Trachytstrom mit senkrechten Wänden, von welchen enorme Blöcke, zum Theil 1000—3000 Kubikfuss gross ins Thal herabgestürzt sind. Der westliche Abhang hat eine weit sanftere Böschung und sieht man vom Thale aus nicht den darauf ruhenden Trachytstrom. Der Trachytstrom der östlichen Wand ist an 20 Fuss mächtig, oben liegen sie Schlackenschollen, die noch so frisch sind, als ob der Strom erst vor wenigen Jahren geflossen wäre. Darunter ist der Trachyt fleischroth, weiter unten schwarz und glasig, nach der Sohle hin aber wieder hell und locker. Bisweilen geht der fleischrothe Trachyt allmählig durch Grau und Braun in die schwarze, glasige Masse über, bisweilen ist der Uebergang plötzlich. Die Grundmasse des ersteren ist weniger rauh und dichter als die des Trachytstromes von Tilopozo; man unterscheidet darin wasserhellen, glasigen Feldspath nebst schwarzem und tombackbraunem Glimmer. Der andere hat eine schwarze, fast obsidianartige, aber etwas körnige Grundmasse, in welcher schwarze Hornblendekrystalle bisweilen den Glimmer ersetzen. Die Körner oder Krystalle von glasigem Feldspath sind darin übrigens sehr zahlreich. Auf den Klüften und Spalten sitzen vielfach weisse Krusten, die durch Wasser aus dem Trachyt ausgelaugt und dann wieder beim Verdunsten niedergeschlagen zu sein scheinen. Sie lassen sich kaum vom Nagel, aber leicht vom Messer ritzen, sind auf dem Bruche erdig, etwas schimmernd, und brausen in Salzsäure. Es scheint das Thal von Rio frio schon vorhanden gewesen zu sein, als der Trachytstrom floss; er scheint am Rande Halt gemacht zu haben, dort abgebrochen zu sein, und so den Abhang mit kleineren Bruchstücken bedeckt zu haben, während die grösseren Blöcke bis auf die Thalsohle rollten. Unstreitig liegt unter dem Trachytschutte der granitische wie am Westabhange. Dieser besteht ganz und gar aus braunem Granitgrus, wohl ein zersetzter Granit. Ich stieg denselben hinauf und fand etwa 500 Fuss über dem Thale eine nach Osten sanft ansteigende Trachytebene, die sich 1 bis 2 leguas weit bis zur Serrania de Sandon, einer zusammenhängenden Gruppe von Bergen hinaufrollt, die von Norden nach Süden ziehen, mit ihren Gipfeln sich etwa 1500 bis 2000 Fuss über die Ebene erheben (also bis 12500 und 13000 Fuss Meereshöhe) und im Süden von dem Thale von Sandon begränzt werden. Sie tragen keinen Schnee. Ich vermuthe, dass sie aus grauem Granit bestehen.

Ich bestieg auch den Ostabhang und zeichnete von dem Trachytplateau oben die halbe Rundansicht, die man auf Tafel 11 des Atlas sehen kann. Der Llullaillaco liegt fast genau nordöstlich ($91\frac{1}{2}°$), der Cerro de Azufre im Osten ($88°$ des Compasses). Letzterer zeigt deutlich auf seinem Südabhange einen weissen, vom Gipfel herablaufenden Schneestreifen und im Norden eine rauchende Spalte. Aus dem Gipfel kommt kein Rauch, es scheint daher kein Vulkan mit Krater zu sein. Zwischen beiden Bergen finden sich zwei andere mit breiten, abgerundeten Rücken; in $109°$ also etwa OSO. ein schwarzer Kegel, in SO. zu S. ein zweiter, darauf kommt in SSO. eine Gruppe von drei schwarzen Kegeln, von denen der hintere sehr abgestumpft ist und dem Descabezado de Maale in der chilenischen Provinz dieses Namens auffallend gleicht. Fast genau im Süden ist die Berggruppe Serrania de Vaquillas. und im SW. schliesst sich daran die oben erwähnte Serrania de Sandon. Zwischen beiden letzteren liegt ein flacher Doppelkegel, an dessen westlichem Fusse der Weg nach Vaquillas und Copiapó vorbeiführt. Ich habe diese Bildung auf dem 11000 Fuss hohen Plateau, wo man nach NO., O. SO. und S. Tagereisen weit sehen kann, absichtlich so ausführlich geschildert, damit Jedermann einsieht, dass auch hier, wie überall in der Wüste, gar kein Kettengebirge, keine Cordillere, existirt, sondern nur isolirte oder gruppenweise auf die Hochebene zerstreute Gipfel. Zwar sieht man ganz in der Ferne im SO. hinter den beschriebenen Bergen beschneite Höhen, welche eine zusammenhängende Linie bilden, allein dies ist höchst wahrscheinlich eine Täuschung. Dieselben liegen mindestens zwei bis drei Tagereisen östlich vom Wege ab.

Was die Vegetation des Thales von Rio frio betrifft, so ist im Grunde am Wasser ein ziemlich reicher Graswuchs von Deyeuxia chilensis Desv. und Catabrosa frigida n. sp. Auch bilden Oxyschoenus andinus und Scirpus deserticola dichte Rasen, ebenso Boopis caespitosa mihi. Die Binsen fehlen. Auf den trockneren Stellen steht Nicotiana frigida n. sp. und Chenopodium frigidum, an den Abhängen Adesmia frigida, und eine höchst stachelige Art, von der ich Exemplare mitzunehmen vergass. Stellenweise ist Senecio chrysolepis sehr häufig. Am Westabhange ist fast kein ander Gewächs als die beiden Adesmia-Arten, am steilen Ostabhange wachsen aber viele interessante Pflänzchen in den Felsspalten, leider oft nur in ein oder zwei Exemplaren, und viele schon abgeblüht. Hexaptera frigida n. sp., Viola frigida n. sp., Eutoca frigida mihi, Calandrinia modesta und leucocephala, die Opuntia atacamensis, und Stipa frigida, letztere recht selten. Im Wasser fand ich eine ulvenartige Alge. Insekten sah ich sehr wenig; im Wasser waren die gewöhnlichen Flohkrebse und Elmis. Mein Jäger erlegte die hübsche Leptoscelis Mitcheli, und auf dem Westabhange sah ich ein Rudel von 4 Vicuñas. Die Thiere sind so neugierig wie die Guanacos; sie blieben stehen, als sie mich erblickten, sahen sich um, was ich machte, pfiffen, galoppirten dann ein paar Schritte, sahen sich wieder um und wiederholten diese Manöver mehrmals. Leider habe ich auf dieser Reise keine Vicuña bekommen können. Die Guanacojäger von Atacama bringen sie nicht selten nach der Stadt und verkaufen sie billig: das Fleisch gilt nur 12 real (2 Thlr.), während das des viel grösseren Guanacos 20 real (3 Thlr. 10 Sgr.) kostet. Das Fell von beiden wird für nur 4 bis 5 real (20—25 Sgr.) verkauft.

Den 14. Februar. Von Rio frio bis Sandon, 7 leguas.

Wir machten den Weg gemeinschaftlich mit der Gesellschaft *D. David Laso*, und es dauerte lange, bis alle Maulthiere eingefangen und bepackt waren; ein „toll" gewordenes Maulthier von *D. David* lief aber ganz und gar davon und war nicht einzuholen. Es wurde seinem Schicksale überlassen. Der Weg verlässt sehr bald das Thal, windet sich in der ersten, von Westen kommenden Schlucht in die Höhe und führt auf die grosse Hochfläche, die allmählig, aber beständig nach Süden bis zum Passe (*Portezuelo*) von Vaquillas aufsteigt, der 7 leguas von Rio frio entfernt ist und reichlich 13000 Fuss Meereshöhe haben wird, d. h. so viel wie der Gipfel des Finster-Aarhorns, also etwas höher als Potosi, aber niedriger als Tacora in Bolivien liegt. Da wir aber so spät aufgebrochen waren, konnten wir den Tag nicht mehr nach Vaquillas kommen, sondern stiegen früher nach W. in das Thal von Sandon hinab. Der Weg ist grossentheils der alte Incaweg, und nach etwa 4 leguas erreichte man die s. g. *Columnas*, keine Säulen, wie der Name besagt, sondern Steinhaufen von zehn Fuss Durchmesser und 4½ Fuss Höhe. Sie stehen in der Richtung von O. nach W., doch nicht genau in einer Linie. Die beiden mittleren sind 37 Schritte von einander entfernt, und geht der Weg zwischen ihnen durch, die andern sind je 200 Schritte von den mittleren entfernt. In der Nähe sind viele *Pircas*, offenbar uralt, in denen, meiner Meinung nach, die Indianer, welche zur Zeit der Inca-Herrschaft den Weg und, wie die Tradition sagt, diese Steinhaufen errichteten, so lange gewohnt haben. Es ist schwer zu sagen, was sie bedeuten sollen; sie befinden sich nicht auf der Passhöhe, wie ich vielfach habe behaupten hören, sondern diese ist erst fast zwei leguas weiter im Süden; es ist durchaus kein Abschnitt im Terrain da; zum blossen Spass sind sie auch nicht errichtet. Sollten es alte Gränzzeichen sein? Don Diego wollte gehört haben, im Westen von Sandon seien noch vier ähnliche Steinhaufen, er selbst hätte sie aber nicht gesehn, und ich weiss aus mehrfacher Erfahrung, wie wenig den Erzählungen über die Wüste zu trauen ist. Etwa drei Viertelstunden später biegt der Weg nach Sandon unter einem rechten Winkel nach Westen ab, und nach einem halben Stündchen ist man am Rande der Hochebene und steigt steil in das Querthal von Sandon hinunter. Hier lag noch eine Menge Schnee, der vor drei oder vier Tagen gefallen war, ungeschmolzen herum. Das Thal von Sandon ist ganz und gar in grauen Granit eingeschnitten, und hat bald steil geböschte Schuttwände, bald anstehende Felsklippen; bald erweitert sich der Thalboden auf 50 Schritte, bald verengt sich derselbe bis auf wenige Fuss. Es ist mit einem Worte eins der sehr wenigen malerischen Thäler, die mir in der Wüste vorgekommen sind, zugleich ist es das pflanzenreichste von allen, die Küstengegend von Paposo ausgenommen. An drei Stellen ist Wasser. Die mittlere *aguita* (Wässerchen), hat das meiste Futter, und hier blieb Herr David Laso, und mit ihm Don Diego und unsere Maulthiere, während ich mit Herrn Döll und dem Diener Domingo nach dem untersten, ursprünglich zum Nachtlager bestimmten Wasserplatze gegangen war. Wir fanden eine sehr schöne *Pirca* von Steinen und Rasen gemacht, und herrliches Brennholz, *Calpichi* (Lycium horridum Ph.) mit schenkeldicken Stämmen. Eine Stunde nachher kam der andre Diener Carlos und bestellte, wir möchten doch wieder umkehren, da Don Diego, der in der Gesellschaft von D. David bleiben wollte, um über seine *vetas* und *mantas* recht viel plaudern zu können, ihm gesagt habe, hier unten sei kein Futter und kein Brennholz. Wir waren grösstentheils gegangen und zu müde, um noch eine halbe Stunde wieder bergauf zu steigen, beschlossen also zu bleiben wo wir waren und liessen uns Lebensmittel u. s. w. bringen, aber das Thermometer wurde vergessen, und ich konnte die Temperatur des siedenden Wassers nicht beobachten. Ich schätze die Meereshöhe auf 9500 Fuss, Höhe der Stadt Tupisa in Bolivien, und des Crispalt und kleinen Bernhard. Die ganze Hochebene von Rio frio bis zum Portezuelo von Vaquillas ist ein Trachytstrom, auf der Oberfläche mit Schollen und Scherben bedeckt und mit Granitgrus und Granitbrocken bestreut, welche letzteren wahrscheinlich von der im Westen befindlichen Serrania de Sandon herabgekommen sind, vielleicht durch die heftigen Winde fortbewegt. Die Vegetation auf dieser Hochebene ist sehr spärlich und besteht anfangs aus Adesmia frigida und Stipa frigida, doch bald verschwindet die erste, und auf der Höhe ist Stipa frigida das einzige Gewächs. Sobald man aber in das Thal von Sandon einbiegt, findet man eine weit reichere Vegetation, und viele neue Pflanzen treten auf. Ich sammelte:

Nasturtium strictum Ph.
Sida clandestina Ph.
Phaca clandestina Ph.
Acaena canescens Ph.
Calandrinia salsoloides?
Opuntia
Polyachyrus carduoides Ph.

Senecio crispus Ph.
Gilia andicola Ph.
Phacelia viscosa Ph.
Eutoca frigida Ph.
Eritrichum calycinum Ph.
Eritrichum micranthum Ph.
Salpiglossis parviflora Ph.

Mimulus nanus Ph.
— depressus Ph.
Lycium horridum Ph.
Atriplex.
Juncus depauperatus.

Den 15. Februar. Von Sandon nach Vaquillas, 4½; von da nach Chaco 3½ leg.

Die Nacht hatte es wie gewöhnlich gefroren. Bei Sonnenaufgang sangen Vögel, und Viscachas spielten an den Klippen dicht über unserm Lager. Domingo fing ein junges lebendig mit der Hand. Der Weg führt erst eine halbe Stunde im Thale abwärts, um sich dann wieder nach Süden zu wenden und auf dem allgemeinen Abhange des Bodens nach Westen fortzulaufen, und umgeht auf diese Weise einen ziemlich auffallenden, schwärzlichen Porphyrberg, den man uns Cerro negro nannte, vielleicht kein Eigenname (schwarzer Berg). Gleich unterhalb des Nachtquartiers wird der Südrand des Thales von braunen Mergeln mit untergeordneten Lagern eines schwarzen, bituminösen Kalksteins gebildet, während der Granit noch längere Zeit die nördliche Thalwand bildet. Diese Mergel streichen von Nord nach Süd und schiessen unter einem Winkel von etwa 45° nach Osten ein. Der Weg führt längere Zeit über diese Mergelformation fort, welche stellenweise bunte Farben wie Keuper zeigt und eine Menge Septarien ähnlich wie bei Profetas erzeugt. Dieselben enthalten meist Versteinerungen, es lagen auch eine Menge Ammoniten umher. Der sanft nach Osten aufsteigende Abhang erlaubte uns nicht, in dieser Richtung Berggipfel zu sehen, im Westen aber streifte das Auge über eine ungeheure Entfernung, die keinen hervorragenden Punkt darbot und in dem fernen Hintergrunde durch eine horizontale Linie abgeschnitten war, vielleicht das Meer, im Süden lag der noch 33 leguas entfernte hohe Cerro de Vicuña, der das Thal des Salado im O. schliesst, vor uns. In den kleinen Wasserrissen sah ich meine Verbena bryoides wieder. — Ehe man in das ziemlich grosse und tief eingeschnittene Thal von Vaquillas tritt, wird die Oberfläche des Bodens wieder von einem Trachytstrome gebildet. Die lebhaft fleischrothen Trachyte und Trachyt-Tuffe contrastiren sehr angenehm mit den dunkeln Mergeln und Kalken, auf denen sie gelagert sind. Wir fanden im Grunde des Thales frische Spuren von der Gesellschaft des D. David Laso und folgten denselben beinahe 2 Stunden thalaufwärts, bis wir einen hübschen Wasserplatz, Pircas, ein Wasserfass trafen, und beschlossen hier, die Ankuft der übrigen Gesellschaft und der Maulthiere abzuwarten, welche zurückgeblieben waren.

Vom Grunde des Thales sieht man den oben aufliegenden Trachyt nicht, sondern nur die braunen Mergel, in denen zahlreiche Gänge von Thonsteinporphyr und namentlich von Grünstein aufsetzen, welche die ursprüngliche Schichtung mehrfach verwerfen, so dass es schwer ist, dieselbe anzugeben; doch ist sie sicher im Allgemeinen wie bei Sandon. Versteinerungen fand ich nicht, mit Ausnahme von Fucoiden, die nicht besonders deutlich waren. Weiter hinauf wird das Thal immer enger und mit grossen Felsblöcken erfüllt, und nach einer Stunde etwa gabelt es sich. Es ist hier im grauen Granit eingeschnitten, und der südliche Arm vollkommen von Felsen eingeschlossen. Der von Rio frio direkt kommende Weg läuft daher in einiger Höhe über dem Abhange fort. Im Hintergrunde des Thales sah ich die zum Theil mit Schnee bedeckten Gipfel des Serrania de Vaquillas.

Die Weide am Wasser besteht hauptsächlich aus Juncus deserticola und Deyeuxia robusta. Lycium humile ist häufig, ebenso *Calpichi* (Lycium horridum mihi), wohl 6 Fuss hoch, und *Cachiyuyo*. Die übrigen im Schutte des Thales wachsenden Pflanzen waren. Nasturtium strictum Ph., Acaena canescens Ph., Calandrinia sp., Senecio albolanatus Ph., Chondrochilus involucratus Ph. (eine kleine Synantheree), und Salpiglossis parviflora.

Es war schon fünf Uhr Nachmittags, und noch immer kamen unsere Maulthiere und D. David Laso nicht. Domingo war zurückgegangen, um sich nach ihnen umzusehen. Da erschien Frites mit unsern Maulthieren, um uns zu suchen, und belehrte uns, dass wir im Thale von Vaquillas, und nicht in dem zum Nachtquartiere bestimmten Thale von Chaco wären. Wir hätten, als wir in das Thal hinabgestiegen waren, gleich wieder hinaufsteigen müssen, anstatt dem Thale aufwärts zu folgen. Nun musste erst Domingo gesucht werden, so dass wir den $3\frac{1}{2}$ leguas weiten Weg nach Chaco in der Nacht zurücklegen mussten, und erst um 11 Uhr daselbst ankamen. Wir haben schwerlich dabei viel verloren. Der Weg steigt erst ziemlich steil den 5—600 Fuss hohen südlichen Thalrand hinauf und führt dann über eine ziemlich horizontale, nur durch ein paar seichte Thälchen unterbrochene Ebene nach dem grossen Thale von Chaco, in welches man durch ein von Norden nach Süden laufendes Seitenthälchen eintritt.

Den 16. Februar. Rast in Chaco.

Den folgenden Tag ruhten wir in Chaco. Unser Lagerplatz liegt 8500 Fuss über dem Meere, so hoch wie der Gipfel des Faulhornes oder des Canigon in den Pyrenäen und noch etwas höher als der des Gran Sasso l'Italia. Des Nachts fror es daher wie gewöhnlich. Das Thal mag, wie die andern, 5—600 Fuss tief eingeschnitten sein, hat aber eine breitere Thalsohle als alle andern, oft zweihundert Schritte breit; dicht oberhalb unseres Lagerplatzes gabelt es sich, und beide Aeste haben ziemlich reichliche Weide. Im Hauptthale ist die Vegetation sehr ärmlich. Binsen und die gewöhnlichen Gräser sind in ziemlicher Menge da, von andern Gewächsen nur Lycium humile, welches hier reichliche Früchte hatte, und Alona deserticola mihi.

Der ganze Thalboden ist dermassen mit weissen Salzefflorescenzen bedeckt, dass er von oben wie beschneit aussieht. Dieses Salz ist vom Herrn Domeyko analysirt worden*) und besteht aus:

Chlornatrium	0,073
Schwefelsaures Natron	0,352
Schwefelsaurer Kalk	0,189
Schwefelsaure Magnesia	0,161
Schwefelsaures Eisen	0,018
Schwefelsaure Thonerde	0,011
Wasser	0,150
Unlöslicher Rückstand	0,038
	0,992

Herr Field hat auch ein weisses Salz analysirt, welches die Oberfläche der Erde in der Wüste Atacama (wo?) bedeckt, und folgende Zusammensetzung gefunden: Schwefelsaures Natron 41,77, schwefelsaure Kalkerde 16,32, schwefelsaure Talkerde 13,75, Chlornatrium 15,60,

---

*) S. „Anales de la Universidat vol. XI p. 262."

Wasser 12,30. (Die Originabhandlung *Quart. Journ. of the chem. Soc. vol. VII* p. 308 ist mir nicht zugänglich.)

Was die geognostische Beschaffenheit des Thales betrifft, so liegt zu oberst eine Schicht fleischrothen Trachytes, ob Tuff, ob Strom? darunter ein horizontal geschichtetes, etwa 10 bis 12 Fuss mächtiges, meist in würfelförmige Blöcke zerklüftetes Conglomerat, eine Nagelflühe, ähnlich wie im Thale von Zorras. Dasselbe enthält ziemlich abgerundete, $^1/_2$—2 Zoll grosse Brocken von Mergel, Quarz, Porphyr, doch fehlt es auch nicht an einzelnen Bruchstücken, die sechs Zoll gross und darüber sind. Das Bindemittel ist kalkig, zum Theil weisser Kalksinter. Unterhalb dieser Conglomeratschicht, welche der nördlichen Thalwand zu fehlen scheint, stehen die braunen Mergel und rauchgrauen dichten Kalksteine an, doch sieht man dies nur an einzelnen Stellen, indem mächtige Schutthalden fast überall die Abhänge bedecken. Die Schichten streichen von Norden nach Süden, und an einer Stelle habe ich deutlich bemerkt, dass sie unter einem Winkel von beinahe 60° nach Westen einschiessen. Es finden sich darunter die schönsten Posidonienschiefer, wie sie nur die Gegend von Boll im Würtembergischen aufweisen kann; zahlreiche Septarien und Versteinerungen, namentlich Ammoniten, liegen umher, selten gut erhalten, welche den klaren Beweis liefern, dass diese Formation Lias oder wenigstens unterer Jura ist. Am Ausgange des Thales finden sich, wie mir D. David Laso mittheilte, Kalkspathgänge und Anzeichen von Kupfererz. Ich sah von daher die *Llanca* d. h. das grüne Kieselkupfer.

Den 17. Februar. Von Chaco nach Juncal, 8 leguas.

Der Weg geht eine kurze Strecke im südlichen Arme des Thales aufwärts und windet sich dann den Abhang hinauf auf die grosse geneigte Ebene der Wüste, die, wie immer, durch mehr oder weniger tiefe von O. nach W. laufende, enge Schluchten durchfurcht ist. Eine dieser Quebradas, etwa $1^3/_4$ leguas von Chaco, ist noch in die geschichteten Mergel eingeschnitten, und auch die Hochebene hinter derselben zeigt nichts als Mergel und ist mit Septarien und ausgewitterten Ammoniten bestreut. Dann aber folgt Trachyttuff, dicht mit schwarzen Schlacken besät, ohne dass man errathen könnte, woher dieselben gekommen sein mögen, ja später kommt man über eine solche Anhäufung von schwarzen und rothen Schlacken, dass man geneigt ist, sie für einen Lavastrom zu halten. Diese Schlacken sind höchstens zolldick, löcherig und zackig, aber sonst glatt anzufühlen. Auf der Oberfläche sind keine Gemengtheile zu erkennen, auf dem frischen Bruche sieht man aber $^3/_4$ Linien grosse Feldspath- und auch einzelne Hornblendekrystalle. Ich denke mir, wenn der gewöhnliche Thonsteinporphyr als Lavastrom geflossen wäre, so würden seine Schlacken so aussehn.

Man trifft dann wieder den röthlichen Trachyt, in welchen die tiefe Schlucht von Juncal eingeschnitten ist. Die Ränder sind zum Theil in einer Höhe von 100 Fuss und darüber senkrecht, und am Rande liegen Trachytblöcke von 8 Fuss Dicke und 10 Fuss Länge herum. Auf dem ganzen Wege erblickt man keine höheren Berge; am meisten fällt der Cerro Vicuña im Süden auf.

Man sieht auf diesem Rücken verhältnissmässig viel Vegetation, aber sie ist sehr wenig mannichfaltig: herrschend ist Pingo-pingo, nächstdem eine stachelige Adesmia und die

Adesmia atacamensis. Ausserdem findet man eine niedliche kleine Malesherbia (M. lactea mihi) und eine Calandrinia. Unten im Thale wachsen: Atriplex deserticola, Juncus deserticola, Distichlis thalassica und Lycium humile fast als die einzigen Pflanzen; also eine sehr schlechte Nahrung für die armen Maulthiere.

Juncal liegt 8200 Fuss über dem Meere, also in der Höhe von Santa Fé de Bogotá, oder so hoch wie der Gipfel des Julier oder Watzmann. In der Nacht war der Ostwind, der *Serrano* oder *Terral* sehr heftig und schneidend gewesen, aber um $5^1/_2$ Uhr Morgens zeigte das Thermometer schon 6^0 C.

Den 18. Februar. Von Juncal nach der Encantada, $6^1/_2$ leguas; und Rast daselbst am 19. Februar.

Man hat auch während dieser Tagereise dieselbe Beschaffenheit der Wüste wie bisher. Die steile, tief eingeschnittene Schlucht Juncalillo, kaum eine legua von Juncal, entblösst nur Trachyt, der eine enorme Mächtigkeit haben müsste. Vielleicht ist aber unter dem Schutte in geringerer Tiefe anderes Gestein anstehend. Etwa eine legua weiter ist eine tiefe, aber namenlose Quebrada, deren Nordwand von Thonsteinporphyr gebildet wird. Die Grundmasse ist violett und die höchstens eine Linie grossen Feldspathkrystalle weiss, grünlich oder röthlich. Die Schutthalde der Südwand lässt kein anstehendes Gestein erkennen, ist man aber jenseits wieder auf der Höhe, so treten abermals die braunen oder bunten Mergel auf, aber übersät mit vulkanischen Bomben und anderm Schutt, der zum Theil von den Bergen im Westen herkommen mag, die Porphyr zu sein scheinen. Diese braunen Liasmergel halten bis zur Quebrada der Encantada an. Stellenweise ist der Boden mit Millionen Austern und Gryphäen übersät, darunter ab und zu Ammoniten, Belemniten u. s. w., aber meist zu schlecht erhalten, um eine Bestimmung zu erlauben. Lange sieht man den Südrand der Encantada mit seinen bunten Gängen, ehe man an den Nordrand derselben gelangt und den steilen Zickzackweg hinabsteigt. Die Oberfläche der grossen Ebene ist hier wieder von Trachytlava oder Trachyttuff gebildet, und darunter liegen abwechselnde Schichten von Porphyr und schwarzem Kalkstein, die von N. nach S. streichen und unter einem Winkel von etwa 40 Grad nach Osten einschiessen.

Das Thal ist wohl 6—800 Fuss tief eingeschnitten und an 200 Schritte breit, da wo wir unser Lager aufschlugen. Die Höhe unseres Lagers habe ich auf 8080 Fuss über dem Meeresspiegel berechnet. Es gabelt sich, wie das von Chaco bald über dem Lagerplatze. Im Grunde liegen enorme Blöcke von Trachyt und schwarzer, trachytischer Lava; erstere 8 bis 12 Fuss hoch und 10 bis 20 Fuss lang und breit, gewähren vortrefflichen Schutz gegen die Winde zum Lagern und zum Feueranmachen. Auf einem dieser Blöcke steht in einem Steinhaufen ein hölzernes Kreuz. Dicht daneben war noch das Zelt aufgeschlagen, in welchem D. Diego im vergangenen Winter sechs Wochen gelebt hatte, um zu *cateiren*. Er hatte auch, wie er sagte, eine reiche Silbermine weiter oben im Thale entdeckt, die er natürlich sehr geheim hielt. Nichtsdestoweniger hatte sie D. David Laso aufgespürt, der mir versicherte, sie sei nicht der Mühe werth zu bearbeiten. D. Diego benutzte sein Zelt aber nicht, sondern zog es vor, in freier Luft in einer Pirca zu schlafen.

Auf der Höhe hatte ich Ephedra, Adesmia atacamensis und A. hystrix? Atriplex microphylla, Cristaria andicola, Sisymbrium amplexicaule, Chondrochilus involucratus und Malesherbia lutea gesehn. Unten im Thale am Wasser, das leidlich schmeckte, aber überall die gewöhnlichen weissen Salz- und Gypskrusten absetzte, wuchs nichts als Binsen, *Chepica brava*, d. h. Distichlis thalassica, Baccharis juncea und Atriplex deserticola. Das Bischen Grün war bald von den Maulthieren abgefressen, und die Thiere wurden daher gegen Abend eine legua weiter hinauf gebracht in den nördlichen Arm des Thales. In den Klüften der Thalwände fand ich den folgenden Tag die kleine Oxalis-ähnliche Argylia tomentosa Ph., die Oxalis arbuscula Barn., Malesherbia ovata n. sp., die von da an bis Chañaral bajo ab und zu verkommt, und einen kleinen, fast blattlosen Strauch mit trichterförmigen, weisslichen Blumen, eine Solanee Rhopalostigma microphyllum, ferner ein oder das andre Exemplar von *té del burro* oder *té del campo* (Eritrichum gnaphalioides DC.), aber längst abgeblüht, und eine Calandrinia. Im Ganzen war die Vegetation sehr ärmlich. Ebenso arm ist das Thierreich: ich sah ein paar Eidechsen, ein paar *Chirihues* (Grithagra brevirostris Gould), einen *Tapaculo* (Pteroptochus albicollis Kittl.) und einen *Tiuque* (Polyborus Chimango).

Auffallend sehen die Wände des Thales aus. Sie bestehen aus Porphyren und Grünsteinen, die zum Theil die schönsten, lebhaftesten Farbenschattirungen in Roth und Grün zeigen, und aus braunen Mergeln und schwarzen Kalksteinen. Die ersteren Gebirgsarten treten mehr gangartig auf, als in regelmässigen, mit den Mergeln wechselnden Schichten. Häufig sind auch Gänge von Kalkspath, welche verschiedene Richtungen und Neigungen haben; selbst Schwerspathgänge und Epidotadern fehlen nicht, so dass die Abhänge wunderbar bunt aussehn. Die vielen Gänge und die Menge Schutt, welche die Thalabhänge bekleidet, machen es schwer, Streichen und Fallen der Schichten genau zu erkennen; man überzeugt sich indessen leicht, dass beides im Allgemeinen der bisher beobachteten Regel entspricht. Im Schutte findet man auch Hornsteine, Jaspis u. s. w., wohl untergeordnete Massen im Kalkstein. Kurz vor dem Hinabsteigen in das Thal hatte ich unter dem Schutte gemeine schwarze Granaten, etwa 2 Linien gross auf einer jaspisartigen Masse aufsitzend, und eine sechs bis sieben Linien dicke Kruste von Quarzkrystallen gefunden, was mir bei der grossen Armuth von Mineralien, die die Wüste charakterisirt, um so auffallender war. Wegen der bunten Thalwände und deren vielen Gängen hat dies Thal unstreitig den Namen Encantada, das „Bezauberte Thal" erhalten, und es ist deshalb vielfach von den *Cateadoren* durchstöbert worden, ohne dass diese so glücklich gewesen wären, eine Mine zu entdecken, welche der Bearbeitung werth wäre.

In der Nacht um $2^1/_4$ Uhr des 19. hatten wir ein ziemlich starkes Erdbeben, das beinahe 20 Secunden anhielt, und auch in der Finca de Chañaral, in Trespuntas, Copiapó u. s. w. gespürt worden ist. Die Bewegung war wellenförmig und schien von Ost nach West zu gehn.

Ich hatte Zeit, diese Verhältnisse zu untersuchen. Denn als ich den 19. Morgens weiter wollte, waren die Maulthiere nicht zusammenzutreiben, und der *Arriero* Bartolo Fajardo, der uns von Chañaral de las Animas nach Paposo gebracht hatte, kam und brachte die Nachricht mit, in Doña Inez und Pasto cerrado, den folgenden Stationen, sei das Futter abgefressen, so dass ich beschloss, den Thieren hier einen Tag Ruhe und Futter zu gönnen. Ich erfuhr von Bartolo, dass 3 leguas abwärts von unserm Lager im Verfolge des

Thales wieder Wasser sei mit sehr schlechter Weide und fast nur aus *Carrisa* d. h. Arundo und *Brea* bestehend. Bei diesem Wasser soll der Inca-Weg vorbeigehn.

Den Abend vorher waren die beiden Begleiter von D. David Laso, welcher zurückgeblieben war, um zu cateiren, eingetroffen, indem der eine, ein Herr Luengo, krank geworden war und möglichst schnell nach Trespuntas zurückzukehren wünschte. Er erzählte mir, er habe eine Expedition zum Aufsuchen von Minen nach der s. g. Ola unternommen. Es ist dies ein See oder Sumpf, dessen Wasser nur zwei Fuss tief, ringsum von Salz und Gras umgeben ist, und wo es viele Vögel, namentlich auch *Parrina* (Phoenicopterus andinus mihi) gibt. Diese Ola soll eine Tagereise von Pasto cerrado nach Nordost und östlich vom Ursprunge des Thales der Encantada liegen. Herr Luengo war über Puquios und S. Andres dorthin gegangen; ich nahm mir vor, sie von der Oasis Chañaral bajo aus zu besuchen, einer reizenden „*finca*" (Landgut), Herrn Josua Waddington gehörig, mit Obst- und Gemüsegärten, Alfalfafeldern u. s. w., von der Don Diego nicht genug Rühmens machen konnte.

Den 20. Februar. Von der Encandata nach Doña Ines, 7 leguas.

Den Theil der grossen Ebene, über welchen wir an diesem Tage kamen, war in den ersten zwei leguas von dem trachytischen Lavastrome bedeckt, der am Rande der Encantada von mir bemerkt ist, dann folgen im zweiten Dritttheile wieder die braunen Liasmergel mit ihren zahlreichen Thälchen und kleinen Rücken, und im letzten Dritttheile des Weges Porphyre, Granite und Syenite. Das Thal von Doña Ines ist in einen grauen Syenit c. 600 Fuss tief eingeschnitten, der theilweise Glimmer aufnimmt.

Auf dem ganzen Wege blickt man gen Westen in die weite Thalebene des Salado hinab; gegen Osten erblickt man keine höheren Berge, indem sie unstreitig durch einen niedrigen Rücken davor verdeckt sind, im Süden ragt beständig der Cerro Vicuña hervor, und zuweilen erblickt man sogar die Berge von Trespuntas.

Die Vegetation muss im Frühjahre auf der Höhe ziemlich reich sein, denn ich sah häufig die Ueberreste von einjährigen Pflanzen, jedoch ganz unkenntlich. Ausserdem sieht man oft *Pingo-pingo*, Adesmia atacamensis, Cristaria andicola, Malesherbia lactes, Argylia tomentosa und Oxalis arbuscula. Beim Hinabsteigen in das Thal sah ich ausser dem Eritrichum gnaphalioides Ad. DC., dem *té del campo*, welcher den chinesischen Thee vollkommen ersetzen und noch viel heilkräftiger sein soll, ein paar mir neue Pflanzen, Adesmia graveolens n. sp., Sisymbrium niveum n. sp. mit weisswolligen Blättern, und eine leider gänzlich verblühte Synantheree. Das Viehfutter im Thale war erbärmlich und noch dazu ganz abgefressen. Es bestand nur aus Atriplex deserticola, Tessaria absinthioides, Acaena canescens, Juncus deserticola und Scirpus asper.

Das Wasser siedete bei $91\frac{1}{4}°$ C., wonach sich die Höhe auf etwa 7925 Fuss über dem Meeresspiegel berechnet, also immer noch etwas höher als der höchste Gipfel der Karpathen, und so hoch wie die Stadt Cochabamba in Bolivien. In Chaco hatte es die Nacht noch gefroren, von da an nicht mehr, und in Doña Ines hatten wir um $7\frac{1}{4}$ Uhr Morgens schon $10°$ C. Dennoch froren wir in diesen Thälern des Nachts mehr als in grösseren Höhen, wo das Thermometer unter dem Gefrierpunkte stand, wegen des heftigen, schneidenden Serrano, der des Nachts herabwehte.

Den 21. Februar. Von Doña Ines nach Agua dulce, 10½ leguas.

Nachdem wir den südlichen, steilen, aber ebenfalls von lauter Schutt gebildeten Abhang des Thales erstiegen hatten, befanden wir uns wieder auf der gewöhnlichen, sanft nach West abfallenden Ebene, die anfangs etwas wellenförmig und von Porphyr gebildet zu sein scheint. Die Thaleinschnitte, welche wir an diesem Tage passirten, waren nicht mehr so parallel wie früher, sondern vereinigten sich öfter, sonst ist die Bildung dieselbe. Das Thal von Doña Inesita oder Ines chica, 2 leguas südlich von unserm Nachtquartier zeigt ebenfalls nur Schuttwände, kein anstehendes Gestein, und hat im Grunde ein wenig Wasser, aber so wenig Futter, dass zwei Maulthiere sich nicht satt daran fressen könnten. In diesem Thälchen führt der Weg eine ziemliche Strecke aufwärts ehe er wieder auf die Höhe steigt, und beschreibt überhaupt einen Bogen nach Osten, um zwei ziemlich niedrige Berggruppen zu umgehen, die nördlich dem Cerro Vicuña vorliegen, die erste ist der Cerro del Indio muerto, die südlichere die Serrania von Pasto cerrado. Der Cerro del Indio muerto heisst so, weil man einst in einem alten Schurfe einen tödten Indianer gefunden, und soll eine Menge Erze enthalten. Man hat darin Quarzadern mit Gold, Kupfer, Bleiglanz, Silbererze gefunden, aber dieselben sind zu arm, um in der Wüste bearbeitet werden zu können. Der Boden ist hier ziemlich uneben, es geht beständig bergauf, bergab aber über niedrige Rücken. Auf halbem Wege stiegen wir in ein namenloses Thal hinab. Ein Weg steigt sogleich den gegenüberstehenden Abhang hinauf und führt nach dem Wasser von S. Juan. Wir folgten aber dem Thale abwärts, welches sich bald mit dem Thale von S. Juan vereinigte. Später mündete es in das Thal des Rio Salado, oder Rio de la Sal. In der Mitte desselben fliesst nur einen Schritt breit ein krystallheller Bach, fast gesättigte Salzsole, zu beiden Seiten wohl fünf bis sechs Schritte breit mit schneeweissem Salze eingefasst, das allerlei Gestalten zeigt, die den Cateadoren und Maulthiertreibern eine grosse Merkwürdigkeit sind. Sie sehen darin Bäumchen, Enten, Nester u. dgl. und mahnten mich ab, die garstigen Versteinerungen aufzulesen, indem in diesem Thale weit hübschere Sachen zu finden seien, so dass ich geglaubt hätte, ich würde hier Versteinerungen finden. Das Salz ist vortrefflich, es ist aber auch nicht die geringste Spur von Vegetation im Thale. Dies ist unstreitig der Salzfluss der alten Spanier. *Herrera Decad. VI. lib. II. cap. I.* sagt: „Der eine Weg, der durch die Wüste, ist fast 100 leguas lang, lauter Dürre, und in einem Theile des Winters kann man denselben nicht passiren wegen des vielen Schnees, wodurch die Reisenden umkommen, indem sie erfrieren; und in der Mitte ist der Fluss oder Bach des Salzes, dessen Wasser so gesalzen ist, dass es in der Hand oder irgend einem Gefässe gleich fest wird, und die Ufer sind mit Salz bedeckt."

Wir folgten dem Rio Salado noch eine halbe Stunde abwärts und erklommen dann vermittelst eines Seitenthälchens die steile, südliche Wand desselben. Man erkennt hier, dass sie aus Porphyren und Grünstein besteht, welche regelmässig geschichtet zu sein schienen und nach Osten einschiessen. Das Thal mag an dieser Stelle wohl 800 Fuss tief eingeschnitten sein. Der Rücken ist mit einer mächtigen Schuttmasse bedeckt. Hier geht ein Weg nach dem sogenannten *Asiento* ab, dem Anfange des Thales von Pasto cerrado. Dort wohnt ein Einsiedler, Taita Berna (Vater Bernhard), ein Guanacojäger, der schon uralt sein soll. Nachdem wir etwa eine halbe Stunde auf der Hochebene fortgeritten waren, stiegen wir in das Thal von Pasto cerrado ab, auf einem Pfade, der zwar in Zickzackwindungen geführt, aber dennoch so steil war, dass die Sättel und die Ladungen der Maulthiere alle Augenblicke aufs Neue festgeschnürt werden mussten. Diese Thalwand muss wenigstens 800 Fuss Höhe haben. Das Thal von Pasto cerrado (geschlossenes Futter) ist durchaus nicht eng, wie der Name vermuthen lässt, sondern im Gegentheil weit, voll grosser, an 6 Fuss hoher Binsen, Scirpus chilensis, Distichlis thalassica, Baccharis juncea, Tessaria absinthioides, und an den Abhängen ist Atriplex deserticola häufig, aber diese Pflanzen sind alle schlechtes Futter. Wir gingen noch eine halbe Stunde abwärts und bogen dann in das von Südost kommende Seitenthälchen von Agua dulce ein, wo wir mit einbrechender Dunkelheit den Lagerplatz erreichten. Das Wasser, welches sich noch eine Viertelstunde oberhalb des Lagerplatzes findet, ist weit besser als das brackische von Pasto cerrado, aber für die Thiere ist fast gar nichts zu fressen. In der Nähe wuchs ein Heliotropium, das ich bis dahin noch nicht gesehn hatte (H. glutinosum n. sp.). Die Pflanzen auf der Höhe waren dieselben, wie die an den früheren Tagen beobachteten.

Da das Wasser bei $93°,12$ C. siedete, so muss unser Nachtlager etwa 6400 Fuss über dem Meere liegen, nur weniges niedriger als das Grimsel oder Gotthard Hospital. Die Nacht war ziemlich warm, und um 6 Uhr Morgens stand das Thermometer schon $10,5°$ C. In der Nacht hatten sich ein paar graue, noch ungeflügelte *Vinchucas* eingefunden.

Den 22. Februar. Von Agua dulce nach Chañaral bajo, 12 leguas.

Es gibt zwei Wege, um von hier nach Chañaral bajo zu gelangen. Der eine bequemere und mehr betretene, aber zwei Tagereisen lange umgeht der Cerro Vicuña im Osten und führt über den Halteplatz Chañaral alto, wo Wasser und Weide ist; der andere kürzere, aber beschwerlichere, umgeht den Cerro Vicuña im Westen und fällt fast ganz mit dem alten Incawege zusammen. Wir wählten den letzteren. Er führt erst eine Stunde theils im Thale von Agua dulce, theils in dem von Pasto cerrado abwärts und steigt dann die steile, theilweise fast senkrechte Thalwand auf einem im Zickzack gewundenen, höchst beschwerlichen Pfade hinauf. Unten standen Grünsteinfelsen an, oben liegt fleischröther Trachyt, wohl ein geflossener Strom. Von künstlichen Wegebauten, welche D. Diego sehen wollte, konnte ich übrigens so wenig wie Herr Döll eine Spur entdecken. Auf dem Rücken angelangt, führt der Weg noch eine Strecke am Thalrande nach Südwest. Das Thal hat hier beinahe senkrechte, mehrere hundert Fuss hohe Wände, wie es scheint Grünstein. Man erblickt etwa in $^3/_4$ Stunden Entfernung, wo das Thal sich in die Ebene öffnet, die Vereinigung desselben mit dem des Rio de la Sal, welches hier noch Wasser führt. Der Weg wendet sich sodann rein nach Süden. Im Osten hat man den Cerro Vicuña vor sich, der zwischen 10 und 11000 Fuss hoch sein mag, im Westen einen niedrigen Rücken, einen Trachytstrom, der in seinem höchsten Punkte vom Thale von Pasto cerrado abgeschnitten ist. Der Weg führt eine Zeit lang dicht am Rande desselben hin. Im Süden sieht man hinter niedrigen Rücken die schwärzlichen, ebenfalls nicht hohen Berge, an deren Fuss Chañaral bajo liegt. Dazwischen ist eine ungeheure, im Ganzen nach Westen und nach Süden geneigte Ebene, von seichten Wasserrissen durchfurcht. Sie ist über und über mit Steinen bedeckt, wie gewöhnlich, namentlich die Rücken zwischen den Wasserfurchen. Die schollenförmige Gestalt, die schwarze Farbe, die unebene, höckerige fast schlackige Oberfläche sprechen ganz dafür, dass man es mit Lavaströmen zu thun hat, allein diese Lava ist Syenit! Ist es wirklicher Syenit? Ist dieses stets für uralt gehaltene Gestein hier wirklich so neuen Ursprungs wie etwa der Trachyt? Dies sind Fragen, die ich nicht zu entscheiden wage. Bei Atacama enthalten die deutlichsten Trachytströme Quarzkrystalle. Die Laven der meisten chilenischen Vulkane zeigen zwar nur Feldspath und Hornblende, aber warum sollte es deren nicht auch geben können, die, wie jener Trachyt, Quarzkrystalle beim Erkalten ausscheiden liessen? Ich hätte gern die Sache näher untersucht, und von der gepriesenen Finca von Chañaral aus sollte dies geschehen.

Diese grässliche, monotone Steinebene ist volle 7 leguas lang, dann erheben sich niedrige Syenithügel, die man überschreitet, um in das breite, flache Schuttthal zu gelangen, das von Chañaral alto herkommt; eine enge, von SO. kommende Schlucht mündet sich dem Wege gegenüber in dies Thal ein und ist mit grünen Bäumen erfüllt, vor denen ein weisses Haus steht, die Finca von Chañaral oder Chañaral bajo! Mit welchen wonnigen Gefühlen mich der Anblick des üppigen, dunkelgrünen Baumwuchses in dieser trostlosen Wüste erfüllte, nachdem ich in 22 Tagen, seit ich Toconado verlassen, nichts der Art gesehn, kann ich nicht beschreiben. Ich war wie neu geboren und fühlte keine Müdigkeit mehr, ungeachtet ich die letzten 5 leguas zu Fusse marschirt war, da mir die Maulthiere zu langsam gingen. Es war sieben Uhr, der Tag neigte sich. Herr Döll und Domingo waren bereits eine Stunde früher angelangt und der Verwalter hatte schon alle Anstalten zum Abendessen getroffen. Ich sass wieder vor einem Tische, freilich nur auf einer Kiste statt Stuhles, und hatte wieder Brot! Ja Brot! Man muss monatelang kein Brot gesehn haben, um zu wissen was es heisst, wieder Brot essen. Bald stand auch eine Fleischsuppe mit Reis, Kartoffeln und Kürbis auf dem Tische, und zum Nachtische die herrlichsten, weissen und blauen Muskateller-Trauben.

Eine Stunde später langten die ersten Maulthiere an, und es war tief in die Nacht hinein, als die letzten eintrafen; ein armes Thier konnte sich kaum noch fortschleppen, ungeachtet es leer ging, so sehr waren die armen Mulas von ihrem Fasten mitgenommen. Der letzte Weg über die Schlacken oder Schollen hatte sie vollends erschöpft. Mit diesen Thieren war nichts mehr zu machen, und frische Maulthiere existirten in der Finca gar nicht; die unsrigen mussten sich wenigstens acht Tage an gutem Futter erholen, ehe ich mit ihnen die beabsichtigten Excursionen nach der Ola, dem Cerro Vicuña und Puelto hundido machen konnte, aber in dieser Oasis konnte ich ja nach den Beschreibungen von Don Diego Alles haben. Als ich aber den Verwalter fragte, wie es mit dem Futter aussähe, sagte er mir, es gäbe gar keine natürliche Weide, und da es in diesem Jahre nur wenig geregnet, so habe er auch nur wenig *Alfalfa* (Luzerne) gewinnen können, die er vor wenig Tagen gemäht, und 5 Centner Heu sei Alles, was er geärntet habe, die er bereit sei, den Centner für 5 pesos (6⅔ Thlr.) abzulassen. Ich nahm sie natürlich sogleich. Das war für 13 ausgehungerte Maulthiere kaum für einen Tag genug, und dann mussten wir weiter, wenn wir nicht die Thiere unterwegs wollten fallen sehen. An Seitenexcursionen war nicht zu denken. Nur einen

Ruhetag konnte ich also den armen Geschöpfen gönnen, der ihnen noth that, aber uns Menschen nicht minder.

Den 23. Februar. Rast in Chañaral bajo.

Die Oase von Chañaral bajo ist ein enges, etwa funfzig, selten 100 Schritte weites Thal zwischen niedrigen, kaum 100 oder 200 Fuss hohen Syenitbergen; es erstreckt sich, stets von Wasser durchflossen, fast eine legua aufwärts, bis es sich in der allgemeinen Hochebene in der Nähe eines Algarrobo-Baumes verliert. Die obersten drei Viertel leguas sind aber nicht cultivirt; man sieht zwar die Kanäle zum Bewässern und die Beete, aber es steht nur *Espino* (Acacia Cavenia) darauf, und in der Thalrinne ist nichts als *Brea* und *Carrisa* (Phragmites). Der Weg nach Trespuntas führt auf der Ostseite des Wässerchens entlang. Im Garten sieht man ausser *Algarrobo*, *Chañar* und *Huingan* (Duvaua crenata Ph.), wie der Baum hier genannt wurde, welche Bäume wahrscheinlich hier wild sind; besonders Trauben und Feigen, die ausgezeichnet gerathen, und auch einige Pfirsich- und Wallnussbäume. Letztere beiden Obstgattungen tragen nur selten, indem hier späte Nachtfröste sehr häufig sind. Auch stehen mehrere Salix Humboldti, die über alle Obstbäume hervorragen, am Eingange. Die Leute waren gerade mit der Bohnenärnte beschäftigt; Kürbisse, Melonen, Wassermelonen wuchsen sehr üppig, sonst war wenig Gemüse zu erkennen, aber desto mehr Unkraut, namentlich eine Baccharis mit schmalen weidenartigen Blättern, hier *Dadin*, auch *Suncho* genannt, und nicht Chilquilla, wie im übrigen Chile, das schöne Solanum elaeagnifolium Cav., Euphorbia hypericifolia L., ein Amarantus u. s. w. Der Ertrag der Finca ist sehr prekär. Oft sind die Jahre zu trocken, wie seit ein paar Jahren, so dass man nicht das ganze Areal bewässern kann, und selbst der eine oder andre Obstbaum abstirbt, und dann kommen auch von Zeit zu Zeit Wolkenbrüche, die das Erdreich fortreissen und selbst dem Hause Gefahr drohen, welches seit zehn Jahren steht, wie z. B. der Regenguss vom Mai 1848, der bewirkte, dass der Salado bis ins Meer floss.*) Die Haupteinnahme besteht gewöhnlich in dem Verkaufe des Obstes nach Trespuntas.

Die Vegetation ist recht interessant. Die Ebene zwischen Agua dulce und Chañaral war zwar sehr dürr und arm an Pflanzen, hatte mir aber Rhopalostigma pendulum und microphyllum mihi, nebst Dinemandra subaptera n. sp. und Salpiglossis spinescens Gay geliefert. In dem grossen von Chañaral alto kommenden Thale und an den Felsabhängen des Thälchens der Finca wuchsen folgende Pflanzen, ausser den genannten:

Ranunculus bonariensis.	Calandrinia spicata n. sp.	Heliotropium glutinosum Ph.
Cristaria verblüht.	Echinocactus.	Eritrichum gnaphalioides Ad. DC.
Adesmia sessilifolia n. sp.	Gymnophytum flexuosum Clos.	— species annua.
— eremophila n. sp.	Encelia tomentosa Walp.	Alona deserticola Ph.
Malesherbia ovata Ph.	Argylia tomentosa Ph.	Atriplex deserticola Ph.
— lactea Ph.	Waddingtonia floribunda Ph.	Ephedra americana.
Calandrinia discolor Barn.	Lycium horridum Ph.	Keine Gramineen!

---

*) D. Diego erzählte mir, er habe erlebt, dass in Copiapó in Folge eines solchen Regengusses das Wasser zwei bis drei Fuss hoch gestanden habe, viele Häuser eingestürzt seien und dass ein Mal die ganze Bevölkerung ausgerückt sei, um durch Pircas and Dämme den Wasserstrom, der durch die Quebrada de Paipote, die sonst vollkommen trocken zu sein pflegt, herunter kam, zu verhindern, Copiapó zu überschwemmen.

Hymenopteren und Dipteren waren ziemlich häufig. Früher waren die *Vinchucas* im Hause sehr häufig gewesen; jetzt gab es keine mehr. Wir zogen es indessen doch vor, nicht im Zimmer, sondern im Freien unter dem Corridor zu schlafen. Im Zimmer war eine grosse Bettstelle an Ketten aufgehängt, keine üble Idee! die Flöhe können nicht leicht hineinkommen. In einer Ecke lag ein früherer Minen-Administrator von Salado mit seiner Frau. Er sagte, er sei von dem schlechten Wasser daselbst krank geworden, und hoffe sich hier durch den Genuss von Obst, Gemüse und Milch zu erholen. Seine auffallende Magerkeit und sein Husten liessen mich eher glauben, dass er die Schwindsucht habe.

Das Haus von Chañaral bajo liegt, nach der Temperatur des siedenden Wassers zu urtheilen ($95°,25$ C.), etwa 4220 Fuss über dem Meeresspiegel, d. h. etwa so hoch als Brianzon oder der Pass über den Brenner. Nach dem Aneroid berechnet, welches hier 640,1 mm. zeigte, beträgt die Meereshöhe aber 4796 Fuss, welche Zahl wohl richtiger sein mag. Der Verwalter wollte weder für das Luzerneheu, noch für seine ebenso freundliche wie gefällige Bewirthung Bezahlung annehmen, nachdem ich ihm meinen Empfehlungsbrief übergeben hatte. Glücklicher Weise konnte ich ihm von meinen Lebensmitteln einiges da lassen, was ich nicht mehr brauchte, da unsere Reise durch die Wüste nunmehr ihrem Ende nahte.

Den 24. Februar. Von Chañaral bajo nach Trespuntas, $7\frac{1}{4}$ leguas.

Ich zog den Morgen mit Herrn Döll und D. Diego voraus, die Maulthiere mit dem Gepäck sollten erst den Nachmittag folgen, um den grössten Theil des Weges in der Abendkühle zurückzulegen. Wo das Thälchen von Chañaral anfängt, fand ich noch einige interessante Pflanzen, Pleurophora pungens Don., das Gymnophytum flexuosum, die Rhopalostigma, eine hübsche neue Argylia (A. glutinosa mihi), einen Schizanthus mit milchweissen Blüthen und linealischen, ungetheilten Blättern, Sch. lacteus mihi.

Man übersteigt darauf einen kleinen Rücken und sieht nun die Berge von Trespuntas vor sich, von denen man durch eine anfangs horizontale, dann sanft aufsteigende Ebene getrennt ist. Auf dieser Ebene und den beiderseitigen Abhängen sieht man mehrere Gruben, Häuser, Pochwerke (s. g. *Marayis*), denn hier ist das *Mineral del Inca*, ein Bezirk, wo Golderze gegraben werden. Der Weg ist grösstentheils der schnurgrade alte Incaweg und hat auch hier, wie an den Stellen, wo wir ihn früher passirten, viele runde, niedrige Pirkas, wo jetzt keinem Menschen einfallen wird zu übernachten. Es ist auch nicht wahrscheinlich, dass sie zu Verstecken für Guanacojäger dienen sollen. Gegen Osten erblickt man einen auffallend geschichteten Berg, den Cerro de Varas. Die Ebene ist mit eben solchen, Schlacken ähnlichen Steinen bedeckt, wie die zwischen Agua dulce und Chañaral bajo, unter denen man häufig schuppigen, krystallinischen und dichten Eisenglanz sieht. Diese Ebene liegt 5132 Fuss hoch. Am Abhange der Berge von Trespuntas liegen bereits mehrere Bergwerke. Wir traten in das eine einen Augenblick herein. Die Arbeiter konnten mir nicht sagen, wie die Grube hiess; sie wussten nur, dass sie der englischen Bergwerks-Compagnie gehört, früher auf Gold, dann auf Kupfer gebaut habe, und jetzt fortgesetzt werde, um das Grubenwasser zu verkaufen!

Bald erreichten wir die Passhöhe (6224 Fuss Meereshöhe) und sahen nun den südlichen Abhang, sowie den nördlichen der gegenüberstehenden Berge mit Zechenhäusern, Schächten,

Schutthalden, Pferdegöpeln bedeckt, in der Vertiefung aber die Häuser des Ortes, die s. g. Placilla, aber auch zwischen Schächten und Schutthalden liegen. Dieser Ort führt den Namen *Pueblo del Inca*, den man aber im gewöhnlichen Leben niemals hört, sondern stets nur Trespuntas oder la Placilla. Seine Höhe über dem Meere beträgt nach den Eisenbahningenieuren[*]) 6066,1 Par. Fuss, nach der Temperatur des siedenden Wassers 5921, und nach meinem Aneroid (618,7 mm. bei 25,1 C.) 5727,5 Par. Fuss, also etwas höher als der Gipfel des Rigi, und 1000 Fuss höher als die Schneekoppe. (Der höchste Gipfel der Berge von Trespuntas liegt nach den Eisenbahningenieuren 6993 Fuss hoch.)

Den 25. Februar. Rast in Trespuntas.

Der Ort hat an 5000 Einwohner und in der Nähe des Platzes regelmässige, sich rechtwinklig schneidende Strassen, und einige ganz hübsche Häuser, wenngleich sehr leicht gebaut, von dürrem Holze, mit Bretterwänden, Wänden von Rohr aus Guayaquil etc. Viele Häuser sind aber blosse Bretterbuden, ja manchmal bestehen die Wände gar nur aus Matten oder Zeug. Daher ist der Ort während seines kurzen Daseins schon vier Mal von mehr oder weniger allgemeinen Feuersbrünsten heimgesucht worden. Auf mich hat er einen traurigen Eindruck gemacht. Selbst die bessern Häuser scheinen nur für die Dauer von wenigen Monaten errichtet. Dazu kommt, dass man überall auf den Wegen, die zum Orte führen, eine Menge todter Maulthiere und Esel und deren Gerippe, Köpfe und Beine von Rindvieh, weggeworfene Hemden, Hosen, Jacken, Unterröcke u. s. w. findet. Denn da das Waschen so theuer ist, so ziehen die meisten Leute es vor, ein Kleidungsstück so lange zu tragen, bis es auf dem Leibe in Lumpen zerfällt, und dann wegzuwerfen. Dass es an einem solchen Orte eine Unzahl Läden, Garküchen, Obstbuden, Schnapsbuden u. s. w. gibt, und dass eine grosse Anzahl Gesindel unter der Bevölkerung ist, kann man leicht denken.

Trespuntas hat nicht ein Mal eine kleine Kirche, welche ihre Einwohner an die Pflicht erinnert, das höchste Wesen zu verehren. Sie sterben, ohne die Tröstungen der Religion in ihren letzten Augenblicken zu empfangen, ja es ist nicht ein Mal ein sicherer Kirchhof vorhanden, in dem ihre sterblichen Ueberreste ruhen können ohne Gefahr, von den Hunden ausgescharrt zu werden.

Nachdem wir in dem Kaffeehause auf der Plaza zu Mittag gegessen, nahmen wir, Herr Döll und ich, die freundliche Einladung des Herrn Ludw. Schnakenberg aus Kassel an, die Zeit unseres Aufenthaltes bei ihm zu wohnen. Derselbe ist Administrator der Grube Germania und einiger anderen, wofür er monatlich 6 Unzen, 103 pesos 50 real oder 188 Thlr. bei freier Station bekommt. Seine Wohnung ist dicht bei der Grube Germania und von ihm selbst erbaut. Die Mauern sind von eckigen Grünsteinbruchstücken mit Lehm verbunden, ein grosser Luxus, wo das Fässchen Wasser 20 Sgr. kostet. Das Dach sind blosse Matten, durch welche hie und da die Sonne hereinscheint, und wenn es ein Mal regnet oder schneit, was freilich selten der Fall und nie von Bedeutung ist, so muss man immer im Zimmer den Regenschirm aufspannen.[**]) Die Wände sind kaum 6½ Fuss hoch und mit *tocuyo* (ungebleichtem

---

[*]) Gefällige Mittheilung von Herrn Georg Hunaeus.

[**]) Ich habe übrigens auch in Kassel ein noch dazu von einem Baumeister erbautes und von einem Gesandten bewohntes Haus gekannt, in welchem man ebenfalls bisweilen, wenn es regnete, den Schirm aufspannen musste.

Baumwollenzeug) ausgeschlagen, natürlich ohne Fenster: wenn man sehen will, macht man die Thür auf, oder steckt Licht an. Eine dunkle, durch eine *tocuyo* (Wand) gebildete Abtheilung dient als Speisekammer und Schlafzimmer. Das Wohnzimmer ist anständig meublirt und mit Kupferstichen an den Wänden verziert. Wenige Administratoren leben in so guten und eleganten Wohnungen. Ein zweites Gebäude in der Nähe dient als Küche, zum Schlafen der Grubenarbeiter u. s. w. Die zu einer Grube gehörenden Gebäude nennt man eine *faena*. Eine Mine erfordert im Durchschnitt 6 Arbeiter, nämlich 3 *barreteros*, die das Gestein losbrechen, 2 *apires*, die das Gestein in Ledersäcken, *capachos*, heraustragen (diese Leute schleppen zum Theil 150 bis 180 Pfund auf ein Mal und machen damit 24 Reisen des Tages!); endlich einen Koch. Ein *barretero* verdient monatlich 30—36 pesos (40—86 Thlr.), ein *apire* 15—30 (20—40 Thlr.). Die Lebensmittel werden ausserdem den Leuten geliefert, und zwar ist der durchschnittliche Satz für den Monat:

Brot für	18 pesos	Trockne Feigen	6 pesos
Rinderfett zum Kochen	6 „	Salz und Aji (Spanischer Pfeffer)	2 „
Weisse Bohnen	6 „	Wasser 30—45 Maulthierladungen	30—45 „
Waizen	6 „	Holz 15 Centner	20 „

Der Unterhalt kostet demnach monatlich 94—105 pesos oder 16—18 pesos der Mann. Fleisch bekommen die Bergleute nicht und dennoch sind sie kräftig und zu den schwersten Arbeiten geschickt. Ausserdem verbraucht eine Grube monatlich 3 *arrobas* oder 75 Pfd. Pulver (der Preis der Arroba schwankt zwischen 5 und 10 pesos), ein bis zwei Dutzend Rollen *guias* (Laufpulver zum Anzünden der Minen), die 2 pesos 5 real bis 5 pesos 2 real kosten, endlich mindestens eine Arrobe Talglichte zu 6 pesos. In ganz Chile hat man kein ander Grubenlicht als gewöhnliche Talglichte, die in einen gespaltenen Stock geklemmt werden. Die Gesammtausgaben für eine Grube belaufen sich demnach auf 150 pesos monatlich oder 1800 pesos (2400 Thlr.) jährlich ohne die Generalkosten, Verwalter u. s. w.

Die Maulthierladung Wasser kostet 1 pesos, und ein Pferd oder Maulthier braucht täglich mindestens für 2 real (10 Sgr.) Wasser. Das einzige Futter, welches man hier hat, ist Gerste, und die geringste Ration, die man einem solchen Thiere geben kann, ist ein almud, der, wenn man im Grossen einkaufte, damals 5 real kostete, im Detail aber 6 real oder 1 Thlr.

Das Rindfleisch ist verhältnissmässig billig, da der Ochse nur 40 pesos kostet, ungeachtet er aus den argentinischen Provinzen über Copiapó kommt, aber es ist durchgängig schlecht, da die Thiere abgetrieben und hungrig ankommen. Desto theurer ist das Brot, da nicht bloss Mehl, sondern auch Wasser und Brennmaterial so theuer ist: man bekommt für einen peso 10 kleine Brötchen, das Brötchen ist etwa so gross wie ein deutsches Milchbrot. Ich füge noch folgende Preise hinzu, damit der Leser sich einen Begriff machen kann, von dem, was das Leben in dieser grässlichen Wüste kostet.

Ein viersitziger Wagen kostet bis Copiapó 6—7 Unzen oder	103½—120¾	pesos
Ein zweirädriger, zweisitziger s. g. *birlocho* 4 Unzen	69	„
Ein Maulthier für die Hin- und Herreise nebst Sattel	10 — 17	„
Ein solches für die einfache Reise ohne Sattel	6	„
Eine Maulthierladung auf den Karren bis Copiapó	2½— 3	„

Ein Brett, oder ein sog. Stollen, *cuarton*	1½ pesos
Ein Hemd zu waschen	5 real = 25 Sgr.
Logis, Frühstück, Mittagstisch im Kaffeehause täglich	3 pesos.

Man rechnet die Entfernung von Trespuntas nach Copiapó zu 30 leguas, sie beträgt aber höchstens 22.

Die Minen von Trespuntas wurden im September 1848 entdeckt und zwar, wie mir Herr Schnakenberg erzählte, auf folgende Weise. Ein Maulthiertreiber Namens Osorio, der zwischen Puerto Flamenco und Copiapó seine Wege machte, brachte immer reiche Silbererzstufen nach letzteren Ort zum Verkauf, unter dem Vorgeben, sie seien ihm von diesem oder jenem geschenkt. Man schöpfte Verdacht, er müsse eine Mine wissen, von der er die Stufen hole, und als er zur Feier des 18. Septembers (Jahrestag der Unabhängigkeit Chiles) in einem Wirthshause in Flamenco sich gütlich that, sorgten die Herren Vicente Garin, Mateo Perez und ein paar Freunde des letztern dafür, dass der Wirth dem Osorio fleissig einschenkte und ihm dann nach dem Fundorte seiner Erze fragte, während die genannten Herren im Nebenzimmer horchten. Die Trunkenheit löste Osorios Zunge; er erzählte, er finde die Erze auf den Bergen von Trespuntas, wo er mit seinen Maulthieren zu halten pflege und bezeichnete die Lokalität so genau, dass die Herren, die ihn belauscht hatten, sich sogleich aufmachten, die Erzader zu suchen, Mateo Perez und seine Gefährten von Flamenco aus, Herr Garin über Copiapó. Der Zufall wollte, dass sie auf den Bergen an demselben Tage eintrafen; Mateo Perez fand die Alfin hallada, seine Gefährten den Manto de S. José, und Vicente Garin die Buena Esperanza. Nun entstand ein Process, welches die *veta descubridora* wäre, d. h. der zuerst entdeckte Erzweg. Wer nämlich eine *veta descubridora* und somit einen ganz neuen Erzbezirk, ein *nuevo Mineral* entdeckt, kann beanspruchen, dass ihm die Regierung 2 *pertenencias* oder 400 varas von dem Erzgange zuerkennt (eine Gesellschaft bekommt gar 3 *pertenencias* oder 600 varas), während derjenige, der später in diesem *Mineral* eine *veta* oder Erzgang auffindet, nur 200 varas, eine einzige *pertenencia* erhält. (Die Länge wird in der Horizontallinie nach dem Laufe des Ganges gemessen. Die Breite der *pertenencia* beträgt 50 varas.) Der Process wurde zu Gunsten des Manto de S. José entschieden, welcher jedoch seit einiger Zeit kein Erz mehr gibt, sondern taub geworden ist oder sich in *broceo* befindet, wie man in Chile sagt, während die beiden andern Minen fortwährend den reichsten Ertrag gegeben haben.

Man kann sich leicht denken, dass eine Menge Leute auf die Nachricht von der Entdeckung dieser fabelhaft reichen Erze nach Trespuntas strömten und ebenfalls Gruben eröffneten. Wie durch einen Zauberschlag entstand ein Städtchen von 4000 E. und ein fahrbarer Weg von Copiapó dorthin, aber von den zahlreichen Minen, die in Trespuntas bearbeitet werden, gaben nur die Buena Esperanza, die Alfin hallada und die Salvadora reichen Ertrag, mehrere z. B. die Pilar, S. Rafael, Cobriza u. s. w. gaben einen mässigen Gewinn, die meisten Gruben aber gaben noch gar kein Silbererz und werden auch wohl nie etwas geben. Die am häufigsten vorkommenden Erze sind gediegen Silber und Rothgültigerz, nächstdem die sogenannten *Polisúlfuros*, d. h. Verbindungen von Schwefelsilber mit mehreren andern Schwefelmetallen. Im Jahre 1851 wurden in Trespuntas erst 49 Silbergruben bearbeitet, im Jahre 1853 aber 161 mit 1724 Arbeitern. Die Mine Buena Esperanza der Herren

Moreno, Matta und Comp. hat vom 1. Januar bis 30. Juni die enorme Summe von 495,151 pesos Silber geliefert, nämlich:

metales frios	57698. 22	Mark zum Werthe von	7 pesos die Mark,	macht	403,887. 50	pesos
plata piña	8849. 32	„ „ „ „	9¾	„	86,280. 87	„
relaves	1245. 66	„ „ „ „	4	„	4982. 64	„
				Zusammen	495151. 01	

Ueber die geognostische Beschaffenheit der Gegend von Trespuntas kann ich nicht viel sagen, da ich sie nicht studirt habe. Herr Schnakenberg versprach mir eine vollständige Suite der dortigen Gebirgsarten und Versteinerungen nebst Bemerkungen über die geognostischen Verhältnisse zu schicken, ist aber durch Krankheit und frühen Tod daran verhindert worden. Die Gesteine, welche ich bei der Faena der Mine Germania sammelte, sind folgende. 1) Grünsteinporphyr. In grünlich-grauer Aphanitmasse sind 1—1½ Linien grosse Krystalle von schwarzer oder bouteillengrüner durchscheinender Hornblende ausgeschieden; selten sieht man kleine Albitkrystalle sich durch ihren Glanz und blättrigen Bruch auszeichnen. 2) Dunkelgrauer Grünstein, von dessen Gemengtheilen besonders grünlich gefärbte Feldspathkrystalle auffallen. Auf den Klüften finden sich häufig Ueberzüge von Kalkspath, aber auch die ganze Masse enthält viel kohlensauren Kalk und brauset ziemlich stark, wenn man sie in Salzsäure wirft. Eine Stufe dieses Gesteines enthält kleine Knollen von Schwefelkies und von Kalkspath, 2 bis 3 Linien gross, letztere bisweilen von Schwefelkies umkleidet, hie und da auch Knollen von einem grünlichen Bol. 3) In diesem Gestein, einem Mittelding zwischen Grünstein und Kalkstein, hat der kohlensaure Kalk das Uebergewicht, ohne dass man es darum einen Kalkstein nennen könnte. Es liegt auf der Oberfläche des Bodens in Gestalt bräunlicher, mehrere Fuss grosser und mehrere Zoll dicker vulkanischer Schlacken, ist aussen uneben, löcherig und porös und von allen Seiten 1 bis 1½ Linien tief verwittert. Hierdurch sind die einzelnen krystallinischen Bestandtheile von der Grundmasse befreit, so dass die Oberfläche wie die eines Conglomeratsandsteines aussieht. Der frische Bruch ist hellgrau und lässt hauptsächlich Feldspathkrystalle am Glanze ihres blättrigen Bruches erkennen; seltener sieht man darin schwärzliche, chloritähnliche Massen.

Vegetation habe ich in der Umgegend von Trespuntas gar nicht gesehn, und ebenso wenig im Orte auch nur einen Blumentopf.

Reise von Trespuntas nach Copiapó.

Den geringen Ueberrest der Lebensmittel verschenkte ich an Frites, unsern Führer und Begleiter von Pajonal bis Trespuntas, liess unser Gepäck und die auf der Reise gemachten Sammlungen auf einen Karren verladen, damit die Lastthiere leer gehen könnten, und ritt um die Hitze zu vermeiden, die in dieser Höhe bei Tage kaum zu ertragen sein soll, den 25. Februar Abends 8 Uhr fort. Es gibt zwei Wege von Trespuntas nach Copiapó. Der eine, der alte Incaweg, ist nur zum Reiten, führt in grader Linie dorthin und kann auf guten Thieren in 7 Stunden geritten werden; er ist jedoch sehr steinig und rauh, und in seiner ganzen Erstreckung ist weder Wasser noch Futter. Diesen Weg konnte ich unsern erschöpften Maulthieren nicht zumuthen, und so schlugen wir denn den Fahrweg ein, der einen

Umweg nach Osten macht. Er wendet sich gleich von Trespuntas nach Osten, um den im Süden vom Städtchen liegenden Berg zu umgehen. In der Nacht war natürlich von der Richtung und der Beschaffenheit der Gegend nichts zu erkennen, und dies um so weniger, als wir gerade Neumond hatten. Da mir das Reiten sauer wurde, zog ich vor, zu gehen, und kann nur soviel sagen, dass das Gehen in dem tiefen, durch die Räder der Karren hervorgebrachten Staube, der zu beiden Seiten der Fahrgeleise hohe Furchen bildet, recht unbequem war.

Um 3 Uhr Morgens waren wir in Puquios, einem Wasserplatze, wo zwei Wirthshäuser aus Lehmmauern, *tapias* erbaut sind. Wir fanden hier eine Partie Kärner gelagert, trieben unsere Maulthiere in den Corral und legten uns dann schlafen. Das Wirthshaus, unter dessen Corridor wir uns gelagert hatten, war mehr eine Schenkstube als ein Gasthof zum Herbergen. Speisen konnten wir nicht bekommen; von Getränken war nur Anisbranntwein, Champagner, Jerez und Oporto zu haben. Den Morgen bekamen wir jedoch einen leidlichen Kaffee. Das andre Wirthshaus soll weit anständiger, aber auch sehr theuer sein. Man versicherte mir, eine Suppe von einem Huhne koste dort eine Viertel Unze = 4 pesos $2^1/_2$ real (etwa ein Louisd'or), und ein Ei 2 real = 10 Sgr. Da mein Reisegeld gänzlich erschöpft war, so dass ich mir schon von Herrn Schnakenberg ein paar Thaler hatte borgen müssen, so konnte ich nicht den vornehmenden Reisenden machen. Wir kauften also Brot, für einen real Fett und für einen real Holz, und kochten uns im Freien einen Mehlbrei zum Frühstück.

Die beiden Häuser liegen auf einer schwach gegen Ost gesenkten Ebene, die sich allmählig verengt und nach einer legua zu einer engen Quebrada zusammenzieht, die sich später in die grosse Quebrada de Paipote mündet, und in welcher einige Kupferminen liegen. Durch diese Schlucht geht der Weg nach S. Andres, einer kleinen Hacienda oder Oasis in der Wüste. Dicht bei den Wirthshäusern sind Brunnen gegraben, allein weiter abwärts nach der Schlucht zu ist fliessendes Wasser, und der grösste Theil desjenigen Wassers, welches in Trespuntas verbraucht wird, kommt von daher. Hier ist ziemlich viel Vegetation. Tessaria absinthioides, Bacchasis spartioides Hook, hier *Pichana* genannt, B. confertifolia Coll., ein Achyrophorus, die Distichlis thalassica und ein andres Gras ohne Blüthe. Im Wasser selbst ist Ranunculus bonariensis und Scirpus palustris. Das Wasser setzt weisse Salztheile und Ocker ab. Da keine grösseren Höhen in der Nähe sind, so ist es schwierig, den Ursprung dieses Wassers zu erklären. In der Nähe waren 11 Condore beschäftigt, das Aas eines gefallenen Maulthieres zu verzehren.

Um das Wasser herum ist der Boden thonig, oben auf liegen aber schlackenartige Steine. Die Schlucht weiter abwärts ist in dunkles Gestein, Grünstein oder Porphyr eingeschnitten. Weiter im Osten erscheinen die Berge deutlich aus geschichteten Gesteinen gebildet. Herr Felix Engelhard aus Cassel hat mir mitgetheilt, dass sich zwei oder drei leguas im Osten in einem Thale, Quebrada del Ternero genannt, unzweifelhafte Spuren von Steinkohlen finden. Er selbst hat dort schwarzen, bituminösen Schieferthon mit dünnen Schichten einer vortrefflichen Steinkohle angetroffen, und meinte, in grösseren Teufen würden vielleicht bauwürdige Kohlenflöze anstehen. Ich habe nicht erfahren, dass Versuche gemacht worden sind, dies zu ermitteln. Vielleicht hat sich seine Hoffnung nicht bewährt. Er wagte kein Urtheil über das geognostische Alter dieser Kohlen auszusprechen. Wahrscheinlich gehören sie dem Lias an.

Puquios liegt nach den Eisenbahningenieuren 4795 Fuss über dem Meere, nach der Angabe meines Aneroids berechnet, nur 4648 Fuss.

Um 2 Uhr Nachmittags setzten wir unsern Weg fort. Die Hitze war nicht so arg, als man sie mir in Trespuntas geschildert hatte, das Thermometer zeigte nur 25° C. Der Weg führt zuerst über einen Rücken, die Cuesta de Puquios 5358 Fuss über dem Meere, und dann schwach bergab bis zu einem Wirthshause Llampos genannt, 3322 Fuss nach den Eisenbahningenieuren (4380 Fuss über dem Meere nach dem Aneroid).*) Hier beginnt eine Quebrada, in welcher der Weg abwärts führt bis zum Wirthshause el Chulo, wo wir um 10 Uhr Abends ankamen.

Das Wirthshaus hatte Tags zuvor einen andern Eigner erhalten und war noch nicht recht in Ordnung. Wir konnten daher nichts Warmes bekommen als Kaffee, jedoch mit Milch, und ein paar Eier, aber wir erhielten ordentliche Betten, die ersten seit Atacama; den andern Morgen früh war Kaffee, Milch und Brot bei der Hand, die Maulthiere hatten reichlich Luzernenheu gehabt, und die Rechnung war für die Umstände nicht zu theuer; nämlich 4 pesos Heu, 6½ real Wasser für die Thiere, 2 pesos für zwei Betten (D. Diego wollte durchaus auf dem Fussboden schlafen), 6 real Kaffee für den Abend, 6 real ein halbes Dutzend weichgesottene Eier, 3 real Brot, 2 real Käse; 4 real für den Kaffee am Morgen. Frugaler kann man wahrlich nicht leben, zumal wenn man den Tag vorher nichts als Mehlbrei genossen hat. — El Chulo liegt 2450 Fuss über dem Meere.

Der Weg nach Copiapó führt nun 6 leguas weit ohne Unterbrechung bergab und erreicht bald die grosse Quebrada de Paipote, welche 60 leguas lang sein soll und die Gewässer unzähliger Quebraden vereinigt. Die Vegetation ist in derselben für die Wüste ziemlich reichlich. Ich sah hier in grosser Menge die hübsche Adesmia cinerea mit ihren weissen Blättern, die Bulnesia chilensis Gay, einen Strauch aus der Familie der Zygophylleen, der dort *Retamo*, d. h. Ginster heisst, eine neue Composita mit schneeweissen, wolligen Blättern und violetten Blumen, Jobaphes virgatus Ph. etc. Gegen Mittag erblickte ich am Ausgange der Schlucht Bäume, die Weide mit dem Wuchse der lombardischen Pappel, Feigen, Pfirsich, Weinreben, und trat in das Bewässerungs-Gebiet des Flusses von Copiapó ein. Don Diego war vorausgeritten und erwartete uns hier; er hatte bei einem Bekannten ein Unterkommen für unsere Maulthiere gegen ein Futtergeld von 3 real täglich für das Stück ausgemittelt. Ich überliess meinen Gefährten die Sorge für die Thiere und ging zu Fusse weiter. Der Weg führt an der Verlängerung der Eisenbahn nach Tierra amarilla u. s. w. entlang, an welcher jetzt gearbeitet wurde, und die gerade bis zu dem Punkte gelangt war, wo der Weg von Trespuntas eintrifft, zwischen Gartenmauern und Häusern, und war entsetzlich staubig. Ueberall hingen Trauben, Pfirsich, Birnen, unreife Granaten, Blüthen von *Floripondio* (Datura arborea) und das breite, von Staub ganz graue Schattendach der Feigenbäume über die niedrigen *Tapias*. Die Häuser rückten immer näher zusammen und verwandelten sich zuletzt in eine zusammenhängende Strasse. Je näher ich dem Centrum der Stadt kam, um so lebhafter war es auf den Gassen. An einer Ecke bekam ich von ein paar jungen Mädchen ein paar Kannen voll Wasser über den Rücken zum grossen

---

*) Vielleicht sind es zwei verschiedene Punkte in der Quebrada de Llampos.

Jubel derselben und aller Umstehenden. Man glaube nicht, dass ich dies blos meinem allerdings nicht mehr besonders reputirlichen Reiseanzuge verdankte, nein, es war ein Carnevalsscherz, denn ich traf gerade den letzten Carnevalstag, den *dia de Chaya*, ein, wo das Begiessen der Vorübergehenden mit Wasser ein sehr beliebter Spass ist, dem selbst die angesehensten Personen ausgesetzt sind. Dies ist aber auch ziemlich die einzige Carnevals-Licenz, und ist namentlich das Durchziehen der Strassen in Masken und Verkleidung streng untersagt.

Etwas nach 1 Uhr kam ich im vortrefflichen Gasthofe des Herrn Servant an und beendigte so meine Reise durch die Wüste Atacama.

Capitel V.
Lebensweise in der Wüste, Gesundheit, Puna.

Wenn man in der Wüste reist, muss man nothwendig im Laufe des Tages von einem Wasserplatze zum andern gelangen und kann nicht wohl unterweges einen Halt machen, schon wegen der grossen Schwierigkeit, alsdann die Maulthiere zusammenzuhalten. Man hat gesehn, dass die Tagemärsche oft 10 Stunden und darüber lang waren. Kamen wir am Wasserplatze an, so waren zwei Personen vollauf damit beschäftigt, die Maulthiere abzuladen, abzusatteln und das Gepäck zusammenzustellen, damit es Schutz gegen den Wind gab. Unterdessen suchte ein Andrer Brennmaterial, und wo dieses selten war, ging oft viel Zeit damit hin; ich habe selbst manchen Busch und manchen *Poncho* voll Maulthiermist herbeigetragen. Niemand hatte dann Lust, wenn wir spät Abends angekommen waren, noch Stunden lang auf's Essen zu warten. Es musste also eine Speise zubereitet werden, die recht schnell fertig war. Dies war ein Brei von geröstetem Mehl mit Fett und Salz, denn da das Mehl von geröstetem Waizen ist, so braucht es nicht ein Mal aufzusieden, um geniessbar zu sein. Dies war bei langen Tagemärschen unser einziges, vereinigtes Mittags- und Abendessen. Kaum war dies genossen, so suchten wir unser Lager auf. Den Morgen hatten wieder mehrere Personen damit zu thun, die Maulthiere zusammenzutreiben und zu beladen. Ein Diener brachte unterdess Wasser zum Sieden und warf dann eine gehörige Portion *Yerba* (oder Paraguaythee) hinein, der, nachdem er ein paar Minuten gezogen hatte, mit kaltem Wasser geschreckt wurde. Tassen schleppten wir nicht mit uns, so wenig wie Teller; der Thee wurde also in Blechnäpfe auf Schiffszwieback gegossen,[*]) und der Zucker in einem kleinen Säckchen dazu präsentirt. Sodann steckte jeder etwas Schiffszwieback und ein Dutzend getrockneter Feigen in die Tasche und füllte sich allenfalls eine Flasche mit Wasser, damit er unterweges etwas zu kauen und zu trinken hatte, denn vor dem Nachtlager gab es nichts. Kamen wir früh an, oder blieben wir einen Tag liegen, dann wurde üppiger gelebt. Es gab Mittagsbrot und Abendbrot, ersteres zwei Gerichte, gewöhnlich eine Suppe von *Charqui* mit Reis, oder Schiffszwie-

---

[*]) Der *Mate* wird sonst immer aus kleinen Gefässen getrunken, die etwa so gross sind wie eine kleine Kaffeetasse, und oft von einer *Calebasse* gemacht sind, und zwar thut man das Kraut und den Zucker in dies Gefäss, schüttet das siedende Wasser drauf und schlürft dann den Thee mittelst eines Röhrchens ein. Wenn Jemand sich einigermassen auf diese Weise satt trinken will, muss er wenigstens drei- oder viermal diese Operation wiederholen, und wenn wir sechs oder sieben Personen dies hätten thun wollen, so wären wir kaum innerhalb ein paar Stunden damit fertig geworden.

back oder Mehl, und dann gebratenen *Charqui* oder Mehlbrei; es wurde Kaffee oder eine Art Chocolade gekocht, nämlich Chocolade mit Mehl verlängert, eine Erfindung von mir, die bei meinen Reisegefährten vielen Beifall gefunden hat und deren Recept ich gern mittheilen will, wenn Jemand — eine ähnliche Reise zu machen beabsichtigt. Es wurden dann auch *tortillas* gebacken. Diese „kleinen Torten" wurden so bereitet: Auf einem Sattelleder wurde ein Teig von Mehl, Wasser, etwas Rinderfett und Salz geknetet, kleine flache Kuchen daraus geformt, und diese in der heissen Asche gebacken. Der etwa verbrannte Theil der Oberfläche wird mit dem Messer abgeschabt. Der Teig geht natürlich nicht auf, und die *tortillas* sind sehr fest. Sie schmecken nicht übel, und man kann sie in Valparaiso und Santiago täglich auf den Strassen kaufen, allein das Brot ersetzen sie keinesweges. Ich hatte ein halbes Dutzend Blechbüchsen mit eingekochtem Kalbfleische mitgenommen für den Fall, dass Jemand von uns krank würde, welcher Fall glücklicher Weise nicht eintrat. Auch führte ich einige Flaschen Oporto und Jerez mit für ausserordentliche Fälle. Nach ungewöhnlichen Strapatzen zum Beispiel gönnten wir uns ein Gläschen, das dann auch wie ein wahrer Nektar schmeckte und wirkte. Ich hatte mich auch mit einigen Medicinen zum Schwitzen, zum Laxiren, gegen Diarrhöe etc. versehen, wir haben aber nichts davon nöthig gehabt und nur etwas Brausepulver consumirt. Es ist sehr auffallend, wie wenig Nahrung der Mensch in solchen Wüsten trotz der anstrengenden Märsche braucht, und begreife ich jetzt erst die ausserordentliche Mässigkeit der Araber auf ihren Reisen.

Ich hatte zwei Zelte mit, wir haben sie aber sehr häufig gar nicht aufgeschlagen. Ein paar Mal erlaubte es der Wind nicht, und häufig waren wir am Ende des Tages zu müde, um das Aufschlagen des Zeltes abzuwarten, und zogen es sämmtlich vor, im Freien zu schlafen, selbst wenn wir wussten, dass die Temperatur des Nachts unter den Gefrierpunkt sinken würde. Auch waren sehr bald ein paar Zeltstangen zerbrochen, und dies ist ein Gegenstand, der in der Wüste auf keine Weise zu ersetzen ist. Als ich die Reise antrat, glaubte ich, die Wüste müsse nicht nur sandig, — sondern auch sehr heiss sein, und hatte daher leider keine warme Kleidung mitgenommen; auch D. Diego sagte uns nichts davon, dass wir viele Nächte eine Temperatur unter dem Gefrierpunkte haben würden, so dass ich oft des Nachts vor Kälte nicht schlafen konnte. Matratzen hatten wir nicht mitgenommen, eine wollene Friesdecke, dachte ich, würde mehr als hinreichend sein unter dieser Breite in der glühenden Sandwüste, welche ich zu finden erwartete; die Montur, d. h. die Felle, welche unter und über den Sattel kommen, dienten statt Matratzen, der Sattel statt Kopfkissen; die Bettdecke und die *Ponchos* zum Zudecken. Ich habe gewöhnlich halb angekleidet geschlafen. Niemand wird dies Lager für ein sybaritisches erklären, allein wenn man müde ist, schläft sich's ganz gut.

Unsere Gesundheit ist die ganze Zeit gut gewesen. Von der brennenden Sonne und der scharfen, trocknen Luft hatten wir aber fast beständig aufgesprungene Lippen, und zweimal hat sich mir die Haut von Stirn und Nase geschält. Auf der Rückreise hatte ich in den hohen Regionen einen beständigen Schnupfen, und hätte mir gern das Taschentuch an die Nase festbinden mögen.

Ich möchte nach meinen Erfahrungen glauben, dass die Erzählungen von der Wirkung der *Puna* oder des *Saroche*, d. h. der verdünnten Luft in grösseren Höhen, sehr übertrieben sind. Es ist sicher, dass der Luftdruck auf den Körper in einer Höhe von 10000 Fuss schon sehr vermindert ist, und dass man bei jedem Athenzuge dem Gewichte nach viel weniger atmosphärische Luft, also auch Sauerstoff, einnimmt als in der Ebene, aber ich habe davon keine andre Wirkung empfunden, als dass ich leichter müde wurde und mich öfters ausruhen musste, zumal wenn ich steil zu steigen hatte. Dieselbe Wirkung sah ich bei meinen Reisegefährten. Einer meiner Diener, ein sonst kräftiger Mann, wurde zwischen Rio frio und Sandon beinahe ohnmächtig, aber vielleicht von andern Ursachen. Von Kopfschmerzen, Ohrensausen, Uebelkeit, Schwindel hat Niemand die geringste Anwandlung empfunden, noch viel weniger von Blutungen. Dagegen habe ich bemerkt, dass auch die Maulthiere in der dünnen Luft leicht ermatten und beim steilen Hinaufsteigen alle fünf Minuten stehen bleiben, um Luft zu schöpfen und sich auszuruhen.

Einige statistische Notizen über die chilenische Provinz Atacama.

Diese Provinz war früher nur ein Departement der Provinz Coquimbo und wurde erst im Jahre 1843 zur eigenen Provinz erhoben, welche in die beiden Departemente Copiapó und Huasco zerfiel,*) und zwar wurde diese Massregel nothwendig durch die Entdeckung der vielen Gold-, Silber- und Kupfer-Minen und das dadurch bewirkte Einströmen von Bewohnern in diese Wüsteneien. Mit Recht sagt der Intendant der Provinz *D. Antonio dela Fuenti* 1853 in seinem Berichte über dieselbe: „Der Mangel an Regen und die geringe Masse ihrer fliessenden Wasser beschränken die Kultur des Bodens in der Provinz Atacama auf ein paar schmale Streifen Landes, die von den wasserärmsten Flüssen Chiles bespült werden. Ihre Gefilde sind in Folge der Dürre unfruchtbar und durchaus ungeeignet zur Viehzucht. Aber wenn die Natur ihr diese Wohlthaten versagt hat, so gewährte sie ihr andre, und die Berge von Atacama geben den Einwohnern dieser Provinz eine reichliche und unerschöpfliche Menge kostbarer Metalle zum Ersatz der reichen Aernten, welche der Landmann in den Gefilden des Südens einbringt."

Das erste Silber fand sich 1829 in den *Ladrillos*, 3 leguas von Copiapó, dann wurden 1832 die Silbergruben von Chañarcillo, und 1848 die von Trespuntas entdeckt.

Die Silberausfuhr aus der Provinz betrug:

Jahr:	Werth in pesos:	Jahr:	Werth in pesos:
1830	59,931 "	1844	1,106949 "
1831	53,973 "	1845	1,381030 "
1832	294,609 "	1846	1,444142 "
1833	847,343 "	1847	1,836940 "
1834	745,139 "	1848	2,349996 "
1835	761,405 "	1849	3,080158 "
1836	154,939 "	1850	3,483180 "
1837	526,042 "	1851	3,183471 "
1838	572,539 "	1852	3,561255 "
1839	933,897 "	1853	2,026510 "
1840	173,239 "	1854	2,240686 "
1841	739,009 "	1855	2,272826 "
1842	745,563 "	1856	1,613346 "
1843	622,791 "	1857	1,195131 "
		(I. Semest.)	

---

*) Jetzt (1858) sind es vier Departemente: Freirina mit 6789 Einw., Vallenar mit 11300 Einw., Caldera mit 2533 und Copiapó mit 30068 Einw. nach dem letzten Census.

Hierbei ist zu bemerken, dass bis zum Jahre 1854 in diesen Quantitäten die s. g. *Metales frios* nicht begriffen sind, welche man seit dem Jahre 1848 angefangen hat, in das Ausland zu senden, und welche in den beiden Jahren 1852 und 1853 das Gewicht von 211568 Centner betragen haben, zum Werthe von 6,315855 pesos.

Anfangs 1851 wurden im Departement Copiapó folgende Anzahl Minen bearbeitet:

235 Silberminen, welche 3085 Arbeiter beschäftigten ⎫
 14 Kupferminen,   „   128   „   „   ⎬ 3259 Arbeiter
  6 Goldminen,   „   46   „   „   ⎭

Im Oktober 1853 dagegen
509 Silberminen ⎫
116 Kupferminen ⎬ welche zusammen 6869 Arbeiter beschäftigten.
 17 Goldminen   ⎭

Die Silberminen vertheilten sich auf die verschiedenen *Minerales* wie folgt:

	1851	1853
Chañarcillo	90	140
Trespuntas	49	161
Pajonales	6	?
Bandurias	8	12
Garin	13	19
Romero	16	84

Kupferausfuhr.

Jahr:	aus dem Depart. Copiapó:	aus ganz Chile:	Jahr:	aus dem Depart. Copiapó:	aus ganz Chile:
1841		1,980182 pesos	1850	11212 „	3,099886 „
1842		1,990029 „	1851	42499 „	
1843		2,199764 „	1852	142349 „	3,576752 „
1844	155902 pesos	2,563525 „	1853	309973 „	3,505743 „
1845	124596 „	2,543149 „	1854	353942 „	4,316616 „
1846	107646 „	2,828271 „	1855	1,292975 „	4,898974 „
1847	97070 „	2,598853 „	1856	2,686840 „	5,293363 „
1848	110024 „	2,736599 „	1857*	2,609820 „	5,626628 „
1849	53476 „	2,961390 „			

Aus den mitgetheilten Zahlen ersieht man auf den ersten Blick, wie unsicher der Ertrag der Silberminen ist. Im Jahre 1836 fiel er z. B. mit einem Male von 761405 pesos auf 154839 pesos, und im Jahre 1840 von 933897 pesos auf 173239 pesos. Im Jahre 1853 hat die Silberausbeute ihr Maximum erreicht. — Die Kupferausfuhr aus Chile hat ziemlich regelmässig von Jahr zu Jahr zugenommen. Wenn dieselbe in dem Departement Copiapó von 1848 an bis 1852 abgenommen hat, so ist eine Hauptursache dieser Thatsache die, dass in Folge der Entdeckung von Trespuntas alle Mineros sich auf die Silberminen warfen. Seit 1852 hat die Kupferausbeute enorm zugenommen, so dass jetzt das Departement Copiapó und

---

* Die Erze, welche zugleich Silber und Kupfer enthalten, sind nicht mitgerechnet.

das Litoral der Wüste beinahe die Hälfte des Kupfers liefert, welches ganz Chile ausführt. Man hat ein Sprichwort, welches besagt: Wer in Goldminen arbeitet, verliert sicher dabei, wer Silberminen bearbeitet, kann möglicherweise gewinnen, wer aber Kupferbergbau treibt, ist sicher, reich zu werden.

Das Departement hatte 1853 21 Amalgamirwerke, und eine Silberschmelzhütte, die von *Engelhard* und *Perret*.

Die Statistik ist übrigens noch sehr unvollkommen. *Don Antonio de la Fuente* gab die Bevölkerung der Provinz für 1853 auf 65,000 Einwohner an, der Census von 1854 aber führt nur 50690 Seelen auf, nämlich für das Departement Freirina 6789, für Vallenar 11,300, für Caldera 2533 und für Copiapó 30068 Seelen. Ueber die Anzahl der Geburten und Todesfälle weiss man gar nichts Sicheres. Im Departement Copiapó kennt man nur die Zahl der Todten, welche auf den Kirchhöfen von Copiapó und Chañarcillo begraben sind; die, welche man auf den Privatkirchhöfen, die in verschiedenen Orten desselben zerstreut sind, begräbt, werden nicht aufnotirt, da kein Geistlicher oder sonstiger Beamter vorhanden ist, der dies Geschäft übernehmen könnte. Die Zahl der unehelichen Geburten betrug im **Jahre 1848** aber **39 Procent**. (*Anuario Chileno* 1852.)

Kaum glaublich erscheint es, dass es mit der Seelsorge so schlecht bestellt ist. Aber für 1853 existirte für das ganze Departement nur ein Pfarrer! In Santiago sieht man eine Unzahl von Geistlichen auf den Strassen und in den Provinzen ist der grösste Mangel daran. Man kann sich denken, wie es mit dem Religionsunterrichte und der Moral bestellt ist. Zum Beleg nur eine Thatsache. In Chañarcillo, welches eine Bevölkerung von 5000 Seelen hat, sind in **39 Monaten 3760** Personen mit Geld- oder körperlichen Strafen belegt worden, was auf das Jahr 24 Procent der Bevölkerung trägt. Es gab dort so wenig wie in Trespuntas eine Kirche!*) Aber so schlecht wie für die Kirchen, so schlecht ist auch für die Gefängnisse gesorgt.

Zum Schlusse ein paar Worte über den Bergwerks-Schwindel. Es scheint, als ob man ganz allgemein für erlaubt hält, in diesen Bergwerksangelegenheiten zu betrügen. Es werden eine Menge Gruben eröffnet, wo der Unternehmer gewiss überzeugt ist, nie Erz zu finden, allein hat er die gehörige Suade, so weiss er Andere zu überreden, dass die Gruben unfehlbar in geringer Tiefe die Erzader treffen müssen, was er durch Grubenrisse u. s. w. anschaulich macht, und verkauft dann Kuxe (barras) von diesen Gruben. So ist mir von einem deutschen Landsmanne versichert, er habe auf diese Weise in Trespuntas in weniger als zwei Jahren 4000 pesos verdient, wobei sich das alte Sprichwort bewährt hat, wie gewonnen, so zerronnen.

Ein *Minero*, ich will ihn Don Torribio nennen, war einem Kaufmanne in Copiapó für Lebensmittel u. s. w. nach und nach sehr viel schuldig geworden und zahlte nie, so dass dieser ihn wollte einstecken lassen, und dass mein armer Mann, der nicht zahlte, weil er nichts hatte, daher nur des Nachts ausgehen konnte, wenn er ein Mal nach Copiapó kam. Eines Abends sieht er eine schöne Silberstufe bei einem Freunde, welche dieser so eben aus einer Mine bekommen hatte. Lieber Freund, sagt da D. Torribio, leihen Sie mir diese Stufe bis morgen; es ist ein Fremder hier, der sich sehr für Mineralogie interessirt, und dem ich sie

---

*) S. Memoria von De la Fuente p. 41.

zeigen möchte. Recht gern, sagt jener, und D. Torribio nimmt die Stufe mit nach Hause. Nun schreibt er folgenden Brief: „Verehrter Herr Patron! Ich gratulire Ihnen zu dem *Alcance*,*) den Ihre Mine gemacht hat; heute Morgen haben wir eine reiche Silberader angebrochen, die allem Anscheine nach lange Zeit ergiebig sein wird. Ich sende Ihnen per Expressen zugleich mit diesem Briefe eine Stufe des Erzes; Sie werden sich daraus gleich mir überzeugen, dass Ihr Glück gemacht ist. Es wird gut sein, noch mehr Arbeiter in der Grube anzustellen, und bitte ich, mir die in beikommendem Verzeichnisse notirten Lebensmittel, Pulver u. s. w. baldmöglichst zukommen zu lassen. Grube Rosario. Ihr ergebenster Verwalter N. N." Diesen Brief siegelt er zu und schreibt darauf: „An Don Torribio ... in Copiapó, nebst einer Stufe Erz. Durch Expressen," bricht ihn dann wieder auf und legt ihn, nebst einem Verzeichnisse der Lebensmittel u. s. w., die er braucht, auf seinen Tisch neben die geborgte Silberstufe. Den andern Morgen sind die Fensterladen geöffnet und wie ein Lauffeuer geht die Nachricht durch die Stadt: Don Torribio ist da. Der Kaufmann, welcher ihn in den Schuldthurm wollte sperren lassen, macht sich also geschwind auf die Beine, um D. Torribio zu sehen. Kaum tritt er herein, so sagt ihm D. Torribio: Lieber Freund, Sie verstehen sich doch auf Erze, was sagen Sie zu dieser Silberstufe? — Ei, das ist ja eins der reichsten Erze, die mir vorgekommen sind! Wo ist das Erz her? — Aus meiner Grube Rosario, Freund! Lesen Sie den Brief von meinem Administrator. — Das freut mich von ganzem Herzen, Don Torribio, gratulire. Was sind denn das für Sachen, die Ihr Verwalter nöthig hat; lassen Sie doch die Liste sehen. — Hier ist sie. — Wenn es Ihnen recht ist, werde ich Ihnen die Kleinigkeit besorgen. — So bekam D. Torribio von seinem Gläubiger, der ihn wegen nichtbezahlter Wechsel wollte einstecken lassen, wieder frische Waaren.

Ein ganz gewöhnlicher Kunstgriff der gemeinen Bergleute, wenn sie Jemanden veranlassen wollen, Ihnen Geld zur Bearbeitung einer Mine vorzuschiessen, ist der, in irgend einer beliebigen Grube Erzstufen zu verstecken, die sie dann in Gegenwart der Person heraushauen, welche sie anführen wollen. Bisweilen ahmen sie sogar gediegenes Silber nach. Ich sah vor einiger Zeit hier einen grossen Klumpen gediegenen Silbers, ganz in der unregelmässigen Form, die Oberfläche schwärzlich angelaufen, der Schnitt inwendig silberweiss, das hohe Gewicht des Silbers; er war eine Mischung von Blei, Zinn und Antimon! Die Person, der dieser Klumpen zum Kauf angeboten war, hatte sich aber nicht täuschen lassen. Als ich in Copiapó, von der Wüste zurückgekehrt, auf den Abgang des Dampfschiffes nach Valparaiso wartete, logirte in demselben Gasthofe ein deutscher Landsmann. Einst kam er den Mittag sehr spät zum Essen und brachte einen Gast mit, der zwar anständig gekleidet war, dem man aber ansah, dass er nicht in die Gesellschaft gehörte. Er zeigte mir sogleich eine kleine Metallkugel. Was ist das? — Das halte ich für Silber, war meine Antwort. — Ja wohl, das ist Silber aus meiner Mine. Ja, Herr Professor, seit heute Morgen bin ich Besitzer einer Silbermine eine halbe Stunde von Copiapó: Herr Heinrich P. hat mir das Gesuch gestern aufgesetzt, und heute Morgen ist mir die Mine von der *Deputacion de Minas* zuerkannt. — Da gratulire ich von Herzen. Aber die Sache kommt mir doch wunderbar vor, dass Sie in der Nähe der Stadt, wo

---

*) Man sagt in Chile, eine Mine macht *Alcance*, wenn sie auf reiches Erz stösst, und man sagt, sie sei in *broceo*, wenn sie aufhört Erz zu geben.

Tausende von kundigen Leuten gegangen sind, eine Silbermine gefunden haben sollten, die jenen entgangen wäre. — Ich selbst habe sie auch nicht gefunden, sondern der Herr da, ein Chilene, der sich auf so etwas versteht. — Dann ist mir die Sache noch viel verdächtiger. Warum hat der Herr denn die Mine nicht für sich gefordert? — Nun, er hat nicht die Mittel sie zu bearbeiten, und ich habe ihm auch einen bedeutenden Antheil an der Mine gegeben. — Ich wollte noch immer sein Glück nicht glauben. — Aber wie können Sie zweifeln, Herr Professor! Ich selbst habe das Silber, welches Sie in der Hand gehabt, aus dem Erze ausgeschmolzen. — Haben Sie aber auch das Erz selbst in der Grube gefunden. — Ja freilich. — Und sind Sie sicher gewesen, dass es nicht etwa vorher hingelegt war? — Allerdings, ich habe selbst die Stufe abgeschlagen. — Nun musste ich freilich stillschweigen. Den folgenden Morgen sah ich seine Erze. Es war Kalkspath ohne die mindeste Spur von irgend einem Erze, Bleiglanz, Eisenoxyd oder sonst etwas, geschweige denn von Silbererz. Herr Heinrich P. war von unserm Landsmanne gebeten worden, eines Abends das Erz zu analysiren. Das geht bei Lichte nicht an; Herr P. hatte sich also begnügt, das Gestein zu zerreiben und zu waschen, um etwaige Erztheile durch Schütteln mit Wasser und Schlämmen auszuwaschen, hatte aber nichts zurückbehalten. — Da hatte der Landsmann gemeint, er habe zu heftig geschüttelt und die Erztheilchen mit ausgeschüttet. Herr P. hatte noch eine Cupellation mit dem vermeintlichen Erze machen müssen und auch nichts erhalten, aber mein Mann glaubte doch, es müsse Erz im Kalkspath stecken, denn er hatte ja ein ziemlich grosses Silberkorn herausgeschmolzen. Wie war dies zugegangen? Als er das vermeintliche Erz in den Schmelztiegel gethan hatte, fragte ihn der gute Mann, der ihm die Mine verrathen hatte, welchen Fluss er zusetzen wollte. Fluss? Daran habe ich wirklich nicht gedacht! — Aber ohne Fluss werden Sie das Metall nicht aus dem Erze darstellen können. Wollen Sie weissen oder schwarzen Fluss zusetzen? Ich möchte Ihnen zu dem letzteren rathen. — Nun gut, schaffen Sie mir etwas schwarzen Fluss an. — So war das Silber in den Tiegel gekommen! Glaubt man nun wohl, der Mensch wäre klug geworden, nachdem er den ihm gespielten Betrug gemerkt? Nein, er fuhr fort, seine Kalkspathader zu bearbeiten, weil es doch möglich sei, dass sie in der Tiefe Erz führe. Die Bearbeitung der Silberminen ist ein reines Hazardspiel, und die Anzahl der Personen, welche sich mit Minen ruinirt haben, ist dreissigmal so gross, wie die derjenigen, welche dadurch reich geworden sind. Aber dies Spiel hat einen ungemeinen Reiz, und das Minenfieber wird zuletzt zu einer wahren Krankheit, einer besondern Art Wahnsinn, welche die Aerzte füglich in die Pathologie aufnehmen könnten.

Kritik der Karten.

I. *Mapa corográfico de la República de Bolivia, mandado levantar por el E. Senor Presidente José Ballivian, y formado por el Coronel de Ingenieros Felipe Bertres, Director de la mesa topográfica.* 1843. *Lond. published by Arrowsmith*, ist, was die Wüste Atacama betrifft, höchst fehlerhaft. Die Küste ist sehr ungenau, namentlich ist bei Paposo eine tiefe Bucht angegeben, in welche sich ein Rio Salado mündet, während der Rio Salado 1° 17′ weiter südlich dicht bei Chañaral de las Animas mündet. Es ist ein Rio frio gezeichnet, der von Nordost nach Südwest zwischen dem 24. und 25. Grad der Breite verläuft, an 17 Meilen lang ist und der Küste bis auf 7 geographische Meilen nahe kommt. Der Rio frio läuft aber in Wirklichkeit fast genau von Süd nach Nord bis er sich etwa 4 Meilen vor dem Salzsumpfe von Punta negra verliert, und ist keine vier Meilen lang. Am südwestlichen Ende des s. g. Rio frio ist ein Dorf Paguil verzeichnet; den Namen habe ich nie gehört, und ein Dorf existirt in der ganzen Wüste nicht. Am imaginären Rio Salado ist etwa 7 Meilen im Osten von Paposo ein Ort Chaco alto gezeichnet, und in der Richtung von diesem nach der Mündung des Rio Juncal oder Tartal ein Ort Chaco bajo, womit vielleicht Cachiyuyal gemeint sein soll. Ich habe nie von zwei Chacos sprechen hören, und der Wasserplatz Chaco, der wohl mit Chaco alto bezeichnet sein soll, liegt wenigstens doppelt so weit im Osten von Paposo. Unter dem 24. Grade sind Campos Pasto grande verzeichnet. Pasto grande liegt auf dem Wege von Atacama nach Salta, beinahe östlich von Atacama. Peine liegt auf dieser Karte West zu Süd von Atacama, in der Entfernung von 25 leguas und nur 12 leguas von Mejillones, während es in der That 21 leguas von Atacama in SSO. und über 70 leguas vom Meere entfernt ist. Von der merkwürdigen Configuration des Bodens, den beiden grossen Becken von Punta negra und Atacama ist nichts angegeben.

II. *D'Orbigny's* Karte (ich glaube 1839 publicirt) zeigt den obern Theil der Wüste mit zwei enormen, von Nord nach Süden streichenden Gebirgsketten erfüllt, und Atacama liegt im Nordost von Cobija nahe an der Küste, während die Entfernung 70 leguas *del pays* beträgt. Da aber *D'Orbigny* selbst (*Géographie* p. 248) sagt, er habe sich eines *Itinéraire manuscrit*, im Jahre 1828 vom Obrist *Oconor* aufgenommen und im Convent der *Educandas* in *la Paz* deponirt, bedient, und hinzufügt: "*Les observations critiques que plusieures voyageurs m'ont faites postérieurement à la publication de ma carte sur les grandes inexactitudes de cet itinéraire, surtout pour la position d'Atacama et de Chiuchiu, me font vivement regretter de m'en être servi,*" so will ich darüber weiter kein Wort verlieren.

III. Eine Manuskript-Karte im Besitze von Herrn *Domeyko*: *Mapa del Desierto de Atacama levantado por el Señor D. Constantin Navarrete con los datos que le ha suministrado su hermano D. Bartolmé Navarrete, que lo ha reconocido en todas direcciones. Valparaiso Setiembre 10 de 1849*. Auf dieser Karte sind fast sämmtliche Wasserplätze und die Wege angegeben, und habe ich nach dieser Karte Antofagasta und die Wege dahin eingetragen. Die Entfernung der Wasserplätze ist leidlich genau, aber ihre respektive Richtung trifft nicht immer zu; die Bildung des Terrains ist auf derselben gar nicht angegeben, so ist z. B. keine Andeutung der beiden grossen Salzsümpfe, dagegen sind eine Menge Flussläufe gezeichnet, deren Länge und Richtung ganz aus dem Kopfe genommen zu sein scheint, was mit der genauen Kenntniss der Wege und Wasserplätze sehr contrastirt. So ist z. B. der Rio frio als ein von Osten nach Westen fliessender, 25 leguas langer Bach angegeben, und der Salado auf ein kleines kaum 2½ leguas langes Wässerchen reducirt, das noch dazu von Norden nach Süden fliesst.

IV. *The provinces of la Plata, the Banda oriental del Uruguay and Chile, chiefly from M. S. Documents, communicated by Sir Woodbine Parish etc. London published 4 June 1842 by Arrowsmith* ist bei weitem vorzüglicher als die Karten No. I und II. Ich bemerke folgende Irrthümer. Atacama (alto), Tambillo und Toconado bilden auf derselben ein Dreieck, während diese drei Punkte fast in einer graden Linie liegen, Toconado liegt ziemlich richtig, aber Peine, welches 880. von Toconado liegt, ist auf der Karte im Südwesten von Toconado gezeichnet, so dass der ganze von Peine nach Copiapó angegebene Weg verschoben ist. Auf diesem Wege sind die meisten Wasserplätze angegeben, aber bisweilen ganz falsch, so liegt z. B. auf der Karte die Encantada zwischen Zorras und Aguas blancas, während sie in Wirklichkeit zwischen Juncal und Doña Ines liegt. Ein grosser Vorzug dieser Karte ist, dass der gänzlich unbekannte Theil der Wüste wenigstens leer geblieben und nicht mit immensen, nur der Phantasie ihren Ursprung verdankenden Bergschraffirungen erfüllt ist. — Antofagasta liegt entweder ganz falsch, oder es muss zwei Orte dieses Namens geben. Bei *Arrowsmith* nämlich liegt es in der argentinischen Provinz Catamarca 26° 35′ südl. Breite, während es ein zu Bolivia gehörendes Dorf ist, das etwa unter 25° liegen muss.

Ueber die Gränzfrage.

Bekanntlich ist die Gränze zwischen Bolivien und Chile nicht genau festgestellt, und sind schon mehrere Male ernstliche Streitigkeiten deshalb zwischen beiden Staaten entstanden. Ein Artikel in der in Santiago erscheinenden Zeitung *Ferro carril* setzt die Sachlage gut auseinander. (S. Nr. 579. 3. Nov. 1857.) Er sagt: Es scheint, dass die Republik Bolivien sich die Herrschaft über die ganze Wüste Atacama anmasst, indem sie sich auf folgende Titel stützt: 1) den Mangel authentischer Documente, welche diesen Landstrich Chile zuertheilen. 2) einen Brief von *Pedro de Valdivia* an Kaiser Karl den Fünften, worin dieser Eroberer, indem er dem Kaiser Nachricht von seinem ersten Feldzuge in Chile gibt, sagt, er sei vom Städtchen Atacama, Jurisdiktion von Peru, ausgegangen, sei dann in eine lange Wüste eingedrungen, und von da in die Provinz Copayapu gekommen, welches die erste des Reiches Chile sei. 3) das Gesetz 9 *tit.* 15. *lib.* 2. *der Recopilacion de Indias*, welches, indem es die Gränzen der Königlichen *Audiencia de Charcas* festsetzt, sagt: Dieselbe soll zum Distrikt haben: Die Provinz de las Charcas und das ganze Collao, vom Orte Ayabiri an auf dem Wege von Hurcasuyo, vom Orte Asilio an auf dem Wege von Humasuyo, von Atemcana auf dem Wege von Arequipa in der Richtung der Charcas, einschliesslich der Provinzen Sangabana, Carabayos, Yarico und Dieguestas, Moyos und Chunchos, und Santa Cruz de la Sierra, so dass sie gränst: im Norden an die Königliche Audienz von Lima und noch unentdeckte Provinzen, im Süden an die Königliche Audienz Chile, im Osten und Westen an die beiden Meere, das Nordmeer [Atlantische Ocean] und das Südmeer [Stille Ocean] und die Demarkationslinie zwischen den Kronen Castilien und Portugal an der brasilianischen Provinz Santa Cruz. 4) das Zeugniss verschiedener Geographen, Reisender und Geschichtsschreiber, namentlich *Herrera, D. Jeorge Juan* und *D. Antonio de Ulloa*, welche die Wüste der genannten Capitaine oder königlichen Audienz von Charcas, heute Bolivien, zuschreiben. 5) Auf den Umstand, dass die Provinz Atacama in Bolivien ihren Namen von der darin begriffenen Wüste hat.

Der erste dieser Titel hat allein einen negativen Charakter. Wenn es auch wahr sein sollte, dass kein authentisches Dokument existirt, welches Chile den Besitz der Wüste zuerkennt, so ist dies kein Grund dafür, dass diese eher Bolivien als der argentinischen Republik, Peru, Spanien oder Japan gehört. Der zweite hat nicht mehr Kraft. Als Valdivia die Eroberung Chiles unternahm, hatte der an den Küsten des Stillen Oceans gelegene Landstrich Südamerikas keine andre Abtheilung als die in Chile und Peru. Die *Capitania general* von Charcas existirte noch nicht. Folglich ist der Umstand, dass Valdivia der Wüste erwähnt und ausserdem als Anfang des chilenischen Territoriums die Provinz Copayapó oder Copiapó kein Grund, welcher die Prätensionen Boliviens unterstützt, und um so weniger, wenn man berücksichtigt, dass damals die Gränzen der *Capitania general* von Chile noch nicht festgestellt waren. Dies Argument ist um so origineller, als mit demselben Rechte Peru behaupten könnte, dass ihm ganz Chile gehöre, da dieses lange Jahre hindurch einen Theil jenes Vicekönigreiches ausgemacht hat.

Der dritte jener Titel hat unstreitig mehr Gewicht. Wenn das Territorium der Königlichen Audienz von Charcas im Westen an die Südsee stiess, muss nothwendiger Weise Bolivien ein Stück Küste am Ufer dieses Meeres haben, so dass die *Guia de forasteros* des *Dr. Unanue*, und die hydrographische Karte der Küsten Chiles, welche im Jahre 1779 auf Befehl des spanischen Marineministers *Caballeros* gestochen ist, welche beide Chile den 22. oder 21. Grad südl. Breite als Nordgränze anweisen, in Widerspruch mit dem citirten Gesetze 9 Tit. 15. Buch 2. *der Recop. de Indias* stehen, und dass der Autorität, welche diese Documente haben könnten, eine andere von grösserem Gewicht und neuerem (?) Datum das Gleichgewicht hält. Wenn die Nordgränze des chilenischen Gebietes wirklich bis zu dem Punkte ginge, welcher in der erwähnten Guia und Karte angegeben ist, so wäre Charcas ohne Küste geblieben, ohne die Gränze der Südsee, und seit Errichtung der Königlichen Audienz von Buenos Ayres, zu dessen Vicekönigthum sie hinzugefügt wurde, vollkommen von jeder direkten Wasserverbindung abgeschnitten. Damit nun jenes Gesetz erfüllt werde, dessen Autorität grösser ist als die der Geschichtsschreiber, Reisenden und Geographen, ist es nöthig zuzugeben, dass Bolivien berechtigt ist, ein Stück Küste vom Stillen Meere in Anspruch zu nehmen. Die Frage zwischen beiden Nationen muss sich daher darauf beschränken, die Ausdehnung dieses Küstenstriches ins Klare zu setzen.

Mit dem, was Chile gegenwärtig besitzt, greift es keineswegs das *uti possidetis* vor dem Unabhängigkeitskriege an, welches der Grundsatz ist, an dem sich alle amerikanische Staaten in ihren Gränzfragen gehalten haben. Indem Chile die Küste bis Mejillones besitzt, lässt es Bolivien im Besitze eines Littorales, welches diesem Staate einen Zugang zum Stillen Meere gibt, wodurch die königliche *cedula* buchstäblich erfüllt wird, welche die Gränzen der Audiencia von Charcas bestimmt, so dass Bolivia den Inhalt dieser königlichen cedula nicht anrufen kann, um Chile einer Gebietsverletzung oder Usurpation anzuklagen, sondern einzig und allein um das Gewicht des zu Gunsten Chiles sprechenden Zeugnisses der *Guia des Doktors Unanue* und der auf Befehl des Ministers *Caballeros* herausgegebenen hydrographischen Karte zu entkräften, im Falle Chile, auf die Autorität dieser Documente gestützt, die ganze bolivianische Küste des Stillen Meeres seiner Herrschaft unterwerfen wollte.

Der vierte der von Bolivien angeführten Titel ist von geringer Autorität. Die Nachrichten der Geschichtsschreiber, Reisenden und Geographen über das Eigenthum der Wüste sind sehr unbestimmt und zweifelhaft. *D. Jeorge Juan* insbesondere spricht von derselben in seinen Reisen als von einem leeren Territorium, in welchem drei Staaten zusammenstossen, welches, weil es demselben Souverän unterworfen sei und gar kein Interesse für die Industrie darbiete, zu gleicher Zeit von diesen drei Staaten benutzt werde, die in demselben zugleich regierten. Wir glauben, dass diese Ansicht der Wahrheit am nächsten kommt, aber wir sind der Meinung, dass man bei der Behandlung solcher Fragen nicht von den Geschichtsschreibern und Reisenden sprechen muss, denn sie schreiben oft sehr absurdes Zeug; hat doch ein spanischer Chronikenschreiber gesagt, Arequipa läge im Gebiete von Chile.

Der fünfte Titel ist so nichtssagend, dass es nicht der Mühe werth ist, sich mit seiner Widerlegung abzugeben.

Dies war der Zustand der Dinge in der Zeit, als Südamerika Colonie war. Es kam der Unabhängigkeitskrieg und die Colonien wurden Nationen.

Bei der Theilung, welche der Befreier *Bolivar* mit dem alten Reiche der Incas vornahm, indem er aus dem, was man früher Hochperu nannte, die Republik Bolivia machte, fiel dieser als ihr Hafen am Stillen Meere Cobija oder Lamar zu.

Chile seines Theils schickte im Jahre 1830 eine religiöse Mission nach der Wüste unter der Leitung des gegenwärtigen Erzbischofs von Santiago. Später gab der Congress das Gesetz vom Nov. 1842, welches nicht die Wüste, die ihm seiner Meinung nach durch Transmission der Rechte des Mutterstaates gehörte, sondern die Guanoniederlagen, welche an den Küsten von Coquimbo, im Littoral der Wüste von Atacama und den benachbarten Inseln und Felsen sich befänden, für Nationaleigenthum erklärte. In Folge dessen fing man an, den Guano an der Küste von Atacama nur bis Mejillones auszubeuten, welchen Punkt Chile als die Nordgränze seines Gebietes anerkannte, und verschiedene chilenische und fremde Schiffe begannen an diesen Küsten ausgedehnte Geschäfte zu machen mit Erlaubniss und unter Aufsicht der chilenischen Behörden.

Damals trat Bolivien zum ersten Male mit der Prätension auf, sich zum Herrn der ganzen Wüste zu erklären. Es schickte eine Gesandtschaft nach Chile, um seine Prätension zu unterstützen, und da dies den gewünschten Erfolg nicht hatte, so nahm es seine Zuflucht zur Gewalt und liess 1847 den Hafen von Mejillones von Truppen besetzen. Chile wies den Angriff zurück, sendete die Fregatte Chile hin, um diese Position wieder zu nehmen, erbaute daselbst ein Fort, auf welchem die chilenische Flagge wehte, und seit der Zeit hatte Bolivien seine ungegründeten Ansprüche aufgegeben.

Im August 1857 erfuhr die chilenische Regierung, dass ein fremdes Schiff ohne Erlaubniss derselben in der Bai von Santa Maria auf der Halbinsel von Mejillones Kupfererze einlade. Es wurde die Dampf-Corvette *Esmeralda* hingeschickt, welche daselbst das nordamerikanische Bark-Schiff *Sportsman* antraf, das mit bolivianischem Erlaubnissscheine versehen war. Der Commandant der Esmeralda bedeutete dem Capitän des Schiffes Sportsman, der Hafen gehöre zu Chile, und der Kapitän habe sich deshalb binnen 14 Tagen in Caldera die Erlaubniss zum Einladen der Kupfererze zu holen, und als der Capitän erklärte, dies nicht thun zu wollen, führte die Corvette Esmeralda den Sportsman mit Gewalt nach Caldera. Hierauf hat der Sekretär der nordamerikanischen Legation bei der chilenischen Regierung eine Reclamation eingereicht, in welcher er 15000 pesos Schadenersatz für den Kapitän des Schiffes und ausserdem 100 pesos täglich von dem Tage an fordert, an welchem das Schiff weggenommen wurde! Ausserdem hat der französische Consul in Cobija eine ebenso bescheidene Forderung gemacht, endlich ein Herr *Pedro Nolasco Videla* als Repräsentant einer chilenischen Handelsgesellschaft 40000 pesos Schadenersatz für dieselbe verlangt. S. *Mercurio* 23. *Sept.* 1857.

Um den Ansprüchen der chilenischen Regierung auf die Küste mehr Nachhalt zu geben, hat der Intendant von Copiapó unter dem 10. Sept. 1857 eine neue Subdelegation des Departementes Caldera errichtet, welche vom 23. Grade südlicher Breite, „der Gränze der Republik," wo die Bai von Mejillones liegt, bis zur Punta de Plata unter dem 24° 5' südl. Breite inclusive reicht.

Folgende Thatsache beweist, dass zu der Zeit, wo die südamerikanischen Republiken noch spanische Colonieen waren, kein Zweifel darüber herrschte, dass das Littoral von Paposo zu Chile gehörte. Der Generalcapitän von Chile, *Aviles*, bewirkte, dass in einer den 28. Juli 1797 abgehaltenen *Junta de real hacienda* 500 pesos für die Errichtung einer Kapelle in Paposo bewilligt wurden, dass dem Stellvertreter des *Cura* ausser andern Einnahmen 100 pesos jährlich angewiesen würden, und dass jeder Fischer ihm jährlich eine Arroba trockner *Congrios* geben sollte. Der Geistliche *D. Rafael Andres Guorrero* ging damals nach Paposo. S. *Gay hist. polit. de Chile IV. p.* 412.

Es ist also ganz ungereimt, wenn Bolivien die Wüste bis zum Flusse von Paposo in Anspruch nimmt, wie auf der oben citirten, auf Befehl des Generals *Ballivian* herausgegebenen Karte zu sehen ist, und wie man in Bolivien *D'Orbigny* berichtet hat, der *Géogr. II. p.* 251. sagt: „*La mer borne la Bolivie du rio Loa jusqu'au rio Paposo au 25° 40' de latitude, ensuite les limites avec la république du Chili sont le cours du rio Paposo jusqu'à la chaîne occidentale de la Cordillère.*" Es gibt in der Natur zudem weder einen **Fluss** Paposo noch eine westliche oder östliche **Cordillerenkette**.

Ueber die Hülfsmittel der Wüste und die Möglichkeit, dieselbe zu cultiviren.

Vor einigen Monaten brachten hiesige Zeitungen die Nachricht, es wolle sich in Paris eine Gesellschaft bilden, um einen elektrischen Telegraphen zwischen La Paz und Santiago anzulegen, und hoffe, die Regierungen von Bolivien und Chile würden derselben Ländereien längs der Telegraphenlinie überlassen. Dies könne die Regierung leicht thun, aber was wollte denn die Gesellschaft mit den Steinwüsten anfangen? Man begreift, dass in Paris bei der Unwissenheit der Projektenmacher über die Länder, die sie beglücken wollen, solcher Unsinn zum Vorschein kommt, allein selbst in Chile sind manche enthusiastische Personen in grossen Täuschungen über die Hülfsmittel der Wüste befangen, namentlich habe ich mehrere Leute gesprochen, welche glauben, man könne durch artesische Brunnen fruchtbare Oasen in die Wüste zaubern; es sei weiter nichts nöthig, als eine recht schöne Bohrmaschine aus Nordamerika oder Europa kommen zu lassen und zu bohren, um einen reichen Springquell von Wasser zu erhalten. Diese Personen bedenken nicht, dass der Wasserreichthum der Quellen und des Bodens genau der Menge der atmosphärischen Niederschläge entspricht, und dass es in einer Gegend, wo es so wenig regnet, schneit und thaut, weder viele Quellen, noch Wasser in Innern der Erde geben kann; sie bedenken ferner nicht, dass eine besondere geognostische Beschaffenheit des Bodens nothwendig ist, um artesische Brunnen zu erhalten, welche ganz und gar in der Wüste fehlt. Aber wollten wir auch annehmen, dass in den höher gelegenen Orten, in deren Nähe Schneeberge sich befinden, in Puqios, Zorras, Pajonal, Rio frio u. s. w. die vorhandenen Bäche zum Bewässern von Feldern benutzt, oder die Brunnen wasserreicher gemacht werden könnten, so sind doch zwei Umstände einer jeden Kultur hinderlich. Der eine ist, dass die Wasser sich nur in schmalen Schluchten finden, wo es an Raum mangelt, Gärten und Felder von irgend einer Ausdehnung anzulegen, und der andre ist der, dass es in diesen Regionen in der Höhe von 7300 Fuss (Cachinal de la Serra), oder wenigstens 8500 Fuss (Chaco) in den heissesten Sommermonaten mitten in der Nacht friert! Es gibt keine Kulturpflanze, die in einem solchen Klima fortkommt, keine Getreideart, nicht die Kartoffel, aber auch kein Viehfutter. Es wird daher für immer unmöglich sein, diese Orte bewohnbar zu machen, und die Wüste wird ewig Wüste bleiben.

Als einen Beweis, dass es nicht schwierig sei, selbst mit vielen Lastthieren durch die Wüste zu reisen, und dass der Weg durch dieselbe leicht eine Handelsstrasse abgeben könnte, hat man mir den Zug von *Pedro de Valdivia* zur Eroberung Chiles angeführt, so wie, dass ein Kaufmann aus Coquimbo die Wüste mit tausend Maulthieren passirt habe. Was das erste Faktum anbetrifft, so lese man bei *Herrera* nach, wie traurig die Spanier die Wüste fanden, und wie viele Menschen beim Versuche sie zu passiren umgekommen sind, und das zweite Faktum verhält sich gerade umgekehrt. Ein Herr *Aycinena* in Coquimbo hatte allerdings die Spekulation gemacht, Branntwein zu Lande durch die Wüste nach Potosi zu bringen, und dabei alle möglichen Vorsichtsmassregeln getroffen, namentlich auch eine Menge Maulthiere mit Futter beladen. Allein die Expedition missglückte total: er verlor fast sämmtliche Maulthiere unterweges, kam als ruinirter Mann in Potosi an, und starb bald darauf daselbst aus Verdruss. Seine Wittwe verheirathete sich zum zweiten Male mit einem Herrn Vicuña, und deren Sohn aus zweiter Ehe D. *Francisco Vicuña* hat mir die Geschichte von der unglücklichen Expedition selbst erzählt.

Capitel VI.
Plastische Configuration der Wüste Atacama.

Wenn wir die physische Gestaltung der Republik Chile betrachten, so erregt nichts mehr unsere Bewunderung als das enorme Längsthal, welches sich ohne Unterbrechung von den Bergen von Chacabuco zwischen Santiago und Aconcagua, indem es sich allmählig senkt, bis zum Meerbusen von Reloncavi erstreckt, also vom 33. Grade südl. Breite bis zum 42., eine Länge von 200 leguas! Ja dieses Längsthal setzt sich unter das Meer fort, und bildet so den grossen Busen zwischen Chile und dem Festlande Amerikas. Seine grösste Erhebung nördlich von Santiago beträgt keine 1800 Fuss. In demselben liegen die Städte Santiago, Rancagua, S. Fernando, Curicó, Talca, Chillan etc. Es besteht einzig und allein aus Geröll, welches von den Gebirgen zu beiden Seiten herabgekommen ist, und die Vertiefung zwischen denselben ausgefüllt hat.

Dieses Thal trennt sehr scharf die hohe Cordillere im Osten von den niedrigen Bergen der Küste im Westen, die man im Allgemeinen in Chile die Küstencordillere nennt, und macht auch — jedoch nur im Allgemeinen — eine Trennung zwischen den geologischen Formationen, indem die hohe Cordillere der Anden fast nur aus bunten, geschichteten Porphyren besteht, während das Küstengebirge von Coquimbo bis Concepcion vorzugsweise aus Granit gebildet wird, welchem sich von Llico an nach dem Süden hin im Westen Glimmerschiefer vorlagern, die zuletzt den Granit ganz verdrängen (in der Provinz Valdivia habe ich keine Spur von Granit gefunden). Die unter dem Namen *Cancagua* bekannte tertiäre Sandsteinformation, so wichtig wegen ihrer vortrefflichen, den ächten Steinkohlen kaum an Güte nachstehenden Braunkohlen, ist nur in den südlichen Provinzen von Talcahuano an bis Chiloë mächtig entwickelt.*)

Die hohe Cordillere der Anden bildet in den mittleren und südlichen Provinzen Chiles ein wahres Kettengebirge, welches im Allgemeinen aus abgerundeten Gipfeln besteht, die durch enge und tiefe Thäler geschieden sind, welche wegen dieser Bildung im Lande den passenden Namen *Cajones*, Kasten, führen. Wenige Pässe, *Portezuelos*, *Portillos*, kleine Thüren, Spalten genannt, erlauben den Uebergang von einer Seite zur andern, da wo zwei nach entgegengesetzter Richtung herablaufende Querthäler sich in ihrem Ursprunge nähern. Wenn auf den Gipfeln der Cordillere sich Ebenen befinden, so sind diese klein, und mehr flache Rücken als wirkliche Ebenen. Das ganze Gebirge ist schmal. Die Entfernung zwischen Santa Rosa, 2400 Fuss über dem Meere, und Mendoza, 2340 Fuss über dem Meere, beträgt nur anderthalb Grad.

Betrachten wir nun die Beschaffenheit der Oberfläche der südlichsten Provinz von Peru, der Provinz Tarapacá, so finden wir, dass man in derselben nicht drei, sondern fünf verschiedene Längsstreifen unterscheiden kann.

1. Das Küstengebirge, ähnlich wie in Chile, welches aber nicht aus Granit, sondern aus Porphyr besteht. Es erhebt sich plötzlich von der Küste zu einer Höhe von 3—6000 Fuss und ist etwa 30 engl. Meilen oder c. 13 leguas breit.

2. Ein Längsthal, die Pampa von Tamarugal genannt, welche im Allgemeinen 3000 bis 3500 englische Fuss hoch liegt und grösstentheils mit Sand und Salzen, Kochsalz, borsaurem Kalk, salpetersaurem Natron bedeckt ist. Sie ist etwa 30 englische Meilen breit, und kann ihrer Bildung nach durchaus nicht mit dem chilenischen grossen Tiefthale zwischen seinen beiden Cordilleren verglichen werden. Diese Pampa erstreckt sich gen Norden bis in die Provinz Arica. Herr *Bollaert* hat ihre Südgränze nicht gesehn, hat mir aber mündlich gesagt, er habe vom Orte Mani aus Berge erblickt, welche sie zu schliessen schienen. Es sind unstreitig die Berge, welche den Rio Loa im Süden begränzen.

3. Im Osten dieser Pampa erhebt sich eine Reihe von Bergen, die vorzugsweise aus Sandstein bestehen, bis zur Höhe von 7000 Fuss. Diese Berge nehmen eine Breite von etwa 20 engl. Meilen oder etwa 8 leguas ein. — Der Sandstein gehört unstreitig der Secun-

---

*) In den nördlichen Provinzen Chiles existirt nichts jenem grossen Längsthale Analoges, man müsste denn die Travesia, Wüste, dahin rechnen, die sich von der Gegend von Chañarcillo bis Vallenar 32 leguas weit erstreckt. In der ganzen Ausdehnung von Vallenar bis Chacabuco, 100 leguas, 4 Breitengrade, sind nur unbedeutende und unterbrochene Bildungen dieser Art, z. B. von La Ligua bis Conchali (durch die Cuesta del Melon unterbrochen), von Tongoy bis Ovalle und Barraza, von Coquimbo bis el Buitre. Siehe die geognostische Karte von *Domeyko*.

därformation an und wahrscheinlich dem ältern Flözgebirge. In Chile gibt es keine ähnliche Bildung; die Sandsteine fehlen gänzlich, oder sind doch sehr untergeordnet.

4. Die vierte Region ist sehr zerrissen, und erhebt sich allmählig bis zu einer Höhe von 10 bis 16 tausend Fuss. (In dieser Region finden sich hauptsächlich die grossen Lamaheerden, und zahlreiche Cactus. Die Wüste Atacama bietet durchaus kein zerrissenes Gebirge dar.)

5. Hat der Reisende diese Region passirt, so findet er sich am Fusse der grossen Cordillere, der *Cordillera real*, wie man dort sagt, welches aber keine Gebirgskette, sondern ein wellenförmiges Terrän ist, bekannt unter dem Namen *Puna*, *Páramo* oder *Sierra*. Einige nennen es den grossen Knoten von Potosi. [Diese Region scheint also sich mit einem stufenförmigen Absatze über die vorige zu erheben.] Auf dieser Region sieht man Reihen von hohen Bergen [aufgesetzt], wie die hohen Schneeberge von Lipes und weiter im Norden den Ilimani und Sorata.

So schildert Herr *W. Bollaert* die Oberfläche dieser Provinz. S. *Observations on the Geography of southern Peru, including a survey of the province of Tarapacá, and route to Chile by the coast of the desert of Atacama by W. Bollaert F. R. G. S. Read before the Royal Geographical Society of London 28 April* 1851. Ich brauche nicht darauf aufmerksam zu machen, dass die Beschaffenheit der Oberfläche dieser Provinz nicht die mindeste Aehnlichkeit mit der des mittleren und südlichen Chile hat.

Was nun den von mir zwischen Copiapó und Atacama bereisten Theil Südamerikas betrifft, so erhebt sich derselbe steil und plötzlich aus dem Meere bis zu einer Höhe von 2000 und 3000 Fuss. (Die Hochebene nördlich von Cachinal de la Costa, keine halbe legua vom Meeresufer, ist 2026 Fuss, Cachiyuyal 2066, Portezuelo de las Tapaderas 1879, Thal des Llano colorado 1576, der folgende Portezuelo 1860 Fuss hoch. Das Thal des Rio Tartal oder Juncal hat ein solches Gefälle, dass es 2½ leguas vom Meere schon 1270 Fuss hoch liegt; die Agua de Perales im Thale von Guanillo, eine legua südlich von Paposo, durch welches der Weg von Paposo nach Antofagasta geht, welche nur 1¼ legua vom Meere entfernt ist, liegt 800 Fuss: die Ebene darüber 1600 Fuss über dem Meere. (Weiter im Norden ist das Land höher.) Von dieser Höhe aus erhebt sich nun das Land ganz allmählig und ohne irgend eine Unterbrechung bis an die Wasserplätze Agua de Varas 9700 Fuss, Profetas 9180, Sandon (geschätzt) 9000—9500, Chaco 8500, Juncal 8200, Encantada 8080, Doña Ines 7925, Agua dulce 6400, Chañaral bajo 4800, Ebene zwischen Chañaral und Trespuntas 5133 Fuss Meereshöhe. Indem man den Weg von Atacama nach Copiapó verfolgt, hat man diese sanft nach West geneigte Ebene beständig vor seinen Augen, so wie wir sie auf dem Wege zwischen Cachinal de la Costa und Hueso parado im Osten vor uns sehen, und es kann nicht der geringste Zweifel obwalten, dass auf dieser ganzen Länge keine Gebirgskette, kein Längsthal existirt: man sieht nur isolirte oder zusammengruppirte, verhältnissmässig niedrige Kuppen aus der allgemeinen Ebene hervorragen. Dasselbe Resultat ergibt der Querweg von Tartal (Breadal 1629 Fuss, Cachiyuyal 4000 Fuss, flacher Rücken 5000 Fuss) nach Cachinal de la Sierra 7516 Fuss.

In diesem Theile der Wüste sind drei breite, flache, seichte Querthäler, das des Rio Salado, welches man vom Meere aus bis zum Cerro Vicuña offen sieht, das von Pan de Azucar und drittens das von Juncal oder Tartal, welche von den oben erwähnten Höhen bis zum Meere gehen. Weiter nach Norden von Hueso parado bis Mejillones, in einer Erstreckung von 58 leguas, ist der Rand der Hochebene durch keine breite Oeffnung, durch kein Querthal unterbrochen, sondern er zeigt nur schmale Einkerbungen, wie die Quebradas von Guanillo, Panul, Miguel Diaz, Botijas. Letztere ist vielleicht die tiefste und breiteste. Im Osten der oben genannten Wasserplätze erhebt sich der Boden noch mehr, und zwar bei Sandon und Vaquillas mit einer auffallenden Stufe, so dass diese Wasserplätze in tiefen, engen, rasch ansteigenden Thälchen liegen, die sich aber nicht im geringsten mit einem *cajon* in den Cordilleren des mittleren Chiles vergleichen können. Weiter im Süden ist die Stufe viel weniger auffallend, indem sich offenbar der Rücken, welcher zwischen dem Stillen Meere und dem Flussgebiete des Rio de la Plata liegt, von seinem höchsten Punkte etwas südlich von Rio frio im Allgemeinen nach Süden senkt. Hat man die erwähnte Stufe erstiegen, so meint man, man werde ja nun wohl die Kette der hohen Cordillere sehen, denn eine solche muss ja existiren. Aber nein, es gibt in der ganzen Ausdehnung, die ich bereist habe, gar keine Cordillerenkette. Auf dem Rücken sieht man nach Osten Tagereisen weit, und erblickt nichts als isolirte oder gruppirte Bergkuppen ähnlich wie auf dem Abhange gen Westen, nur sind sie höher, und zwar nehmen sie im Allgemeinen an Höhe zu, je mehr man nach Norden geht. Man betrachte auf Tafel 11. das Panorama, welches ich von der Ebene bei Rio frio in 10,600 Fuss Meereshöhe aufgenommen habe.

Zwischen Agua Profetas und Rio frio zieht sich ein Rücken nach Nordwest, der zwischen Agua Profetas und Punta negra leicht auf einem niedrigen Passe zu überschreiten ist, aber gleich nördlich von Agua de Varas im Alto de Varas die Höhe von 12000—12500 Fuss erreichen mag (die Höhe des Passes beträgt 11500 Fuss). Von diesem Berge zieht sich der Rücken in rein nördlicher Richtung bis jenseits Atacama hin, und erreicht dort im Berge Quimal wieder eine bedeutende Höhe. Man kann diesen Rücken aber auch nicht eine Gebirgskette nennen. Er hat eine sehr sanfte Abdachung gegen Osten und wahrscheinlich auch gegen Westen. Wie der ganz wasserleere Theil der Wüste zwischen dem Meere und diesem Rücken beschaffen ist, kann ich nicht sagen; es scheint aber ebenfalls eine allmählig nach West abfallende Ebene zu sein, und enthält jedenfalls kein Längsthal, welches den die Wüste zwischen Botijas und Imilac durchkreuzenden Atacamaniern, bei denen ich mich darnach erkundigt habe, und den Personen, welche, wie *D. José Manuel Zuleta*, dort Minen bearbeitet haben, aufgefallen wäre, so wenig wie es Querthäler enthält, welche den Rand der Küste durchbrechen.

Zwischen dem erwähnten Höhenzuge, der mit dem Alto de Varas und dem Quimal bezeichnet ist, und dem höchsten Rücken zwischen dem Atlantischen und Stillen Meere liegt eine Einsenkung, oder, wenn man lieber will, ein langes, flaches Längsthal, welches mit dem Thale von Rio frio anfängt und sich im Norden in das Thal des Atacama-Flusses fortsetzt. Es enthält die merkwürdigen, trocknen Salzseen oder Salzsümpfe. Der von Atacama, 7400 Fuss über dem Meere, ist 25 leguas lang und 6—8 leguas breit; der von Punta negra 14 leguas lang und 4 breit, und etwa 8000 Fuss über dem Meere. Zwischen beiden liegen ein paar kleinere Becken, wie z. B. das von Imilac, etwa 7800 Fuss. Man könnte ohne irgend eine Höhe zu überschreiten von Imilac an den Salzsee von Atacama gelangen, wenn man unterweges Wasser fände. Da dies nicht der Fall ist, muss man den Alto de Pingo-pingo übersteigen, der auch mehr eine Hochebene als ein Berg, nur ein Zweig der hohen centralen Ebene ist. Aehnliche Bildungen wie die der Salzsümpfe von Punta negra und Atacama finden sich im Süden von Peru, die grösste ist vielleicht die Pampa de Sal, welche sich von Isluga im Süden bis nach Challaputo und der isolirten Cordillera del Froile im Norden 40 leguas weit erstreckt; ihre Breite wechselt zwischen 3 und 8 leguas und ihre Höhe beträgt wenigstens 14000 engl. oder 13000 pariser Fuss.

So wie es in dem ganzen von mir besuchten Landstriche keine Cordillere, keine Gebirgskette gibt, so gibt es auch kein Gebirgsthal, keinen *cajon*, sondern nur im Verhältniss zur Erhebung des Landes höchst unbedeutende Thälchen, die gewiss keine 1000 Fuss eingeschnitten sind, wie die von Sandon und Vaquillas, und allenfalls Zorras die einzigen, die an Hoch-Gebirgsthäler erinnern, und Quebraden, schmale Schluchten mit steilen Wänden, von denen viele Spalten, andre blosse Wasserrisse im Schutte sind. Ich wiederhole es, die Bildung dieser hohen Ebene von 10, 11, 13000 Fuss, über welche einzelne Gipfel noch 5—7000 Fuss hervorragen mögen, hat gar keine Aehnlichkeit mit der Bildung der Alpen oder der Cordilleren im Süden. Es gibt daher gar keine Pässe: man könnte überall wo man wollte, von einer Seite zur andern gelangen, wenn man unterweges Wasser und Weide fände.

Es ist klar, dass die Hochebene von Atacama sich ohne Unterbrechung an die grosse bolivianische Hochebene anschliesst. Aber es entsteht die Frage, wie endet sie gegen Süden? Verschmälert sie sich plötzlich, und geht sie in ein Kettengebirge über, oder wenigstens in ein von zwei Gebirgsketten eingefasstes Längsthal? Oder verschmälert sie sich allmählig, verwandelt sich der breite Rücken nach und nach in eine Cordillere, die sich immer mehr nach Süden verengt? Ich glaube das Letztere, und zwar stütze ich mich auf eine Beobachtung des Obristen D. *Antonio de la Fuente*, der in seiner mehrfach citirten *Memoria* sagt: Was die Cordillere von Copiapó anbetrifft, so sind ihre Pässe unzählig, oder besser gesagt, der Schmuggler kann sie überall passiren. Leider besitzen wir keinen Durchschnitt quer durch die Cordillere von Copiapó nach Tucuman und von Coquimbo nach der andern Seite. Schon in der Provinz Coquimbo scheinen grosse Ebenen auf der hohen Cordillere vorzukommen.

Ich habe in Tafel 12 die Profile durch die Wüste Atacama gegeben und in Tafel 13 verschiedene Querdurchschnitte, so weit sie sich bei der Mangelhaftigkeit unserer gegenwärtigen Kenntnisse entwerfen lassen.

Die Berge in der Wüste Atacama haben sämmtlich die Gestalt breiter Kegel oder abgerundeter Kuppen, bisweilen sind es Doppelkegel, bisweilen abgestutzte Kegel. Niemals sieht man Zacken, Nadeln, Hörner, die nach unsern europäischen Begriffen das Hochgebirge charakterisiren. Dieselbe Thatsache ist *d'Orbigny* in Bolivien aufgefallen. Er sagte, „wenn ich mit diesen Bergen die Ketten der Pyrenäen und Alpen vergleiche, finde ich nicht die geringste Aehnlichkeit, sondern eine vollkommene Disparität." (Geologie p. 100.) Wenn er aber fortfährt: „Da sich mir analoge Formen auf der ganzen Länge der Kette von Valparaiso bis Lima gezeigt haben, so glaube ich, dass diese einfache Gestalt und kegelförmige Pics mit stumpfem Gipfel ohne Zacken die grossen Erhebungen trachytischer Felsen charakterisiren," so ist er in grossem Irrthume; denn in ganz Chile von Copiapó an bis zum Vulkan von Osorno kommt gar kein Trachyt vor, und die meisten Gipfel sind Porphyr. Auch D'Orbigny bemerkt den Mangel grosser Thäler, „de grandes fissures," wie er sagt.

Geognostische Beschaffenheit der Wüste.

Die Meinung ist sehr allgemein verbreitet, die Wüste Atacama sei eine Sandwüste. Der spanische Geschichtsschreiber *Herrera* sagt, *Dec. VI. lib. 11. cap. 1:* „*D. Diego de Almagro* ... entdeckte die Wüste Atacama, welche eine Sandwüste (un arenal) von 90 leguas ist, mit wenig Wasser und ohne etwas Grünes in derselben, ausser an vier oder fünf Stellen, wesshalb Menschen und Pferde darin umkamen," und *D'Orbigny* (*Géol. p. 95*): „Die Berge bei Cobija ... sind mit einem ungeheuren sandigen plateau bedeckt, welches der Wüste Atacama angehört." Die Berge bei Cobija kenne ich nicht, aber in dem Theile der Wüste Atacama, den ich bereiste, habe ich nur an drei Stellen Sand gefunden, 1) bei Caldera, 2) in dem Thale, welches von le Chimba bis nach Mejillones geht, 3) am Ufer des Salzsees von Atacama. Diese mit Sand bedeckten Stellen haben eine sehr geringe Ausdehnung, am grössten ist noch der Sandstrich zwischen le Chimba und Mejillones, der $5\frac{1}{2}$ deutsche Meilen lang und etwa $\frac{3}{4}$ Meilen breit ist.

Dagegen kann man wohl sagen, dass drei Viertheile oder wenigstens zwei Drittheile der Wüste aus Grus, Schutt, oder richtiger aus eckigen Steinen bestehen. Dieselben sind so scharf, dass man genöthigt ist, die Maulthiere alle Augenblicke zu beschlagen (unter meinen 13 Maulthieren war eins, dessen Hufe so hart waren, dass dies nicht noth that), und dass die Hunde Schuhe bekommen. Hat man keine Hufeisen für die Maulthiere, so bindet man ihnen auch Schuhe um, d. h. Stückchen ungegerbten Leders, s. g. ojotas. Da die Bruchstücke so scharfkantig sind, so können diese Steine nicht durch fliessende Gewässer weit hergefluthet sein; sie sind an Ort und Stelle aus einer freiwilligen Zerklüftung der Felsen entstanden, von den Gipfeln herabgeschurrt oder höchstens geringe Strecken weit durch fliessende Gewässer, wenn es ein Mal geregnet hat, herbeigeführt. Diese Schuttbildung ist in der ganzen Cordillere der Anden überaus häufig. *Darwin* sagt (*Journ. etc. p.* 316): „Alle Hauptthäler in der Cordillere sind dadurch charakterisirt, dass sie auf beiden Seiten einen Saum oder eine Terrasse von Gerölle und Sand haben, welche eine rohe Schichtung zeigt und gewöhnlich von beträchtlicher Mächtigkeit ist ... die Thalgründe im nördlichen Chile, wo keine Ströme fliessen, sind auf diese Weise mit Schutt angefüllt," und p. 318: „Ich habe oftmals bemerkt, sowohl auf dem Feuerlande wie in den Anden, dass, wo der Felsen während des grössten Theiles des Jahres mit Schnee bedeckt war, er auf eine ausserordentliche Weise in kleine eckige Bruchstücke zertrümmert ist. Scoresby hat dieselbe Thatsache in Spitzbergen beobachtet. — Was auch immer die Ursache hiervon sein mag, die Masse von zerkrümeltem Gestein auf der Cordillere ist ungeheuer gross." Der Frost und Schnee ist sicherlich nicht die Ursache dieser Erscheinung. In der That findet sich dieselbe in der Wüste Atacama ebensogut da, wo es nie friert und wo es nie schneit, als in den höheren Regionen, wo es jede Nacht friert und ab und zu Schnee fällt. *D'Orbigny* (*Voy. Géol. p.* 89) sagt: „Im Norden von Valparaiso, bei Viña la mar und bis an den Fluss Aconcagua sind die Felsen, welche die Hügel bilden, zersprungen und in eine Menge kleiner Fragmente getheilt, welche entweder in die Schluchten hinabgerollt sind, oder bereit sind, beim geringsten Stosse hinabzufallen." (Er glaubt sonderbarer Weise, diese Erscheinung sei eine Folge der zahlreichen Erdbeben. Es ist nicht der Mühe werth, diese Meinung zu widerlegen.) Weiterhin sagt er: „Diese Felsen bestehen aus zahlreichen Brocken, aus kleinen eckigen Stücken, die man noch in ihrer Lage findet, u. s. w.," Er hat also diese Erscheinung nicht, wie Darwin in ihrer Allgemeinheit erkannt. Daher kommt es, dass man in der Wüste fast niemals einen Felsen, und so selten anstehendes Gestein findet. Ich erinnere mich nicht, in Europa etwas Aehnliches gesehn zu haben.

Verschieden hiervon ist die Erscheinung, wenn das Gestein sich in kugeligen Grus oder groben Sand auflöst wie das Gestein von Mejillones. Dieses kommt auch in Europa öfter vor, ich habe in Calabrien einen solchen Granit gefunden, in dem Gebirge der Rocca Monfina bei Neapel, ein Leucitgestein, das diese Eigenschaft hatte, und im Habichtswalde bei Cassel gibt es bekanntlich einen Basalt, der sich in lauter Körner wie Erbsen und Haselnüsse auflöst, und deshalb dort zum Bestreuen der Wege gebraucht wird. Ein solches in kugelige Fragmente zerfallendes Gestein habe ich ausser bei Mejillones nur noch ein Mal gefunden; es ist dies der massige Trachyt, der bei Tilopozo am Rande des Alto de Pingo-pingo ansteht.

D'Orbigny sagt (*Voy. vol.* III. *p.* 353.), er habe überall an der Küste [nicht auch im Innern] deutliche Strombetten gefunden, und man könne die Kraft und das Volumen der Wässer, die in ihnen geflossen, aus den enormen von ihnen fortgeführten Blöcken, und aus ihrer Tiefe, die mehr als vier Meter bei sechs bis acht Meter Breite betrage, schliessen. Diese Erscheinung habe ihn um so mehr überrascht, als seit den ältesten historischen Zeiten kein Tropfen Wasser in Cobija noch auf der ganzen Küste von Chile und Peru zwischen Copiapó und Payta gefallen sei. (?) Dennoch unterläge es keinem Zweifel, dass im Anfange unserer Periode reichliche Regen an diesen Orten gefallen seien, so wie auf allen Punkten des westlichen Abhanges der Anden, wo es gegenwärtig nie regnet. „Soll man, fährt er fort, um diese Veränderung der Atmosphäre zu erklären, eine vollkommene Umkehrung in der Richtung der Winde annehmen, eine Veränderung, die wenig wahrscheinlich ist, oder zu analogen Ursachen zurückgehen, wie die, welche die Gletscher Europas in die Mitte von Thälern herabsteigen liessen, die heute gemässigt sind? Ich möchte mich zu der letzteren Hypothese hinneigen." Gletscher können doch nur da entstehen, wo es reichliche, wässerige Niederschläge gibt, Schnee in höheren Regionen, Regen in tieferen, und um diese zu erklären, müsse man doch wohl Regenwinde annehmen, die nach D'Orbigny unwahrscheinlich sind. Gletscher, die in der heissen Zone vom Abhange der Cordillere in c. 12,000 Fuss Höhe bis in das Meer 20, 40 und mehr leguas weit gereicht haben, wird Niemand annehmen wollen, auch meint D'Orbigny an einem andern Orte (Géol. p. 98), es sei klar, dass, wenn eine momentane Erniedrigung der Temperatur die Berge zufällig mit Schnee bedeckt habe, auf den Abhängen sich Giessbäche bilden würden, sobald sich die Temperatur dieser Breiten wieder hergestellt habe. Bei der höchst trocknen Luft dieser Gegenden, welche ja eben die Ursache ihrer Dürre und ihres Regenmangels ist, müsste man eine sehr bedeutende Temperaturerniedrigung annehmen, und würde doch immer nur sehr wenig Schnee erhalten, und welcher Umstand sollte diese Temperaturerniedrigung bewirken? Und würde eine solche Erscheinung ausreichend sein? Es ist eine reine Hypothese, wenn d'Orbigny meint, dass es im Anfange unserer gegenwärtigen Periode reichliche Regen gegeben habe, für die er keinen einzigen Grund anführt. Entschieden falsch ist die Behauptung, dass es daselbt nie regne: der wolkenbruchähnliche Regen vom Mai 1848, welcher machte, dass der Salado bis in das Meer floss und beinahe das Haus von Chañaral bajo mit sich fortriss, ist allen Leuten im frischen Andenken; ich habe angeführt, wie ältere Leute sich erinnern, dass ein mächtiger Strom die sonst trockne Quebrada de Paipote herabgekommen ist und Copiapó bedroht hat; ich habe erzählt, dass man in Atacama mir versichert hat, vor 18 Monaten habe es dort geregnet. Endlich ist es bekannt, dass im Winter oft viel Schnee und im Februar Regen fällt. Das wusste schon *Herrera*, und ganz bekannt ist es, dass *Almagro*, als er Chile erobern wollte, einen bedeutenden Theil seines Heeres durch Frost und Schneestürme beim Uebergange über die Cordillere nach Copiapó verlor. Der Regen und Schnee, den ich selbst im Februar erlebt habe, war allerdings unbedeutend, aber in andern Jahren mag es mehr sein, und ein Bach, der in Folge eines starken Regenschauers nur ein paar Stunden fliesst, wird bei dem starken Gefälle in dem losen Schutte sehr tiefe Furchen reissen. Dass nirgends in dem von mir bereisten Theile der Wüste Flüsse und Bäche anhaltend geflossen sind, beweist der gänzliche Mangel von abgerundeten Kieseln in ihren Betten, wie sie ein fortgesetztes Fortwälzen und Gegeneinanderreiben erzeugt. Auch habe ich nirgends grosse Blöcke gesehn, die weit hergeführt wären. Wo ich deren gesehn habe, schienen sie mehr von den Thalwänden herabgerollt, als von Fluthen aus der Ferne herbeigewälzt zu sein. Ich habe keine Thatsache gesehen, die darauf hindeutete, dass früherhin, in unserer jetzigen geologischen Periode, die atmosphärischen Erscheinungen von den gegenwärtigen wesentlich verschieden gewesen sind.

Die Hebung des Landes und das Vorkommen von Muscheln, wie sie noch jetzt im benachbarten Meere leben, in mehr oder weniger bedeutender Höhe über dem jetzigen Meeresspiegel, habe ich an vielen Punkten der Küste beobachtet, z. B. bei Caldera, im Thale des Salado, bei Miguel Diaz, wo ich diese Reste des früheren Meeresstrandes in einer Höhe von 220 Fuss und wenigstens eine halbe legua vom jetzigen Ufer der See entfernt fand. D'Orbigny fand bei Cobija Muschellager (Concholepas, Fissurella etc.) bis beinahe 100 Meter über dem Meere und eine Viertelstunde landeinwärts. (Géolog. p. 8.) Herr *Heinrich Paulsen* hat bei Chañaral de las animas einen Brunnen graben lassen und dabei folgende Schichten angetroffen, deren Mächtigkeit er leider nicht aufnotirt hat. Der Brunnen wurde nordöstlich von den Häusern und etwa 40 bis 50 Fuss über dem Meere gegraben. Zu oberst war Sand, darunter eine erste Muschelschicht, dann kam Lehmsand, dann eine zweite Muschelschicht; dann Sand und Grus, dann eine dritte Muschelschicht, etwa 3 bis 4 Fuss mächtig, zu einem ziemlich festen Stein verkittet und von Eisenoxyd röthlich gefärbt. Darunter eine Schicht lockerer Erde mit Muscheln und Sand, dann Lehm, 4 bis 5 Fuss mächtig, ohne alle Muscheln. Als man in diese Tiefe gelangt war, entwich eine grosse Menge eingeschlossener Luft. Zwei bis drei Fuss tiefer fand sich das gesuchte Wasser, aber so salzig, dass es nicht zu gebrauchen war. Ob man auch an der Küste der Wüste Atacama fünf treppenartige Terrassen, Folgen von ebensoviel verschiedenen Hebungen, unterscheiden kann, wie bei Coquimbo, Huasco etc. kann ich nicht sagen; bei dem steilen Absturze der Wüste nach der See möchte es schwer sein, dies zu beobachten.

Von der Tertiärformation habe ich nur an wenigen Orten Spuren gesehn. Die Perna Gaudichaudii d'Orb., eine charakteristische Versteinerung dieser Formation, fand ich lose bei Caldera, und gegen Ende meines Aufenthalts daselbst, so dass ich nicht Zeit hatte, die Schichten aufzusuchen, in denen sie vorkommt, und ihr Verhältniss zu den darüber liegenden Diluvial- und Alluvialmassen zu untersuchen. Tertiär scheinen mir ferner die der Nagelflühe ähnlichen Conglomerate zu sein, welche ich zwischen Pajonal und Zorras, im Thale von Zorras, so wie im Thale von Chaco gefunden habe. An beiden Orten ist dieses Conglomerat horizontal geschichtet. Lose Blöcke zum Theil von bedeutenden Dimensionen (bis 20 Fuss lang) sah ich bei Agua de Profetas.

Die Kreideformation habe ich nicht beobachtet. Dagegen kommt ganz entschieden die Juraformation vor, und zwar der obere Lias oder der untere Jura. Die Posidonienschiefer im Thale von Chaco, die zahlreichen Gryphaea cymbium (arcuata Lamk.) und Gr. dilatata, welche zwischen Juncal und Encantada auf der Erde liegen, die Ammoniten, die ich bei Sandon, Chaco, Encantada gesammelt, das Vorkommen der Septarien u. s. w. sind so entscheidend, dass darüber kein Zweifel obwalten kann; selbst die auffallende Abwesenheit aller Terebrateln spricht dafür, indem die Posidonienschiefer auch in Deutschland fast ohne Terebrateln sind. Die Herren *Al. Brongniart, Dufrénoy* und *Elie de Beaumont* sagten noch in ihrem Berichte über die Geologie von d'Orbigny's Reise: „Einer der auffallendsten Umstände in der Geologie Südamerikas ist, wie es seit langer Zeit Herr von Buch angekündigt hat, das Fehlen der Juraformation." Die Herren *Bayle* und *Coquand* haben in den chilenischen Versteinerungen die Juraformation nachgewiesen, aber die Auffindung der oben erwähnten Versteinerungen setzt diese Thatsache ausser allen Zweifel. Die nördlichsten Punkte, wo diese Formation in der Wüste vorkommt, sind wohl die Schluchten von Agua de Profetas, Sandon und Vaquillas, denn die rothen Mergel mit Fasergyps und den untergeordneten gelben Sandsteinen, welche man auf dem Wege von Agua de Profetas nach Agua de Varas findet, so wie die rothen Sandsteine von Barrancas blancas, Zorras, Pajonal und Puquios sind zweifelhaften Alters und gehören vielleicht zur folgenden Formation. Von Sandon bis zu den Bergen von Trespuntas erstreckt sich diese Formation wahrscheinlich ohne wesentliche Unterbrechung, ist aber durch tertiäre Conglomerate (bei Chaco) und noch öfter durch Trachytströme bedeckt, so dass sie dann nur in den Gebirgsspalten entblösst ist. Zwischen Sandon und Vaquillas, zwischen Chaco und Juncal, zwischen Juncal und Encantada, zwischen Encantada und Doña Ines bildet diese Formation die Oberfläche des Bodens. Mehrfach wechseln die Mergelschichten und schwarzen Kalksteine mit Porphyr und Grünstein (Thal von Vaquillas, Encantada), und es ist oft schwer zu sagen, ob man diese Massen nicht lieber als Gänge ansehen soll. Im Thale der Encantada kommen untergeordnete Lager (oder Gänge?) von bläulichem Jaspis und Schwerspathgänge in dieser Formation vor. Ich habe bereits oben bemerkt, dass die Mergel mit Spuren von Steinkohlen, welche Herr *Engelhard* im Valle del Ternero aufgefunden hat, wohl dieser Formation angehören dürften. Die Schichten streichen von Norden nach Süden und schiessen nach Ost unter einem steilen Winkel ein, bei Sandon unter $45°$, Vaquillas 35—$40°$, Encantada c. $40°$. Nur im Thale von Chaco fallen sie nach West ein und unter einem Winkel von $60°$.

Die rothen Mergel, welche Gyps, Steinsalz und den merkwürdigen Kupfersandstein führen, welche im Thale des Flusses von Atacama auftreten, sind offenbar identisch mit denen von Corocoro, erstrecken sich also $5\frac{1}{2}$ Breitengrad! und gehören wohl dem Pernischen System an. D'Orbigny rechnet zwar die rothen Mergel und Sandsteine noch zum Kohlensystem, allein schon die Herren *Al. Brongniart, Dufrénoy* und *Élie de Beaumont* haben es wahrscheinlich gemacht, dass sie jünger sind. Bis jetzt fehlt es an Thatsachen, um ihr Alter mit Sicherheit festzustellen. Das Vorkommen von gediegenem Kupfer in den Sandsteinschichten erinnert einigermassen an den Kupferschiefer.

Was ich aus dem Thonschiefer machen soll, den ich in der Quebrada de la Soledad zwischen den Minen von las Animas und den Minen von Salado fand, weiss ich wahrlich nicht. Ist es ein Schiefer der Juraformation, zu welcher etwa die geschichteten Porphyre von las Animas gehören? Ganz ähnliche Thonschiefer, von denen des Uebergangs-Gebirges schwerlich zu unterscheiden, habe ich in der Apenninenformation bei Civitá vecchia gefunden.

Die Porphyre sind zweierlei Art. Am häufigsten sieht man Thonsteinporphyre von bunten Farben, ohne Quarz, mit Feldspathkrystallen (Albit?), die meist nur eine Linie gross sind, oft auch mit Hornblendekrystallen. Dieser Porphyr ist unstreitig identisch mit den bunten Porphyren, wie sie *Domeyko* nennt, welche in Chile die Hauptmasse der hohen Cordillere bilden und in derselben meist geschichtet auftreten, daher sie *Domeyko* für umgewandelte secundäre Schichten hält. Ich kann mir keine Vorstellung machen, wie diese Umwandlung geschehen sein soll, zumal in den Fällen, wo dieser Porphyr mit Kalksteinschichten abwechselt. Nur in seltenen Fällen geht dieser Porphyr in Mandelstein über, wie bei Zorras und zwischen Cachiyuyal und Hueso parado, und nirgends erzeugt er in der Wüste Thonlager, wahrscheinlich weil es an Wasser gefehlt hat, seine Trümmer auszulaugen und zu zersetzen. Er ist erstaunlich arm an Mineralien: Epidot kommt häufig in demselben vor, sodann etwas Kalkspath. Zeolithe, die doch nach *Domeyko* in den Porphyren der Cordillere von Coquimbo etc. häufig sind (*Domeyko* gibt an: Stilbit, Mesotyp, Skolezit, Laumonit, Phrenit und Leucit), fehlen ganz oder sind sehr selten. Von Metallen enthält er bisweilen Eisenglanz und sehr häufig Kupfer. Die Kupfergruben von las Animas, Paposo, el Cobre sind im Porphyr; im Porphyr von la Chimba fand ich Kupfer u. s. w. Dieses häufige Vorkommen von Kupfer in diesem Porphyr ist sehr auffallend, da im übrigen Chile der Porphyr beinahe nie Kupfer-, sondern nur Silbererze führt, während dafür die Kupfererze im Granit stecken. Siehe die verschiedenen Abhandlungen von *Domeyko* über die Geognosie Chiles.

Spuren von diesem Porphyr habe ich bei Algarrobillo am Ufer der Salina von Atacama gesehen; dann findet er sich bei Pajonal, auf dem Wege von Pajonal nach Imilac, zwischen Pajonal und Zorras, zwischen Barrancas blancas und Rio frio; diese letzteren Porphyre hängen wahrscheinlich mit dem Alto de Varas zusammen, der ganz aus Porphyr besteht. Weiter nach Süden fortschreitend, findet man den Cerro negro bei Sandon aus Porphyr gebildet, dasselbe Gestein trifft man zwischen Juncal und Encantada an. In diesem letzteren Thale sind die Kalksteine und Mergel den bunten Porphyren untergeordnet. Zwischen Doña Ines und Agua dulce ist ebenfalls Porphyr, und scheint die ganze „Serrania del Indio muerto" daraus zu bestehen. Er bildet keine zusammenhängende Masse, sondern ist mehrmals durch Syenit und Liasmergel unterbrochen und durch Trachytströme überdeckt, sodass es mir nicht möglich war, mir ein klares Bild über die Verhältnisse seines Vorkommens im Allgemeinen zu entwerfen. In sehr vielen Fällen ist er unstreitig als ein Glied der Juraformation anzusehen, in andern Fällen aber möchte es schwer sein, sein geognostisches Alter festzustellen.

Vom Flusse Copiapó an bis nach Topocalma, von 27°—34° südl. Breite, also in der

Länge von 175 leguas wird die chilenische Küste (mit Ausnahme einiger kleinen tertiären Stellen) nach *Domeyko* ausschliesslich von Granit gebildet, allein nördlich von Chañaral de las Animas tritt der Porphyr sehr häufig an der Küste auf. Ich habe bereits bemerkt, dass die Kupferminen von las Animas in geschichtetem Porphyr liegen; das ganze Gebirge von Cachiyuyal bis nach der Mündung des Flussbettes von Tartal oder Juncal ist Porphyr, die Berge von Cobre, von la Chimba u. s. w. sind Porphyr. Nach D'Orbigny Géologia p. 77. zeigen sich Berge von porphyrischen Gesteinen und alte Mandelsteine (*des wackes anciennes amygdalaires*) von Coquimbo (?), Cobija, Arica bis Lima. Auch die Küstengebirge der Provinz Tarapacá sind nach *Bollaert* Porphyr. Granit scheint also nördlich von Mejillones nicht mehr vorzukommen.

Auffallend ist ein Porphyrgang im Gypsmergel nicht weit von Agua de Varas. Bisweilen geht dieser Thonsteinporphyr in einen porphyrartigen Grünstein über und sehr häufig wird er von Grünsteingängen durchsetzt.

Hornsteinporphyr ist die zweite Art Porphyr, welche ich in der Wüste beobachtet habe. Derselbe ist sehr viel seltener und scheint immer nur in kleinen Massen vorzukommen. Ich traf ihn zuerst bei Cachiyuyal (auf dem Wege von Breadal nach Cachinal de la Sierra), dann zwischen Cachiyuyal und Cachinal de la Sierra, und lose Bruchstücke davon bei Punta negra und bei Atacama.

Grünstein kommt in sehr mannigfaltigen Formen vor, bald als Grünsteinporphyr, und dann oft wechsellagernd mit den bunten Thonsteinporphyren, bald körnig, bald dicht, und in diesem Falle bildet er Gänge im Granit, im Syenit, im Porphyr etc. Das Thal von Agua dulce und Pasto cerrado scheint ganz in Grünstein eingeschnitten; die Berge von Trespuntas scheinen hauptsächlich aus einem merkwürdigen Grünsteine zu bestehn, der sehr viel kohlensauren Kalk enthält.

Der Granit findet sich an der Küste nicht selten, bildet aber keine zusammenhängende Masse. Ich traf ihn zuerst im Thale des Salado und von dessen Mündung an bis Cachinal de la Costa; bei Paposo scheint er Gänge im Porphyrgebirge zu bilden, die dann auch als Klippen am Ufer hervorragen, indem sie der Zersetzung besser Widerstand leisteten. Bei Chagual del Joste steht ein Granit an, der durch Aufnahme von viel Hornblende in Syenit übergeht, und der Granit von Mejillones enthält viel Chlorit und ist deshalb vielleicht eher Protogyn zu nennen. Der Granulit von Caldera ist wohl nur als eine Abart des Granites zu betrachten.

Im Innern traf ich Granit zwischen Breadal und Cachiyuyal, allein die grösste Masse Granit ist offenbar der Alto de Pingo-pingo. Die Thäler von Sandon und Vaquillas, zum Theil auch Rio frio sind in Granit eingeschnitten.

Der Syenit ist wohl ebenso häufig. Der hohe Berg von Hueso parado besteht daraus und wohl das ganze Küstengebirge bis Estancia vieja; bei Cobre sch nt der Syenit Gänge im Porphyr zu bilden, wie der Granit bei Paposo. Im Innern bildet dieses Gestein den Alto de Puquios; es ist im Thale von Zorras entblösst und findet sich in grosser Ausdehnung zwischen Agua dulce, Finca de Chañaral und weiter nach Süden.

Zwei Mal fand ich ziemlich grosse Blöcke eines hellgelblichen, undurchsichtigen Feldspaths, das eine Mal zwischen Estancia vieja und Paposo, das andre Mal im Thale von Vaquillas, die vielleicht aus dem Granit oder Syenit stammen. Auch *Meyen* erwähnt (Reise II. p. 8.) eines dichten Feldspaths, gelblich-weiss und undurchsichtig, der vor dem Löthrohre an den Kanten unter Aufschäumen zu einem weissen Glase schmolz. Ich habe im Thale von Vaquillas lange darnach gesucht, diesen Feldspath anstehend zu finden, aber vergeblich.

An ein paar Orten, z. B. bei Caldera, habe ich Hypersthenfels angetroffen, der eine sehr untergeordnete Rolle zu spielen scheint, sowie der Quarzfels oder Hornfels, den ich bei Chañaral de las Animas fand.

In Chile kommen, wie schon erwähnt, südlich von Copiapó gar keine Trachyte vor, ungeachtet Bimssteine nicht selten sind. Allein man kann wohl sagen, das von der Encantada an bis weit nördlich von S. Bartolo, 95 leguas lang, der Boden der Wüste östlich vom Wege mit Trachytströmen bedeckt ist, während auch westlich von dieser Linie Trachyt auftritt, aber vereinzelt und nicht in so grosser Ausdehnung, nämlich am Ostabhange der Berge von Pingo-pingo, bei Punta negra und bei Agua de Profetas. Dieser Trachyt scheint beinahe überall geflossen zu sein; gewöhnlich ist seine Oberfläche noch mit den Schlackenschollen bedeckt, wie sie ein jeder Lavastrom des Vesuvs oder Aetnas zeigt, und an vielen Stellen (bei Atacama, Tilopozo, Rio frio u. s. w.) kann man deutlich die Auflagerung dieser Ströme sehen. Aber woher sind sie gekommen? Nirgends ist eine Spur von Krater zu sehen. Auch *D'Orbigny* hat in Bolivien nie einen Krater gesehn. Ebenso wenig sieht man Spalten oder Oeffnungen, denen diese Ströme entquollen wären. Es scheint, dass die Vorstellungen von einem Vulkan, die wir vom Vesuv, vom Aetna, Stromboli, den erloschenen Vulkanen der Rocca Monfina, der phlegräischen Felder, der Gegend von Rom, Pontellarias Vulcano, Lipari — ich nenne nur die Gegenden, die ich selbst mehr oder weniger sorgfältig untersucht habe — in denen alle Krater eine Hauptrolle spielen, Vorstellungen, die ich am Vulkane von Osorno bestätigt gefunden habe, auf diese Trachyte der Hochebenen Boliviens und Atacamas gar nicht passen.

D'Orbigny (Géol. p. 217.) unterscheidet dreierlei Arten Trachyts. Einen sehr glimmerreichen, oft granitähnlichen, ohne Augit (leider sagt er nicht, welche Bestandtheile er ausser Glimmer enthalte, ob Quarz? oder glasigen Feldspath?). Dieser Trachyt ist nie von Bimssteinconglomeraten begleitet, wie die beiden andern Arten. Er findet sich im östlichen Theile des bolivianischen Plateaus bei Oruro, Uallapata, Unchacha und besonders zwischen Peñas und Potosi. Die zweite Art Trachyt ist porphyroidisch mit Krystallen von Augit und Mesotyp erfüllt. Sie findet sich auf dem westlichen Theile des bolivianischen Plateaus und bildet alle Berggipfel desselben. Die dritte Art „besteht aus weisslichen trachytischen Conglomeraten von Quarzkrystallen gebildet! (conglomérati trachytiques blanchâtres, formés (?) de cristaux de quarte) und oft aus Bimssteinen von grossen Dimensionen." Diese Art Trachyt ist wohl wesentlich durch das Vorkommen von Quarzkrystallen charakterisirt und nicht dadurch, dass sie *D'Orbigny* nur als Conglomerat und mit Bimssteinen gefunden hat. Denn ich habe die schönsten Ströme dieses quarzführenden Trachyts zwischen S. Bartolo und Atacama, sowie bei Toconado gesehen; ferner kommt dieser Trachyt bei Zorras und Barrancas blancas vor, wo er keinen deutlichen Strom bildet. (*D'Orbigny* hat ihn am Fusse des Berges Delinguil und des Sacama, in den Ebenen von Santiago und in der Provinz Carangas gefunden.) Ich habe nie Bimssteinmassen weder in Gesellschaft dieser Art Trachyte, noch der folgenden gefunden: Bimssteine sind eine grosse Seltenheit in der Wüste Atacama.

Eine vierte Art Trachyt, die *d'Orbigny* nicht erwähnt, die aber vielleicht mit einer der ersten zu vereinigen ist, ohne Quarz, mit glasigem Feldspath und wenig Glimmer, bildet die Ströme von Tilopozo und Rio frio und findet sich auch bei Punta negra. Der unbedeutende Trachyt bei Agua Profetas unterscheidet sich vom vorhergehenden dadurch, dass er fast gar keinen Glimmer, aber dafür Hornblende enthält.

Die beiden ersten Trachytarten von *D'Orbigny*, namentlich der Augit und Mesotyp führende Trachyt sind mir in der Wüste Atacama nicht vorgekommen. Ueberhaupt habe ich in ganz Chile bisher noch keine Spur von Augit gesehen.

Das pechstein-ähnliche Gestein von Punta negra ist wohl nur eine Modification des Trachytes, wo die Masse nicht Zeit gehabt hat zu krystallisiren, ähnlich wie die schwärzliche Masse im Trachyt von Rio frio, oder die glasigen Brocken in dem von S. Bartolo. Ich bin keinem der zahlreichen Gipfel des hohen Rückens zwischen Atacama und Rio frio nahe gekommen, nicht einmal die schwarzen Berge von Punta negra habe ich berührt, und kann daher nicht sagen, ob es Trachytdome sind, oder nicht. Diese Trachyte sind offenbar die jüngsten Bildungen und neuer als die wohl der Tertiärperiode angehörigen, der Nagelflühe ähnlichen Conglomerate.

Wenn es keinen Krater gibt, woher kommen denn die rapilli, wie sie zwischen Cachiyuyal de la Sierra, und bei Barrancas blancas in zahlloser Menge liegen? Woher die Schlacken und vulkanischen Bomben, die zwischen Chaco und Juncal liegen? Ich wage nicht, irgend eine Hypothese zur Erklärung dieser Erscheinung aufzustellen. Eben so räthselhaft ist das Vorkommen der Millionen von kleinen und grösseren Chalcedonkörnern und Knollen zwischen Cachiyuyal und Cachinal de la Sierra und bei Barrancas blancas, die am ersteren Orte so dicht liegen wie Hagel. Ihr Vorkommen erlaubt nicht daran zu denken, dass sie aus einem zerstörten Mandelsteine ausgewaschen sind; ja ihre Lage in der Nähe und in der Gesellschaft der rapilli führt auf den ketzerischen Gedanken, sie möchten gar denselben Weg wie die rapilli gekommen und desselben Ursprungs sein. Dagegen sind wohl unstreitig die Chalcedone, welche sich zwischen Cachiyuyal und Tartal, am Strande von Tartal und bei la Chimba etc. finden, von Mandelsteinen herzuleiten, obgleich ich nirgends einen solchen mit Chalcedondrusen angefüllten Mandelstein gesehen habe. Ich erinnere mich nicht, bei *D'Orbigny* das Vorkommen solcher Chalcedone erwähnt gefunden zu haben. *Meyen* sagt aber (Reise II. p. 114), dass er bei Guerillas unter dem Geröll grosse Massen von einem Chalcedon gefunden habe, in der Porphyrformation von Pasto grande auf dem Wege von Tacna nach Bolivien. In den Porphyren der mittleren und nördlichen Provinzen Chiles sind Knollen von Jaspis, Achat, Chalcedon häufig.

Ich habe mir oft die Frage zu beantworten gesucht, woher das viele Kochsalz in der Wüste Atacama, auf den Hochebenen von Bolivien, den argentinischen Provinzen u. s. w. komme. Man findet überall eine Unzahl grösserer oder kleinerer, mehr oder weniger ausgetrockneter Salzseen, Salzflüsse, Salzefflorescenzen auf dem Boden. Fast alle Brunnen der Wüste haben brackisches Wasser. Wollte man annehmen, die 7000 bis 10000 Fuss hohen Salzseen seien in einer nicht fernen Periode Meere gewesen, in die Höhe gehoben, und sei dann das in diesen Becken zurückgebliebene Wasser verdampft, so würde man allerdings die Salzansammlung in ihnen erklären. Allein keine andere Erscheinung spricht zu Gunsten dieser Annahme. Die Ufer der Salzseen sehen nicht aus wie Meeresboden, man müsste denn die Dünenbildung an der Salina de Atacama dahin rechnen wollen, und auffallend ist namentlich das gänzliche Fehlen von organischen Resten. Steckt doch das Salz von Wieliczka voll von Conchylienresten! Wahrscheinlicher ist die Ableitung des Salzes aus dem ältern Flötzgebirge, wie es z. B. im Thale des Atacama-Flusses und bei Corocoro ansteht: Es kann wohl Niemand daran zweifeln, dass jener Fluss seinen Salzgehalt dem steinsalzführenden Gebirge verdankt, durch welches er fliesst. Ebenso glaube ich, dass der Rio de la Sal sein Salz durch Auswaschen von Steinsalz erhält, und wäre es sehr interessant, denselben aufwärts bis zu seiner Quelle zu verfolgen Dagegen scheint es mir, dass das Vorkommen von Salz an der Küste, z. B. bei Caldera, bei la Chimba, Mejillones, der Umstand, dass alle Wasser in den Schluchten des hohen Uferrandes salzig sind, mit der in der Diluvialperiode und in historischer Zeit erfolgten Hebung des Landes zusammenhängt.

Billig sollte ich nun wohl ein Kapitel über die Hebung der Wüste, die verschiedenen Perioden und Richtungen derselben etc. folgen lassen, allein ich bekenne frei, dass es mir dazu theils an den nöthigen Thatsachen, theils an der nöthigen Phantasie fehlt.

Verzeichniss der nützlichen Mineralien, welche sich in der Wüste finden.

Ich habe an mehreren Orten gesagt, dass die Wüste Atacama ungemein arm an Mineral-Species ist, und im Reiseberichte gehörigen Ortes diejenigen aufgeführt, welche ich gesehen habe. Ich gebe hier nur ein Verzeichniss der nützlichen Mineralien, welche ich selbst gesehen und von deren Existenz ich gehört habe.

Gold findet sich 1) in ziemlicher Menge in dem s. g. Mineral del Inca, in der Ebene nördlich von Trespuntas; 2) in einem Berge am Südrande des Thales von Tartal etwa 7—8 leguas von der Küste und 3—4 leguas vom Wasserplatze Breadal, wo es *D. Diego de Almeida* eine Zeit lang bearbeitet hat, 3) eine Goldader ist von einem gewissen *Nacanjo* im Morro Jorgillo entdeckt, aber seitdem nicht wieder gefunden worden, 4) Goldkörner kommen in den Kupfererzen von Cobre vor, 5) Waschgold soll in der Nähe von Atacama gefunden sein, die Entdecker hielten aber den Ort geheim. 6) Auch in der Serrania del Indio muerto sollen Goldadern sein.

Silber. Wenn wir von den Minen von Trespuntas und den zwischen diesem Orte und Copiapó gelegenen Bergwerken absehen, so hat sich dieses Metall bis jetzt an folgenden Punkten gezeigt: 1) In Cerro negro, 10 leguas nördlich von Aguas blancas, d. h. unter dem Parallel von Morro Jorgillo und etwa 35 leguas von der Küste. Das Erz gab 70 Mark auf den *cajon*, es liess aber keine Rechnung, die Grube an diesem trostlosen Orte ohne Wasser, Futter, Brennmaterial etc. zu bearbeiten. 2) Drei leguas östlich von Peine hat man Silbererze gefunden, aber von geringem Gehalt. 3) Im Alto de Puquios läuft eine Ader von silberhaltigem Bleiglanz. 4) In der Encantada sind mehrmals Silberadern gefunden worden, aber von geringem Gehalt. 5) Dasselbe gilt von der Serrania del Indio muerto. 6) Die Grube von Pueblo hundido hat ein sehr reiches rothgültig Erz gegeben, ist aber sehr bald taub geworden. 7) Bei la Ola ist in diesem Jahre (1858) Silber gefunden, aber arme Erze.

Kupfer. Das ganze Küstengebirge von Caldera bis Cobija steckt voll Kupfer, aber im December 1853 wurden nur folgende Kupferbergwerke betrieben: 1) die von las Animas, 2) die von Salado, 3) die von Cobre. Verlassene Kupfergruben waren: 1) die von Vaca muerta, 11 leguas im Nordost von Pan de Azucar, bearbeitet von D. Josè Manuel Zuleta, 2) Hueso parado, bearbeitet von D. Diego de Almeida, 3) Valle de Matancillas, zwei Stunden südöstlich von Paposo, ebenfalls von dem genannten Herrn bearbeitet. In den letzten Jahren sind aber eine Menge neuer Kupfergruben an der Küste entstanden, und an den früher bekannten Revieren hat sich die Zahl derselben sehr vermehrt. Neue Bergwerke sind die von Santa Maria, 23° 28′ südl. Breite, und von Tartal. Die Ausfuhr der Kupfererze ist gegenwärtig so beträchtlich, dass Tartal durch Dekret vom 12. Juli 1858 als Ausfuhrhafen habilitirt ist, und dass eine Stadt in Chañaral de las Animas angelegt werden soll. — Die Orte im Innern der Wüste, wo bisher Kupfer gefunden ist, sind 1) der Alto de Puquios; ich habe Stufen von Malachit und Kupferlasur von dort gesehen. 2) Der Cerro de Pajonal, 3) die Gegend zwischen dem Thale von Sandon und Chaco; die Adern zeigen besonders grünes Kieselkupfer, llanca. 4) Das Thal der Encantada und 5) die Serrania del Indio muerto haben gleichfalls Adern von Kupfererz. 6) Nach einer Zeitungsnachricht hat man in diesem Jahre (1858) reiche Kupfererze bei Chañaral alto gefunden. Südlich von Trespuntas sowie von las Animas werden viele Kuperminen bearbeitet, die ich übergehe, weil sie eines Theiles sehr bekannt, andern Theiles von mir nicht besucht worden sind.

Zinn. Ich habe gehört, dass zwei Tagereisen südöstlich von Peine reiche Zinnerze aufgefunden sind, der Entdecker meinte jedoch, es lohne nicht die Kosten, sie an diesem Orte, mitten in der Wüste, zu bearbeiten.

Blei findet sich, wie schon oben erwähnt, im Alto de Puquios, ferner im Cerro de Pajonal und soll auch in der Encantada vorkommen.

Nickel und Kobalt. In Chañaral de las Animas habe ich ein kleines Stück Kupfernickel gesehen, welches von den Gruben von las Animas stammen sollte. Der Besitzer behauptete, es sei ein Kobalt-Erz; möglich, dass in Gesellschaft mit diesem Kupfernickel Speisekobalt gefunden ist.

Eisen findet sich an verschiedenen Orten, immer als Eisenglanz und nie in grösseren Massen. Am häufigsten ist es wohl im Revier del Inca. Schuppiger Eisenglanz ist auf den Klüften des Porphyrs von Tartal, und hübscher Eisenrahm in der Kupfergrube Placeres. Unbedeutende Spuren von Eisenerz habe ich auch beim Hinaufsteigen auf den Alto de Pingopingo von Imilac aus gefunden.

Schwefel. Man hat mir gesagt, es fände sich Schwefel auf dem Socompas, allein andere Personen haben dem widersprochen. Sicher scheint es, dass sich auf dem Llullaillaco in Spalten und Klüften etwas Schwefel findet, aber reich an Schwefel muss der Cerro de Azufre (etwa unter 20° 40′ südl. Breite und fünf Tagereisen von der Küste entfernt gelegen) sein. Zur Colonialzeit hat man mehrmals Schwefel von dort geholt, aber es ist klar, dass man ihn jetzt, seit der Handel frei ist, nicht zu dem Preise an die Küste liefern kann, zu dem in den Häfen Chiles der europäische Schwefel gekauft wird. — Kleine Partien Schwefel finden sich in den Gyps und Steinsalz führenden Mergeln von S. Bartolo.

Steinkohlen. Ueber die Steinkohlen im Valle del Ternero habe ich oben ausführlicher gesprochen.

Eisenvitriol holen die Indier von Peine von verschiedenen Bergen in der Nähe, namentlich vom Socompas.

Gemeines Salz. Steinsalz kommt, im Innern der Wüste nur bei S. Bartolo vor. Im Uebrigen sehe man, was ich oben p. 134 über diesen Punkt gesagt habe.

Schwefelsaures Natron ist sehr gemein in der Wüste vom Thale des Flusses Copiapó an und blüht an vielen Stellen aus. Man hat mir versichert, es finde sich in grosser Menge zwischen Breadal und Cachiyuyal. Ist dies wahr, so müsste es sich in dem Theile des Weges finden, den ich in der Nacht zurücklegen musste. Der einzige Ort, wo ich es in Menge gesehen habe, ist das Thal von Chaco. Die Lage desselben erlaubt nicht, das Salz in den Handel zu bringen, indem der Transport bis an die Küste viel zu theuer kommen würde.

Kohlensaures Natron soll auch in der Wüste vorkommen, was ich bezweifle. Ich habe keine Probe davon gesehen, und die geognostische Beschaffenheit der Wüste macht die Existenz dieses Salzes in derselben sehr unwahrscheinlich.

Salpetersaures Natron s. g. **Chilesalpeter.** Viele Personen glauben steif und fest, dass dieses Salz in der Wüste vorhanden sein müsse, und 1854 wollten sogar einige Personen auf die Ausbeutung desselben ein Privilegium haben. Sie behaupteten, den Salpeter ein paar Stunden östlich vom Morro Jorgillo gefunden zu haben, es war aber — Kochsalz!

Kohlensaurer Kalk findet sich an verschiedenen Stellen, namentlich als schwarzer bituminöser Kalkstein, wie ich früher schon angegeben habe. Mehrere Schichten würden wahrscheinlich einen guten hydraulischen Kalk abgeben; aber in der Lage, in welcher sie sich befinden, ist keine Möglichkeit, denselben zu benutzen.

Gyps ist an vielen Stellen häufig, aber nur in dünnen Krusten und von wenig Ausdehnung. Am mächtigsten ist wohl die Gypsablagerung zwischen Breadal und Cachiyuyal. Sein Vorkommen in untergeordneten Schichten der rothen Mergel bei S. Bartolo etc. ist schon oben besprochen.

Borsaurer Kalk ist in neueren Zeiten, wie mir Dr. *von Tschudi* mitgetheilt hat, an den Ufern der Salina von Atacama in geringer Teufe unter der Oberfläche des Bodens gefunden, ganz ähnlich wie in der peruanischen Provinz Tarapacá, und sogar bereits zu einem Exportartikel geworden.

Thon, d. h. grössere Ablagerungen davon, fehlt gänzlich in der Wüste. Doch sind die Ufer der grossen Salzseen und die Gegend bei Cachiyuyal thonig.

Edelsteine schmeicheln sich auch noch immer einige Leute in der Wüste zu finden, es ist aber meines Erachtens nicht wahrscheinlich, dass ihre desfallsigen Bemühungen einst werden von Erfolg gekrönt werden.

Das Meteoreisen von Atacama.

Zwei Indier aus dem Oertchen Peine, mein Führer José Maria Chaile und der verstorbene Matias Mariano Ramos entdeckten vor dreissig oder vierzig Jahren das Meteoreisen auf der Guanaco-Jagd. Sie hielten es erst für Silber, weil es so weich ist, dass es sich mit dem Messer schneiden lässt und auf dem frischen Schnitte beinahe silberweiss ist, und Chaile holte von dort zwei Stücke jedes 100—150 Pfund schwer, die er in der Nähe des Wasserplatzes Pajonal vergrub, er kann aber die Stelle nicht wieder finden. Sobald man erkannte, dass das Metall, welches sie entdeckt hatten, kein Silber sondern Meteoreisen war, sank dessen Werth natürlich in ihren Augen, während dagegen mehrere Personen Expeditionen dorthin machten, um Stufen davon zu holen, und andere sich dergleichen durch Correspondenten in Atacama verschafften, die das Meteoreisen durch die Einwohner von Peine holen liessen; ja man hat mir versichert, dass sogar Schmiede in Atacama dies Eisen geholt haben um es zu verarbeiten. Zuerst nahm man natürlich die grossen Stücke weg; jetzt ist das Meteoreisen fast ganz erschöpft, und ich bin überzeugt, dass wenn jemand eine Expedition dorthin machen wollte, um welches zu holen, es ihm viel Zeit kosten würde, die wenigen Stücke aufzufinden, die etwa noch liegen geblieben sind.

Dise merkwürdige Substanz findet sich eine legua südwestlich vom Wasserplatze Imilac, beinahe in der Mitte des dürrsten und traurigsten Theiles der Wüste. (Imilac liegt in grader Linie etwa 30 leguas von der Küste, 40 von Cobija, 35 von Atacama; der nächste Wasserplatz in westlicher Richtung ist Aguas blancas, etwa 24 leguas entfernt; auf dem Wege nach Atacama findet man nicht früher Wasser als bis man nach Tilopozo kommt, etwa 19 leguas entfernt; im Osten findet sich in 7 leguas Entfernung der Wasserplatz von Pajonal und im Süden auf dem Wege nach Paposo der von Punta negra in 12 leguas Entfernung.) Ausserdem scheint Meteoreisen noch an ein paar andern Stellen in der Wüste vorzukommen. *D. José Antonio Moreno* hat mir von einem zweiten Fundorte im Centrum der Wüste erzählt, dessen Lage er nicht näher bezeichnen konnte, und kürzlich ist in nicht grosser Entfernung von Toconado oder Soncor Meteoreisen gefunden worden, welches zum Theil von den Schmieden in Atacama verarbeitet wird, wie mir Dr. von Tschudi mitgetheilt hat.

Um zu dem zuerst näher bezeichneten Fundorte des Eisens zu gelangen, bogen wir von Imilac nach Südwest ab und gelangten bald in ein kleines, gen Osten geöffnetes, sehr flaches Thal, dessen sanfte Abhänge kaum 80 bis 120 Fuss hoch sein mögen; nachdem wir eine halbe Stunde geritten waren, fanden wir das erste Stückchen Meteoreisen und zehn Minuten später kamen wir nach dem eigentlichen Fundorte. Im Grunde des Thälchens sahen wir ein 18 bis 20' tiefes Loch, welches die Indier gegraben hatten, indem sie glaubten, sie würden einen Gang von gediegenem Eisen oder vielmehr Silber finden, und in verschiedenen Richtungen zehn bis zwanzig Schritte davon entfernt waren andere kleinere Löcher und zwei bis drei Fuss hohe Schutthaufen, die unstreitig die Stellen anzeigen, von denen die grösseren und schwereren Massen dieser von den Mineralogen so sehr gesuchten Substanz weggeholt sind. In Atacama hatte ich gehört, es fände sich noch ein grosser Klumpen in der Erde, und Manuel Plaza hatte mir erzählt, ein grosses Stück sei in den Grund des Thälchens hinabgerollt, allein ich fand von alle dem nichts. Ich erinnere mich, in einem Handbuche der Mineralogie gelesen zu haben, man habe dort ein Stück von drei Centnern gefunden, aber dies muss ein Irrthum sein, es existirt jetzt kein grösseres Stück an Ort und Stelle, und Massen von dem Gewicht können gar nicht fortgeschafft werden, da Maulthiere die einzigen Transportmittel sind.

Sobald wir an Ort und Stelle waren, machten wir uns daran, das Meteoreisen zu sammeln. Im Grunde des Thales fanden wir nichts, ebensowenig am nördlichen Thalabhange, aber auf dem südlichen Abhange in einem Raume von 60 bis 80 Schritten Länge in der Rich-

-tung von West nach Ost und 20 Schritten Breite, etwa 6 bis 10 Fuss über der Thalsohle fand ich eine sehr grosse Zahl kleiner Stücke.

Der Boden besteht aus zertrümmertem Porphyr, aus einem thonigen Staube mit einer Unzahl kleiner eckiger Steinchen von der Grösse einer Nuss bis zu der eines Apfels, und unterscheidet sich in nichts von dem gewöhnlichen Boden der Wüste.

Das Meteoreisen, welches ich daselbst gesammelt habe, wiegt drei Pfund weniger drei Drachmen und besteht aus 673 Stücken, so dass das mittlere Gewicht eines jeden Stückes 23 Gran beträgt; das schwerste Stück vier Loth, das kleinste kaum einen Gran. Wir können annehmen, dass mein Gefährte, Herr Döll, ebensoviel Stücke gesammelt hat, und nicht viel weniger mag Chaile gesammelt haben, halb so viel mögen noch liegen geblieben und unsern Nachforschungen entgangen sein, so dass die Gesammtzahl der Stücke, welche an dem Orte herumgelegen haben, über 3000 betragen haben mag. Die Anzahl der grossen Stücke, welche in den vorhergegangenen 30 Jahren von dort weggeholt worden sind, und folglich die Gesammtmasse des gefallenen Eisens lässt sich auf keinerlei Weise schätzen.

Die kleinsten Stücke haben die Form von Blättchen. Von den grösseren Stücken haben viele die Gestalt verwachsener und verästelter Platten, etwa wie Papier, welches man in der Hand zusammengeknittert hat. Die Oberfläche der Stücke ist sehr schwarz und manche derselben waren, als ich sie sammelte, bunt angelaufen. In den Höhlungen findet man bisweilen sehr deutlichen, durchsichtigen Olivin, obgleich voll Risse und Sprünge, und zwar sind die Höhlungen ziemlich regelmässig, als ob das Eisen sich in geschmolzenem Zustande zwischen fertig gebildete Olivinkrystalle eingedrängt habe. Gewöhnlich ist der Olivin aber sehr zersetzt und in eine weisse, gelbliche oder röthliche, erdige Masse verwandelt, welche jedoch unter der Lupe kleine, glasige oder krystallinische Körner zeigt. Andere Stücke sind ziemlich compackt, doch würde es zu weit führen, alle mannigfaltigen Formen zu beschreiben, welche dies Meteoreisen zeigt, und begnüge ich mich nur noch ein paar kurz zu erwähnen. Das grösste Stück, welches ich gesehen habe, befindet sich in der Sammlung des Herrn Domeyko. Es wiegt über fünfzig Pfund und hat eine längliche, unregelmässige Gestalt mit ziemlich glatten Flächen und einigen scharfen Kanten. Die Seiten sind glatt und zeigen Spuren von Reibung und Schliff, während die etwas verschmälerten Enden zackig und hackig erscheinen, und Spuren von oktoedrischer Krystallisation zeigen. Dies Stück hat polaren Magnetismus, und zwar befinden sich die beiden Pole in der Nähe der beiden Extremitäten. Ich erinnere mich nicht, dass ein anderes Meteoreisen diese interessante Erscheinung gezeigt hat. — Ein von mir gefundenes Stück scheint aus zwei Stücken zu bestehen, welche, beim Herabfallen noch halbgeschmolzen, sich mit einander vereinigt und zusammengeklebt haben. Mehrere zeigen äusserlich Spuren von einem Schliff, ganz so wie man ihn bei manchen aus dem Innern der Erde gegrabenen Mineralien, besonders solchen, die aus Gängen stammen, sieht. Diese Schliffflächen lassen sich wohl nur durch die Annahme einer Reibung beim Gleiten eines Minerals über das andre erklären, aber sollen wir den Schliff-Flächen des Meteoreisens denselben Ursprung zuschreiben?

Ich bemerke noch, dass der Durchmesser der mit Olivin erfüllten Höhlungen selten 6 Linien erreicht und ebenso selten unter 2 Linien herabsinkt. Ich glaube, dass man mit ziemlicher Wahrscheinlichkeit die Richtung angeben kann, die das Meteor genommen hat, von dem das Eisen herstammt. Wenn wir bedenken, dass das erste Stück sich zehn Minuten früher fand, ehe wir den eigentlichen Fundort erreichten und zwar NNO. davon, dass fast sämmtliche Stücke, die ich sammeln konnte, auf dem nach Norden gerichteten Thalabhange lagen, und keins auf dem nach Süden abfallenden, so müssen wir nothwendig annehmen, dass das Meteor in der Richtung von NNO. nach SSW. kam, einige Tropfen unterweges verlor und an dem beschriebenen Orte platzte, so dass die kleinen Stücke wie Funken herumsprühten, während die grösseren Stücke in den Grund des Thales fielen oder hinabrollten.

Die Analysen des Meteoreisens haben folgende Bestandtheile ergeben:

Domeyko.		Bunsen.*)	
S. dessen Mineralogia p. 87.			
Eisen	0,8954	Eisen	89,10
Nickel	0,0821	Nickel	10,25
Kobalt	0,0114	Kobalt	0,70
Nicht angreifbare Materie	0,0163	Magnesium	0,22
Silicium	0,0016	Calcium	0,13
		Natrium	0,21
		Kalium	0,15
		Phosphor	0,33

Das Eisen wurde von Bunsen durch Glühen in einem Strome trocknen Chlorgases ohne Säuren aufgeschlossen, und ist Bunsen der Meinung, dass die in der Analyse aufgeführten Alkali- und Erd-Metalle nicht von Verunreinigung mit ansitzendem Olivin herrühren können, und ebensowenig in oxydirtem Zustande darin vorhanden sind, sondern als wirkliche Metalle.

Herr Prof. Bronn hat einige etwas grosse Flächen anzuschleifen gesucht und dann mit verdünnter Säure geätzt; dabei sind keine Widmannstättenschen Figuren, wohl aber solche Zeichnungen zum Vorschein gekommen, aus denen sich ergibt, dass die obengenannten Bestandtheile nicht gleichförmig durcheinander gemischt sind, sondern angreifbare Stellen von mannigfaltiger Form zwischen nicht angreifbaren liegen.

Ich führe die älteren Analysen von Turner und Field nicht an, da sie schwerlich den jetzigen Ansprüchen der Wissenschaft entsprechen dürften.

Verzeichniss der in der Wüste gefundenen Versteinerungen.

1. Ammonites Brodiei Sow.

Sow. Min. Conch. t. 351. — Ich habe ein Bruchstück gefunden, welches zwei Windungen und den vierten Theil der Scheibe umfasst. Das ganze Gehäuse mag 2³/₄ Zoll im Durchmesser gehabt haben; die letzte Windung hat eine Höhe von 10 und eine Breite von 11 Linien. Auf der vorletzten Windung sind die Höcker besonders deutlich. Auf der letzten gehen von jedem Höcker vier Falten aus, bisweilen sieht man noch auf dem Rücken zwischen den Höckern ein bis zwei Falten. Ein Theil der Schale ist erhalten und in kohlschwarzen Kalkspath verwandelt. — Diese Art gehört dem untern Oolith an.

---

*) Ich kann leider nicht die Originalabhandlung von Bunsen benutzen, indem mir das Jahrbuch, welches sie enthält, als ich den 11. Dec. v. J. mit dem Dampfschiffe Valdivia Schiffbruch litt und nur das nackte Leben davon trug, mit meinen übrigen Effekten zu Grunde ging, sondern nur eine frühere briefliche Mittheilung meines Freundes Bronn.

2. Ammonites radians (Nautilus r.) Rein.

Bronn Lethaea t. XXII. f. 5. a. b. p. 424. — Ich fand ein Exemplar, das mit der einen Seite aufgewachsen ist und einen Durchmesser von 15 Linien hat. Es steht gewissermassen in der Mitte zwischen dem A. radians und dem A. hecticus ibid. fig. 9. Von letzterem unterscheidet es sich dadurch, dass die innern Windungen dicht gedrängte Rippchen wie bei A. radians zeigen, und von A. radians dadurch, dass auf der letzten Hälfte der letzten Windung nur etwa jede dritte oder vierte Rippe vom Rücken aus bis in die Nähe der Naht reicht und hier stärker als auf dem Rücken hervortritt. — Verbreitet im Liaskalk und im untern Oolith.

3. Ammonites communis Sow.

Sow. Min. Conch. t. 107. fig. 2. 3. — *Bronn Lethaea* II. p. 443. tab. 23. fig. 8. — Sieben Exemplare bis 3½ Zoll Durchmesser. Der Durchschnitt der Windungen ist 11 Linien hoch und 12 breit, während bei Bronn die Höhe 10, die Breite nur 9 Linien ist, sonst kann ich aber keinen Unterchied finden. — Verbreitet im Lias.

4. Ammonites rotundus Sow.

Sow. Min. Conch. tab. 293. 3. — Ein Bruchstück, welches beinahe den dritten Theil der Scheibe ausmacht. Die letzte Windung misst 15 Linien von der Nath bis zum Rücken. Der Durchschnitt der Windungen bildet fast einen regelmässigen Kreis, dem kaum der fünfte Theil durch das Vorspringen der vorletzten Windung fehlt. Die Höhe von dieser bis zum Rücken der letzten Windung beträgt 13, die Breite 17½ Linien. Die Rippen sind auf den Seiten stark erhaben, zuletzt bis fünf Linien von einander entfernt, und reichen bis zum Rücken, wo sich einige verlieren, während sich andre gabeln, jedoch so, dass die Rippen des Rückens weit schwächer als die der Seiten sind. Ein grösseres Fragment misst 5 Zoll. — Findet sich in England im Kimmeridgethon.

5. Ammonites annularis (Nautilus a.) Rein.

Sow. Min. Conch. t. 222? — *Bronn Lethaea* tab. XXIII. f. 9. — Sechs Exemplare, meist auf beiden Seiten frei, welche vollkommen mit der Figur von Bronn übereinstimmen, einige zeigen noch die Bruchstücke der Schale in schwarzen Kalkspath verwandelt. Das grösste mag einen Durchmesser von 2½ Zoll gehabt haben; die Höhe der letzten Windung ist vier, die Breite 6 Linien. — Diese Art ist in der ganzen Oolith-Reihe verbreitet.

6. Ammonites Braikenridgii Sow.

Sowerby Min. Conch. t. 184. — *Bronn Lethaea* p. 450. tab. XXIII. fig. 6. — Ich besitze drei Exemplare, die beiderseits vollständig frei, aber von der Witterung sehr angegriffen sind; das grösste misst 19 Linien im Durchmesser. Die Breite der Mündung beträgt 7 Linien, die Höhe derselben 6. Rippen, die nur mässig schräg gestellt sind, und sich auf dem Rücken gabeln, laufen in gleichem Abstande über die Schale. Diese Art ist in den Oolithen verbreitet.

7. Ammonites perarmatus Sow.

Sow. Min. Conchol. tab. 352. — Ich fand nur ein sehr beschädigtes Exemplar von

3½ Zoll im Halbmesser, das nur mit der obern Seite frei ist. Die beiden Höcker treten wenig hervor und sind durch eine starke Rippe verbunden, welche vollkommen gradlinig in der Richtung des Radius verläuft, wie bei A. Johnstoni Sow. t. 449., allein das Verhältniss des Anwachsens der Windungen ist nicht wie bei dieser Art, sondern wie bei A. perarmatus. (Bekanntlich ist letzterer sehr variabel.)

8. Ammonites atacamensis Ph. Siehe Taf. I, f. 1. 2.

Ein sehr wohl erhaltenes Exemplar von 2½ Zoll Durchmesser. Der Nabel ist offen, so dass der letzte Umgang etwa ein Drittheil des Durchmessers einnimmt. Die Höhe der Mündung beträgt acht Linien, die Breite derselben 15½ L. Die Windungen sind auf dem Rücken wohl gerundet, breiter als hoch, und fallen senkrecht nach dem Nabel ab, ja sie sind sogar hier etwas eingezogen. Zahlreiche, sehr scharfe, in der Richtung der Radien gradlinig verlaufende Rippen bedecken die Seiten und spalten sich auf dem Rücken in zwei bis drei andre.

9. Ammonites aegoceros Ph. Siehe Tafel II, f. 2. 3.

Diese Art ist scheibenförmig, so dass alle Windungen zu sehen sind. Dieselben sind im Durchschnitt fast kreisrund, doch ist der Rücken etwas plattgedrückt, und die vorletzte Windung schneidet etwa den fünften Theil des Kreises ab. Die Rippen, durch etwa zwei Mal so breite Zwischenräume von einander geschieden, verlaufen auf den innern Windungen etwas schräg und gebogen, auf der äussern aber fast gradlinig und in der Richtung der Strahlen; sie sind auf den innern Windungen ziemlich erhaben und scharfkantig, zuletzt werden sie mehr abgerundet; nach der Naht hin verschwinden sie, auf dem Rücken aber gabeln sie sich, ohne dass ein Knoten oder Punkt die Gabelung andeutet. Das abgebildete Fragment ist etwa der vierte Theil des Gehäuses, welches 4½ bis 5 Zoll im Durchmesser gehabt haben mag, und zeigt drei Windungen. Die Höhe der Mündung ist vom Bauchrande bis zum Rücken 10½ Linien, die Breite von einer Seite zur andern 12 Linien. Ein zweites Bruchstück ist nur ein Stück der letzten Windung, etwa der achte Theil, und so gross, dass ich den Durchmesser des ganzen Gehäuses auf einen Fuss schätzen möchte: auf 6½ Länge stehen 11 Rippen.

10. Ammonites.

Ein blosses Fragment, zu unvollständig um eine Bestimmung zu erlauben, welches jedoch keiner der früheren Arten angehören kann. Es ist ein Stück der letzten Windung und der vorigen Art ähnlich, aber dieselbe ist nicht so gerundet, mehr seitlich zusammengedrückt. Die Rippen gabeln sich ebenfalls auf dem Rücken, aber häufig ist eine Rippe dazwischen geschoben. Ohne den letzteren Umstand könnte man an A. communis denken, doch stehen auch die Rippen bei weitem nicht so gedrängt wie bei dieser Art.

11. Ammonites sp. Siehe Taf. II, fig. 1.

Ein Exemplar, welches nur einen Theil der letzten Windung und den Nabel zeigt. Das Gehäuse ist zusammengedrückt, ähnlich wie bei A. radians, depressus und Amaltheus, scheint aber auf dem Rücken keinen hervorstehenden Kiel gehabt zu haben. Die Rippen sind in der Art wie bei A. radians gebogen.

Bemerkung. Es ist auffallend, dass von den aufgeführten Arten nur A. radians bisher in Chile gefunden war, und dass von den andern 11 aus Chile bekannten Ammoniten kein einziger sich in der Wüste gefunden hat; ein Beweis von der Verschiedenheit der Bildung, was sich auch durch den gänzlichen Mangel der Terebrateln und anderer aus Chile bisher bekannt gewordenen Versteinerungen kund gibt.

12. Belemnites chilensis Conr. Taf. I, fig. 4.

B. chilensis Conr. U. S. Noval Astron. Exped. II. p. 284. — Ich habe nur 2 Exemplare in einem sehr harten, splittrigen, hellgrauen Kalksteine bei der Encantada gefunden, von denen man nur den Durchschnitt sieht; sie sind fast 3 Zoll lang und $3\frac{1}{2}$ Linien dick. Sie sind nicht mit Sicherheit zu bestimmen, doch zweifle ich nicht, dass es die citirte Art ist. Ich gebe die Abbildung der im Museum befindlichen, von Herrn Gay bei Illapel gesammelten Exemplare. Dieser Belemnit ist auf dem Durchschnitte etwas elliptisch und scheint sehr allmählig und regelmässig nach der Spitze hin zuzulaufen, woselbst er eine Bauchrinne hat: die Alveole nimmt nur einen kleinen Theil des Gehäuses ein.

13. Aptychus sp. Siehe Taf. I, fig. 3.

Da es mir durchaus an literarischen Hülfsmitteln fehlt, so kann ich die Art, die mit der Rückenseite festgewachsen ist, und von der ich ein einziges Exemplar gefunden habe, nicht bestimmen. Die einzelnen Schalen sind 5 Linien lang und $2\frac{1}{4}$ Linien breit.

14. Astarte gregaria Ph. Siehe Taf. II, fig. 4.

Das Gehäuse ist sehr schief, convex, höchstens 5 Linien lang; der Winkel des Wirbels sehr stumpf, die Vorderseite halb so lang wie die Hinterseite, der Bauchrand mässig gekrümmt; die concentrischen Furchen stehen ziemlich weit von einander ab. — Diese Art ist ungemein häufig im Thale von Chaco; auf der Oberfläche einer Septarienknolle von vier bis fünf Quadratzoll zähle ich wohl 30 Individuen, allein sie sind alle so fest eingewachsen, dass die Verwitterung eher den Umbo zerstört, ehe die ganze Gestalt frei geworden ist, und dass lose Individuen gar nicht vorkommen. Am nächsten kommt unserer Art wohl A. lurida Sow. Min. Conch. t. 137. fig. 1. 2., aber der Bauchrand ist bei A. gregaria stärker gekrümmt und die Runzeln vielleicht mehr gerundet. Auch ist auf keinen Fall A. gregaria so ungleichseitig. (Römers Monographie der fossilen Astarten habe ich nicht vergleichen können.)

15. Astarte sp.?

Ein Fragment einer Muschel, die etwa $1\frac{1}{2}$ Zoll hoch und über zwei Zoll breit gewesen sein muss, mit starken, concentrischen, $1\frac{1}{2}$ Linien von einander abstehenden Falten, die bedeutend schmäler als ihre Zwischenräume sind. Die Gestalt scheint, so weit sich nach dem Bruchstücke urtheilen lässt, wie bei A. excavata Sow. Min. Conch. t. 133. gewesen zu sein, welche Art jedoch eine ganz andere Skulptur besitzt.

16. Cardium striatellum Ph. Siehe Taf. II, fig. 6.

Ich fand nur den innern Abdruck einer Schale, auf welchem noch ein paar Bruchstücke der Schale selbst liegen, man kann jedoch weder eine Spur vom Schlosse noch vom Rande sehen. Die Gestalt ist schwach gewölbt, ziemlich regelmässig, höher als lang, ungleichseitig, so dass die vordere Seite bedeutend kürzer als die hintere ist; die Wirbel sind nach der vordern Seite gebogen. Das Gehäuse ist dünn wie Papier und mit feinen und dichten, vom Wirbel ausstrahlenden, erhabenen Streifen, welche kaum etwas schmäler als ihre Zwischenräume sind, bedeckt. Auf dem Kerne sind dieselben sehr undeutlich zu erkennen. Die Höhe des Gehäuses mag 11 Linien, die Länge ebensoviel, die Dicke $5\frac{1}{2}$ bis 6 Linien betragen haben.

17. Trigonia Domeykoana Ph. Siehe Taf. I, fig. 5. 6.

Ein Steinkern, an welchem die Schlosszähne beider Schalen durch Kalkspathkrystalle ersetzt sind. Die Gestalt ist schief eiförmig, jedoch so, dass die beiden Seiten bei weitem nicht die Ungleichheit zeigen, welche den meisten Arten dieses Geschlechtes eigen ist. Eine Kante verläuft, wie es scheint, vom Wirbel nach dem Bauchrande herab, so dass der dadurch begränzte vordere Theil halb so breit ist wie der hintere, und so dass diese Kante mit dem hintern Theiles des Bauchrandes einen rechten Winkel macht. Eine zweite Kante verläuft vom hintern Schlosszahne abwärts ohne jedoch den Bauchrand zu erreichen. Das vordere Drittheil der Schale ist von einem ziemlich regelmässigen Kreisbogen begränzt; die hintere Extremität erscheint, wenn auch abgerundet, viel spitzer. Der Winkel der Schlossränder beträgt etwa 100 Grad. Höhe 24 Linien, Länge 22 Linien, Dicke 11 Linien.

18. Posidonomya Becheri var. liasina Bronn. Taf. I, fig. 7.

Lethaea p. 342. tab. 18. fig. 23. — Sehr häufig auf den Mergelschiefern von Chaco und häufig bis einen Zoll gross. Da diese Art so bezeichnend für die Formation ist, habe ich sie abgebildet, damit kein Zweifel über meine Bestimmung bleibe.

19. Ostrea (Gryphaea) cymbium (Gryphites c.) v. Schloth.

Gryphites cymbium v. Schloth. Min. Tasch. 1813. VII. 74. — *Gryphaea incurva Sow. 1818. Min. Conch. t. 112.* — *Gr. arcuata Lamk. 1819. hist. nat. VI. 198.* — *Ostrea cymbium Bronn. Lethaea p. 319. tab. 19. fig. 1.* — Sehr häufig auf der Oberfläche des Bodens bei der Encantada, aber gerieben und verwittert; selbst die besten Exemplare, welche ich mitgebracht, sind ihrer äusseren Schale mehr oder weniger beraubt. Die Wirbel sind etwas weniger eingebogen als in dem von Bronn a. a. O. abgebildeten Exemplar, auch tritt der Schlossrand nicht so sichtbar hervor, was, zum Theil wenigstens, von dem eben erwähnten Umstande abhängt, doch kann kein Zweifel über die Identität der Art sein.

20. Ostrea (Gryphaea) dilatata Sow.

Sow. Min. Conch. t. 149. fig. 2. 3. — *Lethaea p. 322. t. XIX. fig. 2.* — Findet sich zu Hunderten in Gesellschaft der vorigen und hat ebenfalls die äusseren Schichten der Schale grösstentheils verloren. Indess lassen die besser erhaltenen Exemplare keinen Zweifel an der Richtigkeit der Bestimmung; eines derselben namentlich stimmt so genau mit der kleineren Figur bei Sowerby überein, als sei diese nach dem Exemplar der Wüste Atacama gemacht.

21. Ostrea (Gryphaea?) striata Ph. Siehe Taf. I, fig. 10.

Eine untere Schale. Schloss und Ränder sind durch eine horizontale Ebene abgeschlossen;

die Gestalt ist schief eiförmig gewesen; dem Rande parallel zeigen sich breite, wellenförmige Runzeln und vom Wirbel strahlen erhabene, in regelmässigen Entfernungen gestellte Linien; die Schale ist gegen den Rand hin in etwa drei Viertheilen ihrer Höhe stark gewölbt. Es dürfte schwer sein, sie irgend einem der Geschlechter Gryphaea, Exogyra oder Ostrea im engeren Sinne zuzuschreiben.

22. Ostrea (Gryphaea?) sp. Taf. I, fig. 8.

Eine untere, fünf Linien lange, 4½ Linien breite, besonders nach dem Bauchrande hin stark gewölbte Schale, die mit der innern Seite ganz festgewachsen ist, so dass man nichts vom Schlosse sehen kann. Sie ist mit concentrischen, unregelmässig von einander abstehenden Rippchen versehen, die ziemlich zahlreich, wenn auch von ungleicher Stärke und wohl gerundet sind. Auf der einen Seite hat sie einen tiefen schmalen, dem Rande und also auch den Rippen parallelen Eindruck der wohl zufällig ist.

23. Ostrea (Exogyra?) atacamensis Ph. Taf. I, fig. 11. 12.

Nur die untere gewölbte Schale, jedoch vollständig erhalten. Der Wirbel ist stark zur Seite gebogen; das vom Ligament eingenommene Feld bildet demnach ein sehr schiefes, an der Basis auf der linken Seite stumpfwinkliges Dreieck; auf der rechten Seite verläuft eine Art Rinne innerhalb nahe am Rande entlang, die sich etwas zwischen das Ligament und den Rand selbst hineinzieht. Die Gestalt ist länglich eiförmig, die Wölbung gleichmässig; eine Art Kiel zieht sich in gekrümmter, spiralförmiger Richtung vom Wirbel aus etwa ⅚ Zoll weit nach der rechten Seite hin. Die ganze Länge mag 21 Linien betragen haben, die Höhe ist 16 Linien; die Dicke der Schale, da wo der Kiel aufhört, beträgt zwischen 5 und 6 Linien. — Es sind keine Zähne im Rande neben dem Schloss befindlich, wie sie das Genus Amphidonte Fisch. v. Waldh. verlangt.

24. Ostrea sp.

Kleine Austern von länglicher Gestalt, etwa 6 bis 9 Linien lang und 4 bis 5 Linien breit, sitzen häufig auf Ammoniten auf. Man bemerkt an ihnen, dass nicht nur die untere Schale, sondern auch die obere die Rippen des Ammoniten zeigt, auf welchem das Gehäuse aufgewachsen ist, wie dies bei lebenden Austern und vorzüglich bei Anomien beobachtet wird. Da ich indessen kein Exemplar besitze, welches die Umrisse und das Schloss vollständig zeigt, so mag ich nicht über die Art entscheiden, und bemerke nur, dass Grösse und Gestalt an Ostrea rugosa v. Münst. erinnern, wie sie Römmer Norddeutsch. Oolit. Geb. III. fig. 5. abgebildet hat.

25. Pecten? Terebratula? deserti Ph. Taf. I, fig. 9.

Eine Schale mit der innern Seite aufgewachsen, der die Wirbelgegend fehlt. Sie ist 3½ Linien lang und mag knapp 3 Linien hoch gewesen sein; sie ist ziemlich dickschalig, vollkommen platt, mit eingebogenem Bauchrand und zeigt 11 bis 12 strahlenförmige Falten, welche sich auch über den eingebogenen Bauchrand erstrecken. Die Schale mag demnach die obere Schale eines Pecten, etwa ähnlich dem P. intus radiatus v. Münst., personatus Goldf., oder die untere Schale einer Terebratel aus der Abth. **Megathyris** d'Orb. (wohin die lebende T. detruncata gehört) sein.

26. Quid? Taf. II, fig. 1.

Auf demselben Stück Gestein, welches den Taf. II, fig. 1. abgebildeten Ammoniten No. 11 enthält, findet sich ein Abdruck, den ich mir nicht zu deuten weiss. Er ist vollkommen eben, und zeigt sehr feine, oberflächliche, der Quere nach verlaufende Streifen, welche etwas wellenförmig und dicht gedrängt sind; dann und wann anastomosiren ein paar derselben, im Ganzen sind sie aber ziemlich parallel.

Da auf der Tafel noch Platz blieb, so habe ich denselben benutzt, um ein paar fossile chilenische Echinodormen abzubilden, welche weder bei *Gay* noch bei *Baile* und *Coquand* beshrieben sind.

1. Cidarites ovata Ph. Taf. I, fig. 13. 14.

Das Gehäuse ist im Umriss eiförmig, oben und unten flach; die Oeffnung für den Anus ist sehr gross, grösser als die für den Mund. In jeder Reihe der Interambulakralfelder stehen acht grosse Höcker; die platten Höfe um dieselben berühren einander beinahe und sind quereiförmig, breiter als hoch; der Durchmesser der Höcker nimmt kaum die Hälfte des Hofes ein; der Rand, der die Basis des Höckers umgibt, hat etwa 16 Kerbe. Etwa drei concentrische Reihen kleiner Höckerchen stehen auf jedem Täfelchen um den grossen herum. Die **Ambulakra** sind wellenförmig und zeigen zwei Reihen sehr kleiner Höcker zwischen den Paaren der Poren. Die Täfelchen für die Eierstöcke fehlen; die Mundöffnung ist etwas beschädigt, sonst ist das Exemplar sehr wohl erhalten. Länge 25 Linien, Breite 21 Linien, Höhe 17—18 Linien. Das Exemplar ist von Eisenoxyd röthlich gefärbt und von Herrn Gay in der Cordillere von Illapel gefunden worden.

2. Echinus andinus Ph. Taf. II, fig. 11. 12. 13.

Das Gehäuse ist ziemlich conoidisch, unten flach. Die Interambulakralfelder sind zwei Mal so breit wie die Ambulakralfelder; in der Mitte derselben läuft je eine Reihe starker Warzen, deren Durchmesser ihrem Abstande von einander gleichkommt. Ich zähle deren etwa 14 vom Munde bis zum After. Der übrige Raum der Täfelchen ist dicht mit ziemlich grossen Warzen bedeckt. Die Ambulakralfelder haben ebenfalls zwei Reihen Warzen, welche aber etwas kleiner sind, als die der Interambulakralfelder, so dass man deren 18 bis 19 vom Munde bis zum After zählen kann; sie laufen nicht in der Mitte der Täfelchen, sondern nahe den Poren; der übrige Theil der Täfelchen ist ebenfalls mit ziemlich grossen Warzen dicht bedeckt. Die Poren bilden, wie bei **Tetrapyga**, ziemlich unregelmässige Linien; der Raum, den sie einnehmen, verbreitet sich fast gar nicht nach der Mundöffnung hin. Durch diesen Umstand, die kleine Mundöffnung, die geringe Breite der Interambulakralfelder, die Spalten der Mundöffnung ist die Art von **Echinocidaris**, **Arbacia** und **Tetrapyga** verschieden. Der Durchmesser der Mundöffnung des Gehäuses nimmt nämlich kaum die Hälfte der Grundfläche ein und zeigt deutlich zehn Einschnitte. Die Afteröffnung und die Ovarialplatten zeigen nichts Auffallendes. — Die röthliche Farbe etc. beweist, dass diese Art von demselben Fundorte wie die vorige herstammt. Durchmesser 16, Höhe 10 Linien.

3. Micraster chilensis Ph. Taf. II, fig. 8. 9. 10.

Der Umriss ist herzförmig, hinten abgestutzt, vorn mässig ausgeschnitten. Die untere Seite ist eben, nach dem Munde hin vertieft, welcher zwischen dem dritten und vierten Theile der Länge liegt. Die obere Seite ist hinten stärker gewölbt als vorn, in der Aftergegend steil abschüssig, aber doch nicht senkrecht. Der After liegt in halber Höhe. Der Wirbel liegt in $^4/_7$ der Länge von vorn an gerechnet. Die Furche, in welcher das unpaarige Ambulacrum liegt, ist mässig vertieft und verliert sich vorn allmählig; die paarigen ambulacra liegen ganz flach, ohne alle Vertiefung. — Länge, Breite 10, Höhe 7½ Linien. Zwei Exemplare, in der Cordillere von Doña Ana von Herrn Gay gefunden; sie sind weisslich, auf der Oberfläche ziemlich stark verwittert, so dass nur selten Spuren von Höckerchen zu sehen sind; das eine hat die untere Seite noch mit Gestein bedeckt.

Ich bemerke bei dieser Gelegenheit, dass im Museum noch Gryphaea cymbium, Pentacrinus basaltiformis, und eine Pleurotomaria? liegen, welche der Etikette nach gleichfalls von Herrn Gay in der Cordillera von Doña Ana gesammelt sind.

Capitel VII.

Physikalische Erscheinungen, in der Wüste Atacama beobachtet.

Ich lasse zunächst die Temperaturbeobachtungen folgen.

Tag.	Stunde.	Ort.	Geogr. Breite.	Höhe üb. d. Meer.	Temperatur.	Bemerkung.
	7 Uhr Morg.		27° 20'	0	18,0° Cels.	
29. Nov. 1853.	2 — Mitt.	In See.	bis	0	19,1	
	8 — Abds.		27° 10'	0	19,0	
30. Nov.	7 — Morg.	Caldera.	27° 4'	0	20,4	
id.	1 — Mitt.	Copiapó.	27° 22'	1138' par.	25,6	
id.	10 — Abds.	id.	id.	id.	20,5	
1. Decemb.	6 — Morg.	id.	id.	id.	15,0	
id.	1½ — Nachm.	id.	id.	id.	26,1	
id.	10½ — Abds.	id.	id.	id.	17,5	
2. Decemb.	6 — Morg.	id.	id.	id.	15,0	
id.	1¼ — Nachm.	id.	id.	id.	27,0	
3. Decemb.	6 — Morg.	id.	id.	id.	14,5	
id.	1½ — Nachm.	id.	id.	id.	26,0	
id.	4 — Nachm.	Piedra colgada.	27° 22'	863	26,0	
id.	5 — Nachm.	Monte amargo.	27° 18'	403	25,5	
4. Decemb.	7 — Morg.	Caldera, Schiff.	27° 5'	0	18	trübe.
id.	2½ — Nachm.	id.	id.	id.	20	
id.	8½ — Abds.	id.	id.	id.	19	
5. Decemb.	6½ — Morg.	id.	id.	id.	17,5	Staubregen.
id.	1 — Nachm.	id.	id.	id.	19	Himmel bedeckt.
id.	10¼ — Abds.	id.	id.	id.	18	desgl.

Tag.	*Stunde.*	*Ort.*	*Geogr. Breite.*	*Höhe üb. d. Meer.*	*Temperatur.*	*Bemerkung.*
6. Decemb.	6 1/2 Uhr Morg.	Caldera, Schiff.	27° 5′	0	17,3° Cels.	bedeckt. Himmel.
id.	3 1/2 — Nachm.	id.	id.	id.	20,6	heiter.
id.	8 1/2 — Abds.	id.	id.	id.	19	bedeckt. Himmel.
7. Decemb.	7 — Morg.	id.	id.	id.	17	
id.	1 1/2 — Nachm.	In See.	27° 0′	id.	19,7	
id.	7 3/4 — Abds.	id.	26° 47′	id.	19	
8. Decemb.	7 — Morg.	id.	26° 21′	id.	14,4	
id.	8 — Morg.	Bucht von Chañaral.	id.	id.	19	
9. Decemb.	7 1/2 — Morg.	id.	id.	id.	17,5	
10. Decemb.	8 — Morg.	Minen las Animas.	26° 26′	c. 800′	13	Nebelregen.
id.	12 3/4 — Nachm.	id.	id.	id.	20,3	
id.	6 — Abds.	Salado.	26° 22′	c. 600′	19	heftiger Westwind.
11. Decemb.	6 — Morg.	id.	id.	id.	13	trübe.
id.	12 1/2 — Nachm.	id.	id.	id.	23,5	
id.	4 — Nachm.	Chañaral.	26° 21′	20	26,6	
12. Decemb.	9 3/4 — Morg.	id.	id.	id.	18,5	
id.	6 1/4 — Abds.	Cachin. de la Costa.	26° 4′	1722′	12,5	
13. Decemb.	6 — Morg.	id.	id.	id.	12	nebelig.
id.	3 — Nachm.	Plateau.	26° 2′	2026′	20,1	
id.	4 3/4 — Nchm.	id.	25° 56′	2085′	22,5	
id.	10 — Abds.	Cachiyuyal.	25° 46′	2066′	15,6	
14. Decemb.	5 1/2 — Morg.	id.	id.	id.	10,2	
id.	9 1/2 — Morg.	Portez. de las Tapaderas.	25° 41′	1879′	24	
id.	10 1/2 — Morg.	Valle del llano colorado.	25° 39′	1576′	24	
id.	11 — Morg.	Portezuelo id.	25° 38′	1860′	24	
id.	7 1/2 — Abds.	Agua del Clerigo.	25° 26′	1217′	15	Nachts Staubregen.
15. Decemb.	6 1/2 — Morg.	id.	id.	1217′	15,7	
id.	9 1/2 — Morg.	Bucht von Tartal.	25° 25′	0	20,5	
id.	11 1/2 — Morg.	id.	id.	id.	22	
id.	3 — Nachm.	Agua del Clerigo.	25° 26′	1217′	21,8	
id.	9 — Abds.	id.	id.	id.	18	
16. Decemb.	10 — Morg.	id.	id.	id.	22,5	Nachts Staubregen.
17. Decemb.	7 3/4 — Morg.	Estancia vieja.	25° 12′	530′	15,8	Nachts Staubregen.
id.	8 — Morg.	Meer.	25° 12′	25′	16	
19. Decemb.	5 1/2 — Morg.	Paposo.	25° 2′	50′	16	bedeckt. Himmel.
id.	12 — Mittg.	id.	id.	id.	22	
id.	7 — Nachm.	id.	id.	id.	17	
20. Decemb.	6 — Morg.	id.	id.	id.	16,8	bedeckt. Himmel.
id.	8 — Morg.	Pass nach Cajon de Guanillo.	25° 3′	766′	19,5	id.
id.	8 1/2 — Morg.	Agua de Perales.	25° 3′	721′	22,3	id.
id.	11 — Morg.	Hochebene.	id.	1616′	14	Nebel.
id.	1 — Nachm.	Valla del Guanillo.	id.	1800′	22,2	Vegetations-Gränze.
id.	3 1/2 — Nachm.	id.	id.	3295′	20	
id.	6 — Nachm.	Agua de Perales.	id.	721′	17	
id.	8 — Abds.	Paposo.	25° 2′	50′	18	
21. Decemb.	6 — Morg.	id.	id.	id.	18,3	
id.	12 — Mittg.	id.	id.	id.	19,6	
22. Decemb.	7 — Morg.	id.	id.	id.	17,1	
23. Decemb.	5 — Morg.	El Médano.	24° 50′	60′	17,2	
id.	7 — Morg.	Agua de Panul.	24° 48′	6—700′	15	
id.	1 — Nachm.	Agua Miguel Diaz.	24° 36′	861′	17,4	
id.	2 1/2 — Nachm.	id.	id.	id.	17,4	
id.	3 — Nachm.	Gränze d. Muschel.	id.	220′	17,6	
id.	5 — Nachm.	Meeresufer.	24° 34′	0	20,3	

Tag.	Stunde.	Ort.	Geogr. Breite	Höhe üb. d. Meer	Temperatur.	Bemerkung.
23. Decemb.	7 Uhr Nachm.	Chagual del Jote.	25° 27'	420'	17,5° Cels.	
24. Decemb.	6 — Morg.	id.	id.	id.	10	
id.	7 — Morg.	Meerwasser.	24° 34'	30'	19	
id.	10 — Morg.	el Cobre.	24° 19'	12'	18	
28. Decemb.	7 — Morg.	Isla blanca.	23° 24'	0	20,5	trübe.
id.	4½ — Nachm.	id.	id.	id.	21,5	
id.	7 — Nachm.	id.	id.	id.	21,2	
30. Decemb.	6 — Morg.	id.	id.	id.	22,5	
id.	3½ — Nachm.	id.	id.	id.	22,5	
id.	9½ — Abds.	id.	id.	id.	20	
30. Decemb.	6 — Morg.	In See.	c. 23° 23'	id.	20	
id.	10½ — Morg.	Mejillones.	23° 5'	id.	24	
id.	12½ — Mittag.	id.	id.	id.	25,7	
id.	4½ — Nachm.	id.	id.	id.	25	
id.	7½ — Nachm.	id.	id.	id.	22,7	
id.	9 — Abds.	id.	id.	id.	22,7	
31. Decemb.	6 — Morg.	id.	id.	id.	20,2	bedeckt, Himmel.
3. Januar.	6½ — Morg.	See.	id.	id.	20,0	
6. Januar.	11 — Morg.	id.	id.	id.	20,7	
id.	12 — Mittag.	id.	id.	id.	20,0	
id.	1 — Nachm.	id.	id.	id.	21,6	
id.	2 — Nachm.	id.	id.	id.	22,5	
id.	3 — Nachm.	id.	id.	id.	22,7	
id.	4 — Nachm.	id.	id.	id.	22,4	
id.	5 — Nachm.	id.	id.	id.	22,5	
id.	6 — Nachm.	id.	25° 0'	id.	22,5	
10. Januar.	10 — Morg.	Bucht von Tartel.	25° 25'	id.	20	
11. Januar.	6½ — Morg.	Agua del Chorigo.	25° 26'	750'	17,2	
id.	10 — Morg.	Ladera del Tatal Viejo.	25° 21'	1200'	20,5	
id.	10½ — Morg.	Agua de Brendal.	id.	1620'	20,5	
id.	12 — Mittag.	id.	id.	id.	22,5	
id.	12 — Nachts.	Cachiyuyal.	25° 22'	4614'	13	
12. Januar.	5½ — Morg.	id.	id.	id.	5,5	dicker Nebel.
id.	1¼ — Nachm.	Hochebene.	25° 11'	6045'	20,5	
id.	11 — Morg.	Cachin. de la Sierra.	25° 1'	7510'	0,5	Nachtfrost.
13. Januar.	5 — Morg.	id.	id.	id.	3	
id.	11 — Morg.	id.	id.	id.	25	
id.	3 — Nachm.	id.	id.	id.	25	
14. Januar.	5½ — Morg.	id.	id.	id.	-4,5	Nachts Frost.
id.	10 — Morg.	Wegnach Profetas.	c. 24° 55'	7329'	18,5	
id.	12 — Mittg.	Rücken vor Profet.	c. 24° 46'	oben 9400'	18,5	
id.	4½ — Nachm.	Agua de Profetas.	24° 44'	9160'	19,5	
15. Januar.	6½ — Morg.	id.	id.	id.	2,5	Nachts Frost.
id.	3 — Nachm.	Agua de Varas.	24° 37'	9767'	22,7	
16. Januar.	6 — Morg.	id.	id.	id.	3,5	Nachts Frost.
id.	9 — Morg.	Alto de Varas.	24° 36'	11510'	11	starker Wind.
id.	10 — Morg.	id.	id.	id.	17,5	windstill.
id.	3 — Nachm.	Punta negra.	24° 21'	6300'	21,2	
id.	7 — Nachm.	id.	id.	id.	14,5	Nachts Frost.
17. Januar.	4 — Nachm.	Imilac.	28° 56'	7800'	20,9	Nachts Frost.
18. Januar.	5½ — Morg.	id.	id.	id.	1	Nachts Frost.
id.	9 — Morg.	Thal zwischen Imilac und Pingo-pingo.	23° 42'	c. 7400'	19,7	
id.	4½ — Nachm.	Alto de Pingopingo.	23° 38'	11300'	10,5	Nachts Frost.
19. Januar.	9 — Morg.	Tiloposo.	23° 10'	7300'	10,5	

— 150 —

Tag.	Stunde.	Ort.	Geogr. Breite.	Höhe üb. d. Meer.	Temperatur.	Bemerkung.
19. Januar.	7¹/₂ Uhr Nachm.	Tilopozo.	23° 19'	7300'	21,5° Cels.	
20. Januar.	6¹/₄ — Morg.	id.	id.	id.	12,5	
id.	9¹/₂ — Morg.	id.	id.	id.	19,5	
id.	12 — Mittg.	id.	id.	id.	27	
id.	3 — Nachm.	id.	id.	id.	26,7	
21. Januar.	4¹/₂ — Nachm.	Agua de Carvajal.	22° 52'	id.	26,7	
id.	6 — Nachm.	id.	id.	id.	24,25	
22. Januar.	1 — Nachm.	Weg nach Atacama.	22° 28'	7400'	27,5	Auf dem Wege.
23. Januar.	10 — Morg.	Atacama.	22° 26'	id.	24,2	
id.	3 — Nachm.	id.	id.	id.	26	
24. Januar.	9 — Morg.	id.	id.	id.	23,1	
id.	12 — Mittg.	id.	id.	id.	24,3	
id.	3 — Nachm.	id.	id.	id.	26,6	
25. Januar.	7 — Morg.	id.	id.	id.	19,8	
26. Januar.	6 — Morg.	Mina S. Bartolo.	22° 8'	c. 8400'	8,7	
id.	5³/₄ — Nachm.	Atacama.	22° 26'	7400'	24	
id.	8 — Abends.	id.	id.	id.	19	
27. Januar.	6 — Morg.	id.	id.	id.	18	
id.	12²/₄ — Nachm.	id.	id.	id.	29,7	
28. Januar.	5³/₄ — Morg.	id.	id.	id.	8,1	
id.	9 — Morg.	id.	id.	id.	21,2	
id.	9¹/₄ — Morg.	id.	id.	id.	23	
id.	10¹/₂ — Morg.	id.	id.	id.	23,7	
id.	12 — Mittg.	id.	id.	id.	25,6	im Zimmer.
id.	1³/₄ — Nachm.	id.	id.	id.	25,7	
id.	2¹/₂ — Nachm.	id.	id.	id.	26,4	
id.	3³/₂ — Nachm.	id.	id.	id.	26,4	Abends bewölkt.
id.	5 — Nachm.	id.	id.	id.	26,5	im Zimmer.
29. Januar.	6 — Morg.	id.	id.	id.	11,2	
id.	7 — Morg.	id.	id.	id.	15	
id.	8 — Morg.	id.	id.	id.	16,7	
id.	9 — Morg.	id.	id.	id.	20	
id.	10 — Morg.	id.	id.	id.	22,2	
id.	11 — Morg.	id.	id.	id.	24	
id.	12 — Mittg.	id.	id.	id.	25	
id.	1 — Nachm.	id.	id.	id.	27	
id.	2 — Nachm.	id.	id.	id.	25	
id.	3 — Nachm.	id.	id.	id.	24	
id.	4 — Nachm.	id.	id.	id.	23,4	
id.	5 — Nachm.	id.	id.	id.	22	
id.	6 — Nachm.	id.	id.	id.	10,7	
id.	7 — Nachm.	id.	id.	id.	16,1	
id.	8 — Abends.	id.	id.	id.	16,9	
id.	9 — Abends.	id.	id.	id.	14,5	
id.	10 — Abends.	id.	id.	id.	13,8	
30. Januar.	8¹/₆ — Morg.	id.	id.	id.	15,4	
id.	10 — Morg.	id.	id.	id.	23,7	
31. Januar.	6 — Morg.	Toconado.	22° 36'	7557'	10	
id.	7 — Morg.	id.	id.	id.	13	Nachts vom 31. auf 1. Febr. Gewitter.
2. Febr.	5¹/₂ — Morg.	Ciénego redondo.	23° 13'	7400'	2	
id.	7¹/₂ — Morg.	id.	id.	id.	12,5	
id.	2¹/₂ — Nachm.	Tilopozo.	23° 19'	7300'	29,4	
id.	6¹/₄ — Nachm.	id.	id.	id.	23,3	
3. Febr.	6¹/₄ — Morg.	id.	id.	id.	11,9	

— 151 —

Tag	Stunde	Ort	Geogr. Breite	Höhe üb. d. Meer	Temperatur	Bemerkung
3. Febr.	10 Uhr Abds.	Tilopam.	22° 19'	7000'	20,5° Cels.	
4. Febr.	5 — Morg.	id.	id.	id.	0,5	Nachts von 3 — 5 Uhr starker Wind aus der Höhe
5. Febr.	5¼ — Morg.	Pequina.	22° 50'	10650'	2,1	Nachts Frost.
id.	6½ — Morg.	id.	id.	id.	4,5	
id.	7½ — Morg.	id.	id.	id.	12,1	
id.	9 — Morg.	id.	id.	id.	16,5	
id.	11½ — Morg.	id.	id.	id.	20	
id.	12 — Mittg.	id.	id.	id.	22	
id.	1 — Nachm.	id.	id.	id.	23,5	
id.	3½ — Nachm.	id.	id.	id.	22,7	
id.	4 — Nachm.	id.	id.	id.	22,5	
6. Febr.	7 — Morg.	a. M.	id.	id.	0	Nachts Frost.
id.	10½ — Morg.	Vor Pajonal.	id.	1'	22,7	stellig.
id.	11 — Morg.	Pajonal.	22° 55'	10650'	14	
id.	3½ — Nachm.	id.	id.	id.	22	
id.	6½ — Nachm.	id.	id.	id.	17,5	
7. Febr.	12 — Mittg.	Indica.	22° 50'	7000'	22,5	Nachts Sturm.
8. Febr.	7 — Morg.	Pajonal.	22° 55'	10650'	5,1	Nachts Frost.
id.	9 — Morg.	id.	id.	id.	16	
id.	11½ — Morg.	id.	id.	id.	22	
id.	2½ — Nachm.	id.	id.	id.	21,7	Donner, Regen und starker Wind.
id.	4 — Nachm.	id.	id.	id.	16,4	
id.	7 — Nachm.	id.	id.	id.	12,5	
9. Febr.	6¼ — Morg.	id.	id.	id.	2,5	Nachts Frost.
id.	9 — Morg.	Zwischen Pajonal und Zorras	id.	id.	14,5	
10. Febr.	6 — Morg.	Zorras.	24° 5'	9650'	-1'	Nachts Frost.
id.	9 — Morg.	Weiter als 4m Zheh	id.	id.	11,5	
id.	11½ — Morg.	Hochebene.	id.	11200–11400'	16	
id.	4½ — Nachm.	Zorras.	id.	9650'	15,5	
id.	6½ — Nachm.	id.	id.	id.	6	
id.	9 — Abends.	id.	id.	id.	0,5	
11. Febr.	5¼ — Morg.	id.	id.	id.	-4	Nachts Frost.
id.	7½ — Morg.	id.	id.	id.	7,5	
id.	9½ — Mittg.	id.	id.	id.	16,5	
12. Febr.	5 — Morg.	Surfanan blumen	24° 52'	9650'	1,5	Nachts Frost.
id.	6 — Nachm.	Rio frio.	24° 46'	10,500'	5,7	
13. Febr.	6½ — Morg.	id.	id.	id.	-0,5	
id.	7 — Morg.	id.	id.	id.	-0,5	
id.	8 — Morg.	id.	id.	12	5,0	
id.	9 — Morg.	id.	id.	id.	7,9	
id.	10 — Morg.	id.	id.	10,750'	10,4	auf der Höhe.
id.	11 — Morg.	id.	id.	id.	14,7	
id.	12 — Mittg.	id.	id.	id.	16	
id.	1½ — Nachm.	id.	id.	id.	16,1	
id.	3½ — Nachm.	id.	id.	id.	14,6	
id.	4 — Nachm.	id.	id.	id.	14,5'	
id.	5½ — Nachm.	id.	id.	10,500'	6	
id.	8¾ — Abds.	id.	id.	id.	2	
14. Febr.	5½ — Morg.	id.	id.	id.	-5,9	Nachts Frost.
id.	7 — Morg.	id.	id.	id.	-5	
id.	6½ — Morg.	id.	id.	id.	6	
id.	1½ — Nachm.	Im Colasmas.	24° 57'	c. 12000'	12	
id.	4½ — Nachm.	Sandes.	25° 3'	9500'	17	
id.	6¾ — Nachm.	id.	id.	id.	6	

— 152 —

Tag.	Stunde.	Ort.	Geogr. Breite.	Höhe üb. d. Meer.	Temperatur.	Bemerkung.
15. Febr.	5½ Uhr Morg.	Sandon.	25° 3'	9500'	1,5° Cels.	Nachts Frost.
id.	1 — Nchm.	Vaquillas.	25° 7'	c. 10,000'	24	im Winde 17,5.
id.	3 — Nchm.	id.	id.	id.	22,5	
id.	6 — Nchm.	id.	id.	id.	12,2	
16. Febr.	6 — Morg.	Chaco.	25° 12'	3500'	—9,7	
id.	7 — Morg.	id.	id.	id.	7,6	
id.	8 — Morg.	id.	id.	id.	14	
id.	9 — Morg.	id.	id.	id.	16,2	
id.	10 — Morg.	id.	id.	id.	18	
id.	11 — Morg.	id.	id.	id.	19,1	
id.	12½ — Nchm.	id.	id.	id.	24,5	
id.	4½ — Nchm.	id.	id.	id.	21,5	
id.	6 — Nchm.	id.	id.	id.	12,8	
id.	7 — Nchm.	id.	id.	id.	19,1	
17. Febr.	5½ — Morg.	id.	id.	id.	2	Nachts Frost.
id.	5½ — Nachm.	Juncal.	25° 28'	8200'	18,8	
18. Febr.	5½ — Morg.	id.	id.	id.	6,2	
id.	7 — Morg.	id.	id.	id.	11,3	
id.	2½ — Nachm.	Encantada.	25° 41'	8080'	22,5	
id.	3½ — Nachm.	id.	id.	id.	22,5	
19. Febr.	6 — Morg.	id.	id.	id.	7,7	
id.	8 — Morg.	id.	id.	id.	12,8	
id.	10½ — Morg.	id.	id.	id.	18	
id.	2 — Nachm.	id.	id.	id.	21,5	
id.	3¼ — Nachm.	id.	id.	id.	17,5	
id.	4½ — Nachm.	id.	id.	id.	21	
id.	5 — Nachm.	id.	id.	id.	15,2	
id.	6 — Nachm.	id.	id.	id.	13,3	
id.	7 — Nachm.	id.	id.	id.	11,1	
id.	8¼ — Nachm.	id.	id.	id.	9,8	
20. Febr.	5½ — Morg.	id.	id.	id.	7,5	
id.	7¼ — Morg.	id.	id.	id.	9	
id.	9½ — Morg.	id.	id.	id.	17,4	
id.	5½ — Nachm.	Doña Ines.	25° 56'	7925'	18,8	
id.	8¼ — Nachm.	id.	id.	id.	14,6	
21. Febr.	7¼ — Morg.	id.	id.	id.	10	
id.	6¾ — Nachm.	Agua dulce.	26° 15'	6400'	17,2	
22. Febr.	6 — Morg.	id.	id.	id.	10,5	
23. Febr.	8¼ — Morg.	Chañaral bajo.	26° 37'	4795'	18,7	
id.	9¼ — Morg.	id.	id.	id.	25,4	
id.	10¼ — Morg.	id.	id.	id.	27,1	
id.	11 — Morg.	id.	id.	id.	26,9	
id.	12 — Mittg.	id.	id.	id.	29,1	
id.	1 — Nachm.	id.	id.	id.	27,7	
id.	2 — Nachm.	id.	id.	id.	27,7	
id.	3 — Nachm.	id.	id.	id.	26,4	
id.	4 — Nachm.	id.	id.	id.	26,6	
id.	5 — Nachm.	id.	id.	id.	22,9	
id.	6 — Nachm.	id.	id.	id.	21,7	
id.	8 — Abends.	id.	id.	id.	19,4	
24. Febr.	5½ — Morg.	id.	id.	id.	13,2	
id.	7 — Morg.	id.	id.	id.	15,7	
id.	12½ — Nachm.	Ebene zwischen Chañaral und Trespuntas.	26° 43'	5132'	26,5	
id.	3¼ — Nachm.	Passhöhe.	26° 53'	5224'	24,9	

Tag.	Stunde.	Ort.	Geogr. Breite.	Höhe üb. d. Meer.	Temperatur.	Bemerkung
24. Febr.	4 Uhr Nchm.	Trespuntas.	26° 54'	5737'	26,1° Celн.	Pluвia.
25. Febr.	8 — Morg.	id.	id.	5800'	18,1	Fauna der Mine Germania
id.	10 — Morg.	id.	id.	id.	22	
id.	2 — Nchm.	id.	id.	id.	24,5	
id.	7 — Nchm.	id.	id.	id.	19,7	
26. Febr.	11¼ — Morg.	Puquios.	27° 9'	4795'	23,8	
id.	5¾ — Nchm.	Llampos.	27° 11'	3322'	20,6	
id.	10 — Abds.	el Chulo.	27° 15'	2450'	12	
27. Febr.	6 — Morg.	id.	id.	id.	11,2	
id.	1 — Nchm.	Copiapó.	27° 23'	1134'	27,2	

Ein erhebliches Resultat lässt sich aus so unvollständigen, einen so kurzen Zeitraum umfassenden Beobachtungen nicht ziehen. Berechnen wir jedoch approximativ die Temperaturen für die Stunden 6 Uhr Morgens, 1 Uhr Nachmittags, 6 Uhr Abends, so finden wir das überraschende Resultat, dass die Temperatur in dem ganzen Raume zwischen Copiapó und Atacama von 27° 23' bis 22° 6' in der heissesten Zeit des Tages, vorausgesetzt, dass man einen vor den Winden geschützten Ort beobachtet, wenig verschieden ist, und dass selbst die Meereshöhe darauf einen geringen Einfluss hat. Die mittlere Temperatur dieser Stunden ist nämlich 22,8°; der kälteste Ort, Rio frio hat 19, Differenz 3,8° bei 10500' Meereshöhe; die heisseste Gegend ist das Ufer des Salzsees von Atacama mit 29°, also Differenz 6,2°. Ungeachtet derselbe 7400 Fuss über dem Meere liegt, so begreift sich die hohe Temperatur leicht, da es ein grosses, flaches, schattenloses Kesselthal ist. Die Temperatur nimmt also in der heissesten Tagesstunde mit der Höhe nur sehr unbedeutend ab.

Ganz anders ist es mit den Nächten. Während auf der See die Nächte unbedeutend kühler sind als auf dem Lande, nimmt die Differenz zwischen der grössten Kälte in der Nacht und der grössten Wärme am Tage um so mehr zu je mehr man sich erhebt. Die Differenzen zwischen 6 Uhr Morgens und 1 Uhr Mittags sind nämlich: Auf dem Meere unter 23° 24' Br. 3,6° C.; auf dem Meere unter 27° 4' Br. 3° C.; in Paposo 50 Fuss über dem Meere 3° C.; in Copiapó 1100 Fuss über dem Meere 11°; in Agua del Clerigo nahe dem Meere, 1200 Fuss Meereshöhe 5,8°; in Chañaral bajo 4800 Fuss Meereshöhe 8°; in Trespuntas 5700 Fuss Meereshöhe 8,5°; in Atacama 7400 Fuss Meereshöhe 15° C.; in Cachinal de la Sierra 7500 Fuss Meereshöhe 20°; in der Encantada 8000 Fuss Meereshöhe 13,3°; in Chaco 8500' Meereshöhe 25,1°; in Zorras 9600 Fuss Meereshöhe 21°; in Pajonal 10400 Fuss Meereshöhe 18°; in Rio frio 10500 Fuss Meereshöhe 25,5°; in Puquios 10800 Fuss Meereshöhe 20°, oder nehmen wir das Mittel dieser drei Orte, in 10500 Fuss Meereshöhe 21°.

Wir haben nämlich:

Ort.	Geogr. Breite.	Meereshöhe.	Temperatur um			Mittl. Temper.	Bemerkung.
			6 Uhr Morg.	1 Uhr Nachm.	6 Uhr Abds.		
Meer.	23° 34'	0	19° C.	22,6° C.	21,2° C.	20,1° C.	
Meer.	27° 4'	0	17	20	19	18,0	
Paposo.	25° 2'	50	17	20	18	17,5	
Copiapó.	27° 23'	1100	15	26	22	18,5	
Agua de Clerigo.	25° 26'	1200	16,4	22,2	17	16,7	
Chañaral bajo.	26° 37'	4800	14	27,7	20	17,0	
Trespuntas.	26° 54'	5700	16	24,5	20	19,0	
Atacama.	23° 19'	7400	9	29	22	18,5	

Philippi, Reise durch Atacama.

Ort.	Geogr. Breite.	Meereshöhe.	6 Uhr Morg.	1 Uhr Nachm.	6 Uhr Abds.	Mittl. Temper.	Bemerkung.
Cachin. de la Sierra.	22° 26'	7400	11	28	19	15,0	Nachts Frost.
Tilopozo.	25° 1'	7500	6	26	12 ?	9,0	
Encantada.	25° 41'	8000	7,7	21	13	10,3	
Chaco.	25° 12'	8500	— 0,7	24,4	10	4,7	Nachts Frost.
Zorras.	24° 8'	9600	— 3	21	8	2,5	Nachts Frost.
Pajonal.	23° 25'	10400	0	22	13	6,5	Nachts Frost.
Rio frio.	24° 49'	10500	— 6,5	19	4	— 1,2	Nachts Frost.
Puquios.	23° 50'	10800	3	23,3	12	7,5	Nachts Frost.

Nehmen wir an, die mittlere Temperatur des Tages sei gleich dem arithmetischen Mittel der Temperaturen von 6 Uhr Morgens und 6 Uhr Abends, so erhalten wir die Zahlen:

Höhe über dem Meere.	Mittlere Temperatur.	Maximum.
0	18° C.	20,9° C.
1200 Fuss.	17,6	24,1
5000 „	17,6	26,1
7500 „	12,0	26
8500 „	7,5	24
10500 „	4,3	21

Es fällt auf, dass die mittlere Temperatur bis zur Höhe von 5000 Fuss nahezu dieselbe bleibt und erst dann abnimmt, aber dies erklärt sich leicht, indem die Nähe des Oceans die Temperatur bedeutend deprimirt, und erst die höheren, mehr nach Osten gelegenen Orte von diesem Elemente nicht mehr so bedeutend influenzirt werden.

Ueber die Winde habe ich nur zu bemerken, dass während der ganzen Zeit meiner Reise durch die Wüste die Land- und Seewinde mit grosser Regelmässigkeit geherrscht haben.

Hydrometeore.

In Betreff der Hydrometeore habe ich gehörigen Ortes bemerkt, dass es allerdings bisweilen in der Wüste regnet; dass man im Innern derselben im Winter Schnee fallen sieht, dass der Februar Regen (an den höheren Bergen natürlich Schnee) und auch wohl Hagel bringt, wie ich denn zwei solche Niederschläge, die freilich nicht von Bedeutung waren, selbst erlebt habe, dass von Zeit zu Zeit, alle 20, 30, 50 Jahre wolkenbruchähnliche Regengüsse beobachtet werden, wie der vom Mai 1848, der beinahe das Haus von Chañaral bajo wegriss und machte, dass der Salado bis ins Meer floss, so wie der, welcher bewirkte, dass ein Strom sich durch die Quebrada von Paipote auf Copiapó loswälzte. Endlich habe ich von den Nebeln und Nebelregen der Gegend von Paposo und der dadurch hervorgebrachten Vegetation gesprochen. Es bleibt mir nun noch übrig, die paar mit dem Psychrometer[*]) gemachten Beobachtungen anzuführen. Nachdem ich das Quecksilber aus dem Barometer verloren, und der Aneroid unbrauchbar war, habe ich keine Beobachtungen mit dem Psychrometer mehr anstellen mögen.

---

[*]) Das Instrument, womit ich beobachtet habe, gehört dem physikalischen Cabinet der Universität Santiago und wurde mir von Herrn Prof. Domeyko bereitwilligst verabfolgt.

Tag.	Stunde.	Ort.	Baromet.	Trockn. Therm.	Nass. Therm.	Differenz.
1. Decemb.	6 Uhr Morg.	Copiapó.	742,5 mm.	18,8° C.	15,3° C.	3,2 ° C.
id.	1½ — Nachm.	id.	742,2	24,7	18,8	5,9
2. Decemb.	6 — Morg.	id.	742,4	18,6	15,2	3,4
id.	1½ — Nachm.	id.	742,7	25,5	19,2	6,3
3. Decemb.	6 — Morg.	id.	742,5	19,0	15,15	3,85
id.	1½ — Nachm.	id.	740,7	24,1	18,4	5,7
10. Decemb.	7 — Morg.	las Animas.		13	13	0
id.	12¼ — Nachm.	id.		20,3	15,7	4,6
id.	6 — Nachm.	Salado.		19	15,3	3,7
15. Januar.	2 — Nachm.	Agua de Varas.	330,9''' Par.	25,6	12,5	13,1
16. ,,	7 — Nachm.	Punta negra.		14,2	5,5	8,7
17. ,,	4 — Nachm.	Imilac.		17,6	7,55	10,05
18. ,,	5 — Nachm.	Alto de Pingopingo.		19,8	9,15	10,65
20. ,,	9 — Morg.	Tilopozo.		25,2	16,6	8,6
id.	12 — Mittg.	id.		27,0	16,0	11,0
21. Januar.	6 — Nachm.	Agua de Caravajal.		24,25	12,1	12,15
24. ,,	12 — Mittg.	Atacama.		24,3	12,6	11,7
25. ,,	7½ — Morg.	id.		19,8	11,55	8,25
26. ,,	6 — Nachm.	id.		25,9	14,1	11,1
27. ,,	1 — Nachm.	id.		27,5	15,15	12,35
28. ,,	2½ — Nachm.	id.		26,4	14,75	11,65
29. ,,	6 — Morg.	id.		17,3	10	7,3
id.	1 — Nachm.	id.	255''' Par.	23,5	12,7	10,8
id.	6 — Nachm.	id.	254,7	21,1	10,8	10,3
19. Febr.	3½ — Nachm.	Encantada.	254,6	21,8	11,2	12,1

Die Temperatur der Quellen habe ich selten beobachtet. Sie sind so unbedeutend, und der Einwirkung der Sonnenstrahlen dermassen ausgesetzt, dass kein wissenschaftliches Resultat zu erwarten stand. Der Bach von Rio frio war z. B. des Morgens stellenweise gefroren! Dass die Quelle von Tilopozo und die vom Thal Zorras warme Quellen sind, habe ich am gehörigen Orte bemerkt.

Optische Erscheinungen. Fata Morgana.

Mehrmals ist es mir so vorgekommen, als ob die Dämmerung in der Wüste, namentlich des Abends, viel länger dauerte und viel heller sei als gewöhnlich; es ist in einzelnen Fällen fast fünf Viertelstunden nach Sonnenuntergang noch hell geblieben, so dass ich ein paar Mal glaubte, wir hätten Mondschein. Die Fata Morgana ist eine sehr gewöhnliche Erscheinung. Da aber in der Wüste keine Bäume, Häuser, Felsen existiren, sondern nur runde Gipfel, so bringt sie keine so auffallenden Gestalten hervor wie sie wohl andere Beobachter gesehen haben, die vielleicht auch eine lebhaftere Einbildungskraft besessen haben, als mir zu Theil geworden ist. Der gewöhnlichste Fall ist der, dass die ferneren Gegenstände aufrecht in der Luft schweben und unten grade und horizontal abgeschnitten sind, und zwar hängen sie am häufigsten in der Mitte oder auf der einen Seite noch mit dem sichtbaren Horizonte zusammen wie in Fig. 1 und 3.

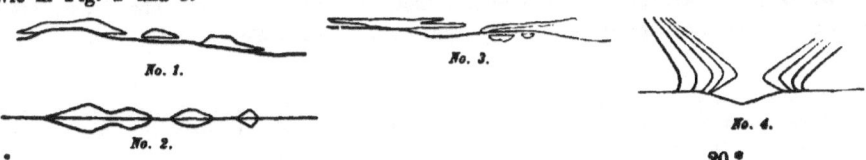

No. 1.   No. 3.
No. 2.   No. 4.

Nur ein paar Mal habe ich die Bilder bedeutend in die Höhe gerückt gesehen und begleitet von einem zweiten verkehrten Bilde wie in Fig. 2. Nicht selten waren glänzende helle Stellen, welche täuschend wie Seen oder Flüsse aussahen, wie es Fig. 3 zeigt. Die merkwürdigste Erscheinung war meines Erachtens diejenige, welche sich mir zwischen Barrancas blancas und Rio frio darbot. Hier traten von zwei Seiten die Hügel ziemlich nahe zusammen. Der horizontale Grund, welcher sie verband, erschien aber ausgehölt, und ebenso schien die Basis der Hügel ausgehölt. Der Abhang derselben erschien jederseits drei Mal und vier Mal, aber nicht mit parallelen Linien, sondern je mehr sich die Umrisse von dem wirklichen Umrisse der Hügel entfernten, um so grösser war der vorspringende Winkel derselben, so dass es schien, als ob sie sich von beiden Seiten zu vereinigen strebten. Siehe Fig. 4. Es sind offenbar ein paar Symplegaden*) des Festlandes.

Elektrische Erscheinungen.

Ich habe viel von der ausnehmend starken Elektricität in der Wüste gehört, und da die Luft in derselben so ungemein trocken ist, so müssen sich allerdings, sollte man meinen, die elektrischen Erscheinungen der Atmosphäre in der Wüste auf eine auffallende Weise zeigen. Man hat mir namentlich erzählt, es sei etwas ganz Gewöhnliches, dass die Haare der Menschen und selbst der Maulthiere sich emporsträubten, leuchteten und bei der Berührung Funken sprühten. Ich muss indessen sagen, dass ich nichts der Art gesehen, noch in der Wüste selbst von den Maulthiertreibern, Guanacojägern, Cateadoren davon habe erzählen hören, dass sie es an sich selbst erlebt hätten. Ja ich habe nicht ein Mal das eigenthümliche Wetterleuchten in der Cordillere, welches Meyen und andere so fälschlich für eine vulkanische Erscheinung halten, öfter bemerkt, als in den mittleren oder südlichen Provinzen Chiles, und niemals so schön wie im verflossenen December bei S. Fernando. Was alle jene Erscheinungen anlangt, so muss ich nachträglich bemerken, dass das Leuchten, Sträuben der Haare, Funkensprühen u. s. w. allerdings sehr häufig beobachtet wird, aber nur im Winter, nicht im Sommer, wogegen man im Winter keine Gewitter und kein Wetterleuchten wahrnimmt.

Capitel VIII.
Zoologie der Wüste Atacama.

Eine flüchtige Reise wie die meinige kann natürlich nur einzelne Data liefern, die keine Ansprüche darauf machen, ein vollständiges Bild der Fauna zu geben, und daher darf ich wohl auf nachsichtige Aufnahme der folgenden Bemerkungen hoffen.

---

*) So nannten die Alten bekanntlich zwei Felseninseln an der Mündung des Thracischen Bosporus in den Pontus, die dem Mythus zufolge fortwährend aneinander schlugen und alles Dazwischenfahrende zertrümmerten, bis kühne Schiffer, die Argonauten, hindurchfuhren, — und der Mythus ein Ende hatte.

Säugethiere.

Fledermäuse erinnere ich mich nicht in der Wüste gesehn zu haben.

Lutra felina (Mustela felina *Molina Saggio sulla stor. nat. del Chili p.* 284. — Lutra chilensis *Bennet Proceed. Zool. Soc. Lond.* 1832. p. 1. etc.). *Gay Zool.* I, p. 45, gewöhnlich *Chinchimen* oder *Chungungo*, auch wohl *Gato de mar* genannt, ist auch an dieser nördlichen Küste so gemein, wie an der der südlichen Provinzen Chiles, und lebt bekanntlich ausschliesslich im Meere (die Angaben, dass sie auch in den Flüssen Chiles vorkämen, sind zweifelhaft).

Canis. Man hat mir versichert, dass es Füchse in der Wüste, namentlich in den Küstengegenden gäbe; weiter kann ich von diesem Thiere nicht berichten und namentlich nicht, welche Art es sei.

Chinchilla lanigera *Gray Spicil. Zool.* p. 1. — Mus laniger *Molina* l. c. p. 301. Eriomys chinchilla Lichtenst. — Lagostomus chinchilla *Meyen* etc. — *Gay Zool.* I, p. 90. — *Gay* sagt von diesem Thiere: „Man hat irrthümlich gesagt, dass sie die Cordilleren von Chile bewohnen, da sie im Gegentheil die heissesten Gegenden vorziehen, die Hügel an der Küste oder die Thäler im Innern u. s. w." und *d'Orbigny* sagt ganz im Gegentheil (Voy. III, p. 330): „Diese kleinen Thiere bewohnen die unfruchtbarsten und kältesten Theile der Cordillere." Wie reimt sich dies zusammen? Gibt es zwei verschiedene Arten Chinchilla's? oder verhält es sich mit der Chinchilla, wie mit dem Guanaco, dem die Temperatur und der Luftdruck sehr gleichgültig zu sein scheint, wenn es nur Wüste ist. In den Gebirgen von Atacama, Peine u. s. w. gibt es Chinchillas, doch bekam ich weder das Thier noch das Fell desselben zu sehen; meine Leute fingen, während ich in Mejillones war, zwei junge Thierchen in Paposo lebendig, von denen eins in der Nacht bevor es aufs Schiff gebracht wurde, entwischte, und das andre 24 Stunden später ein Raub des Rattenhundes des Commandanten wurde.

Lagotis criniger Lesson. — Lepus viscacia *Molina* l. c. p. 307. vid. *Gay Zool.* I, p. 92, tab. 5 und 6, die *Viscacha* von Chile, die bekanntlich ein ganz andres Thier als die *Viscacha* von *Buenos Ayres* ist, findet sich eben so häufig in den Bergen der Wüste, wie in denen des mittleren und nördlichen Chiles. Ein paar Mal wurden welche geschossen, und im Thale Sandon fing einer meiner Diener ein junges Thier kurz vor Aufgang der Sonne lebendig.

Ctenomys fulvus Ph. S. Zool. Tab. I.

Der Pelz ist weich, fein und ziemlich kurz; das Borstenhaar in der untern Hälfte schiefergrau, in der obern Hälfte auf dem Kopfe und in der Mittellinie des Rückens blass rostfarben, an den Seiten heller, fast strohgelb, unten weisslich. Ich sehe keine Spur einer weissen Nackenbinde. Die Schnauze ist schwärzlich grau; der Schwanz hellgrau, in der Mittellinie oben braun; die letzte Hälfte desselben ist oben und unten mit längeren Haaren besetzt, welche bisweilen die Länge von 6 Linien erreichen, und also eine Art Kamm bilden. (Von diesem Kamme ist in der Abbildung der Ct. brasiliensis bei d'Orbigny keine Spur.) Die Haare der Füsse sind weisslich. An den Vorderfüssen sitzen am Aussenrande ziemlich weiche, 3 bis 4½ Linien lange, horizontal ausgebreitete Haare wie Wimpern; die entsprechenden Haare der Hinterfüsse sind kürzer, steifer und nach unten umgeschlagen. Die Nägel der Vorderfüsse sind grau, stumpf, oben flach, ja mit einer seichten Rinne durchzogen; der Nagel der Mittelzehe ist 4¹/₂ Linien lang, wie in der citirten Figur von d'Orbigny, wo die Nägel aber weiss und spitz sind. Die Nägel der Hinterfüsse sind kleiner, schmaler, oben gerundet, ohne Furche, der der Mittelzehe nur 3¹/₂ Linien lang. Die kammartigen Borsten über den Nägeln, welche dem Geschlecht seinen Namen gegeben haben, sind an den Vorderfüssen fast so lang wie die Nägel und ziemlich weich; an den Hinterfüssen sind sie aber nur halb so lang wie die Nägel, sehr steif und sehr auffallend kammartig. Die Schneidezähne sind gelb und in beiden Kinnladen 4 Linien lang und 1³/₄ Linien breit. Die Schnurrborsten sind sehr lang, die längsten wohl 20 Linien, so dass sie weit über die Ohren reichen; einige sind weiss, andre schwarz.

Dimensionen. Länge von der Spitze der Schnauze bis zur Schwanzwurzel 8 Zoll 6 Lin.
„ „ des Schwanzes 3 „ 4 „
„ „ der Vorderfüsse von der Handwurzel an ohne die Nägel — „ 9¹/₂ „
„ „ der Vorderfüsse mit den Nägeln gemessen 1 „ 1 „
„ „ der Fusssohle und Zehen ohne die Nägel 1 „ 5 „
„ „ „ „ mit den Nägeln 1 „ 8 „

Ctenomys boliviensis unterscheidet sich von unserer Art dadurch, dass die obere Seite des Kopfes und der Schnauze schwärzlich braun sind, welche Färbung sich über den Nacken und vordern Theil des Rückens fortzieht; durch die lebhaft rostgelbe Farbe des grösseren Theiles der Unterseite, durch enorme 6¹/₂ Linien lange Nägel der Vorderfüsse, endlich durch bedeutendere Grösse, indem die Länge von der Spitze der Schnauze bis zur Schwanzwurzel 12 Zoll beträgt, wogegen der Schwanz verhältnissmässig kürzer (3 Zoll) ist, also nur ein Viertel der Körperlänge misst, während er bei unserer Art über ein Drittheil ausmacht.

Ct. leucodon unterscheidet sich auf den ersten Blick durch weisse Vorderzähne, schmale Nägel und braune Färbung. — Ct. brasiliensis kommt unserer Art viel näher und ist in Grösse und Färbung wenig verschieden, ja aus der Beschreibung von Waterhouse, der gar nichts von den Nägeln sagt! kann ich keinen sehr wichtigen Unterschied ableiten. Aber wenn die Figur von d'Orbigny in Voyage dans l'Amér. mérid. richtig ist, so zeigt Ct. brasiliensis folgende Unterschiede: 1) die Farbe ist rothgelb, 2) der Schwanz ist sehr viel kürzer, nicht zweizeilig oder kammartig behaart, 3) die Nägel der Vorderfüsse sind spitz und weiss (?), 4) die Nägel der Hinterfüsse sind weit kürzer. — Bei d'Orbigny fehlt alle Beschreibung.

Diese Art ist es, welche in dem Centrum der Wüste, in einer Höhe von 9—11000 Fuss bei Pingo-pingo, Pajonal, Zorras etc. den Boden wie ein Sieb durchlöchert. Sie heisst bei den wenigen Personen, welche die Wüste durchziehen, *Oculto*, Verborgener, weil man sie nur eine kurze Zeit in der Abend- und Morgendämmerung sieht. Sie schmecken ganz gut.

Ctenomys atacamensis Ph. S. Zool. tab. II, fig. 1.

Der Pelz ist weich, fein, ziemlich kurz. Die Färbung ist im Allgemeinen blass rostfarben; der Kopf, der Nacken und der vordere Theil des Rückens sind dunkler rostfarben, die untere Seite ist ebenfalls rostfarben; alle Haare sind in ihrer unteren Hälfte schiefergrau. Ich finde keine Spur einer weissen Nackenbinde. Die Schnauze ist graubraun; der Schwanz gelblichgrau, oben nicht dunkler als unten, seine Haare sind wohl nach der Spitze hin etwas länger, bilden aber keinen so deutlichen Kamm wie bei der vorigen Art. Die Haare der Füsse sind weisslich und ziemlich spärlich; die, welche am Aussenrande der Füsse stehen, sind verlängert, wimperartig, horizontal abstehend; an den Hinterfüssen sind sie länger als an den Vorderfüssen, 2½ Linien lang. Die Nägel der Vorderfüsse sind spitz, viel schmäler als bei der vorigen Art, oben nicht platt, sondern wohl gerundet und ohne Spur von Rinne, von hellgrauer Farbe; der mittlere Nagel ist 4 Linien lang. Die Nägel der Hinterfüsse sind heller, beinahe weiss, grader, kürzer, nur 1½–1¾ Linien lang. Das ausgestopfte Exemplar zeigt nur an Zeigefinger und Mittelzehe die kammartigen Borsten, welche diesem Geschlecht eigenthümlich sind; die entsprechenden Haare der Vorderfüsse sind von den gewöhnlichen Haaren nicht verschieden. Die Schnurrborsten sind bis 18 Linien lang, reichen also ebenfalls weit über die Ohren hinaus, und sind fast sämmtlich weiss. Die Schneidezähne sind gelb und 1 Linie breit.

Dimensionen.

Länge von der Spitze der Schnauze bis zur Schwanzwurzel	5	Zoll	7	Linien.
" des Schwanzes	2	"	11	"
" des Handtellers und der Zehen ohne die Nägel	—	"	8½	"
" " mit den Nägeln	1	"	—	"
" der Fusssohle und der Zehen ohne die Nägel	1	"	1	"
" " " mit den Nägeln	1	"	2½	"

Diese Art unterscheidet sich — ganz abgesehen von ihrer röthlicheren Färbung und geringeren Grösse — wesentlich von der vorigen Art durch den längeren Schwanz, dem der Kamm von Haaren fehlt, und durch die schmalen, spitzen, oben gewölbten Nägel der Vorderfüsse, welche bei jener stumpf, breit, oben platt, ja sogar schwach rinnenförmig sind. — Von Ct. brasiliensis unterscheidet sie sich durch geringere Grösse, weit längeren Schwanz, röthliche Färbung der Unterseite etc.; von Ct. boliviensis durch die geringe Grösse, den langen Schwanz, die gelbrothe Färbung; von Ct. leucodon durch die geringe Grösse, die rothgelbe Färbung, die gelben Schneidezähne; von Ct. magellanicus durch geringe Grösse und grosse Nägel (bei Ct. magellanicus ist der längste Nagel nur 2½ Linien lang, bei unserer Art, ungeachtet sie weit kleiner ist, ist er 4 Linien lang), u. s. w. Diese Art wurde bei Tilopozo in der Ebene gefangen.

Mus capito Ph. S. Zool. tab. II, fig. 2 und tab. V, fig. c.

Das Thierchen ist oben grau, unten weisslich. Die langen weichen Haare der oberen Seite des Körpers sind nämlich an der Wurzel schwärzlichgrau und an der Spitze hellbraun, während die der unteren Seite eine weisse Spitze haben, die Färbung ist also der der gemeinen Hausmaus ähnlich, nur ist das Grau weit stärker über die bräunliche Beimischung vorwaltend. Der Schwanz ist oben mit braunen Haaren ziemlich dicht bedeckt, unten mit weissen. Vorder- und Hinterfüsse sind weiss und mit weissen Haaren bedeckt; die Nägel sind weiss. Die Schnauze ist dick; Ober- und Unterlippe sind weiss, mit weissen Haaren bedeckt; die Schnurrborsten sind sehr lang, die längsten bis 16 Linien. Die Haut der Ohren ist weisslich, aber aussen ist das vordere Drittheil derselben mit ziemlich langen, schwärzlichen Haaren dicht bedeckt, während die hinteren zwei Drittheile mit kürzeren, hellgrauen Härchen bedeckt sind; inwendig ist aber der hintere Rand in der Breite von etwa 2 Linien mit schwärzlichen Haaren besetzt, während der ganze übrige Theil kahl und gelblichweiss erscheint. Die oberen Schneidezähne sind gelb, die unteren gelblichweiss.

Dimensionen.

		Zoll		Linien
Länge von der Schnauzenspitze bis zur Schwanzwurzel		3	0	
„ des Schwanzes		2	8	„
„ von der Schnauzenspitze bis zu den Augen	—	„	$5^{1}/_{2}$	„
„ „ „ „ bis zum Anfang der Ohren	—	„	$10^{1}/_{2}$	„
„ der Ohren aussen gemessen	—	„	$7^{1}/_{2}$	„
„ des Handtellers	—	„	$4^{1}/_{4}$	„
„ der Fusssohle vom Hacken bis zur Zehenspitze	—	„	$10^{1}/_{4}$	„

Der ungeheure Kopf, die ungeheuren Ohren und die Länge der Hinterbeine, namentlich des Fusses zeichnen diese Art sehr aus; doch ist das einzige Individuum, dessen ich habhaft werden konnte, nicht ganz ausgewachsen, und so möchte der Kopf späterhin, zwar immer noch gross, aber nicht so unverhältnissmässig sein. Bei Hueso parado gefunden.

Auchenia guanaco (Lama) Gay Zool. I, p. 153.

Dieses Thier ist keinesweges häufig in der Wüste; ich habe nie grössere Rudel als von acht Stück gesehen, während sie in der Cordillera von Santiago weit häufiger sind. Merkwürdig ist die Verbreitung dieses Thieres, ein Mal von Peru bis zur Magellansstrasse, zweitens auf den höchsten Bergen wie auf Ebenen, die sich wenig über den Meeresspiegel erheben, drittens in kalten und heissen Temperaturen. Ich habe im Bericht über meine Reise bemerkt, dass ich im December frische Spuren von Guanacos an der Küste bei Agua de Panul und Mejillones gesehen, und kann noch hinzufügen, dass meine Leute in Paposo Ende December oder Anfang Januar zwei Thiere gejagt haben. Es macht dem Thiere also wenig aus, ob es warm oder kalt ist, ob die Luft mit 28 Zoll Barometerhöhe oder mit 16 Zoll drückt, wenn es nur eine spärliche, dürre Wüstenvegetation vorfindet.

Auchenia vicunna aut. — Camelus Vicugna Mol. l. c. p. 313.

Molina sagt a. a. O. p. 314: „die Vicuñas sind häufig in dem Theile der Cordillere, welcher zu den Provinzen Coquimbo und Copiapó gehört." Ich kann nicht sagen, ob er darin Recht hat oder nicht: Gay führt die Vigogne gar nicht unter den chilenischen Thieren auf. Ich habe diese niedlichen Thiere, die sich zum Guanaco verhalten wie das Reh zum Hirsch, ein paar Mal in ziemlicher Nähe gesehn; sie scheinen aber in der Wüste noch weit seltener als die Guanacos zu sein: es gelang uns nicht eins zu erlegen. In Atacama wurden mir Felle zum Spottpreis von 4 reales = 20 Sgr. angeboten, sie waren aber schlecht. Bei Rio frio fand ich einen ziemlich wohl erhaltenen Schädel ohne Unterkiefer.

Otaria porcina Desm.? — Phoca lupina Molina Saggio p. 275 (nicht porcina wie Gay citirt,*) Gay Zool. I, p. 74) der gemeine chilenische Seehund.

Ich habe schon oben angeführt, dass dieses Thier, welches die Chilenen schlechtweg *Lobo*, Wolf, nennen, an den Küsten der Wüste früher häufiger gewesen ist, als jetzt. Auf dem

---

*) *Molina* sagt von seiner Ph. lupina: „Diese Art ist überaus gemein an allen Küsten Chiles," während er von seiner Ph. porcina sagt: „sie unterscheidet sich von der vorhergehenden durch ihre längere Schnauze, welche in eine Art Schweinsrüssel endigt (?); man sieht sie selten an den Küsten."

Wege von Paposo nach Cobre fand mein Diener eines Abends einen jungen Seehund schlafend auf einer Klippe am Ufer und tödtete ihn mit einem Steinwurf.

Delphine, *Tonina* der Chilenen.

Einen Delphinschädel fand ich bei Mejillones, wage jedoch nicht darnach die Art zu bestimmen.

Wallfische, *Ballena* der Chilenen.

Wallfischknochen sind überaus häufig an der ganzen Küste, so dass die Rippen und Kinnladen derselben den *Changos* statt der Pfosten zu ihren elenden Hütten dienen, oder als Pfähle, um daran Vieh zu binden, wie die Elephantenzähne in der Gegend des weissen Nils.

Vögel.

Ich bedaure, dass ich mich über die Vögel sehr kurz fassen muss. Da die Bälge, welche ich von der Reise mitbrachte, nicht besonders schön zubereitet und andre Arbeit zu thun war, legte sie mein Präparator zur Seite, und später, als ich dieselben untersuchen wollte, war ein guter Theil davon nicht zu finden. Ich muss daher mehrere lediglich aus dem Gedächtniss anführen.

1. **Sarcorhamphus Condor.** (Vultur gryphus L.) Der Condor. Gay Zool. I. p. 194.

Der Condor, in Chile gewöhnlich nur *Buitre*, d. h. Geier genannt, fehlt auch in der Wüste nicht; bei Paposo ist er dem Rindvieh sehr nachtheilig, wie ich gelegenen Ortes bemerkt habe, und häufig sieht man ihn zwischen Trespuntas und Copiapó, wo so viele Maulthiere fallen, dass der Weg mit den Gerippen bezeichnet ist.

2. **Polyborus montanus.** (Milvago montanus Gray, — Aquila magaloptera Meyen — Phalcobaenus montanus d'Orbigny und Lafr. — Caracara montanus Gay Zool. I, p. 210.) *Tiuque de la Cordillera.*

Dies ist der häufigste Raubvogel der Wüste und findet sich keineswegs bloss in der hohen Cordillere, sondern er geht auch bis an die Küste hinab, was meines Wissens im mittleren Chile nicht der Fall ist.

3. **Polyborus chimango** (Caracara chimango Gay Zool. I, p. 211.). *Tiuque.* — Quebrada de la Encantada.

4. **Trochilus leucopleurus** Gould Proceed. Zool. Soc. Lond. 1847. *Picaflor de la Cordillera.*

Gay gibt an (Zool. p. 277.), er habe diese Art von den Cordilleren von Copiapó mitgebracht, und Gould habe sie nach seinem Exemplar beschrieben. Das Thierchen, unstreitig die schönste Art unter den vieren, die ich bis jetzt in Chile gesehen, ist in der hohen Cordillere der Provinz Santiago nicht so sehr selten, und ich war daher erstaunt, es bei Hueso parado nicht weit vom Meere in kaum 1000 Fuss Höhe anzutreffen und zwar mitten im Sommer; das dritte Beispiel von Thieren, die weder nach der Temperatur noch nach dem Luftdruck fragen, sondern nur nach der eigenthümlichen, dürren Wüstennatur.

5. **Upucerthia dumetoria** Is. Geoffr. et d'Orb. Gay Zool. I, p. 285.

Diese auch in Chile häufige Art habe ich von den Ufern des Atacama-Flusses mitgebracht.

6. **Upucerthia atacamensis** Ph. Siehe Zool. t. III.

Der Oberkörper ist rothbraun, was allmählig in die mehr graubraune Farbe des Kopfes übergeht, ein weisser Streifen fängt bei den Augenbrauen an und zieht sich, wie bei U. nigrofumosa, nach hinten. Die Federn in der Gegend der Parotis sind einfach grau; die unter den Augen grau mit weissem Schaft. Die Kehle ist rein weiss, die weisse Färbung geht aber auf der Brust in ein helles, röthliches Grau über. Die Federn derselben sind durchaus einfarbig, ohne Querstreifen, wie sie U. dumetoria und vulgaris zeigen, und ohne Längsstreifen, wie sie bei U. nigrofumosa vorkommen. Die Seiten des Körpers sind hell graubraun. Die grossen Deckfedern sind am Grunde schneeweiss, an der Spitze schwarzgrau. Die erste und die zweite Schwungfeder sind einfarbig, schwärzlichgrau; die dritte hat einen langen, rostgelben Fleck am Grunde, der bis zur Mitte der Länge reicht, durch den schwarzen Schaft getheilt ist, aber den Rand nicht berührt; die vierte Schwungfeder hat denselben Fleck, aber von weisser Farbe, die fünfte und die folgenden sind an der Basis ganz weiss. Die Schwungfedern zweiter Ordnung haben ebenfalls eine weisse Basis, sind im Uebrigen bräunlich und haben einen rothbraunen Aussenrand. Die drei äusseren Schwanzfedern haben an der Spitze einen breiten, weissen Fleck; die beiden folgenden haben dagegen nur einen schmalen röthlichen Rand an der Spitze; die inneren sind ganz einfarbig grauschwarz. Die untern Deckfedern des Schwanzes sind hell graubraun mit weissen Spitzen. Der ziemlich grade Schnabel und die Füsse sind schwarz.

Dimensionen:

Länge von der Schnäbelspitze bis zum Ende des Schwanzes	8 Zoll	Länge des Daumens ohne Nagel	5½	Lin.
Länge des Oberkiefers	9½ Lin.	„ der inneren Zehe	6	„
Oeffnung des Schnabels	1 „ ½ „	„ der Mittelzehe	10	„
Länge des Tarsus	1 „ 3 „	„ der äusseren	6	„

U. dumetoria, vulgaris und nigrofumosa unterscheiden sich sogleich durch die gestreiften oder gebänderten Federn der Kehle, die erstern ausserdem noch wesentlich durch den krummen Schnabel. Durch dieses letztere Kennzeichen unterscheidet sich auch U. (Ochetorrhynchus) ruficauda Meyen (welche *Desmurs* geneigt ist, mit dem gradschnabeligen Eremobius phoenicurus Gould zu vereinigen!) von unserer Art: U. antarctica ist einfarbig nussbraun, mit Ausnahme der rostgelb gefleckten Kehle, U. chilensis, die mir noch unbekannt ist, hat eine weisse, dunkelpunktirte Kehle, die Federn der Unterseite haben weisse Schäfte.

7. Pteroptochus albicollis Kittlitz. (Gay Zool. I, p. 303.) *Tapaculo.*
Quebrada de la Encantada.

8. Emberiza atriceps d'Orb. Voyage Amér. mér. Ois. p. 363, tab. 47, fig. 2.
Bei Puquios geschossen; auch sonst im Innern der Wüste gesehn.

9. Carduelis atratus d'Orb. Voyage Amér. mér. Ois. p. 364, tab. 48, fig. 2.

10. Chlorospiza erythrorrhyncha Less. (Gay Zool. I, p. 358.) *Rara negra.*
Bei Miguel Diaz gesehn; in der Provinz Santiago lebt die Art nur in der hohen Cordillere.

11. **Fringilla diuca** Mol. (Gay Zool. I, p. 359.) *Diuca.*
Ziemlich häufig in den Gegenden von der Küste bis Miguel Diaz.

12. **Fringilla matutina** Licht. (Gay Zool. I, p. 360.) *Chincol.*
Wie der vorige Vogel.

13. **Grithagra brevirostris** Gould. (Gay Zool. I, p. 363.) *Chirihue.*
Quebrada de la Encantada.

14. **Zenaida boliviana** Gray. (Gay Zool. p. 379.) *Tortolita cordillerana.*
Bei Miguel Diaz geschossen.

15. **Zenaida?**
Eine Art, welche nicht in Chile vorkommt: die Exemplare sind verlegt oder verloren. Sie stammt aus dem Centrum der Wüste.

16. **Thinochorus Orbignyanus** J. Geofr. (Gay l. c. p. 387.) *Cojon.*
Bei der Agua de Varas geschossen.

17. **Leptoscelis Mitchellii** Desmurs. (Gay l. c. p. 404.)
Bei Rio frio geschossen. Wir besitzen diesen Vogel auch aus der Cordillere von Santiago. Gay hat ihn in Chile nicht gesehn, da er ihn l. c. nur auf die Autorität von *Fraser* als chilenischen Vogel angibt.

18. **Haematopus palliatus** Cuvier. (Gay l. c. p. 406.)
Bei Chañaral de las Animas geschossen.

19. **Strepsilas interpres** Illiger. (Gay l. c. p. 407.)
Bei Paposo geschossen. Die Exemplare sind verlegt.

20. **Strepsilas borealis** Lath. (Gay l. c. p. 408.)
Wie die vorige Art.

21. **Ibis melanopis** Gm. (G. l. c. p. 417.) *Banduria.*
Bei Cachinal de la costa geschossen.

22. **Totanus stagnatilis** Bechst (Gay l. c. p. 422.)?
Von Chañaral de las Animas. Die Exemplare sind verlegt, und bin ich nicht sicher, ob die Bestimmung richtig ist.

23. **Totanus chilensis** Ph.
Der Schnabel ist in seiner zweiten Hälfte etwas aufwärts gebogen, an der Spitze schwach gekrümmt. Kopf, Hals und Brust sind graulichweiss mit schwärzlichen Längsstreifen; Kehle, Bauch und die untern Deckfedern des Schwanzes schneeweiss; die Seiten weiss mit schwärzlichen Querwellen. Die Schwungfedern sind schwärzlich; die kleinen Deckfedern schwärzlich, mit schmalem, weissem Rand, die übrigen braun mit weiss- und schwarz-gegliedertem Rande. Die Schwanzfedern sind aschgrau, am Rande weiss, mit wenigen dunklen Querbinden, die nach den Rändern hin dunkelschwarz werden, in der Mitte aber sich wenig vom aschgrauen Grunde absetzen. Der Schnabel ist schwarz, die Füsse sind braungelb.

Dimensionen: Gesammte Länge von der Spitze des Schnabels bis zum Ende
des Schwanzes . . . . 14 Zoll — Lin.
Länge des Oberkiefers . . . . 2 ,, 1 ,,
Nackter Theil der tibia . . . . 1 ,, 3 ,,
Tarsus . . . . 2 ,, 7 ,,

Dimensionen: Innere Zehe   1 Zoll 1 Lin.
　　　　　　　Mittelzehe   1 „ 5 „
　　　　　　　Aussenzehe   1 „ 2 „
　　　　　　　Daumen   — „ 3 „

Trotz der angegebenen Verschiedenheiten ist dieser Vogel vielleicht nicht vom europäischen T. glottis verschieden, was die Naturforscher entscheiden mögen, denen eine Reihe von Exemplaren des letzteren zu Gebote steht: mir fehlt das nöthige Material hierzu.

Wenn ich nicht irre, bei Paposo am Strande geschossen.

24. **Gallinago Paraguiae** Vieill. (Gay l. c. p. 426.)? *Avecasina, Porrotera.*

In den sumpfigen Stellen bei Tilopozo nicht selten.

(Ich kann keine Exemplare nachsehn.)

25. **Phoenicopterus andinus** Ph. Siehe Zool. tab. IV. u. V. fig. a. *Parrihuana* oder *Parrina*.

Ph. andinus Ph. Anales de la Universidad de Chile 1854, p. 337, übersetzt in U. S. Naval astron. Exped. II, p. 198. Archiv für Naturgeschichte XXI, p. 10.

Ph. roseo-albus; parte inferiore colli pectoreque fere puniceis; alis coccineis, apice toto nigris; cauda alis longiore acuminata; rostro dilatato, turgido, basi flavo, medio rubro, apice nigro; mandibula superiore multo angustiora quam inferior; pedibus flavis tridactylis.

Dimensionen: Länge von der Basis des Schnabels bis zur Schwanzspitze $35^{1}/_{2}$ Zoll.
　　　　　　　„ des Schnabels, längs des Oberschnabels genommen $4^{3}/_{4}$ „
　　　　　　　„ des os tibiae $9^{1}/_{2}$ „
　　　　　　　„ des tarsus   9   „
　　　　　　　„ der Mittelzehe $2^{1}/_{2}$ „

Die Länge des Unterschenkelknochens variirte bei den drei verglichenen Individuen zwischen $8^{3}/_{4}$ — $10^{3}/_{4}$ Zoll, was sehr auffallend ist, und beweist, dass man nicht immer auf die verschiedene Proportion der Theile grosses Gewicht legen darf. Dieser Flamingo unterscheidet sich auf den ersten Blick von dem gewöhnlichen chilenischen **Phoenicopterus ignipalliatus** (dessen Kopf S. Zool. tab. V, fig. 6.) durch geringere Grösse und andre Färbung. Der Hals und namentlich die Brust sind von carminrother Farbe, die sogar etwas in die Farbe der rothen Weinhefen übergeht; die rothe Färbung der Flügeldeckfedern ist viel lebhafter und die ganze Spitze der Flügel schwarz, indem sämmtliche Schwungfedern von dieser Farbe sind. Die Füsse sind ferner blassgelb statt rosenroth, und der Schnabel hat eine rothe Färbung zwischen dem Gelb seines Grundes und dem Schwarz seiner Spitze. Auch ist der Schwanz etwas länger als bei jenem. Bei genauerer Betrachtung findet man noch weit wesentlichere Verschiedenheiten. Der Schnabel ist viel breiter, der Oberschnabel mehr plattgedrückt, und der Unterschnabel schmaler als der Oberschnabel, während beim gemeinen Flamingo kein solcher Unterschied Statt findet. Bei der *Parrina* reicht die Befiederung bis zum Kinnwinkel und sogar noch etwas darüber hinaus, beim Flamingo dagegen reichen die Federn bei Weitem nicht so weit und lassen einen über einen halben Zoll breiten Theil des Kinnes kahl. Noch wesentlicher ist die Verschiedenheit der Füsse, indem der *Parrina* der Daumen gänzlich fehlt, der beim Flamingo sehr deutlich ist.

Bei dieser Gelegenheit sei es mir erlaubt, einen Irrthum von *Molina* zu berichtigen. Dieser beschreibt (*Saggio sulla storia naturale del Chile Bologne* 1782, p. 212) den gewöhnlichen chilenischen Flamingo (den Ph. ignipalliatus) als Ph. chilensis und schreibt ihm weisse Schwungfedern zu, allein sie sind schwarz. Der gute *Molina* scheint sämmtliche Thiere und Pflanzen Chiles aus dem Gedächtniss beschrieben zu haben, und ist auf seine Angaben gar kein Gewicht zu legen. So sagt er auch a. a. O.: „Man sagt, dass die Flamingos in der Jugend grau sind, aber ich, der ich sie alt und jung gesehen habe, habe sie alle von derselben gleichen Farbe (also roth) gefunden." Dies ist wieder ein Irrthum: die chilenischen Flamingos sind in der Jugend ebenso grau wie die europäischen.

Ueber das Vorkommen habe ich oben gesprochen. Es ist ohne Zweifel der rothbrüstige Flamingo, den Herr *Bollaert* in seiner Abhandlung über die Provinz Tarapacá erwähnt.

26. Spheniscus Humboldti Meyen. (Gay l. c. p. 467.) *Pajaro niño.*
Ziemlich häufig an der Küste der Wüste.

27. Noddi Inca Lesson. (Gay l. c. p. 486.)
Desgleichen.

28. Rhynchops nigra L. (Gay Zool. Vol. 8, p. 474.)
In der Bucht von Chañaral geschossen.

29. Larus.
Ich getraue mich nicht, zu sagen, welche Möven ich gefunden habe, da ich die Bälge nicht untersuchen kann.

30. Sula fusca Vieill. (Gay l. c. p. 488.)? *Piquero.*
Desgleichen.

31. Pelecanus fuscus Gmel. (Gay l. c. p. 494.) *Alcatraz.*
War früher noch weit häufiger.

32. Graculus Gaimardi Gray. (Gay l. c. p. 439.) *Lila.*
Zwischen Coquimbo und Caldera geschossen.

33. Phaeton aethereus L.
Wurde in der Bucht von Tartal geschossen.

Amphibien.

1. Proctotretus marmoratus Ph.

Der Kopf ist dreieckig, ziemlich plattgedrückt; der vordere Rand des Ohres wird von etwa 5 Schuppen gebildet; der hintere Rand zeigt einen Vorsprung, der von einer oder zwei stumpfen Schuppen gebildet wird. Von hier entspringt eine Längsfalte, die bis zur Schulter verläuft. Die Schuppen des Vorderkopfes sind glatt, die des Hinterkopfes etwas schindelartig und gekielt, aber die der Schläfen sind beides in noch weit höherem Grade. Die Schuppen des Halses sind lanzettförmig, ihre Spitze ist frei und aufgerichtet; die des Rückens sind eiförmig, aber sehr spitz und mit einem sehr hervortretenden Kiel versehn. Dieselbe Form zeigen die Schuppen, welche den obern Theil der Füsse bedecken. Die Schuppen des Schwanzes sind ebenfalls stark gekielt, aber mehr trapezoidisch; die der Bauchseite vom Knie bis zum After sind abgerundet und glatt, und ebenso die Schuppen der Unterseite der Beine. Der hintere Theil der Schenkel erscheint aber gekörnt. — Dimensionen: Gesammte Länge 7 Zoll; Kopf 7¼ Linien, vordere Extremität 12½ Linien, hintere Extremität 19½ Linien; Schwanz (vom After an gemessen) 4 Zoll.

Die Färbung ist olivengrün mit kleinen schwarzen und weissen Flecken auf dem Kopfe; auf der Mitte des Halses verläuft eine schwarze Längslinie und eine andre, weniger deutliche auf dem Schwanze; der Bauch ist nebst der Unterseite der Füsse bleigrau.

Des speciellen Fundortes kann ich mich nicht mehr entsinnen.

2. **Proctotretus nigromaculatus** Wiegm. S. Zool. tab. VI, fig. 2. nomine Proct. bisignatus.

Tropidurus nigromaculatus Wiegm. Act. Acad. Caes. t. XVII. p. 229. — Proctotretus n. Dum. et Bibr. vol. IV. p. 281. — Gay II, p. 34.

Gesammte Länge 6 Zoll 9 Linien; die vordere Extremität misst von der Achselgrube bis zur Spitze der Finger 13 Linien; die hintere 20 Linien, der Schwanz 3 Zoll 3 Linien. Der Kiel der Rückenschuppen reicht nicht ganz bis an den Rand derselben.

Den genaueren Fundort kann ich nicht mehr angeben.

3. **Proctotretus modestus** Ph.

Der Kopf ist kurz, flachgedrückt, die Schnauze stumpf; die Schildchen, welche denselben bedecken, sind glatt, nicht schindelartig; die Ohren sind gross, am Rande ohne Zähne oder Höcker; der Hals hat eine deutliche Falte und ist mit stachelförmigen Schuppen besetzt. Die Schuppen des Rückens sind ziemlich gross, eiförmig, zugespitzt, auffallend gekielt; der hintere Theil der Schenkel ist gekörnelt. Zwei Afterporen. — Die Färbung ist grünlich mit kleinen braunen Flecken marmorirt. — Die gesammte Länge beträgt 6 Zoll 10 Linien, die des Kopfes 8½ Linien; Länge von der Schnauze bis zu den Vorderfüssen 12 Linien, Länge der Vorderfüsse 12½ Linien, der Hinterfüsse 1 Zoll 9 Linien; Entfernung von den Vorderfüssen bis zu den Hinterfüssen 1 Zoll 5 Linien; Länge des Schwanzes 3 Zoll 9 Linien.

Kommt in der Wüste und in den Gebirgen der Provinz Santiago vor.

4. **Proctotretus melanopleurus** Ph.

Der Kopf hat die Gestalt einer vierseitigen Pyramide und ist spitzlich; der Rand der Augenhöhlen ist stark aufgetrieben; die Schildchen des Kopfes sind glatt, nicht schindelartig; der vordere Rand der Ohren zeigt einen bis drei Höcker; der Hals zeigt Falten an den Seiten und ist beschuppt; die Schuppen des Rückens sind ziemlich gross, auffallend gekielt, eiförmig lanzettlich, spitz. Der Rücken ist graublau, weiss eingefasst; eine breite tiefschwarze Binde verläuft auf jeder Seite von der Achsel bis zu den Schenkeln. — Gesammte Länge 4 Zoll 6 Linien; Länge des Kopfes 5½ Linien, der Vorderfüsse 8 Linien, der Hinterfüsse 11 Linien, des Schwanzes 2 Zoll 8 Linien; Entfernung von der Schnauze bis zum Ursprunge der Vorderfüsse 8 Linien, zwischen den Vorder- und Hinterfüssen 10 Linien.

5. **Proctotretus pallidus** Ph. S. Zool. tab. VI, fig. 3.

Der Kopf hat die Gestalt einer vierseitigen Pyramide und ist ziemlich spitz; seine Schilder sind glatt und nicht schindelartig; der vordere Rand der Ohren ist gesägt; der Hals zeigt an den Seiten Falten und ist gekörnelt; die Schuppen des Rückens sind breit eiförmig, spitz, schwach gekielt. Die Farbe ist weisslich mit kleinen schwärzlichen Flecken auf verschiedene Art marmorirt.

Gesammte Länge 5 Zoll 4 Linien; der Kopf misst 7 Linien, der Hals vom Ohre bis zu den vorderen Extremitäten 3½ Linien, der Rumpf 1 Zoll 10 Linien, die vordere Extremität 11 Linien, die hintere 15 Linien. Der Schwanz drei Zoll.

Häufig bei Paposo.

6. **Microlophus Lessoni** Dum. et Bibr.

M. Lessoni Dum. et Bibr. IV, p. 336. — Gay II, p. 43.

Häufig auf den Klippen an der ganzen Küste der Wüste.

7. **Helocephalus** n. gen. Ph. S. Zool. tab. VI, fig. 1.

Der Kopf ist dreieckig, kurz, dick; seine Schildchen sind gewölbt, auf dem Scheitel und Hinterkopfe sehr stark erhaben, kegelförmig oder pyramidisch; es lässt sich keine Occipitalplatte unterscheiden. Die Nasenlöcher stehen etwas seitlich und sind röhrenförmig. Das Trommelfell ist vertieft. Es ist keine Querfalte am Halse vorhanden, die etwa von der Brust nach den Schultern hinauf stiege, und keine Spur von Kamm, weder auf dem Nacken noch auf dem Rücken oder Schwanze; ebenso wenig ist eine unter dem Halse herabhängende Falte vorhanden. Der Rumpf ist ziemlich kurz, etwas plattgedrückt, durchaus nicht dachförmig; er ist mit kleinen tafelförmigen, glatten Schuppen bedeckt. Der Schwanz ist ziemlich dünn, mit wirbelförmig gestalteten, glatten Schuppen bedeckt. Keine Schenkelporen, aber Poren vor dem After, wie bei Proctotretus. Die Füsse weder auffallend lang, noch auffallend kurz. Die Schneidezähne sind conisch, ziemlich stumpf, und gehen allmählig in die Backenzähne über, welche stumpf und jederseits mit einer kleinen Spitze versehen sind. Ich finde keine Gaumenzähne. Die Zunge ist dick, fleischig, breit, nach vorn platt, beinahe schneidend, kaum ausgerandet. Dies Genus unterscheidet sich demnach von Hoplurus durch den unbewehrten Schwanz und den Mangel eines jeden Kieles auf den Schuppen, und von Leiosaurus durch den Mangel der Querfalte am Halse, sowie der Gaumenzähne. Den Namen habe ich von der Gestalt der Kopfschilder hergenommen.

Die Art nenne ich **Helocephalus nigriceps**.

Die Oberlippen sind mit zwei Reihen grosser Schuppen bedeckt, acht in jeder Reihe; die impaare Schuppe ist wohl drei Mal so lang wie hoch. Die Schläfengegend ist mit zahlreichen warzenförmigen Schuppen bedeckt, welche nach dem Ohre hin kleiner werden. Auf dem Hinterkopfe sind die Schuppen stärker erhaben, pyramidisch und mit der Spitze nach hinten gerichtet. Die Gegend zwischen Nasenlöcher und Augen hat die grössten Schuppen, welche zwar tafelförmig, aber sehr gewölbt und folglich durch tiefe Furchen geschieden sind; man zählt deren 1, 1, 2, 2. Die Kinnschuppe ist fünfeckig, die Basis des Fünfeckes bildet der Rand des Mundes, jede der vier andern Seiten entspricht einer Reihe Schuppen. Die Unterlippe zeigt jederseits etwa 6 grössere Schuppen in der ersten Reihe und vier grössere in der zweiten, die dritte Reihe hat ebensoviel grössere Schuppen; dann folgen nach hinten zahlreiche kleine Schuppen. Die Schuppen in der Mitte des Unterkiefers sind von einer Seite zur andern länger als von vorn nach hinten. Der Hals hat, wie oben bemerkt, keine Querfalte, aber man kann allenfalls eine Längsfalte jederseits annehmen, die vom Ohre bis nach der Schulter läuft; er ist mit kleinen, warzenförmig erhabenen Täfelchen bedeckt. Die Täfelchen des Rückens sind dagegen platt, ohne Spur von Kiel, sechseckig, und bilden schräge Linien, die in der Mitte unter einem sehr stumpfen Winkel zusammenkommen. Die Schuppen des Schwanzes sind viereckig, ebenfalls ohne Spur von Kiel. Die Schuppen der Oberseite des Fusses sind denen des Rückens ähnlich. Die auf der Mittellinie der Unterseite der Zehen haben aber zwei Längskiele. Die Täfelchen des Bauches sind beinahe quadratisch und stehen an der hintern Hälfte desselben in Querlinien. Die Vorderfüsse sind ziemlich kurz, so dass sie kaum bis zur Spitze der Schnauze reichen; auch erreichen die Hinterfüsse nicht vollständig die Achsel der vordern. Die Zehen sind ziemlich dick, mässig lang; die dritte und vierte sind an den Vorderfüssen beinahe gleich lang, dann folgt der Länge nach der Zeigefinger, darauf der kleine; der Daumen ist der kürzeste. An den Hinterfüssen ist die vierte Zehe bedeutend länger als die dritte.

Die Färbung ist sehr ausgezeichnet. Kopf und Hals sind kohlschwarz, der Ueberrest des Körpers weisslichgrau, an den Seiten orangegelb, mit schwarzen Querbinden, etwa je neun zwischen Vorder- und Hinterbeinen. Schwanz und Füsse sind auch schwarz bandirt, jedoch weniger deutlich, indem sich die Querbinden mehr in einzelne Flecke auflösen. Der Bauch ist weiss, mit kleinen schwarzen Flecken besprenkelt.

Länge 5 Zoll 7 Linien, des Kopfes 9½ Linien, der Vorderfüsse 1 Zoll 3 Linien, der Hinterfüsse 1 Zoll 11 Linien, des Schwanzes 2 Zoll 8 Linien, Entfernung von der Schnauze bis zum Ursprunge der Vorderfüsse 13 Linien; Entfernung zwischen den Vorder- und Hinterfüssen 1 Zoll 6 Linien.

Zwei Exemplare wurden bei Pajonal, 10500 Fuss über dem Meere gefangen.

8. Aporomera ornata Dum. et Bibr.

Ameiva oculata d'Orb. Voy. Rpt. p. 9. t. V. fig. 6—10 (errore A. caelestia nuncupata). — Aporomera ornata Dum. et Bibr. V. p. 71. — id. Gay II, p. 58.

Im Sande bei Caldera nicht selten.

Die Exemplare stimmen nicht ganz genau mit der von Gay gegebenen Figur. Der Kopf ist etwas platter; zwischen der Supraocular-Platte und den Orbitalplatten ist nur eine Reihe Schüppchen, nicht zwei oder drei Reihen, wie in der Figur bei Gay. Grössere Verschiedenheiten zeigt der Unterkiefer. Auf die Kinnplatte folgt in der Mittellinie eine unpaare Platte, breiter als lang, und drei grosse Platten jederseits, welche sehr stark gegen die kleinen Schildchen abstehen, die unmittelbar in der Mittellinie folgen. Sodann findet sich in der Gegend der Ohren eine Art Querbinde von zwei oder drei Reihen weit kleinerer Schüppchen gebildet, von denen die Figur bei Gay nichts zeigt. Dennoch glaube ich nicht, dass meine Exemplare specifisch verschieden sind; die Beschuppung des Kopfes variirt nämlich ziemlich bedeutend, und vielleicht hat auch der Zeichner die Details nicht genau genug wiedergegeben.

Gesammte Länge 15 Zoll; Kopf oben 12 Linien, unten bis zur ersten Halsfalte 11: Breite des Kopfes 10½ Linien; vordere Extremitäten 19, hintere 31 Linien; der Schwanz 10 Zoll.

Von Schlangen habe ich in der Wüste nichts gesehn, von Batrachiern:

9. Phryniscus?

Fast in allen Gewässern der Küstengegend kommt eine kleine Kröte vor von schwarzer Farbe. Der Körper ist warzig, die Zehen der vordern sowohl wie der hintern Extremitäten sind getrennt, das Trommelfell versteckt. Die Kieferknochen sind zahnlos, aber es sind Gaumenzähne vorhanden. Die Zunge ist ziemlich gross, eiförmig, hinten frei, nicht ausgerandet. Die Länge des Rumpfes beträgt nur 6¾ Linien; die des Oberschenkels 2¼, des Unterschenkels ebensoviel, des Fusses 3¼ Linien. Ich besitze die unvollendete Zeichnung; die Exemplare selbst sind mir bei einer Aufräumerei im Museum abhanden gekommen.

Fische

habe ich nicht sammeln können. Doch bemerke ich, dass an der Küste eine Art Xiphias nicht selten ist, den die Fischer *Albacora* nennen; ich habe mehrere Schwerter davon mitgebracht.

Crustaceen.

Die von mir gesammelten und trocken aufbewahrten Crustaceen sind nebst einer Partie Landschnecken verloren gegangen. Ich kann daher nur folgende wenige Arten als Bewohner der Wüste namhaft machen.

1. **Hippa chilensis** Ph. Archiv für Naturgeschichte.

Sehr häufig an der chilenischen Küste. A. a. O. habe ich die Gründe angegeben, welche mich bewogen, die chilenische Art für verschieden von der brasilianischen zu halten.

2. **Porcellana spinosa** Ph.

Das Kopfbruststück ist vollkommen glatt, von vorn nach hinten sehr wenig gewölbt, unter der Lupe in den Bronchialgegenden mit schrägen Furchen bezeichnet. Die Stirn ist dreizähnig; der mittlere Zahn länger, horizontal vorgestreckt; die Ränder aller drei Zähne sind fein gezähnelt. Der carpus ist verlängert, sein Vorderrand nicht verbreitert, mit spitzen Dornen besetzt; die Oberseite gekörnelt. Die Hand ist schlank, schmal, gekörnelt, höchstens anderthalbmal so lange wie der carpus. Der Femur der folgenden Füsse ist sehr breit und stark zusammengedrückt; der Tarsus derselben ist ziemlich lang, auf der untern Kante mit 5 bis 7 Dornen besetzt. — Die Farbe ist zimmtbraun mit einem weissen Längsstreifen, der von der Spitze der Stirn bis zur Mitte des Kopfbruststückes reicht. Die Füsse sind hell und dunkel geringelt; die Hände röthlichbraun und an ihrem Hinterrande hell und dunkel gegliedert. — Länge des Kopfbruststückes 3, Breite desselben 2⅜ Linien; wahrscheinlich junge Exemplare.

Bei der Isla blanca sind sie nicht selten.

3. **Porcellana spinifrons**. Milne Edw. hist. nat. crust. II. p. 256. Gay vol. III. p. 193.

Ebendaher.

4. **Callianassa uncinata** Milne Edw. hist. nat. Crust. II, p. 310 etc. — Gay vol. III, p. 208.

Bei Isla blanca etc.

5. **Alpheus laevigatus** Nicolet Gay III, p. 215.

Ebendaher.

6. **Pagurus pallescens** Ph.

Die Augenstiele sind vollkommen cylindrisch, so lang wie der Stiel der innern Fühler; die Vorderfüsse sind gleich lang, klein, kürzer als das zweite Fusspaar, haarig, kantig, und der Vorderrand ist mit kurzen schwarzen Dornen besetzt; das zweite und dritte Fusspaar sind zusammengedrückt, auf beiden Rändern mit schwarzen Dornen besetzt; ihr Nagelglied ist so lang wie der Tarsus. — Die linke Hand scheint ein wenig dicker als die rechte; ihr carpus ist ⅚, die Hand selbst 1 Linie lang. Die Farbe ist gelblich, ungefleckt. — Diese Art steht offenbar dem **Pagurus villosus** Nic. Gay III, p. 188, sehr nahe, dieser hat aber, wenn die Figur bei Gay Crust. I, fig. 5. richtig ist, sehr ungleiche Scheeren und ausserdem unbewehrte Tarsen.

Ich fand diese kleine Art in einem **Trochus tridens**.

Es ist sehr auffallend, wie arm die chilenischen Küsten an Arten und Individuen dieses Geschlechtes sind.

7. Amphithoë andina Ph.

Die obern Fühler sind so lang wie der vierte Theil des Körpers; die drei Glieder des Stieles sind gleich lang, nehmen aber von der Basis an allmählig an Dicke ab; die einfache, vielgliedrige Geissel ist so lang wie der Stiel. Die untern Fühler sind etwas länger als die obern, etwa so lang wie der dritte Theil des Körpers, im übrigen sind sie denselben ählich; das Grundglied des Stieles ist etwas kürzer als das zweite, welches so lang ist wie das dritte; die Geissel ist etwas länger wie der Stiel. Die Augen sind klein und eiförmig. Das erste Fusspaar ist sehr kurz, kaum so lang wie das erste Brustsegment; seine Glieder sind ziemlich gleich lang: das drittletzte und das vorletzte sind dreieckig, das letzte klauenartig gegen das vorletzte umgeschlagen und so lang, wie der Vorderrand desselben. Das zweite Fusspaar ist wenigstens doppelt so lang, gleichfalls zum Greifen eingerichtet; das drittletzte Glied ist viel breiter als lang und nach hinten in einen Lappen vorgezogen; das vorletzte ist gross und dreieckig; das Klauenglied ist ebenso lang wie der Vorderrand des vorletzten Gliedes. Das dritte und vierte Fusspaar sind so lang wie das zweite und haben cylindrische Glieder. Das fünfte, sechste und siebente Fusspaar sind bedeutend länger als die vorhergehenden, zeigen aber sonst die gewöhnliche Bildung, dasselbe gilt von den Anhängseln des Schwanzes. — Die Farbe ist grau.

Bemerkung. Diese Art weicht etwas von Amphitoë ab, indem die Hände dreieckig und nicht eiförmig, und die obern Fühler kürzer als die untern sind, doch scheint mir der Unterschied nicht erheblich genug, um eine generische Trennung zu rechtfertigen.

Häufig in den Gewässern des hohen Theiles der Wüste: z. B. Cachinal de la Sierra, Agua de Profetas, Rio frio etc.

8. Sphaeroma Gayi Nicol. apud Gay. Zool. III, p. 277.

Häufig an den chilenischen Küsten bis la Chimba.

9. Sphaeroma spinosa Ph.

Der Körper ist glatt, das siebente Segment des Thorax ist hinten in einen Dorn verlängert, neben dem jederseits ein kurzer Zahn sitzt; das letzte Segment des Hinterleibes ist kürzer als die seitlichen Lamellen, und beinahe dreieckig; diese Seitenlamellen sich gleich und abgestutzt. Farbe grau. — Länge $3^{1}/_{4}$ Linien.

Findet sich nicht bloss an der Küste von Atacama, sondern auch an der der mittleren Provinzen Chiles.

10. Sphaeroma laevigata Ph.

Der ganze Körper ist vollkommen glatt, ohne alle Höcker, Runzeln, Kiele oder Dornen. Das letzte Glied des Hinterleibes ist stark gewölbt, dreieckig, stumpflich, vollkommen glatt (nicht spitz und mit Höckern versehn, wie bei Sph. Gayi). Die Seitenlamellen sind ein klein wenig kürzer als dieses letzte Hinterleibsglied. — Farbe grau. — Länge nur 2 Linien. — Bei Isla blanca gefunden.

Insekten.

a. Celeoptera.

1. **Calosoma vagans** Eschh. Gay Zool. IV, p. 122.
Bei der Stadt Atacama.
2. **Cnemalobus cyaneus** Sol. apud Gay l. c. p. 195.
3. **Colymbetes nigriceps** Erichs. l. c. p. 281.
4. — **trilineatus** Gay l. c. p. 284.
5. **Tropisternus glaber** Herbst l. c. p. 297.
6. **Elmis chilensis** Ph. Germain.
   S. Anales d. l'Univ. de Santiago 1854, p. 327.

El. oblongus, parallelus, subniger vel piceus, vix pubescens, capite punctato; thorace punctulato, elytris angustiore, postice transverse impresso, disco convexo, lateraliter transverse foveolato, limbo laterali arcuato submarginato, lineis impressis antrorsum leviter convergentibus postice lituratis; elytris striato-punctatis, prope basin depressis; interstitiis convexiusculis, vix punctato plicatis, sutura latiore, subelevata; antennis pedibusque fulvis. Long. 1½ lin.; lat. ⅔ lin. Von Herrn Germain bei Quillota gefunden. Häufig in der Cordillere der Provinz Santiago und in den hoch gelegenen Quellen der Wüste Atacama.

7. **Dermestes lupinus** Eschh. l. c. p. 366.
8. **Hister bisignatus** Eschh. l. c. p. 377.
9. **Necrobia rufipes** Oliv. l. c. p. 413.
10. — **ruficollis** Ol. l. c. p. 414.
11. **Arthrobrachus nigripennis** Sol. l. c. p. 416.
12. — **limbatus** Sol. c. p. 418.
13. — **rufipennis** Sol. l. c. p. 417.
14. **Acmaeodera rubronotata** Lap. et Gay l. c. p. 483.
15. **Zemina bivittata** Lap. et Gory l. c. p. 483.
16. **Latipalpis speciosa** Ph. Germain.

L. speciosa Germain. Anales de l'Univ. d. Santiago. 1855. p. 392. — L. metallica Leon Firmaire Ann. Soc. Entomol. 1856.

L. viridi-cuprea; capite rugato, in medio piloso, depresso, et postice carina brevi obtusa longitrorsa notato; thorace transverso, antice emarginato, basi bisinuato, angulis posticis acutis, leviter productis, lateribus vix arcuato et crenato; tergo inaequali rugato, fossulis magnis tribus longitudinalibus impressis, intermedia longiore, postice latiore, alteris duabus ad latera positis brevibus, suboblongis, obliquis; scutello nigro; elytris glabris, parallelis, apice paullulum dehiscentibus et utroque bidentato, dente interno majore, sutura paullo elevata; costis quatuor, ex terna antice subnulla, omnibus purpureis et laevigatis, impressionibus numerosis, viridibus et punctulatis interruptis; interstitiis costarum punctis majoribus biseriatis notatis; lateribus rugatis et sinuatis; abdomine pectore pedibusque valde et profunde punctatis; antennarum articulo primo viridi, reliquis nigris. Long. 6—7 lin.; lat. 2½ lin.

Vorzüglich bei Atacama auf Atriplex atacamensis häufig.

17. **Plectroscelis pilipes** Guérin. Gay vol. V, p. 143.
18. —— **brevis?** Sol. l. c. p. 146.
19. **Psammeticus pilipes** Guér. l. c. p. 167.
20. **Gonogeneius vulgaris** Guér. l. c. p. 172.
21. —— **brevipes** Waterh. l. c. p. 173.
22. **Diastolius bicarinatus** Sol. l. c. p. 181.
Bei Paposo.
23. **Scotobius atacamensis** Ph. Germain.
Anal. Univ. Santiago 1855, p. 399.

Sc. oblongus, depressus, obscure piceus aut subniger; capite punctato, varioloso, inter antennas transverse sulcato; prothorace parum transverso, angulis posticis valde obtusis, antice angustiore lateribus regulariter arcuato, margine laterali leviter reflexo, tergo punctato: elytris punctato-striatis, interstitiis planatis, laevibus aut tenuissime punctatis; antennis pedibusque obscure rufis. Long. $9^{3}/_{4}$, lat. $4^{1}/_{6}$ lin.

In und beim Städtchen Atacama.

24. **Opatrum? brevicolle** Ph. Germain.

O. parallelo-oblongum, fuscum, opacum; capite dense punctato, punctis posticis majoribus, plicis duabus longitudinalibus validis ornato; antennis 11-articulatis, articulo penultimo cupuliformi, reliquis latiore, thorace brevi, transverso, in tergo densissime et tenuiter punctatorugato; scutello nigro, minuto, laevissimo; elytris tenuiter punctulatis, vage costulatis et transversim vix distincte rugatis; corpore subtus punctato, subnitido; tibiis pilis rigidis tectis. — Long. $4^{1}/_{2}$ lin.; lat. ultra 2 lin.

25. **Praocis sublaevigata** Ph. Germain.
An. Univ. Santiago 1855, p. 401.

Pr. nigra, nitida, oblongo-ovata, supra glaberrima, lateribus ciliata; capite dense punctato; prothorace postice vix parallelo, antice angustato, apice late emarginato, angulis subrectis, basi distincte trilobato, angulis acutis et productis, margine laterali dilato et leviter reflexo, disco sublaevigato, parum convexo, punctis subseriatis aut sparsis, laxissime impressis, aliquando fere laevibus; tergo in medio planato; utroque elytro costis quinque notato, secunda et quarta minoribus, antice nullis, alteris elevatis, externa late truncata et rugata; abdomine tenuiter granulato aut rugis longitudinalibus et punctis raris impresso; segmento ultimo punctato; dente apicis tibiarum subnullo. Long. 5 lin.; lat. $3—3^{1}/_{4}$ lin.

26. **Physogaster tomentosus** Sol. l. c. p. 206.
27. **Nycterinus thoracicus** Eschh. l. c. p. 214.
28. —— **elongatus** Sol. l. c. p. 215.
29. **Gyriosomus marmoratus** Waterh. l. c. p. 220.
30. —— **Whitei** Waterh. l. c. p. 224.
31. —— **semipunctatus** Sol. l. c. p. 223.
32. —— **Luczottii** Guérin. l. c. p. 221.
Bei Coquimbo gesammelt.
33. **Gyriosomus parvus** Sol. l. c. p. 222.
34. **Phaleria Gayi** Lap. l. c. p. 244.

35. Nacerdes lineata Sol. l. c. p. 258.
36. ——— cyanipennis Sol. l. c. p. 258.
37. Mordella luctuosa Sol. l. c. p. 269.
38. Meloë sanguinolenta Sol. l. c. p. 283.
Ziemlich häufig bei Caldera.
39. Listroderes griseus Guér. l. c. p. 337.
40. Bostrichus robustus Blanch. l. c. p. 433.
41. Phaedon Buquetii Blanch. l. c. p. 548.
42. Coccinella opposita Guér. l. c. p. 561.
Auf Potamogeton bei Tilopozo.

b. Orthoptera.

1. Acridium maculipenne Gay Zool. vol. VI, p. 72.
2. Acridium cristagalli Frid. Philippi.

A. laete viride, subtus olivaceum; capite quadri-carinato, vertice flavo, vitta lata verticali et utrinque vittis tribus pone oculos nigris; oculis magnis, ovalibus, valde prominentibus; prothorace transversim profunde bisulcato, carinato (carina sulcis istis bis interrupta, valde elevata, lamelliformi nigra), utrinque vittis tribus nigris et vitta flava inter vittas nigras superiorem lateralem et dorsalem ornato; abdomine supra nigro, marginibus anticis et posticis segmentorum flavis; antennis piceis; tibiis tarsisque rufis; femoribus corpore concoloribus, anticis supra in parte basilari macula nigra ornatis, posticis sexcarinatis supra flavescentibus maculisque tribus nigris pictis; tibiis posticis subtus puncto lineaque angusta longitudinali nigris; spinis earum albis apice nigris; elytris viridibus unicoloribus; alarum viridi-hyalinarum venis nigricantibus. — Longit. 10 lin.

3. Oedipoda atacamensis Ph.

Oe. pallide cinereo-rufescens; capite concolore, immaculato; antennis concoloribus, immaculatis; prothoracis parte antica transversim rugosa, haud cristata; elytris pallidissime rufescentibus, albo et cinereo maculatis, alarum hyalinarum venis in parte antica alarum nigris; femoribus posticis extus albo-cinereis, intus flavis; tibiis pedibusque posticis flavis. — Longit. corporis 12 lin., elytrorum 13, femorum posticorum 7, tibiarum 6 lin. Differt ab Oed. ochraceipenni capite haud fusco bilineato, thorace antice haud cristato, alis hyalinis, femoribus posticis haud lineatis et ab Oe. cinerascente capite haud bilineato, antennis haud annulatis, alis hyalinis haud fasciatis. — Pedes anteriores rufescentes, unicolores.

Obs. Tab. 2. Orthopterorum in opere Gay sub Oec. ochraceipenni etc. citata nunquam in lucem prodit cfr. vol. VIII, p. 478.

Hemiptera.

1. Conorrhinus infestans (Reduvius) Meyen 1834. Reise p. 412. — (C. sextuberculatus Spin.) — id. Gay Zool. VII, p. 218. *Vinchuca.*

Häufig in Atacama.

2. Conorrhinus octotuberculatus Fr. Philippi. *Vinchuca.*

C. niger; capite valde verrucoso; prothorace trapeziformi, marginibus lateralibus basique subrectis, angulis anticis sat prominentibus, superius leviter verrucoso, utrinque 4-tuberculato; antennarum articulo ultimo albo et piloso, femoribus prope apicem macula magna flava parum conspicua ornatis; abdominis immaculati dorso grosse verrucoso. Long. 5^1/$_2$ lin.; latit. 2^1/$_4$ lin. (F. Ph.)

Zusammen mit der vorigen Art gefunden, von der sie sich leicht durch den Mangel der Flecke am Rande des Hinterleibes, sowie durch den sehr warzigen Kopf und die acht Höcker des Thorax unterscheidet.

Nur die Puppe.

3. Conorrhinus Paulseni Fr. Philippi. — *Vinchuca*.

C. fusco-ferrugineus; capite sat verrucoso, lineis duabus longitudinalibus verrucarum majorum in fronte, genis lineaque frontali testaceis; prothoracis marginibus lateralibus arcuatis et in medio tuberculo testaceo munitis, angulis anticis prominentibus, basi subrecta, dorso medio longitrorsum sulcato, utrinque tuberculis quatuor confluentibus testaceis sculpto; abdominis dorso testaceo et nigro picto, margine segmentorum ultimorum postico miniaceo; antennis nigris, glabris, articuli ultimi apice piloso, articulationibus albis; pedibus pallide testaceis; femoribus tibiisque fusco bicingulatis. — Long. 5^1/$_2$ lin.; latit. 2^1/$_4$ lin. (F. Ph.)

Zugleich mit der gemeinen *Vinchuca* in Atacama gefangen, ebenfalls nur im Puppenzustande. Sie unterscheidet sich sehr leicht von den beiden vorhergehenden Arten durch die helle Färbung, die Gestalt des Thorax etc.

4. Conorrhinus gracilipes Fr. Philippi.

C. undique granulosus, niger; prothoracis dorso in parte antica transverse gibboso carinisque duabus longitudinalibus irregularibus munito, lateribus flexuosis, angulis anticis dentiformibus prominentibus, posticis rotundatis; scutello plano, triangulari, impressione semilunari prope apicem notato; antennarum articulo secundo piloso, tertio quartoque .....; pedibus elongatis, laevibus, tarsis et extremitate tibiarum ferrugineo-pilosis; abdominis margine miniaceomaculato, maculis in sutura segmentorum dispositis. — Long. 9^3/$_4$ lin.; lat. 4 lin.; longit. pedum posteriorum 9^1/$_2$ lin. (Fr. Ph.)

An der Küste bei Pan de azucar gefunden. Das Individuum ist noch Puppe.

5. Cicada eremophila Ph.

C. nigra, immaculata, utrinque albo villosa; alarum hyalinarum nervis nigris, antice rubro marginatis, nonnullis rubris; capite latitudine prothoracem aequante; lobo medio marginis frontalis vix prominente, plano, sulco longitudinali profundo eum exarante; sulcis tribus profundis utrinque in prothorace; femoribus anticis bispinosis. — Long. corporis 11 lin., latit. 5 lin.; longit. elytrorum 12^1/$_2$ lin.

Differt a C. rubrolineata Spinola apud Gay Zool. VII, p. 239 sulcis frontalibus et prothoracis, lobo frontali haud prominente, etc.

Mollusca.

1. Psammosolen Dombeyi (Solen.) Lamk. nr. 12.

Solecurtus D. d'Orb. Voy. p. 524. — Psammosolen D. Hupé. Gay Zool. VIII, p. 366, t. 7, fig. 5. animal.

Diese Art findet sich nicht bloss bei Valparaiso, wie Herr Hupé a. a. O. angibt, sondern überall an den chilenischen Küsten, von Corral, dem Hafen von Valdivia, ja von Chiloë an bis nach Callao, wo diese Art nach d'Orbigny sehr häufig ist. — Die Abbildung des Thieres beweist, dass es zum Rissoschen Geschlecht Psammosolen gehört.

2. **Kellia bullata** Ph.

K. bullata Ph. Archiv für Naturgesch. 1845. I, p. 51.

Bei Isla blanca c. 23° südl. Br. gefunden; kommt von Cobija bis zur Magellansstrasse vor und ist in der Aufzählung der chilenischen Mollusken von Hupé bei Gay vergessen.

3. **Kellia miliaris** Ph.

K. miliaris Ph. Arch. für Naturgesch. etc.

Ebendaselbst gefunden, hat dieselbe weite Verbreitung und ist ebenfalls von Herrn Hupé vergessen.

4. **Magdala cuneata (Anatina)** Gray.

Anatina cuneata Gray. Spicil. Zool. nr. 1. — Osteodesma cuneatum Hupé apud Gay l. c. p. 371. t. 8. fig. 8. — Lyonsia picta Sow. 1834. Proceed. Zool. Soc. p. 88. — Lyonsia cuneata d'Orb. Voy. Am. p. 518. — Entodesma Ph. Archiv für Naturgesch. 1845. I. p. 52. ist nur ein verkrüppeltes Exemplar.

Diese Art kommt von Arica in Peru, wo sie d'Orbigny sammelte, überall an der Küste bis nach Chiloë hinauf vor. Es ist wohl nur eine von den vielen Flüchtigkeiten des Herrn Hupé, wenn er diese Art Anatina cuneata Lamk. nennt; Lamarck hat dieselbe nicht gekannt.

5. **Psammobia solida** Ph.

Ps. solida Ph. Abb. u. Beschr. Psammob. t. 1. fig. 2. — Ps. solida Hupé l. c. p. 364. — Ps. crassa Hupé l. c. p. 354. t. 7. fig. 4. — Arcopagia solida d'Orb. Voy. p. 539.

Findet sich von Mejillones bis zum Chonos Archipel.

6. **Mactra sp.**

Häufig bei Caldera. Da mir die gesammelten Exemplare verloren gegangen sind, kann ich die Art nicht bestimmen, glaube mich aber zu erinnern, dass sie zur Abtheilung Malinia Gray gehört.

7. **Amphidesma solida** Gray.

A. solida Gray. Spicil. Zool. p. 6. t. 6. — d'Orbigny Voy. p. 552. — Hupé l. c. p. 359. t. 7. fig. 1. nomine A. orbicularis.

Ich fand sie häufig in der Bucht von Mejillones; im Süden reicht sie bis zu den Chonos-Inseln, im Norden bis Callao. Hupé gibt gar keinen Fundort an.

8. **Diplodonta inconspicua** Ph.

D. inconspicua Ph. 1845. Archiv f. Natur. I. p. 53. — Hupé l. c. p. 357, der fälschlich Archiv 1842. t. 74. citirt.

Bei Mejillones sowohl wie an den Küsten von Chiloë.

9. **Venus Dombeyi** Lamk.

Venus Dombeyi Lamk. nr. 21. — Phil. Abbild. Venus tab. II. fig. 1. bene. — Hupé apud Gay l. c. p. 332. t. 6. fig. 4. testa bene. — Venus thaca d'Orb. Voy. p. 557. t. 82. fig. 1. animal. — an Chama Thaca Molina? Saggio et p. 203. Dass Molina eine

Venus unter dem Genus Chama aufführt, kann man nicht aus seiner Beschreibung, sondern nur aus dem Vulgärnamen errathen.

Diese Venus ist gemein an der ganzen Westküste Amerikas von Arica bis zum Chonos-Archipel. — Wenn d'Orbigny a. a. O. meint, meine Venus ignobilis Abbild. t. III. fig. 4. sei die junge V. Dombeyi, so ist dies unstreitig ein Irrthum. Diese meine V. ignobilis habe ich noch nicht in Chile gesehn.

10. **Venus rufa Lamk.**

V. rufa Lamk. nr. 30. — V. opaca Sow. Proceed. Zool. Soc. 1835. p. 42. — idem d'Orbigny Voy. p. 560. t. LXXXII. fig. 12. animal. — Venus lithoidea Jon. Philip. Abbildung. etc. Venus t. IV. fig. 1. bene. — Hupé apud Gay.

Findet sich von Arica in Peru (d'Orbigny) bis nach Lota 37° 10′ südl. Breite. Ich fand sie häufig bei Caldera und Paposo. — Bemerkung. Es ist lediglich auf die Autorität von Herrn Hupé, dass ich dieser Art den Namen V. rufa Lamk. lasse, indem ich vermuthe, dass er Originalexemplare im Museum von Paris verglichen hat, denn Lamarck's Beschreibung ist nicht genügend, um die Art darnach zu erkennen. Dieselbe ist sicher nicht transversim sulcata, sondern nur striata, und es ist wohl nur ein Zufall, wenn die von Lamarck untersuchte Conchylie gerade intus punctis asperata war.

11. **Cardium pygmaeum Ph.**

C. testa oblonga, valde inaequilatera, margine dorsali postico ventrali fere parallelo, antico declivi; costis circa 12, rotundatis, antiquatis; lunula excavata, haud circumscripta; dentibus cardinalibus duabus in valva sinistra, unico in dextra, dentibus lateralibus remotis, in utraque valva simplicibus. Long. $2^1/_4$ lin., altit. $1^1/_2$ lin., crass. $1^1/_4$ lin.

Bei der Isla blanca habe ich ein Exemplar gefunden. Das Gehäuse ist für seine geringe Grösse sehr solide und die Zähne sehr stark. Der Habitus ist mehr der einer Cardita als eines Cardium's, und das Schloss weicht von dem beider Geschlechter ab,¹ so dass man vielleicht ein eigenes Genus daraus machen könnte. — Die Farbe ist weisslich, die Hinterseite fast immer braun, bisweilen ist auch eine braune Querbinde nahe dem Bauchrande vorhanden; die Innenseite ist unter den Wirbeln braun.

12. **Cardita semen Reeve.**

S. Reeve Conch. iconica t. 9. sp. 43. — Zu der kurzen, von Reeve gegebenen Beschreibung möchte etwa noch Folgendes hinzuzusetzen sein. Die Zahl der Rippen beträgt 15, dieselben sind flach, fast doppelt so breit wie ihre Zwischenräume und nur wenig knotig. Der Seitenzahn des Schlosses reicht bis an den hintern Muskeleindruck.

Bei Isla blanca gefunden.

13. **Arca pusilla Sow.**

Byssoarca pusilla Sow. 1833. Zool. Proceed. p. 18. — A. pusilla Reeve Conch. icon. sp. 112. t. 16. — d'Orbigny Voy. p. 633.

Diese kleine, der A. lactea der europäischen Meere sehr ähnliche Art, habe ich besonders häufig bei Isla blanca gefunden, sie kommt aber auch, wenngleich wie es scheint seltener, an der Küste der Provinz Valparaiso vor, z. B. bei Algarrobo.

14. **Leda cuneata (Nucula) Sow.**

Nucula cuneata Sow. Zool. Proceed. 1832. p. 198. — Id. Conch. Illustr. fig. 15. — Leda cuneata d'Orb. Voy. p. 546. — Hupé apud Gay l. c. p. 307.

Diese zuerst bei Valparaiso entdeckte Art habe ich bei Paposo gefunden.

15. **Chama pellucida** Brod.

Ch. pellucida Brod. 1834. Zool. Proceed. p. 149. — d'Orbigny Voy. p. 670.

Bei Isla blanca ist diese Art nicht selten, und zwar findet sie sich in sehr geringer Tiefe. — Alle Exemplare, die ich daselbst geschn habe, sind rein weiss, ohne Spur von Roth. Die typische Art ist bei Cobija und Callao gefunden.

16. **Mytilus chorus** Molin.

M. chorus Molina Saggio etc. p. 202. — M. albus ejusd. l. c. p. 348. male. — M. ungulatus Humb. et Val. in Humb. Obs. Zool. et Anal. II. p. 223. t. XLIX. fig. I. — M. chorus d'Orb. Voy. p. 647. — id. Hupé l. c. p. 309.

Häufig bei Mejillones, südlich bis zu den Chonos-Inseln.

17. **Mytilus d'Orbignyanus** Hupé.

M. d'Orbignyanus Hupé l. c. p. 311. t. 5. fig. 5. — Mytilus ater Molina Saggio p. 203 et p. 348., ubi male testa postice squamosa dicitur. — M. americanus d'Orb. Voyage p. 648.

Diese Art unterscheidet sich, wie Herr Hupé richtig angibt, von M. magellanicus hauptsächlich durch feinere und zahlreichere Rippen, die bei einigen Individuen fast verloschen sind. Die Epidermis ist bald dunkelviolett, bald braungelb, wie es auch eine solche gelbe Varietät von M. vulgaris gibt, den M. lutea Poli; das Innere ist bald roth, bald blau; die Gestalt ist ebenso veränderlich wie bei andern Mytilus-Arten, und daher für die Diagnose nicht zu gebrauchen. Ich stehe deshalb auch keinen Augenblick an, diese Art für identisch mit dem M. americanus d'Orb. zu erklären, welcher Name zwar die Priorität hat, aber ganz unpassend ist. Will man durchaus auf der Priorität bestahn, so muss die Art M. ater Mol. heissen.

Bei Mejillones ist der M. d'Orbignyanus nicht selten, d'Orbigny fand ihn bei Callao; häufig ist er bei Talcahuano und Corral, wo er *Chalgua* heisst. (*Chalgua* oder *Challhua* ist ein Wort der Quichua-Sprache und bedeutet Fisch.)

18. **Mytilus ovalis** Lamk.

M. ovalis Lamk. nr. 8. — Modiola purpurata ejusd. nr. 13. — Mytilus ovalis d'Orbig. Voy. p. 648. — id. Hupé l. c. p. 312.

Hupé hat unstreitig ganz recht, wenn er beide Lamarcksche Arten vereinigt. — Diese Art ist an der ganzen peruanischen und chilenischen Küste überaus gemein, und findet sich, ganz wie M. minimus Poli, in dichtgedrängten Massen auf den Klippen, die bei der Ebbe entblösst werden.

19. **Mytilus dactyloides** Hupé.

M. dactyloides Hupé apud Gay l. c. p. 310. t. 5. fig. 6.

Eine gute Art, häufig an der ganzen chilenischen Küste von Isla blanca bis Corral.

20. **Mytilus granulatus** Hanley.

M. granulatus Hanley Proceed. Zool. Soc. 1845. p. 17. — d'Orbigny Voy. p. 648. — Hupé l. c. p. 312. t. 5. fig. 7.

Ebenso verbreitet wie die vorige Art.

21. Pecten purpuratus Lamk.

P. purpuratus Lamk. nr. 11. — d'Orbigny Voy. p. 663. — Hupé p. 289.

Diese Art findet sich von Coquimbo bis Callao, und wird in la Serena (Coquimbo) unter dem Namen *Ostiones* auf den Mark gebracht. Dessenungeachtet habe ich mir in den sieben Jahren, die ich in Chile bin, noch kein brauchbares Exemplar davon verschaffen können.

22. Discina lamellosa (Orbicula) Brod.

Orbicula lamellosa Brod. Trans. Zool. Soc. I. t. 28. fig. 2—5. — d'Orb. Voy. p. 677. — Hupé l. c. p. 398.

Diese Art findet sich an der ganzen peruanischen und chilenischen Küste bis Chiloë. Dennoch habe ich auch hiervon kein brauchbares Exemplar erhalten können.

Wie oft muss man denn wiederholen, dass das Genus Orbicula Cuviers nichts weiter als Crania ist, und dass gegenwärtige Art eine Discina ist. Cuvier sagt selbst: Règne animal. edit. 2. vol. III. p. 173. von Orbicula: „la valve inférieure est plate et fixée aux rochers. Les Discine's de Lamarck sont des Orbicules, dont la valve inférieure est creusée d'une fente."

23. Doris sp.

24. Doris sp.

Zwei Arten Doris habe ich bei Isla blanca gefunden, sie sind aber nicht in einem solchen Zustande in Santiago angekommen, dass ich mir getraute, sie zu bestimmen.

25. Chiton tuberculiferus Sow.

Ch. tuberculiferus Sow. 1825. Catal. Tankerv. Coll. — Ch. spiniferus Frembl. 1828. Zool. Journ. III. p. 196. — Ch. aculeatus Barner. d'Orbigny Voy. p. 483. — Ch. aculeatus L. (male.) Hupé l. c. p. 272.

Häufig an der ganzen Küste von Valparaiso bis Arica. Sehr mit Unrecht behauptet Hupé a. a. O., diese Art sei Chiton aculeatus Linné, dies ist eine asiatische Art und hat mit der chilenischen nichts zu thun.

26. Ch. coquimbensis Frembl. 1828. Zool. Journ. III. p. 197. — d'Orb. Voy. p. 485. — Hupé l. c. p. 270.

Nicht weniger gemein von Coquimbo bis Arica.

27. Chiton Cumingii Frembl.

Ch. Cumingii Frembl. Zool. Journ. III. p. 198. — d'Orbig. Voy. p. 484. — Hupé l. c. p. 264.

Findet sich von Arica bis Chiloë.

28. Chiton granosus Frembl.

Ch. granosus Fremb. l. c. p. 200. — d'Orb. Voy. p. 483. — Hupé l. c. p. 265.

Hat eine ebenso weite Verbreitung.

29. Chiton granulosus Frembl.

Ch. granulosus Frembl. l. c. p. 201. — Hupé l. c. p. 272.

Bei Isla blanca gefunden.

30. **Chiton argyrostictus Ph.**
Ch. argyrostictus Ph. Archiv für Naturgesch. 1846. 1. p. 59.
Bei Isla blanca fand ich ein 6 Linien langes Exemplar. Ist vielleicht nur Jugendzustand einer andern Art, aber welcher?

31. **Chiton peruvianus Lamk.**
Ch. peruvianus Lamk. nr. 3. — d'Orbigny Voy. p. 483. — Hupé l. c. p. 273.
An der ganzen Küste von Peru und Chile, bis Chiloë hinauf.

32. **Patella viridula Lamk.**
P. viridula Lamk. nr. 39. — Delessert Recueil t. 23. fig. 2. jung. — d'Orbigny Voy. p. 481. corrigirt in P. viridula p. 707. — P. Pretrei ejusd. t. LXXVIII. fig. 15. 16. 17.
Häufig bei Paposo, Isla blanca u. s. w.

Lamarck war der Fundort unbekannt. *Chenu*, der in Angabe des Vaterlandes der Conchylien bekanntlich höchst unzuverlässig ist, gibt bei Delessert a. a. O. China als Vaterland dieser Art! — Eine der schönsten Patellen. Ausgewachsen ist sie 30 Linien lang, 26 breit, 13 hoch. Der Wirbel liegt in zwei Fünftel der Länge. Die Oberfläche ist mit dichten und feinen Strahlen gestreift; die Anwachsstreifen sind grob und unregelmässig. Zahlreiche flache Rippen treten hauptsächlich durch ihre Färbung hervor. Diese ist nämlich in der Regel ganz so, wie sie *Lamarck* angibt; dunkelgrüne Flecken sind so gestellt, dass sie Querbinden bilden, welche durch die erwähnten Rippen unterbrochen sind, und zahlreiche kleine grüne Linien, Strichelchen und Punkte erzeugen ein fein gewürfeltes Aussehn. Der Rand pflegt meist in der Breite von 6 Linien rein weiss zu sein. Oft sind die dunkeln, grünen Flecke verblasst, selten ist nur das Centrum grün gefleckt und die ganze übrige Schale weiss. Innen sind alle meine Exemplare rein weiss, keines grün gefleckt, wie die Figur bei Delessert, auch besitze ich kein Exemplar, welches so tief herabgehende und so ununterbrochene Streifen hat, wie sie *d'Orbigny* abbildet.

33. **Patella variabilis (Lottia) Sow.**
Lottia variabilis Sow. 1839. Zool. of Beech. Voy. p. 147. t. 39. fig. 3. 4. — Patella araucana d'Orb. Voy. p. 482. t. 65. fig. 4—6., copirt bei Hupé l. c. p. 259. — P. Cecilleana d'Orb. Voy. p. 482. t. 61. fig. 3—6. var. — Lottia costata Sow. Zool. Beech. Voy. p. 147. t. 39. fig. 2. var.

Häufig an der ganzen chilenischen und peruanischen Küste.

Herr *Hupé* sagt: „Diese Art ist dadurch sehr ausgezeichnet, dass ihr Wirbel sehr nahe am Rande steht," und in *d'Orbigny's* Abbildung ist der Wirbel vollkommen central!! *D'Orbigny* sagt, die Art sei immer angefressen, folglich sind die regelmässigen Knoten der Rippen, welche seine Fig. 4. zeigt, eine freundliche Beigabe des Zeichners, weiter nichts. Ich besitze ein Exemplar aus dem Süden Chiles, welches das Original zu der d'Orbignyschen Figur von seiner Patella Cecilleana zu sein scheint. Es gibt auch Exemplare, die so hoch sind wie die Fig. 2. der Patella parasitica d'Orbig. Der Name von Sowerby konnte nicht besser gewählt sein, um diese vielgestaltige Art zu bezeichnen.

34. **Patella leucophaea (Acmaea) Ph.**
Acmaea leucophaea Ph. 1846. Zeitschr. für Malak. p. 22. — Abbild. P. Acmaea t. 2. fig. 10. — Patella parasitica d'Orb. Voy. p. 481. t. 81. fig. 1. 2. 3. — id.

Hupé p. 259, welcher aber fälschlich dazu d'Orbigny's tab. 78. fig. 15. 17. citirt, welches P. viridula (Pretrei) ist.

Häufig an der chilenischen Küste, besonders auf den Fissurellen, auf denen sie tiefe Löcher aushölt. Die Beschreibung des Thieres bei d'Orbigny beweist, dass es eine **Patella** und keine Acmaea sei.

35. **Patella punctatissima (Acmaea) Ph.**

Acmaea punctatissima Ph. 1846. Zeitschr. für Malak. p. 23. — Abbild. Acmaea t. 2. fig. 11.

Da diese Art der vorigen so ähnlich ist, so vermuthe ich, dass es auch eine **Patella** und keine Acmaea ist.

36. **Acmaea scutum Eschh.**

A. scutum Eschh. 1833. Zool. Atl. p. 19. t. 23. — Lottia punctata Gray 1835. — A. scutum d'Orb. Voy. p. 479. t. 64. fig. 8—10. — Hupé l. c. p. 253.

Häufig von Peru bis zum Chonos-Archipel.

37. **Acmaea scurra (Patella) Lesson.**

Patella scurra Lesson. Voy. de la Coq. p. 421. — Acmaea mitra Eschh. Zool. Atl. t. XXIII. fig. 4. — A. mammillata ejusd. p. 18. (icon nulla) specimen Nullipora incrustatum, patria falsa; vidi specimen. — Lottia pallida Sow. Zool. Beech. Voy. p. 147. t. 39. fig. 1. — Acmaea scurra d'Orb. Voy. p. 478. t. 64. fig. 11. 12. — id. Hupé l. c. p. 252. t. 4. fig. 11. — A. cymbula Hupé l. c. p. 252. tab. 4. fig. 12. var. minus elevata.

Gemein an der ganzen Küste von Lima bis zum Chonos-Archipel.

38. **Fissurella maxima Young.**

F. maxima Young. Zool. Proceed. 1834. p. 123. — d'Orbig. Voy. p. 475. — Hupé l. c. p. 239.

Die nördlichste Gränze dieser Art ist nach *d'Orbigny* Islai, die südlichste nach *Hupé* Valparaiso; bei Paposo ist sie häufig.

39. **Fissurella Bridgesii Reeve?**

F. Bridgesii Reeve. Conch. iconica fig. 16 (kann ich leider nicht nachsehn). — Hupé a. a. O. p. 238.

Die Beschreibung bei *Hupé* passt recht gut, aber nicht seine Angabe der Grösse: 2 Zoll 7 Lin. Länge auf 1 Zoll 10 Lin. Breite. Meine Exemplare sind 4 Zoll lang, 2 Zoll 8 Lin. breit, 10 Linien hoch, und haben ein 5$^1/_2$ Lin. langes Loch.

Nach *Hupé* findet sich diese Art bei Valparaiso; ich habe sie bei Paposo ziemlich häufig gefunden.

40. **Fissurella biradiata Frembl.**

F. biradiata Frembl. 1834. Zool. Proceed. p. 124. — d'Orb. Voy. 477. — Hupé l. c. p. 242.

Ich habe diese Art bei Paposo nicht selten gefunden, *d'Orbigny* gibt Valparaiso als Vaterland an. — Sollte sie vielleicht mit folgender Art zusammenfallen?

41. **Fissurella latemarginata Sow.**

F. latemarginata Sow. Proceed. Zool. Soc. 1834. p. 126. — Hupé l. c. p. 242.
Findet sich zusammen mit der vorigen.

D'Orbigny citirt die F. latemarginata mit einem? als synonym zu F. costata Less., allein die latemarginata hat weder „costas radiantes numerosas," noch „foramen minimum," wogegen die F. costata nie einen „limbus latus, niger" hat, so dass ich vermuthe, das Citat von *d'Orbigny* sei ein lapsus calami.

42. Fissurella pulchra Sow.

F. pulchra Sow. 1834. Zool. Proceed. p. 124. — Hupé l. c. p. 244.
Bei Paposo häufig. Ich kenne diese Art auch von Chiloë.

43. Fisurrella crassa Lamk.

F. crassa Lamk. nr. 3. — Delessert Recueil de Coq. t. 24. fig. 6. — d'Orb. Voy. p. 472. — Hupé l. c. p. 240.

Sehr gemein bei Paposo etc.; nach *d'Orbigny* findet sie sich bei Valparaiso.

Deshayes bemerkt zu dieser Art in der zweiten Ausgabe von Lamarck vol. VII. p. 592. Note: „le Fissurella crassa de Mr. Sowerby est une espèce très-différente de celle de Lamarck; *d'Orbigny* und *Hupé* (wohl nur *d'Orbigny* copirend) citiren aber ohne Weiteres Sow. Conchol. Ill. dazu. Wer hat Recht? *Deshayes* oder *d'Orbigny*? *Reeve's* Figur Conch. syst. CXLII fig. 11. gehört sicher hierher. — *Chenu* bei *Delessert* gibt als Vaterland les grandes Indes an!!; *Lamarck* war das Vaterland unbekannt.

44. Fissurella costata Less.

F. costata Less. Zool. Voy. Coquille p. 410. — F. rudis Desh. Encycl. méth. 2. p. 133. — F. chilensis Sow. Conch. Ill. fig. 36. — F. costata d'Orb. Voy. p. 474. — Hupé l. c. p. 243.

Nach *Deshayes* findet sich diese Art an der ganzen Küste von 34°—40°; sie kommt aber weit nördlicher vor, wenigstens bis Paposo 25° südl. Breite, wo sie aber seltener als die andern Arten ist.

45. Fissurella peruviana Lamk.

F. peruviana Lamk. nr. 17! nicht F. peruviana Deless. Recueil t. 24. fig. 7., welche im Widerspruch mit *Lamarcks* eigenen Worten eine stark gerippte Art vorstellt! — F. subrotunda Desh. Encycl. méth. et Lamk. ed. 2. p. 602. nr. 26. — F. affinis Gray 1839. Zool. of Beech. Voy. — Sow. Conch. Ill. fig. 44. — F. peruviana d'Orb. Voy. p. 474. — Hupé l. c. p. 241.

D'Orbigny fand diese Art bei S. Lorenzo in Peru; der südlichste Punkt, von wo ich sie besitze, ist S. Antonio an der Mündung des Rio Maipa.

46. Siphonaria tenuis Ph.

S. testa tenui, ovata, satis elevata, vertice plerumque valde excentrico: costulis radiantibus numerosis circa 40—50 albescentibus in fundo nigro, intus obscure castanea vel atro violacea, margine albo articulato. Long. 7 lin., latit 5 lin., altit. 2³/₄ lin.

Diese an der ganzen chilenischen Küste von der Mündung des Rio bueno im Süden bis Isla blanca gemeine Art finde ich bei *d'Orbigny* und *Hupé* nicht beschrieben. Vielleicht fällt sie mit S. lineolata Sow. Zool. Proceed. 1835 zusammen, die ich nicht kenne. — Sie unterscheidet sich leicht von S. concinna Sow., die in den südlichen Provinzen von Concepcion bis Chiloë vorkommt, durch eine dünnere und höhere Schale, schiefe Stellung des Wirbels, zahlreichere Rippchen; geringere Grösse, und von S. Lessoni Blainv. durch die dünne Schale, zahlreiche Rippchen, excentrischen Wirbel etc.

47. Gadinia peruviana (Mouretia) Sow.

Mouretia peruviana Sow. 1835. Zool. Proceed. — Siphonaria p. d'Orb. Voy. 470. — Hupé 250. t. 4. fig. 10. specimen omnino detritum.

Die Oberfläche ist nicht, wie *Hupé* behauptet, glatt, sondern fein strahlenartig gestreift oder gefurcht. — *D'Orbigny* giebt Cobija als Fundort an; ich fand sie noch bei Talcahuano; sie scheint nirgends häufig zu sein. — Gadinia Gray unterscheidet sich von Siphonaria durch den hufeisenförmigen, nicht unterbrochenen Muskeleindruck der Schale, etc.

48. Calyptraea trochiformis (Patella) Chemn.

Patella trochiformis Chemn. X. t. 168. — Trochus radians Lamk. nr. 5. — Calyptraea radians Desh. apud Lamk. ed. 2. p. 625. nr. 7. — Calyptraea trochiformis d'Orb. Voy. p. 461. (non Lamk.). — id. Hupé l. c. p. 232.

Findet sich vom 12°. südl. Breite bis zum 43°.

49. Crepidula unguiformis Lamk. nr. 4?

Bei Mejillones in einem Trochus luctuosus gefunden.

D'Orbigny Voy. p. 466. 67. will eine Menge *Broderip*scher Arten auf Cr. dilatata zurückführen, indem er behauptet, die Lokalität, wo die Thiere sich finden, bewirke eine Menge Modificationen der Gestalt, Farbe u. s. w. Dies im Allgemeinen zugegeben, frägt es sich, wie weit diese Modificationen gehen können, denn sie müssen doch Gränzen haben. Ich begnüge mich zu bemerken, dass gegenwärtige Crepidula sich von dilatata durch folgende Merkmale unterscheidet: erstens liegt ihr Wirbel dicht am Rande, und zweitens hat ihre innere Platte von Anfang an, wie die Anwachsstreifen zeigen, eine andere Gestalt; Verschiedenheiten, die sich meiner Meinung nach nicht durch die d'Orbignysche Hypothese erklären. Ob die Art wirklich identisch mit der des Mittelmeeres ist, kann ich nicht sagen, da mir Exemplare der letzteren nicht zu Gebote stehen; sie ist aber von Cr. decipiens der Magellanstrasse und von Cr. plana der Vereinigten Staaten durch die Gestalt der innern Platte verschieden. (Meine Sammlung ist nämlich eingepackt.)

50. Succinea labiosa Ph. t. VII. fig. 7.

S. testa parva, oblonga, tenui, longitudinaliter striatula, diaphana, corneo lutea; spira acuta, bis quintam partem totius longitudinis occupante; anfractibus $3^1/_2$ convexis; apertura angusta, ovata, superne rotundata; columella vix arcuata; labio valde distincto. — Long. 4 lin.; latit. $2^1/_3$ lin.; apertura $2^1/_3$ lin. longa, $1^7/_8$ lin. lata.

Bei Tilopozo sehr selten. Die Ausdehnung der Innenlippe unterscheidet diese Art leicht von den verwandten.

51. Helix Reentsii Ph. t. VII. fig. 8.

H. testa umbilicata, depressa, utrinque radiatim rugoso-costellata, alba, cretacea; anfractibus $5^1/_2$, primis laevibus mammillaeformibus, reliquis acute carinatis, ultimo valde descendente, superius spiraliter striato, circa umbilicum mediocrem, spiralem acute carinato, inter carinas fere concavo; apertura fere triangulari; peristomate simplici; labio arcuato subreflexo. Diam. major 6 lin.; minor 5 lin., altit. 5 lin.

H. Reentsii Ph. Anales de la Univ. de Santiago. 1855. p. 213. sq. (Malak. Bl. 1856. p. 52. 152; Pfr. Mon. Helic. IV. p. 182.

Zuerst bei Cachinal de la Costa in wenigen Exemplaren, später in grosser Menge bei Paposo gefunden.

52. Helix paupera Ph. Taf. VII. Fig. 9.

H. testa late umbilicata, depressa, discoidea, tenui, vix striata, pallide cornea?; spira plana; sutura parum profunda; anfractibus $4^1/_2$ cylindricis, lente crescentibus; umbilico tertiam partem diametri superante; apertura vix obliqua, rotundato-lunari; peristomate tenui acuto. Diam. maj. 2 lin., minor $1^3/_4$ lin.; altit. apert. $^3/_4$ lin.

An den Küsten sehr selten.

53. Helix epidermia Anton.

H. epidermia Anton. Verz. p. 36. — Hupé l. c. p. 98.

Bei Cachinal de la Costa gefunden.

54. Bulimus punctulifer Brod.

B. punctulifer Brod. Zool. Proceed. 1833. p. 39. — Hupé l. c. p. 103. t. 2. f. 1.

Häufig bei Paposo an den Wurzeln der Cactus, und sehr veränderlich. — Das Thier macht gegen die Trockenheit einen dünnen, durchsichtigen, kalkigen Deckel.

55. Bulimus Mejillonensis Pfr. Taf. VII. Fig. 10.

B. Mejillonensis Pfr. in Malak. Bl. 1857. p. 230; Mon. Hel. IV. p. 489.

B. testa perforata, oblongo-conica, solida, sordide alba, rugis irregularibus lacteis sculpta; spira conica, acutiuscula; anfractibus 7, valde convexis, ultimo spiram non aequante; columella perpendiculari; peristomate recto, satis acuto, intus calloso-incrassato: margine columellari reflexo. Long. 12 lin.; crass. $5^1/_2$ lin.; altit. apert. $5^2/_3$ lin.

Auf den dürren, aller Vegetation baren Hügeln bei Mejillones zu vielen Tausenden umherliegend. Ich habe diese Art zuerst für B. callosus Pfr. Monogr. II. p. 222. gehalten, allein dieser ist kleiner, nämlich nur 21 mm. = $9^1/_2$ lin. long, und sein letzter Umgang ist etwas länger als das Gewinde. Unter zahlreichen Exemplaren habe ich nur eines — siehe Fig. 10 b. — gefunden, welches 10 Linien lang und 6 Linien dick ist, bei einer Oeffnung von $5^2/_3$ Linien, und demnach dem B. callosus entsprechen würde.

56. Bulimus erythrostomus Sow.

B. erythrostomus Sow. 1833. Proceed. Zool. Soc. — Hupé l. c. p. 109.

Bei Caldera häufig. Die dort gesammelten Exemplare sind mir verloren gegangen.

57. Bulimus affinis Brod.

B. affinis Brod. Proceed. Zool. Soc. 1832. p. 106.

An den Wurzeln der Cactus im Küstengebiet der Wüste.

58. Bulimus paposensis Pfr.

B. paposensis Pfr. in Malak. Bl. 1856. p. 207. — Mon. Helic. IV. p. 480.

Bei Paposo.

Nahe verwandt mit B. affinis, durch Sculptur und Grösse von jenem verschieden.

59. Bulimus albicans Brod.

B. albicans Brod. Proceed. Zool. Soc. 1832. p. 105. — Hupé l. c. p. 109. t. 3. f. 6.

Eben daselbst.

60. **Bulimus pupiformis** Brod.

B. pupiformis' Brod. Zool. Praceed. 1832. p. 105. — Sow. Conch. Ill. f. 27. — Hupé l. c. p. 114. t. 2. fig. 6.

Mit den vorigen.

61. **Bulimus anachoreta** Pfr. t. VII. fig. 11.

B. anachoreta Pfr. in Malak. Bl. 1856. p. 208. Mon. Helic. IV. p. 422.

B. testa rimata, cylindraceo-turrita, solidiuscula, obsolete striata, alba, plerumque strigis cinnamomeis irregulariter picta; epidermide subnulla; spira elongata, acutiuscula; anfractibus 10—11 planiusculis, sutura simplici, lineari divisis; ultimo tertiam totius longitudinis partem aequante; apertura semiovali, intus lactea; peristomate expanso, intus albolabrato, columellari reflexo, subadpresso; columella tereti, perpendiculari, subtortuosa. Long. 10 lin.; latit. 3 lin.; altit. apert. $3^{1}/_{3}$ lin.

Bei Paposo nicht selten.

Die Dicke variirt sehr, von $2^{1}/_{2}$ bis $3^{1}/_{2}$ Linien, die Gestalt ist daher mehr oder weniger thurmförmig. Auch variirt die Dicke des Lippenwulstes.

61a. **Bulimus Atacamensis** Pfr.

B. Atacamensis Pfr. in Malak. Bl. 1856. p. 207. Mon. Helic. IV. p. 486.

Nahe mit B. lichenum d'Orb. verwandt, doch wie es scheint, davon verschieden.

62. **Bulimus lichenum** d'Orb.

B. lichenum d'Orb. Voy. p. 264. B. lichenorum (sphalmate pictoris) ibid. tab. 41. fig. 9—11.

Mit den vorigen.

63. **Bulimus leucostictus** Ph.

B. testa subumbilicata, fusiformi turrita, tenui, sublaevigata, fuscescente, maculis guttisque lacteis conspersa; anfractibus 8—9, satis convexis, ultimo quartam longitudinis partem aequante; apertura oblongo-ovata, parum obliqua; peristomate simplici, tenui, subreflexo, columellari late expanso; marginibus approximatis, labio tenui adnato junctis. Long. $6^{3}/_{2}$ lin.; latit. $2^{'''}$; altit. apert. $2^{1}/_{4}$ lin.

B. leucostictus Phil. Malak. Bl. 1856. p. 53; Pfr. Mon. Hel. IV. p. 411.

Bei Paposo mit den übrigen.

Er zeigt bisweilen eine weissliche, bisweilen eine beinahe rosenrothe Färbung. — Von B. lichenum unterscheidet sich diese Art durch geringere Grösse, dünnere Schale, verschiedene Färbung; der Mundsaum ist stärker ausgebreitet, besonders nach der Columella hin, die Ränder desselben sind einander stärker genähert. Von der folgenden unterscheidet sie sich durch das genabelte Gehäuse, welches viel weniger schlank ist, und durch die weit stärker genäherten Ränder des Mundsaums.

64. **Bulimus terebralis** Pfr.

B. terebralis Pfr. Proceed. Zool. Soc. 1842. — Hupé p. 115. t. 3. fig. 9.

Ebenfalls bei Paposo.

65. **Bulimus minimus** Ph. Taf. VII. fig. 12.

B. testa imperforata, cylindrica, utrinque obtusa, striis capillaribus distantibus sculpta, alba; anfractibus quinque convexis; sutura profunda, apertura ovali, vix quartam longitudinis partem aequante; peristomate reflexo, columellari rimam umbilicalem occultante. Long. 1½ lin. crass. ⅖ lin.

Im Littoral der Wüste bei Cachinal und Paposo sehr selten; ich fand nur zwei Exemplare, von denen eins beschädigt. — Dieser Bulimus unterscheidet sich von B. oryza durch die mehr cylindrische und stumpfere Gestalt des Gehäuses.

66. **Chilina angusta** Ph.

Ch. testa tenuiuscula, fere lanceolata, strigis flexuosis fuscis interdum vix conspicuis ornata; spirae peracutae anfractibus parum convexis, ultimo spiram bis aequante; apertura pyriformi, superius peracuta; plica parum prominente. Long. 7¼ lin.; latit. obliqua 4 lin.; longit. aperturae 5 lin., latit. ejus 2 lin.

In den meisten Quellen der Küste der Wüste Atacama. — Von allen verwandten Arten unterscheidet sich diese leicht durch ihre schlanke Form und die schwache Spindelfalte.

67. **Paludina atacamensis** (Hydrobia) Ph. Taf. VII. fig. 15.

P. testa oblongo-conoidea, rimata, tenui, pellucida, laevigata; anfractibus quinis convexis, ultimo spiram subsuperante; apertura ovato-oblonga. Long. 1⅛ lin.

Bei Tilopozo gefunden. Von P. Cumingii, P. piscium, P. culminea etc. theils durch geringe Grösse, theils durch die Zahl der Windungen, theils durch das Verhältniss des letzten Umganges zum Gewinde verschieden.

68. **Rissoa nigra** (Paludina) d'Orb.

Paludina nigra d'Orbigny p. 387. t. 75. f. 16—18.

Ist bei Isla blanca nicht selten. d'Orbigny fand sie bei Arica.

69. **Rissoina inca** d'Orb.

R. inca d'Orb. Voy. p. 395. t. 53. fig. 11—16.

Häufig bei Isla blanca, es ist mir aber nicht gelungen, das Thier zu beobachten. D'Orbigny hat sie noch in Arica gesammelt, und Herr *Germain* hat sie von Chiloë kürzlich gebracht, sie hat demnach ebenfalls eine sehr weite Verbreitung.

70. **Litorina peruviana** (Phasianella) Lamk.

Phasianella peruviana Lamk. nr. 5. — Turbo zebra Wood. Suppl. p. 20. — Litorina peruviana Gray. Zool. Beech. Voy. t. 36. — d'Orbigny Voy. p. 393. t. 53. fig. 5—7. — Hupé l. c. p. 137.

Findet sich von Islai bis Valdivia.

71. **Litorina araucana** d'Orb.

L. araucana d'Orb. Voy. p. 393. t. 53. fig. 8—10. — Hupé l. c. p. 138.

Findet sich von Arica bis zu den Chonos-Inseln.

72. **Trochus Fonki** Ph.

Tr. testa conica, imperforata, tenui, pallide rosea, anfractibus superioribus planiusculis, tricingulatis, cingulo supremo suturali, granuloso, secundo tertioque plerumque laevissimis; anfractu ultimo obtuse angulato, cingulis quinque circumdato; baseos convexiusculae cingulis sex; apertura quadrangulari; columella parum obliqua, tereti, haud truncata, sed sensim in labrum abeunte. Altit. ab apice ad extremitatem columellae 5½ lin.; diam. baseos 4⅔ lin. — anfractus 7.

Von dieser Art, welche im Meere zwischen Chiloë und dem Festlande nicht ganz selten zu sein scheint, fand ich ein abgebleichtes Exemplar in Vogeldreck bei Paposo.

73. **Trochus ater Lesson.**

Tr. ater Less. Voy. Coquille p. 344. t. 16. fig. 2. — D'Orbig. Voy. p. 409. — Hupé l. c. p. 142. — Tr. lugubris Ph. Abbild. Trochus tab. III. fig. 7. specimen junius.

Die nördlichste Gränze dieser häufigen Art scheint der 22ste Grad; im Süden geht sie bis zu den Chonos-Inseln und vielleicht bis zum Feuerlande. Wenigstens sieht man unter den Halsbändern der Feuerländer, welche hauptsächlich aus Margarita violacea bestehen, oft kleine Exemplare dieser Art.

74. **Trochus luctuosus d'Orb.**

Tr. luctuosus d'Orb. Voy. p. 409. t. 36. f. 16—19. — Hupé l. c. p. 138.

Reicht nach d'Orbigny von Callao bis Valparaiso; bei Mejillones nicht selten.

75. **Trochus euryomphalus Jonas.**

Tr. euryomphalus Jon. 1844. Zeitschr. f. Malakoz. p. 113. — Phil. Abbild. Trochus tab. VI. fig. 4. — Trochus obscurus Kien. fig. 3. — Tr. Kieneri Hupé l. c. p. 144. t. 4. fig. 1.

Bei Mejillones nicht selten; desgleichen bei Talcahuano etc.

76. **Trochus tridens Menke.**

Tr. tridens Menke 1844. apud Phil. Abbild. Trochus t. IV. fig. 10. — Monodonta tridentata Potiez et Mich. t. 29. fig. 16. 17. — Trochus microstomus d'Orb. Voy. p. 410. t. 76. fig. 20—21. — Tr. tridens Hupé p. 145.

Bei Caldera, Isla blanca etc.

77. **Turbo propinquus Hupé.**

T. propinquus Hupé l. c. p. 141. t. 4. fig. 5.

Sehr häufig bei Caldera, wo ich mich nicht entsinne den Turbo niger gesehen zu haben.

78. **Phasianella minima Ph.**

Litorina umbilicata d'Orb. Voy. p. 394. t. 76. fig. 1. 2. 3.

Bei Isla blanca gefunden. — Der Deckel ist halbkugelig und kalkartig, glänzend, ganz wie bei den andern Arten, und hatte sich also d'Orbigny im Genus geirrt. Ich konnte der Art nicht den Namen umbilicata d'Orb. lassen, weil d'Orbigny schon in der Desrrip. de Cuba p. 77. eine Phasianella umbilicata beschrieben hat.

79. **Turritella cingulata Sow.**

T. cingulata Sow. Hupé l. c. p. 155. — T. tricarinata King. etc.

Häufig bei Caldera, Poposo etc. aber immer beschädigt.

80. **Sigaretus cymba Menke.**

S. cymba Menke 1830. Synopsis ed. 7. p. 146. — S. Grayi Desh. 1843. Edit. 2 Lamk. IX. p. 12. — S. cymba d'Orb. Voy. p. 404. t. 57. fig. 3—6. — Hupé l. c. p. 225. — S. concavus Sow. Genera. t. 7. fig. 2. — S. maximus Ph. Abbild. Sig. t. 1. fig. 1.

Bei Tartal gefunden.

81. **Natica atacamensis Ph. t. VII. fig. 20.**

N. solida, subglobosa, lactea, praeter strias incrementi laevissima; anfractibus superius planis; spira inde conica, (a sutura ad apicem) tertiam aperturae partem aequante; umbilico aperto; funicula umbilicali mediocri; labio valde calloso, crassissimo, basi sulco transverso superficiali exarato. — Longit. 1 poll. 8 lin., diam. obliqua totidem; apertura 14 lin.

An der Küste bei Mejillones habe ich wenige Exemplare gefunden.

82. **Cancellaria tuberculosa Sow.**

C. tuberculosa Sow. 1832. Zool. Proceed. p. 51. — d'Orb. Voy. p. 427. t. 60. fig. 11. Mejillones. An der peruanischen Küste, wie es scheint, häufiger.

83. **Cancellaria parva Ph.** Taf. VII. fig. 18.

C. testa oblongo-fusiformi, longitudinaliter costata et cingulis transversis ornata; costis ubi a cingulis secantur granuliferis; cingulis in anfractibus superioribus tribus, in ultimo circa 6; cauda distincta, subimperforata; apertura spiram aequante; columella biplicata; labro plicis 4 intus munito. Alt. $5\frac{1}{2}$ lin.; crass. $3\frac{1}{2}$ lin.; altit. aperturae 8 lin.

Bei Paposo in Vogelmist gefunden. — Es sind sieben Windungen vorhanden, die ersten drei sind glatt, drehrund, und bilden die stumpfe Spitze, die übrigen haben etwa 12 stumpfe Rippen und etwa 6 Quergürtel, von denen 3 bis 4 von der folgenden Windung bedeckt sind. Die Nase und der Canal sind länger als bei den meisten Arten. Die Farben waren verschwunden.

84. **Fusus alternatus Ph.**

F. alternatus Ph. 1847. Abbild. Fusus t. IV. fig. 6. — Fusus Fontainei d'Orbigny. Voy. p. 447. t. 63. fig. 2.

Bei Mejillones nicht selten; d'Orbigny fand diese Art in Callao. — Ich weiss nicht, in welchem Jahre die Beschreibung und Abbildung von d'Orb. erschienen ist, und ob sie vielleicht die Priorität hat.

85. **Murex labiosus Gray.**

M. labiosus Gray 1828. Spicil. Zool. p. 4. — d'Orbigny Voy. p. 453. t. 62. fig. 8—10. Purpura labiosa Hupé l. c. p. 190.

Häufig an den Küsten Peru's und der nördlichen Provinzen Chiles, scheint diese Art in den südlichen Provinzen Chiles zu fehlen.

86. **Tritonium scabrum Brod.**

Tr. scaber Brod. 1822. Zool. Journ. p. 348. — d'Orbigny Voy. p. 450. t. 62. fig. 14. — Ranella scabra Hupé p. 185.

Findet sich von Callao bis Valparaiso, bei Mejillones häufig.

87. **Tritonium rude Brod.**

T. rude Brod. Zool. Proceed. III.

Mejillones.

88. **Purpura xanthostoma Brod.**

P. xanthostoma Brod. 1833. Zool. Proceed. p. 8. — d'Orbig. Voy. p. 437. — Hupé l. c. p. 189. — Pyrula ochroleuca Menke apud Phil. Abbild. Pyrula t. 1. fig. 3. 4.

Die nördlichste Gränze scheint Callao, die südlichste Talcahuano zu sein.

89. **Purpurea chocolatum Blain.**

P. chocolatum Blain. Nouv. Ann. Mus. 1832. t. XII. fig. 23. — d'Orbig. Voy. p. 436.

D'Orbigny gibt den Verbreitungsbezirk dieser Art vom 10. bis zum 20. Grad an, allein sie ist sehr häufig bei Mejillones und noch bei Caldera, 27° südl. Breite.

90. **Monoceros crassilabrum** Lamk.

M. crassilabrum nr. 5. — d'Orb. Voy. p. 441. t. 61. fig. 4. — Monoceros unicornu Hupé l. c. p. 194.

D'Orbigny behauptet a. a. O. Note, diese Art gehe nicht über den 29. Grad südl. Br. nach Norden hinaus, Hupé gibt — ich weiss nicht auf wessen Autorität hin — auch Peru als Fundort an. Diese Art ist an der ganzen Küste bis Paposo (25° südl. Br.) häufig. Die Individuen sind hier überaus breit, dickschalig, blass, mit 4—5 undeutlichen Querrippen, 26 Linien hoch und 20 Linien dick.

91. **Concholepas peruviana** Lamk.

C. peruviana Lamk. — Purpura concholepas d'Orb. Voy. p. 437. t. 61. fig. 5—7. — Concholepas peruviana Hupé l. c. p. 201.

D'Orbigny behauptet, diese Art finde sich nur zwischen dem 15. und 35. Grade, allein sie kommt bis zum Chonos-Archipel, ja wie mir der Commandant Escala versichert hat, selbst bis zur Magellans-Strasse vor. Man findet alle Uebergänge von stark schuppigen Formen bis zu ganz glatten. So gemein die Schnecke auch ist, so sind doch gute, nicht angefressene Exemplare ziemlich selten.

92. **Buccinum Gayi** Kien.

B. Gayi Kien. p. 71. t. 22. fig. 79. — Hupé l. c. p. 205.

Bei Paposo.

93. **Buccinum paposanum** Ph.

B. testa oblongo-conoidea, laevissima; anfractibus parum convexis, ultimo spiram aequante, basi obscure angulato; cauda brevi, crassa, abrupta; apertura oblonga; canali brevissimo, sed amplissimo; labro simplici, labioque haud dilatato laevissimo. Altit. $4^1/_2$—5 lin.; crass. 3 lin.; altit. apert. $2^1/_2$ lin.

Paposo, ein Exemplar aus Vogelmist.

Die fünf? Windungen erscheinen auf den ersten Blick vollkommen glatt, zeigen aber unter der Lupe sehr feine Querstreifen; sie sind nur schwach gewölbt und durch eine tiefe Naht geschieden; die letzte ist am Grunde deutlich kantig und durch eine breite Furche von der Nase abgesetzt. Im obern Winkel der Mundöffnung ist keine Schwiele. Der sehr weite Canal scheint für diese Art sehr bezeichnend.

94. **Buccinum Escalae** Ph. Taf. VII.

B. testa oblongo-conoidea, alba, rufo-maculata, longitudinaliter undato-plicata, striisque transversis impressis circa 5 in anfractibus superioribus, 10—12 in ultimo suprema profundiore exaratis; anfractibus parum convexis, ultimo spiram aequante; apertura ovata; columella arcuata, laevi; labio parum incrassato, parum extenso; labro intus crenulato, crenis 10—11. — Long. $2^2/_3$ lin.; lat. fere 2 lin.

Bei Mejillones fand ich eine Menge junge, aber nur ein ausgewachsenes Exemplar. — Die drei bis vier Embryonal-Windungen sind ungerippt.

95. **Columbella sordida** d'Orb. Taf. VII.

C. sordida d'Orb. Voy. p. 430. t. 77. fig. 2—4.

D'Orbigny fand diese Art bei Arica, Islai und Callao; bei der Isla blanca ist sie nicht selten, und kürzlich brachte Herr Germain ein Exemplar von Chiloë heim. D'Orbigny sagt von dieser Art: „cette Colombelle nous montre tont à fait le passage aux Buccins, on serait même embarrassé pour la placer d'une manière bien rationelle dans l'un de ces deux genres." — Ich habe das Thier beobachtet. Die Fühler sind breit und stumpf und stossen unter einem Winkel zusammen; die Augen sitzen aussen am Grunde derselben. Die Athemröhre tritt ziemlich stark hervor; der Fuss ist vorn quer abgeschnitten, mit stumpflichen Winkeln, hinten stumpf. Die Farbe des Thieres ist schwärzlich, der Vorderrand des Fusses weiss; eine weisse Binde zieht sich in der Augengegend über den Kopf; die Fühler und die Athemröhre haben eine weisse Spitze und eine weisse Binde.

96. **Oliva peruviana** Lamk.

O. peruviana Lamk. nr. 28. — O. senegalensis ejusd. nr. 29. falsa patria. — O. peruviana d'Orb. Voy. p. 419. — Hupé l. c. p. 216.

Diese Art, welche bei Arica, Cobija, Mejillones, Caldera etc. gemein ist, reicht weit nach Süden, ist aber dort seltener; ich glaube sie noch bei Lota gefunden zu haben. — Hupé hat die zahllosen Varietäten a. a. Orte angegeben. Ich fand ein monströses Individuum, welches eine erhabene glatte Querleiste hat, da, wo ein stumpfer Winkel die Spira vom untern Theile des Gehäuses trennt.

97. **Octopus Fontainei** d'Orb.

O. Fontainei d'Orb. Voy. p. 28. t. 2. fig. 5.

Diese Art scheint an der ganzen chilenischen Küste vorzukommen.

Bemerkung zu dem Verzeichniss der Mollusken.

Vier Umstände fallen besonders auf, wenn wir das vorstehende Verzeichniss betrachten. Erstens der gänzliche Mangel an Mollusken im Innern der Wüste mit Ausnahme des Salzsumpfes von Atacama, der eine Succinea und eine Hydrobia ernährt. Zweitens die Armuth der Küste an Arten, verglichen mit Europa, und namentlich mit dem Mittelmeer. Drittens die Seltenheit der kleinen Conchylien, wie sie an den europäischen Küsten so häufig sind: Rissoa, Truncatella, Eulima, Odontostoma, Lacuna, Mangilia etc. Viertens die weite Verbreitung der meisten Arten, die sich von Peru bis zu den Chonos-Inseln erstreckt. — Man könnte ferner noch anführen, dass so wenig Conchylien schön und lebhaft gefärbt, und eine verhältnissmässig grosse Menge (alle Trochus, Turbo, ein oder zwei Fissurella, Purpura, Monoceros) schwarz gefärbt sind, doch würde es mich zu weit führen, wenn ich die Eigenthümlichkeiten der chilenischen Molluskenfauna genauer erörtern wollte.

Ringelwürmer.

Amphinome miniacea Ph.

A. linearis, depresso-quadrangularis, miniacea; fasciculis pedum aequalibus; tentaculis brevissimis; oculis nullis?; annulis circa 100. Long. 7 poll., latit. 5—6 lin.

Diesen prachtvollen Wurm fand ich ziemlich häufig bei der Isla blanca unter Steinen.

Echinodermen.

1. **Echinus albus** Molina.

E. albus Mol. Saggio etc. p. 348. — Gay Zool. VIII. p. 417. — E. porosus Val. Venus Zooph. t. 4 (nach Gay).

Häufig an der ganzen Küste. Vielleicht sollte man den Namen E. albus aufgeben, Molina's Beschreibung ist gar zu ungenügend, um die Art darnach zu erkennen.

2. **Echinocidaris spatuligera Ag.**

Cfr. Gay l. c. p. 418. — Valenc. Voy. Venus tab. V. fig. 2.

3. **Echinocidaris nigra Ag.**

Cfr. Gay l. c. p. 419. — Echinus niger Molina Saggio p. 200 et 348. — E. purpurascens Valenc. Voy. Venus t. 5. fig. 1. — E. pustulosus Desm. non Lamk.

Beide Arten finden sich wie E. albus bis Mejillones; erstere ist seltener, letztere sehr gemein an der ganzen chilenischen Küste.

4. **Asteracanthion gelatinosum Müll. et Frosch. (Asterias) Meyen.**

Cfr. Gay l. c. p. 424. — Häufig.

5. **Asteracanthion helianthus (Asterias) Lamk.**

Gay l. c. p. 425. desgleichen. — Scheint im Süden nicht vorzukommen.

6. **Asteriscus calcaratus Val.**

Gay l. c. p. 427. — Von Mejillones bis Chiloë.

7. **Ophiolepis atacamensis Ph.**

Der Discus ist mit kleinen Schuppen bedeckt, fünf Paar grössere stehen am Ursprunge der Arme und divergiren nach dem Centrum hin; einzelne Stacheln umgeben diese grösseren Schuppen, den obern Rand des Discus, und stehen auch wohl zerstreut im Centrum des Discus. Die Arme sind kurz und bestehen aus höchstens 50 Gliedern; ihre Rückenschilder sind etwa anderthalb Mal so lang wie breit; die untere Seite hat drei Reihen Schuppen, die seitlichen sind sehr klein. Fünf Reihen Stacheln jederseits, die stumpf und cylindrisch sind; die der obern drei Reihen sind unter einander gleich und so lang, wie die Arme breit sind; die der beiden unteren Reihen werden allmählig kürzer. — Die Farbe ist ein helles, bräunliches Grau; die Schilder über dem Ursprunge der Arme sind oft dunkler; die Arme oft hell und dunkel gegliedert. — Durchmesser der Scheibe $3^{1}/_{2}$ Linien, Länge der Arme 10 Linien; Breite der Arme ohne die Stacheln $^{3}/_{4}$ Linien.

Bei Isla blanca nicht selten. — Von Oph. chilensis Müll. u. Frosch. sogleich durch die kurzen Arme, die nicht den dritten Theil so viel Glieder zählen, und die fünf Reihen Stacheln verschieden.

8. **Cladolabes viridimana Ph.**

Der Körper ist ziemlich kurz, länglich, beinahe cylindrisch, überall mit Füsschen dicht besetzt, und Bauch- und Rückenseite kaum zu unterscheiden. Ich zähle zwanzig Fühler in zwei Reihen; die äusseren sind sehr viel grösser, vielfach wie ein Farrnkrautblatt verästelt, schön grün, die inneren sind sehr viel kürzer und haben einfache, im contrahirten Zustande warzenförmige Aeste. Die Farbe des Körpers ist im Leben grau. Länge des Körpers im contrahirten Zustande 3 poll., Dicke 16 lin.

Häufig bei Isla blanca zwischen Steinen.

Anhang.

Kosten der Reise.

	pes.	real.
Wagen von Santiago nach Valparaiso	26	
Den beiden Dienern, um die Reise von Santiago nach Valparaiso zu machen	17	2
Miethe von Maulthieren und einem Führer von Paposo nach Cobre	24	—
Miethe von zwei Eseln, um Gepäck von Hueso parodo nach Cachinal de la Sierra zu bringen, ungerechnet den Zucker, Mate, Mehl, Schiffszwieback, Fett etc.	2	—
Miethe von acht Maulthieren für die Reise von Paposo nach Atacama à 13 pes.	104	—
Miethe von zwei weiteren Maulthieren von Cachinal de la Sierra bis Atacama	16	—
Futtergeld für die Maulthiere, während sie meine Rückkehr von Mejillones erwarteten	8	—
Miethe von drei Maulthieren für die Excursion nach S. Bartolo	2	—
Ankauf von 13 Maulthieren in Atacama für die Rückreise nach Copiapó, 4 zu 30 pes., 9 zu 25 pes.	345	—
Packsättel und Schellen, Seile von Wolle um sie zu fesseln	—	7
Futtergeld für diese Thiere in Atacama	1	6
Einem Burschen, der sie hertreiben half	—	4
Expresser nach Toconado um daselbst Futter zu bestellen	1	—
Futtergeld für eine Nacht in Toconado à 1½ real.; einem Burschen 2 real.	2	5½
Wasser in Trespuntas, um die Maulthiere zu tränken	3	2
Gerste für dieselben	9	6
Paquios Gerste für dieselben	4	4
In Chulo Luzernheu und Wasser	6	½
Fracht des Gepäckes von Trespuntas nach Copiapó; da die Maulthiere nicht mehr die Kräfte hatten, dasselbe zu tragen	7	2
Reise von Caldera nach Copiapó auf der Eisenbahn für Herrn Döll und für mich	8	5
Fracht des Kofferchens etc.	1	—
Rückreise von Copiapó nach Caldera (im November 1853)	8	5
Rückreise von Copiapó nach Caldera im März 1854	12	3½
Fracht des Gepäckes der Sammlungen auf der Eisenbahn	5	..
Um diese Sachen aus dem Wirthshaus und von dort auf das Dampfschiff zu bringen	3	1
Ueberfahrt nach Valparaiso auf dem Dampfschiff Lima für Herrn Döll und mich	96	—
Ueberfahrt nach Valparaiso auf dem Dampfschiff Lima für die beiden Diener	27	—
Fracht der Kisten mit Sammlungen auf dem Dampfschiffe	3	4
Ausschiffen in Valparaiso, Transport des Gepäckes etc.	1	4
Wagen von Valparaiso nach Santiago für Herrn Döll und mich	30	—
Reise der beiden Diener von Valparaiso nach Santiago	17	2
Fracht für das Gepäck und die Sammlungen von Valparaiso nach Santiago	7	4
17 vollständige Hufbeschläge für Maulthiere in Copiapó gekauft	8	4
4 Pfd. Nägel zum Beschlagen.	1	4
Dem Diener Domingo Morales für vier Monat und zwei Tage Lohn	48	6
Dem Diener Carlos Nunez desgl.	48	6
Dem Maulthiertreiber Bartolo Fajardo, der uns von Chañaral gebracht, Trinkgeld	2	—
Dem Indier Lucas Araya, um uns von Atacama nach Tilopozo zu bringen	3	4
Dem Indier Jose Maria Chaile, der uns von Tilopozo nach Pajonal gebracht	5	—
Dem Frites von Trespuntas, der uns von Zorras nach Trespuntas geführt	8	5
3 Pfd. Coca für die Indier aus Atacama	3	1½
Unterhalt der beiden Diener von der Abreise aus Santiago bis zur Einschiffung 8 Tage à 4 real.	8	—

	pes.	real.		pes.	real.
In Chañaral de la Costa	—	4	Ein kleines Fässchen von D. Diego in Atacama gekauft	1	—
In Cachinal de la Costa eine Ziege gekauft	1	4	Drei Blechnäpfe und eine Laterne	2	—
In Hueso parado Milch	—	2	Zwei Caramayoles, Blechflaschen zum Transport des Wassers	2	—
In Paposo von D. Diego de Almeida etc. verzehrt, während ich nach Mejillones gereist war	1	4	Baumwollenzeug zu einem Zelt, Nadeln und Zwirn	3	1½
In Atacama Brennholz und frische Lebensmittel	4	3	Baumwollenzeug zu den Säcken für Zucker, Mehl, Mate etc.	1	1
In Trespuntas Unterhalt von D. Diego und den beiden Dienern im Wirthshaus	5	7	Ein Stück Baumwollenzeug, um ein zweites Zelt zu machen	5	4
In Puquios desgl.	—	6½	Zeltstangen	1	—
In Chulo desgl.	2	3	Eiserne Haken, um das Zelt im Boden zu befestigen	1	—
In Copiapó Unterhalt der beiden Diener im Gasthof	9	—	Zwei Kisten mit Abtheilungen und Schlössern	8	5
In Caldera desgl.	2	—	Vier Ledersäcke zum Transport der Lebensmittel auf den Maulthieren	3	—
Unterhalt der Diener in Valparaiso und auf der Reise von Valparaiso nach Santiago	4	—	Werg zum Einpacken und zum Ausstopfen der Vogelbälge etc.	1	6
Lebensmittel in Valparaiso eingekauft	128	—	Verschiedene kleine Ausgaben	10	6
Fett, Mate und Zucker von D. Diego in Chañaral de las Animas gekauft	12	7	Wasser, welches das Schiff Janequeo in Paposo einnahm	23	—
Reis und Feigen etc. in Cobre gekauft	8	2	Dem Lotsen, welcher dasselbe nach Cobre brachte	8	—
Arzneimittel etc. in Valparaiso	10	4	Diese beiden Posten hätte eigentlich das Schiff bezahlen sollen.		
3 Hämmer mit Stielen	4	3			
1 eiserne Stange, wie sie die Bergleute brauchen, eine poruña (Schale zum Goldwaschen)	—	7	Summa	1578	6
2 lederne Beutel um Mehl hineinzuthun	1	—	Hiervon geht ab der Erlös für die in Copiapó verkauften Maulthiere	181	2
2 lasos, lederne Stricke zum Anbinden von Vieh etc.	2	—	Rest	1397	4
6 Hornbecher	—	7			
Ein lederner Schlauch zum Wasser	—	5			
Zwei Fässer und ein Hahn zum Wasser, blieben im Schiffe zurück	2	4			

In dieser Rechnung ist nicht inbegriffen, was wir, Herr Döll und ich, in den Gasthöfen in Valparaiso, Caldera, Copiapó ausgegeben haben. Ferner ist zu berücksichtigen, dass wir in Folge der Empfehlungen, die wir erhalten hatten, in Chañaral de las Animas, in den Minen von las Animas, in Salado, Paposo, Chañaral bajo, Trespuntas etc. gar keine Ausgaben hatten, dass uns die Reise auf der Janequeo, und ebenso die Maulthiere nach las Animas und nach Paposo nichts kosteten. Hiernach kann jeder, der etwa Lust hat, die Reise zu wiederholen, ungefähr berechnen, was ihm dieselbe kosten wird.

D. Diego de Almeida bekam als Gratifikation 345 pesos.

Plaza de toros.

Chañaral de las Ánimas

Finca de Chañaral

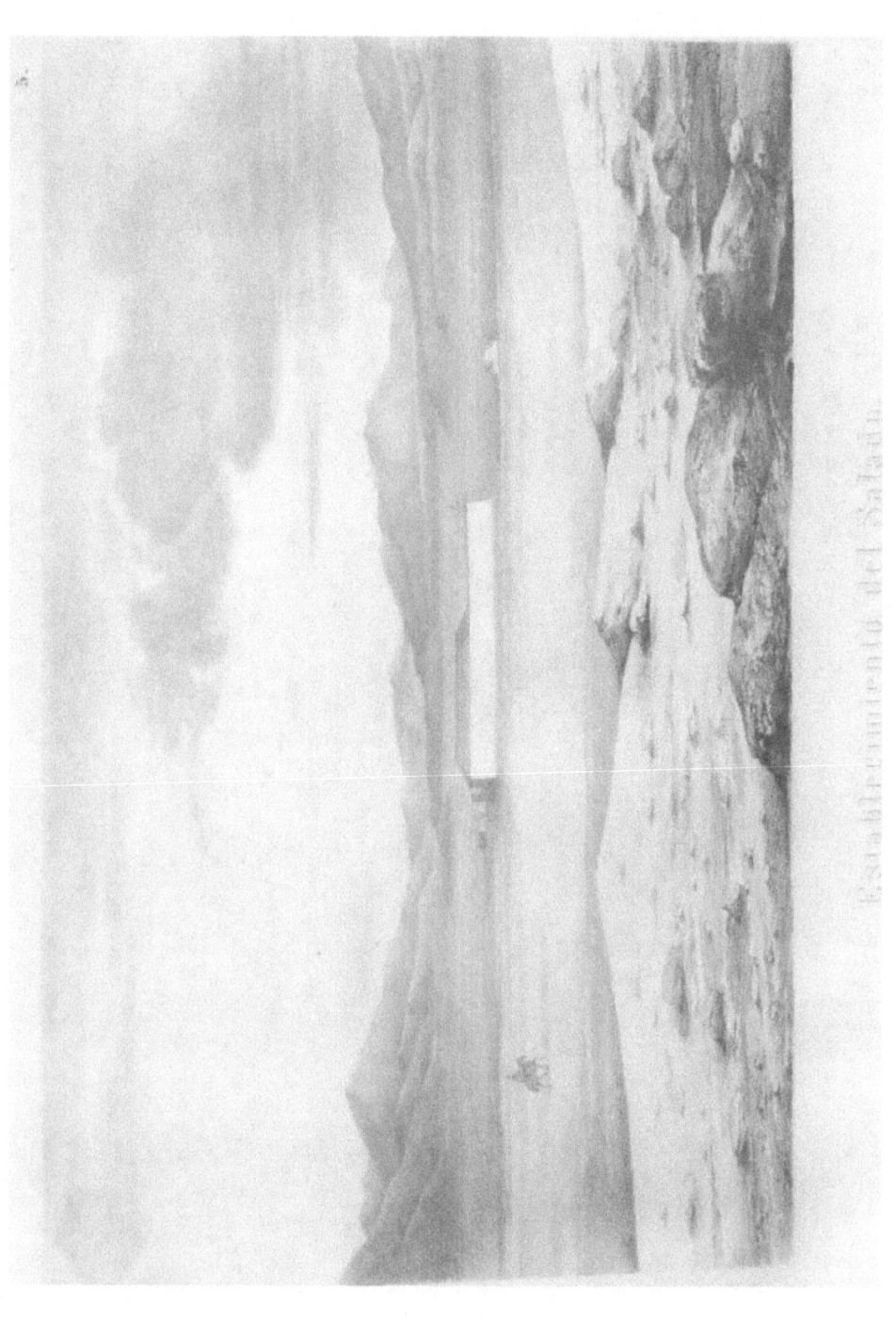

Establecimiento del Salado

l'arbat de la Pucelle.

Taposo.

Plaza de Atacama.

Trapiches.

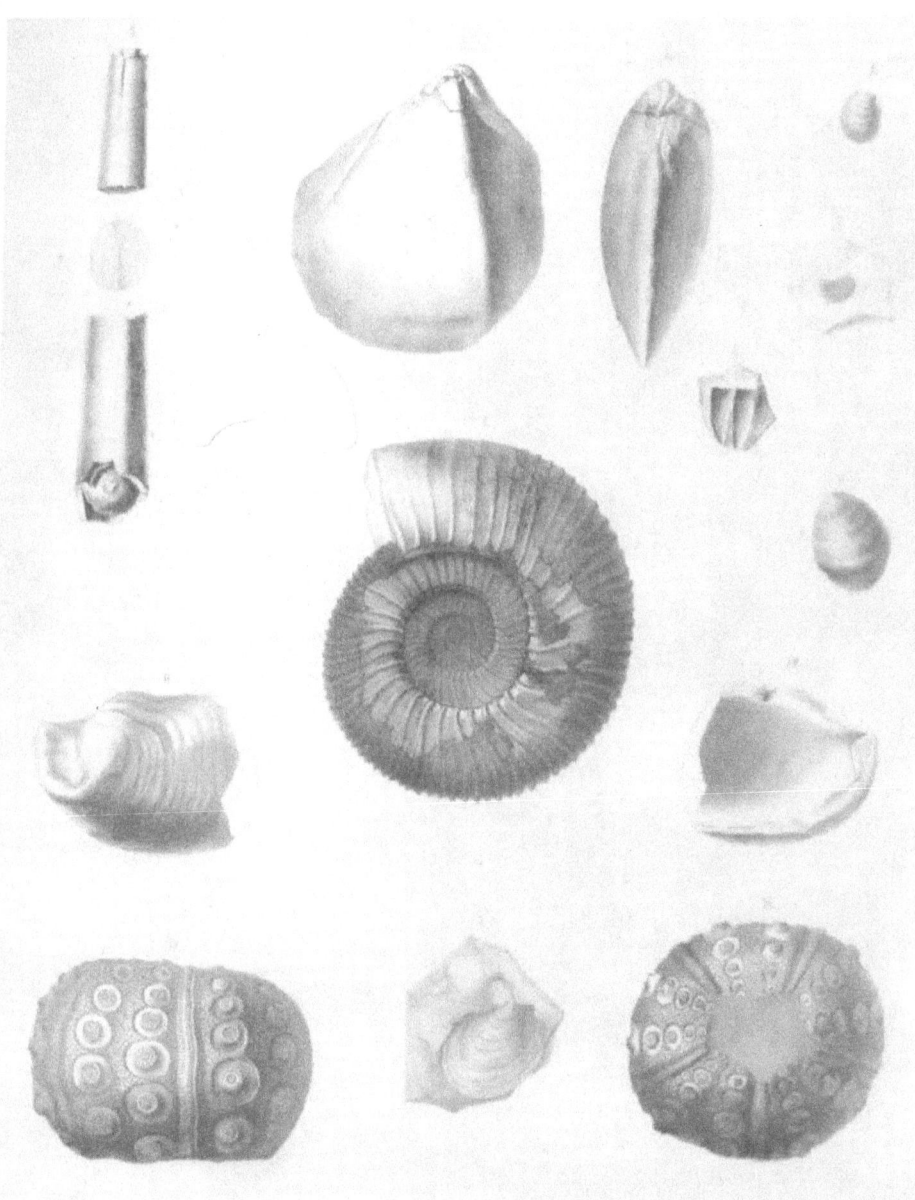

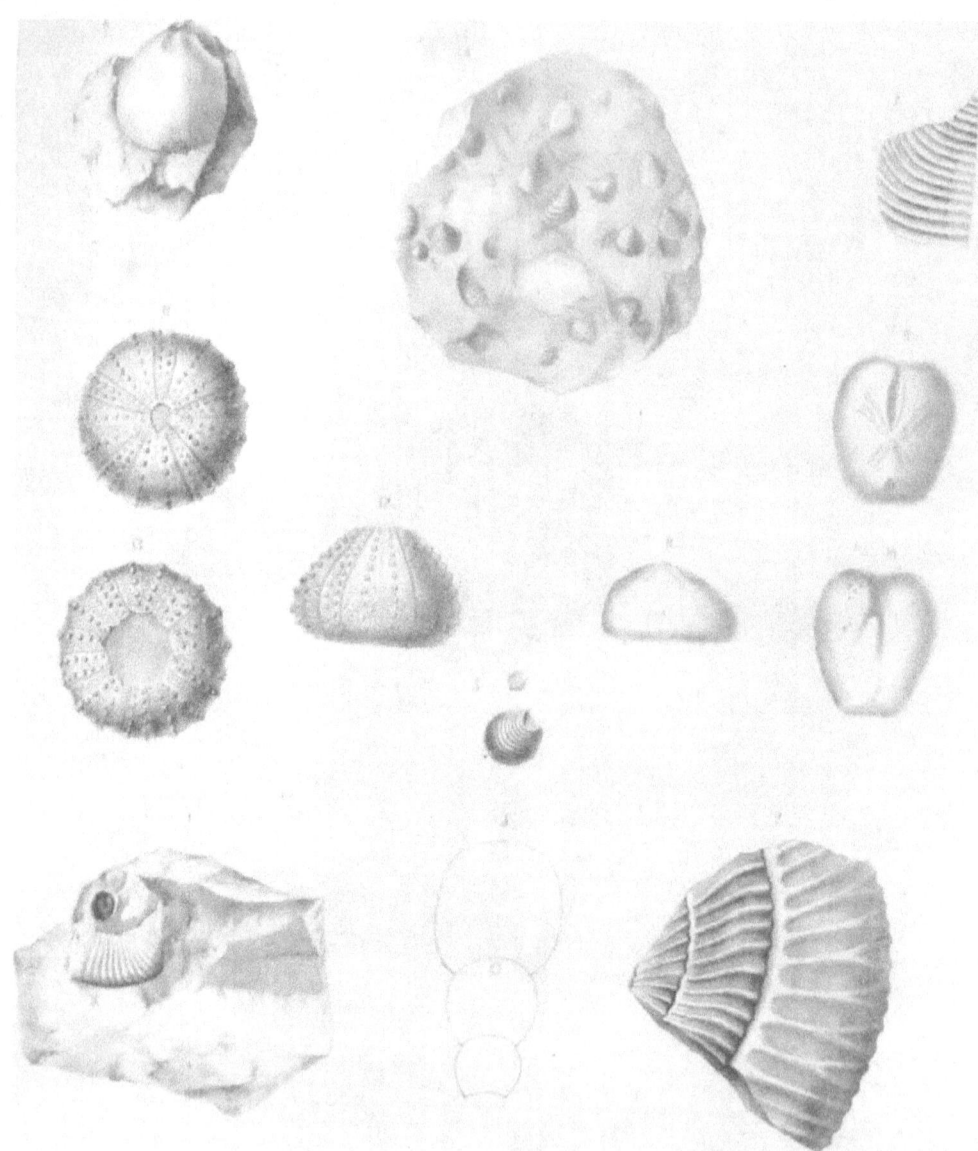

Otomys fulvus Th.

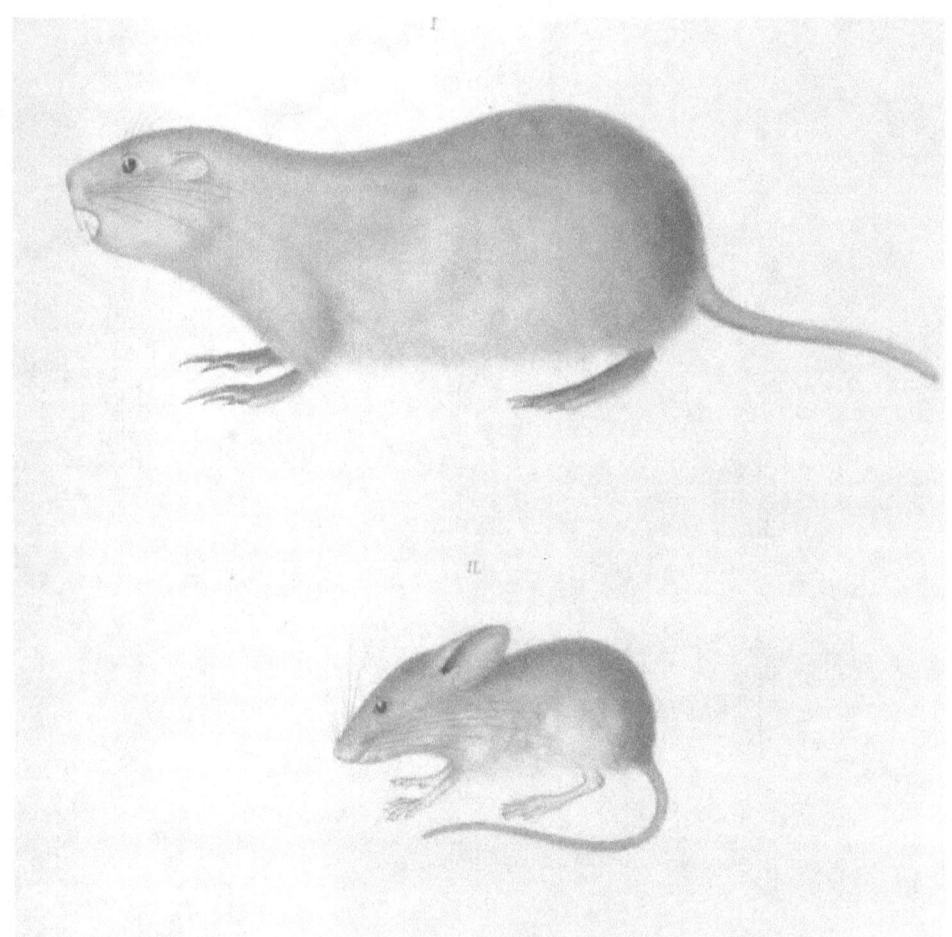

Ctenomys atacamensis Ph. _ 2 _ *Mus capito* Ph.

Phoenicopterus andinus Ph.

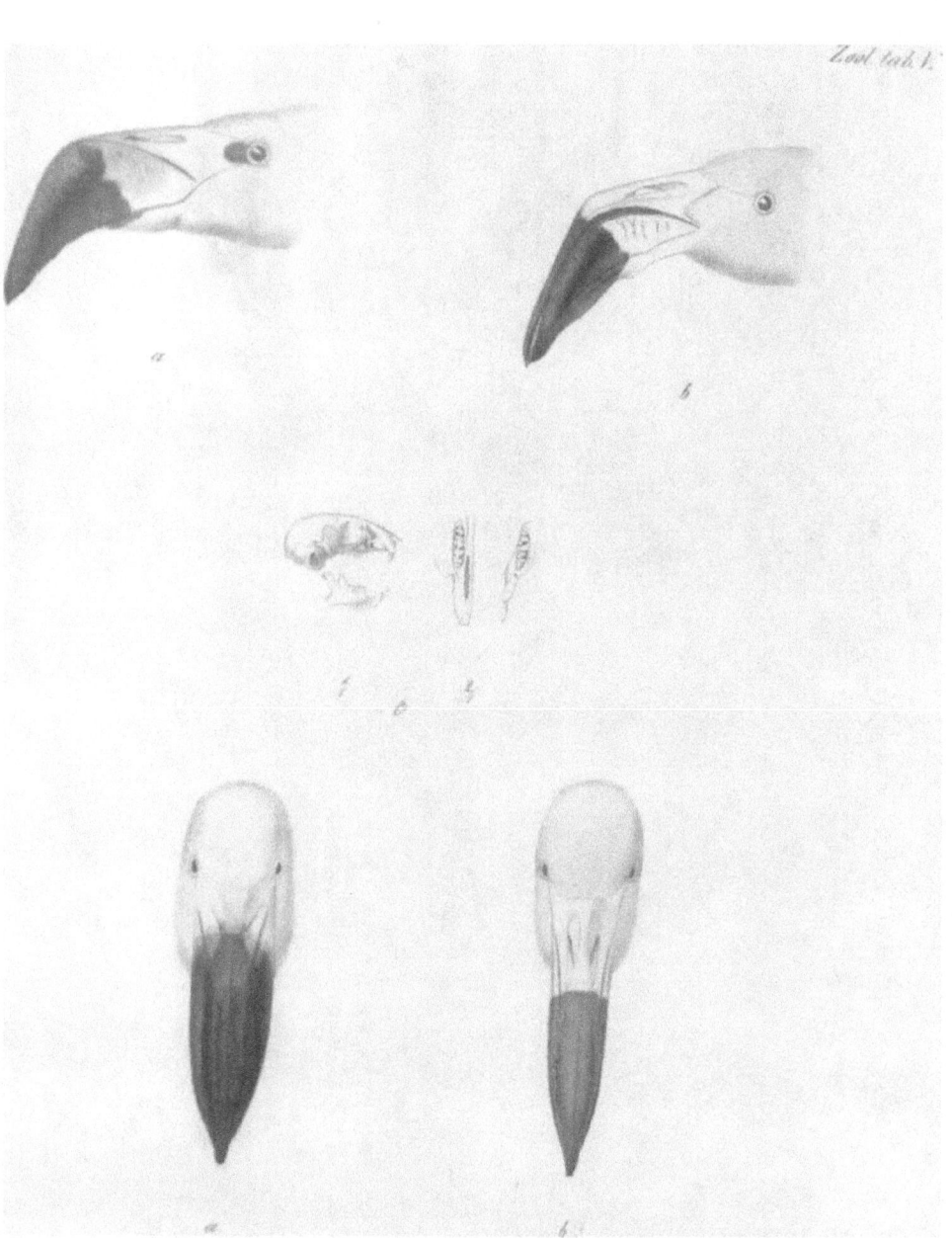

www.ingramcontent.com/pod-product-compliance
Lightning Source LLC
Chambersburg PA
CBHW020410230426
43664CB00009B/1246